Paris – Buenos Aires

CONSELHO EDITORIAL
Ana Paula Torres Megiani
Eunice Ostrensky
Haroldo Ceravolo Sereza
Joana Monteleone
Maria Luiza Ferreira de Oliveira
Ruy Braga

Juliana Sayuri

Paris – Buenos Aires

Intelectuais no *Monde Diplomatique*
(1999- 2011)

Copyright © 2018 Juliana Sayuri
Grafia atualizada segundo o Acordo Ortográfico da Língua Portuguesa de 1990, que entrou em vigor no Brasil em 2009.

Edição: Haroldo Ceravolo Sereza
Editora assistente: Danielly de Jesus Teles
Projeto gráfico e diagramação: Danielly de Jesus Teles
Assistente de produção: Emerson Dylan
Capa: Rodrigo Sicuro
Assistente acadêmica: Bruna Marques
Revisão: Alexandra Colontini
Imagens da capa: pixabay.com

Esta publicação contou com o apoio da FAPESP. Número do processo: 2016/05574-3

CIP-BRASIL. CATALOGAÇÃO NA PUBLICAÇÃO
SINDICATO NACIONAL DOS EDITORES DE LIVROS, RJ
O28p

SAYURI, Juliana
Paris — Buenos Aires: intelectuais no *Monde Diplomatique* (1999-2011) / Juliana Sayuri. - 1. ed. - São Paulo : Alameda, 2017.
 23 cm.

 Inclui bibliografia
 ISBN 978-85-7939-494-2
1. Le Monde Diplomatique. 2. História - Aspectos sociais. 3. Jornalismo - Aspectos sociais. 4. Imprensa e política. 5. Relações internacionais. I. Título.

17-43525   CDD: 302.2
                                      CDU: 316.77

ALAMEDA CASA EDITORIAL
Rua 13 de Maio, 353 – Bela Vista
CEP 01327-000 – São Paulo, SP
Tel. (11) 3012-2403
www.alamedaeditorial.com.br

Sumário

Prefácio	7
Palavras iniciais	11
Introdução	15
Tais intelectuais	22
Na trilha do *Monde Diplomatique*	47
Páginas diplomáticas	47
O papel de Claude Julien	52
A perspectiva de Ignacio Ramonet	59
O tempo de Serge Halimi	71
L'internationale du Diplo	81
Ideias internacionais	85
Diretrizes	92
Do outro lado do Atlântico	109
O papel de Carlos Gabetta	111
Dinâmica franco-argentina	121

Questões econômicas	131
Questões políticas	150
Questões midiáticas	166
Encontros e desencontros	**185**
O fator Kirchner	188
O fator Perón	205
América Latina rebelde	225
Entre ideias e ilusões	**263**
Papéis dos intelectuais	266
Quais esquerdas	287
Idealizar	300
Do tempo presente	304
Considerações finais	**311**
Últimas palavras	**317**
Referências bibliográficas	**319**

Prefácio

Desde Zola, como sabemos, os intelectuais se caracterizam pela manifestação clara de opiniões. Fazem da palavra, quase sempre contra as correntes dominantes de pensamento, a sua ferramenta de luta e divulgação de valores. Claro está que esse modelo, do intelectual absolutamente engajado, foi se alterando com o tempo. A profissionalização das humanidades, por exemplo, deu vazão a um tipo de intelectual menos preocupado com o enfrentamento de seu tempo presente e mais voltado para áreas aparentemente mais autônomas e, portanto, algo distantes do modelo comprometido fundado por Zola. Ao mesmo tempo, a sofisticação do Estado e da burocracia inventou novas tarefas e obrigações distintas daquelas dos primeiros intelectuais. Estes, para Norberto Bobbio, seriam os *ideólogos*, enquanto que os que se vincularam a tarefas especializadas em aparelhos burocráticos, o pensador italiano chamou de *expertos* (experts).[1] Ainda assim, multifacetadas as formas de conduta dos intelectuais, é inegável o seu papel interventor ao longo do *novecentos*, mesmo

---

1 BOBBIO, Norberto. *Os intelectuais e o poder. Dúvidas e opções dos homens de cultura na sociedade contemporânea.* São Paulo: Editora da UNESP, 1997.

quando à revelia de suas próprias vontades. Foi, portanto, com justa razão que Michel Winock disse que o século XX foi *O Século dos Intelectuais*.[2]

Também foi no século XX que se multiplicaram editoras e magazines com clara intenção de intervir no mundo contemporâneo. De pensá-lo a partir da possibilidade de contribuição para aquilo que se convencionou chamar de "construção de um mundo melhor". Algumas dessas editoras e desses periódicos tinham filiação partidária, ainda que também se utilizassem muitas vezes de intelectuais "independentes". Outras, ao contrário, eram edições "mais amplas" que procuravam abarcar correntes diversas pertencentes a uma mesma família política e/ou ideológica. Muitas vezes com periodicidade irregular, esse conjunto de impressos não é novidade. Datam, pelo menos, de finais do século XVIII e inícios do XIX, quando diversas publicações se espalharam por quase todos os países da Europa contra e a favor da Revolução Francesa; contra e a favor de Napoleão.[3] No século XX, com a ampla consolidação do "capitalismo editorial"[4] e o consequente barateamento do impresso, esse tipo de produção efetivamente se espraiou de forma ainda mais intensa. Muitas vezes clandestina, outras sob a democracia, podemos falar de um *boom*, na Europa, nas Américas, na África ou na Ásia, dessa produção intervencionista.

De certa forma, *Le Monde Diplomatique* (LMD) seguiu essa linha. Impresso (um pouco revista, um pouco jornal) que conquistou autonomia frente ao velho *Le Monde*, emitiu opinião, fez análises e se engajou em campanhas. Com uma novidade, entretanto: a internacionalização. Iniciada em Portugal a seguir à Revolução dos Cravos, LMD foi se tornando uma referência em diversos países. Uma espécie de "franquia à esquerda". Principalmente naqueles países que tinham movimentos sociais mais organizados e intensos. Chegar, portanto, à América Latina, foi uma questão de tempo. Na medida em que os movimentos sociais da Europa definhavam a seguir aos desdobramentos do Maio de 1968, no continente americano, em quase todos os países ao sul dos Estados Unidos, não faltavam motivos para a presença de um impresso como o LMD: as transições democráticas no Brasil, no Chile, na Argentina, no Uruguai, no Paraguai; as revoluções de libertação nacional em El Salvador e na Nicarágua; o movimento sindical no Brasil;

---

2   WINOCK, Michel. *O século dos intelectuais*. Rio de Janeiro: Bertrand Brasil, 2000.
3   DARTON, Robert. *Boemia literária e revolução: o submundo das letras no Antigo Regime*. São Paulo: Companhia das Letras, 1987; Neves, Lúcia Maria Bastos Pereira das. *Napoleão Bonaparte. Imaginário e política em Portugal. c.1808-1810*. São Paulo: Alameda, 2008.
4   ANDERSON, Benedict. *Comunidades imaginadas. Reflexões sobre a origem e a difusão do nacionalismo*. São Paulo: Companhia das Letras, 2008.

também no Brasil, o surgimento do Partido dos Trabalhadores e as experiências de suas primeiras gestões; o movimento zapatista no México... De certa forma, para a esquerda europeia, havia mesmo certo encantamento terceiromundista. Encantamento que se consolida ainda mais a partir da organização do Fórum Social Mundial, cujas três primeiras edições (2001, 2002 e 2003) ocorreram em Porto Alegre, à época administrada pelo Partido dos Trabalhadores.

A intensidade e importância desses acontecimentos foi analisada e discutida pelas várias edições do LMD. E esse impresso internacionalista foi o tema de pesquisa da jornalista e historiadora Juliana Sayuri. Crítico, erudito, com profundo domínio das fontes primárias como também da bibliografia sobre o tema, o trabalho se revela fundamental para o entendimento ao mesmo tempo do papel do jornalista e do homem engajado na virada do século XX ao XXI. A escolha da relação da matriz Paris com a edição argentina deve-se ao peso maior desta no continente americano.

Passada a crise dos socialismos de tipo soviético, sobrevivendo quase que apenas a pequena Cuba, a esquerda buscou outros caminhos. Do nacionalismo bolivariano a movimentos ecológicos passando por questões de gênero e étnicas, a esquerda reencontrou bandeiras outrora "velhas" e inventou novas. Na relação dos editores franceses com os argentinos, proximidade e estranheza. O "olhar do outro" não é necessariamente de repulsa, mas também não é, necessariamente, de aberto encantamento.[5] A excelente análise desta relação difícil, próxima e distante, com expectativas que hora se superam, hora se frustram é leitura obrigatória para aqueles que procuram entender o papel dos homens de opinião no mundo contemporâneo. Em particular neste século que já não é tão novo assim. Tarefa difícil, mas muito bem delineada por Juliana Sayuri. Um desafio enfrentado e cumprido à risca. Como disse Michelle Perrot a respeito das relações entre operários e patrões na França do século XIX: "Unir a fria lucidez ao calor do engajamento: 'o pessimismo da razão ao otimismo da ação', como dirá Gramsci posteriormente, não é sempre, e para todos, o mais difícil?"[6]

Francisco Carlos Palomanes Martinho
Professor Livre-Docente do Departamento de História da USP

---

5   PERROT, Michelle. "O olhar do outro: Os patrões franceses vistos pelos operários (1880-1914)". In: *Os excluídos da história: operários, mulheres e prisioneiros*. Rio de Janeiro: Paz e Terra, 1988, p. 81-100.
6   *Idem*, p. 100.

Palavras iniciais

Voltava para casa na noite de 13 de junho de 2013. Era mais uma quinta-feira marcada por manifestações nas ruas de São Paulo. Da esquina da Avenida Paulista, ouvia o ricochetear das balas de borracha e o impacto das bombas de gás lacrimogênio. Caminhei minhas quatro quadras habituais e encontrei a cena, infelizmente não a primeira, infelizmente não a última: de um lado, manifestantes encurralados atrás de barricadas improvisadas, rendidos, pedindo para "não à violência"; de outro, policiais militares continuavam a disparar suas armas "não letais". Antes de deliberadamente jogar uma bomba de gás nos meus pés, um policial me questionou: de que lado você está? Foi a quinta-feira negra que desengatilhou as efervescentes, controversas e contraditórias "jornadas de junho" no Brasil.

Narro brevemente o episódio apenas para fisgar uma impressão, que indiretamente se desdobrou nas entrelinhas da tese que inspira este livro. Meus 20 centavos: apesar da lamentada letargia, talvez nostalgia, no campo das discussões e das ideias, apesar das críticas contra jovens despolitizados e hiper-midiatizados, contra veteranos desiludidos e muitas vezes convertidos reacionários, contra movimentos impotentes e talvez irrealistas, ainda há possibilidades, sim, para discutir alternativas, ideias, ideais, palavras, pensamento. E, como dizia a romancista Viviane Forrester, não há nada mais mobilizador que o pensamento. Só o fato de pensar já é político.[1] Enquadrada na história dos intelectuais, esta tese, portanto, pretende abrir mais uma possibilidade para tais discussões.

À época do mestrado, defendido no dia 11 de fevereiro de 2011, data da histórica derrocada do ditador egípcio Hosni Mubarak, dediquei minha dissertação a certos caros amigos: os historiadores, os jornalistas, os sociólogos, os estudantes, os filósofos de botequins, os flâneurs da Avenida Paulista, os boêmios da Rua Augusta, os idealistas inveterados, os indignados, os intelectuais críticos, entre otimistas e pessimistas, os libertinos ingênuos, os clandestinos cosmopolitas, os revolucionários românticos, os rebeldes espalhados pelo mundo, os sonhadores de toda sorte. A eles também dedico este manuscrito.

Esta tese não seria possível sem a orientação do historiador Francisco Palomanes Martinho, que me permitiu flertar com a ciência política, o jornalismo e a sociologia nestas páginas, mas, ao mesmo tempo, lembrando como ancorá-las na história. Agradeço por sua confiança e sua tranquilidade carioca, especialmente quando me desesperava a incerta impressão de que o tempo se apressava contra nós.

Destaco ainda o papel dos historiadores Maria Ligia Coelho Prado e Francisco Alambert, por suas contribuições no momento da qualificação na Faculdade de Filosofia, Letras e Ciências Humanas da Universidade de São Paulo (FFLCH-USP), em novembro de 2013. Foram fundamentais suas indicações de leitura mirando os dois lados do Atlântico – as histórias argentina e francesa. Suas interpretações, suas notas e seus questionamentos se tornaram bússolas para os rumos desta pesquisa.

Ainda no campus, agradeço ao historiador Angelo Segrillo, que supervisionou meu estágio doutoral na disciplina História Contemporânea. E agradeço a Maria Ligia Coelho Prado, Maria Helena Rolim Capelato, Marcelo Ridenti e Maximiliano Martin Vicente por aceitarem o convite para integrar a banca inquisidora desta tese.

Há instituições a quem devo agradecer, pelo apoio inestimável. À Coordenação de Aperfeiçoamento de Pessoal de Nível Superior (Capes), por financiar esta pesquisa no Brasil e por me conceder uma bolsa do Programa de Doutorado Sanduíche no Exterior (PDSE), que possibilitou uma temporada de quatro meses de estudos na França. Na mesma linha, ao Santander, por me conceder uma bolsa do

---

1 FORRESTER, 1997, p. 68.

Programa Santander de Mobilidade Internacional, que garantiu aproveitamento máximo para enriquecer o desenvolvimento deste estudo na capital francesa entre setembro e dezembro de 2014.

Nesse outono parisiense, não poderia esquecer a valiosíssima supervisão do sociólogo Michael Löwy, diretor emérito do Centre National de la Recherche Scientifique (CNRS) e diretor do Centre d'Études Interdisciplinaires des Faits Religieux (CEIFR) na École des Hautes Études en Sciences Sociales (EHESS), por quem tenho especial admiração. Os encontros foram essenciais para iluminar as trilhas desta tese.

Vale destacar ainda a oportunidade de dialogar com o historiador Olivier Compagnon, do Institut des Hautes Études de l'Amérique Latine (IHEAL) da Université Paris III – Sorbonne Nouvelle, nos seus seminários Siglo XX – Século XX: Histoire de l'Amérique Latine Contemporaine. Foram diálogos franco-americanos riquíssimos, que espero que reverberem nas páginas seguintes.

Ao *Monde Diplomatique* na França, especialmente aos jornalistas Anne-Cécile Robert, Renaud Lambert e Serge Halimi, agradeço por me receberem na redação parisiense e por gentilmente me cederem arquivos, documentos e entrevistas referentes à revista. Afastado da redação desde 2010, agradeço ainda ao jornalista Dominique Vidal, pelas histórias narradas num café da Place d'Italie. Ao jornalista Maurice Lemoine, pelo encontro interessantíssimo num café de esquina do 18º *arrondissement* parisiense. Ao jornalista Bernard Cassen, que me recebeu no bureau da Mémoire des Luttes. Merci.

Ao *Monde Diplomatique* na Argentina, especialmente ao jornalista Carlos Alfieri, por sua gentileza impressionante e por partilhar arquivos, edições e entrevistas para a pesquisa. Fora da redação, agradeço ao editor Carlos Gabetta, diretor do *Monde Diplomatique* argentino entre 1999 e 2011, por gentilmente me receber na sua casa no bairro de San Telmo, compartilhando lembranças, informações e ideias de seus tempos na revista, assim como livros novos de sua autoria e edições antigas de sua aventura barcelonesa *cuatroSemanas* y *Le Monde Diplomatique*. Gracias.

Escrevo estas páginas como historiadora, mas nunca esqueço meu ponto de partida. Sou jornalista. E, como jornalista, defendo um jornalismo comprometido com certas diretrizes essenciais: as ideias de verdade, de liberdade e de justiça. Apesar dos relativismos e das modas intelectuais pós-modernas, donde os fatos e a realidade seriam meras construções intelectuais e ficções linguísticas, apesar das pressões hierárquicas e institucionais cotidianas, apesar das decisões editoriais e arbitrariedades travadas inevitavelmente ao longo do caminho, tanto na profissão de repórter quanto no ofício de historiadora, acredito, defendo e espero, entretanto, certo compromisso, honestidade intelectual e rigor com os fatos – pode-se dizer, na linha pontilhada por um questionamento, simples e inusitado, rabiscado pelo historiador Eric Hobsbawm: "Ou Elvis Presley está morto ou não está".[2] Espero que, nas revisões e interpretações, nas contribuições e diálogos referidos, esta tese, com suas apostas, imperfeições e possíveis acertos, possa balizar tais ideias.

Ao escrever esta tese, precisei lidar com uma história interessante, mas intricada e, sobretudo, dinâmica. Vasculhando vestígios nas relações entre Argentina e França, nas justaposições entre a história oficial impressa nas páginas de Le Monde Diplomatique e a história narrada *tête-à-tête* por seus intelectuais, entre seus ideais no século XX e suas desilusões no século XXI – ou suas desilusões no século XX e seus ideais no século XXI –, vi-me diversas vezes diante de uma história labiríntica. Um efeito *matrioska*, a série de bonecas russas: a cada gaveta destrancada, outras sete se abriam. Por isso, sou grata a todos que, direta ou indiretamente, me ajudaram a dar ritmo, lógica e inteligibilidade a estas páginas. Fora das arenas acadêmicas, não poderia esquecer o apoio de amigos queridos, com quem pretendo brindar esse pequeno calhamaço. A Carlos Lordelo, Cremilda Aguiar, Isadora Peron, Maria Luísa Barsanelli, Nataly Costa, Lucas Maia, Luiz Guilherme Gerbelli e Rodrigo Burgarelli, pela amizade. A Luiz Augusto Rocha, pelas discussões e pela revisão minuciosa dessas páginas. Aos companheiros do caderno *Aliás*, Christian Carvalho Cruz, Ivan Marsiglia e Mônica Manir, sempre *Aliás*. Aos meus irmãos e meus doutores favoritos, Luciano Yuji e Marcelo Yuhiti, pela presença. A Rodrigo Sicuro, por tudo.

Por fim, dedico estas páginas aos meus pais, pelo amor incondicional. Por instigarem minhas inquietações intelectuais e por me ensinarem, desde sempre, que a herança mais valiosa neste mundo é o pensamento.

São Paulo, Paris, Buenos Aires, 2014-2015

---

2 HOBSBAWM, 1998, p. 18.

Introdução

Os filósofos apenas interpretaram o mundo de diferentes maneiras; a questão, porém, é transformá-lo

Karl Marx

Impresso pela primeira vez no dia 2 de maio de 1954, como simples suplemento do diário Le Monde, Le Monde Diplomatique[1] "fez" história. Idealizado na Paris cosmopolita e diplomática da década de 1950, *Le Monde Diplomatique* rom-

---

1 Neste estudo, *Le Monde Diplomatique* encontra referência nas expressões "revista", "magazine" ou "gazeta" por duas razões. Primeiro, para evitar a referência a *Le Monde Diplomatique* como um "jornal", a fim de contornar possíveis confusões com o diário *Le Monde*, que é *passim* mencionado para narrar a trajetória, até certo ponto cruzada, das duas publicações. Segundo, a periodicidade mensal, o estilo e a linha editorial diferenciada, mais dedicada à análise e menos à "notícia", como o próprio magazine propala, afastam *Le Monde Diplomatique* do perfil de um jornal nos moldes convencionais da imprensa. Não obstante, há mínimas vezes em que a publicação é citada, por outrem, como um jornal. Além disso, outros interlocutores eventualmente se referem a *Le Monde Diplomatique* com expressões como "*Diplô*", "*LMD*" e "*MD*". A fim de uniformizar ainda as diferentes grafias, foram privilegiadas as iniciais maiúsculas para grafar *Le Monde Diplomatique*.

peu diversos padrões ao longo de sua trajetória: conquistou sua independência editorial a partir da década de 1970 sob a direção do jornalista francês Claude Julien; consolidou sua independência econômica a partir de 1990; firmou suas diretrizes políticas declaradamente antiimperialistas e antineoliberais, suas páginas assinadas por intelectuais e por jornalistas (de diversas nacionalidades) e, na esteira do movimento altermundialista,[2] viu suas ideias críticas contra o "pensamento único"[3] se alastrarem mundo afora, impulsionadas pela direção do sociólogo espanhol Ignacio Ramonet – assim, às vésperas do 60° aniversário, o periódico contava mais de 40 edições internacionais, publicadas em 28 idiomas.[4]

De suas iniciais oito páginas como suplemento literalmente diplomático do *Monde*, *Le Monde Diplomatique* se tornou uma prestigiada revista de política internacional de cerca de 40 páginas, nos melhores tempos somando 2,4 milhões de exemplares no mundo todo. Tido, pois, como um fenômeno único na imprensa moderna, tanto por sua dimensão internacional quanto por sua linha editorial politizada, *Le Monde Diplomatique* desperta discussões sobre o papel dos intelectuais na contemporaneidade.

Le Monde Diplomatique foi fundado pelo jornalista francês Hubert Beuve-Méry (1902-1989), também fundador do diário *Le Monde*. Desde 1954, quatro intelectuais passaram pela direção da revista: entre 1954 e 1972, o diplomata húngaro François Honti (1900-1974); entre 1973 e 1990, o jornalista francês Claude Julien (1925-2005); entre 1990 e 2008, o sociólogo espanhol Ignacio Ramonet (1943-);

---

2 O movimento altermundialista se contrapõe ao capitalismo neoliberal, consolidando-se nas manifestações durante as reuniões internacionais das principais instituições financeiras, como nos protestos de Seattle em novembro de 1999. Trata-se de um movimento contra a globalização marcadamente neoliberal, tendo como auge a realização do primeiro Fórum Social Mundial em Porto Alegre, em janeiro de 2001. Ancorada no lema "outro mundo é possível", a expressão 'altermundialismo' (do francês *altermondialisme*) foi idealizada a partir do movimento Attac, vinculado ao *Le Monde Diplomatique* francês.

3 RAMONET, janeiro de 1995, p. 1.

4 *Le Monde Diplomatique* foi difundido na América Latina (Argentina, Bolívia, Brasil, Chile, Colômbia, México, Venezuela), na Ásia (Coreia do Sul, Índia, Japão), na Europa (Alemanha, Armênia, Bulgária, Bielorrússia, Croácia, Espanha, Eslováquia, Eslovênia, Finlândia, França, Grécia, Hungria, Itália, Luxemburgo, Noruega, Polônia, Portugal, República Tcheca, Rússia, Suécia, Suíça, Turquia) e no Oriente Médio (Arábia Saudita, Curdistão, Dubai, Egito, Emirados Árabes Unidos, Iêmen, Irã, Kuait, Palestina) em diferentes momentos ao longo de sua trajetória. Além do francês, do inglês e do espanhol, foi traduzido para idiomas mais "distantes", como curdo sorâni, curdo kurmandji, esperanto, farsi e finlandês, entre outros. É difícil precisar o número de edições internacionais pois, como veremos mais adiante, a rede é muito fluida e às vezes frágil, assim muitas versões são repentinamente encerradas. Em novembro de 2006, o periódico atingiu a marca de 65 edições internacionais, em 25 idiomas além do francês.

e desde 2008 até o presente, o escritor francês Serge Halimi (1955-). Delineou-se assim a linha editorial da publicação, que oscila entre uma revista de atualidades e uma *revue* acadêmica, com artigos e ensaios longos, marcados por muitas notas, cronologias, dossiês, glossários, índices e referências bibliográficas. A partir de textos elaborados, assinados por escritores e editores especializados, *Le Monde Diplomatique* quer ultrapassar os almanaques de atualidades e as antologias efêmeras do cotidiano. Nas suas páginas escreveram importantes intelectuais contemporâneos, de diversas áreas e diferentes nacionalidades, tais como Antonio Negri, Armand Mattelart, Carlos Fuentes (1928-2012), Doris Lessing (1919-2013), Edward Said (1935-2003), Edgar Morin, Eduardo Galeano (1940-2015), Emir Sader, Eric Hobsbawm (1917-2012), Florestan Fernandes (1920-1995), Gabriel García Márquez (1927-2014), Gunter Grass, Herbert Marcuse (1898-1979), Herbert Schiller (1919-2000), Immanuel Wallerstein, Jacques Derrida (1930-2004), Jean Baudrillard (1929-2007), José Saramago (1922-2010), Joseph Stiglitz, Julio Cortázar (1914-1984), Jüngen Habermas, Kofi Annan, Loïc Wacquant, Manuel Castells, Mario Benedetti, Michael Davis, Michael Löwy, Michel Foucault (1926-1984), Noam Chosmky, Perry Anderson, Pierre Bourdieu (1930-2002), Régis Debray, Robert Fisk, Slavoj Žižek, Stéphane Hessel (1917-2013), Tariq Ali, Thomas Piketty, Tony Judt (1948-2010), entre muitos outros. Firmou-se nessas rubricas e nessas ideias a marca da revista, que almeja oferecer uma visão alternativa, uma mirada crítica dos acontecimentos atuais, um ponto de vista singular, uma perspectiva atilada do jogo das relações internacionais, um outro olhar ou, na expressão preferida pelos editores franceses, uma *manière de voir*.

Aos olhos de seus intelectuais e de seus leitores, *Le Monde Diplomatique* conquistou prestígio internacional por três razões capitais ao longo de sua trajetória: o viés analítico de suas edições; a relevância de seus autores, tanto jornalistas quanto intelectuais, versando sobre temas de interesse internacional; e a crítica aos dilemas contemporâneos na intrincada globalização neoliberal, questionando os rumos das esquerdas e o compromisso dos intelectuais na política – no afã marxista marcado na máxima das *Teses de Feuerbach*: "Os filósofos apenas interpretaram o mundo de diferentes maneiras; a questão, porém, é transformá-lo", como lembrou o historiador britânico Eric Hobsbawm nas próprias páginas de *Le Monde Diplomatique*.[5] Páginas, portanto, que podem ser lidas como um projeto editorial e um projeto

---

5   HOBSBAWM, dezembro de 2004, p. 20-21.

político. Nas palavras do editor Ignacio Ramonet: "*Le Monde Diplomatique* é mais que um jornal, é uma causa... A causa da justiça, da paz, dos povos que procuram sair de sua dependência".[6]

Este estudo[7] pretende abordar o papel dos intelectuais de *Le Monde Diplomatique* nas relações imbricadas entre a França e a América Latina, sobretudo simbolizada pela versão editada na cidade de Buenos Aires, fundada por insistente iniciativa do jornalista argentino Carlos Gabetta, diretor da publicação entre julho de 1999 e fevereiro de 2011. Sob o selo da editora Capital Intelectual, a edição argentina é considerada a "filial" latino-americana mais sólida de *Le Monde Diplomatique*, epicentro para outras edições, outrora reunidas como *Edición Cono Sur*.[8]

Le Monde Diplomatique imprimiu suas primeiras edições na Argentina arrastada por uma grave crise econômica, com uma dívida externa na casa dos 100 bilhões de dólares e mais de 2,5 milhões de desempregados, levando à renúncia do presidente Fernando de la Rúa em dezembro de 2001, após dias de violência e manifestações nas ruas de Buenos Aires. Nesse território turbulento, a edição argentina angariou muitos leitores que buscavam uma perspectiva diferente, alternativa, sobre a crise. Na mesma linha, a revista francesa se destacou por abraçar ideias de movimentos críticos como os protestos de Seattle (1999) e os primeiros passos para os fóruns de Porto Alegre (2001).[9]

---

6   RAMONET *apud* SZCZEPANSKI-HUILLERY, 2005, p. 163. Segundo Szczepanski-Huillery, Ramonet fez a declaração durante seu discurso na festa de 50 anos de *Le Monde Diplomatique*, a 8 de maio de 2004.

7   Na redação desta tese, privilegiei a tradução para o português das citações em espanhol, francês e inglês. Quanto ao português, a imensa variedade de estilos e grafias exigiu a uniformização nos padrões gramaticais e ortográficos atuais, a fim de facilitar a leitura. Italizo determinadas expressões estrangeiras, além de vocábulos para destacar expressões próprias dos interlocutores, presentes nos seus textos e nos seus relatos.

8   Inicialmente voltada para Argentina, Chile e Uruguai, noutros momentos a *Edición Cono Sur* foi distribuída na Bolívia, na Colômbia, no Peru, no México e na Venezuela. Além da estrutura administrativa mais consolidada desde 1999, a edição argentina de *Le Monde Diplomatique* é responsável por traduzir os artigos franceses para o espanhol, disponibilizando-os para as outras edições latino-americanas. Atualmente, diz o site oficial francês, há edições presentes na Bolívia (editada pela Archipielago Ediciones, com 5 mil exemplares), no Chile (Editorial Aún Creemos en los Sueños, com 10 mil exemplares), na Colômbia (Colombia Tebeo, com 10 mil exemplares) e na Venezuela (Productiones del Waraima, com 5 mil exemplares). Na casa dos 30 mil exemplares impressos atuais, a edição argentina também é distribuída nas principais cidades do Uruguai. No Brasil, a versão impressa *Le Monde Diplomatique Brasil* estreou em agosto de 2007 (Instituto Pólis, com 40 mil exemplares), atualmente dirigida pelo sociólogo Silvio Caccia Bava, mas a primeira edição eletrônica foi ao ar anos antes, em dezembro de 1999, por iniciativa do jornalista Antonio Martins (SAYURI, 2011, p. 81).

9   Apesar de sua relevância política e editorial, é interessante notar o relativamente tímido volume

À esquerda no espectro político, *Le Monde Diplomatique* mira suas críticas sobretudo ao imperialismo e ao capitalismo neoliberal. Diante das ruínas ideológicas do muro de Berlim e das ilusões perdidas na derrocada da União Soviética, é interessante investigar como tais intelectuais passaram a olhar as experiências da esquerda na América Latina. Se fracassou o caminho trilhado por europeus e asiáticos no século XX, que outras vias podem ser exploradas no século XXI? Nessa encruzilhada, teriam os latino-americanos terreno fértil para cultivar alternativas e experiências que façam frente ao imperialismo e ao capitalismo neoliberal? Este estudo pretende explorar esses trajetos.

1999 e 2011 marcam simbolicamente uma época para o argentino *El Dipló*, enquanto foi dirigido por Carlos Gabetta, mas abordo outros marcos temporais que certamente se destacaram para compor essa trajetória, como 1954, 1973 e 1990, correspondentes aos marcos de estreia editorial do magazine e das direções de Claude Julien e Ignacio Ramonet.

Ao focar as relações entre França e Argentina, esta tese visa analisar as continuidades e rupturas das diretrizes editoriais (e políticas) herdadas da matriz europeia na edição argentina. Ao mesmo tempo, espera destacar o possível impacto da realidade política latino-americana na perspectiva francesa. Mirando tais alvos, é preciso traçar linhas paralelas entre dois horizontes históricos neste estudo. Por um lado, é preciso jogar luz sobre os jornalistas argentinos, admiradores da intelectua-

---

de estudos universitários sobre *Le Monde Diplomatique*. Autor da tese-livro *Le Monde Diplomatique: un concept editorial hybride au confluent du journalisme, de l'université et du militantisme* (L'Hamarttan, 2014), o historiador francês Nicolas Harvey destaca, por exemplo, a tese *Du diplomate au citoyen: études sur la politisation du Monde diplomatique et de ses lecteurs (1954-2008)* de Maxime Szczepanski-Huillery, sobre os militantes na Associação Amis du Monde Diplomatique e na Association pour la Taxation des Transactions Financière et l'Aide aux Citoyens (Attac). Há outras teses e dissertações focando principalmente a análise do discurso de *Le Monde Diplomatique* em temporalidades e recortes específicos no Oriente Médio, na África e na América Latina, tais como: Naïla Abi Karam investigou a cobertura do conflito libanês (entre 1973-1983); Samuel Ghiles Mailhac, a questão israelense (1954-2004); Sylvie Milczach, o conflito palestino (1970-1971); Benjamin Weil, o conflito árabe-israelense (2000-2006); Mamadou Compaore, os conflitos africanos (1989-1994); Cheikh Ndiaye, as relações internacionais africanas (1990-1992); Marc Le Gldeic, a história latino-americana (1970-1980). Noutros campos, a análise sociológica de Jean-Baptiste Perret sobre a redação de *Le Monde Diplomatique* e a análise política de Marc Endeweld comparando a revista a outras mídias opinativas. Em Paris, Flavie Holzinger revisitou a direção de Ignacio Ramonet (1991-2008). Em Madri, Pablo López Rabadán analisou o enquadramento das páginas de *Le Monde Diplomatique*. No Brasil, Patrícia Burrowes focou a linha editorial do magazine; Fernando Pinto estudou o caderno *Dipló*; e Elisa Batalha analisou a participação da revista no Fórum Social Mundial. Por fim, vale mencionar que minha dissertação de mestrado se dedicou à análise do *Le Monde Diplomatique Brasil*, sob orientação da historiadora Maria Aparecida de Aquino (SAYURI, 2011). As teses e dissertações citadas estão elencadas nas referências bibliográficas.

lidade francesa simbolizada por *Le Monde Diplomatique*, uma revista francesa "importada" para a América Latina.[10] Por outro, explorar o interesse desses intelectuais franceses sobre a temática terceiro-mundista, principalmente latino-americana, entre fins do século XX e início do século XXI. Nessa perspectiva transatlântica, transnacional,[11] a análise de *Le Monde Diplomatique*,[12] nas relações entre França e

---

10 *Le Monde Diplomatique*, vale dizer, não foi a primeira publicação francesa "importada" para a Argentina, isto é, a marcar relações e diálogos culturais entre França e América Latina. Ao longo da história, diversas revistas francesas inspiraram versões, traduções e edições nos países latino-americanos. A historiadora Patricia Funes destaca, por exemplo, a *Clarté!* de Henri Barbusse (1873-1935), que se desdobrou nas *Claridades* que inauguraram uma nova relação entre política e intelectuais na década de 1920: *Claridad* em Buenos Aires (1926-1941), *Clarté!* no Rio (1921-1922), em Santiago (1920-1924) e em Lima (1923-1924) (FUNES, 2006, p. 32). Outros exemplos se encontram na *Revue des Deux Mondes*, de 1829, que pretendia promover vínculos culturais e políticos entre o mundo europeu e os "outros" mundos (americano, asiático e africano), tendo suas páginas publicadas na França e na América Latina (ROLLAND, 2005, p. 54); e nas revistas *France Libre* e *Lettres Françaises* publicadas em Buenos Aires durante a Segunda Guerra Mundial (ROLLAND, 2005, p. 381). Outros casos, destacados pela historiadora Claudia Gilman: a revista *Nuevo Mundo* (1966-1971), financiada pela Fundação Ford e dirigida por Emir Rodríguez Monegal até 1968, momento em que mudou de diretor (de Emir Rodríguez Monegal a Horacio Daniel Rodríguez) e de endereço (de Paris a Buenos Aires) (GILMAN, 2012, p. 129); e a revista *Libre* (1971-1972), brevemente reunindo textos de intelectuais latino-americanos como Ariel Dorfman, Ángel Rama, Julio Cortázar, Mario Vargas Llosa e Octavio Paz, mas editada em Paris (GILMAN, 2012, p. 280-282). Na imprensa argentina, o jornalista Jacobo Timerman (1923-1999) se inspirou no francês *Le Monde* para fundar o diário *La Opinión* na década de 1970 (ULANOVSKY, 2011, p. 23). Há ainda revistas latino-americanas realizadas em Paris na virada do século XIX e início do século XX, como *La Estrella de Chile* (1891), *El Nuevo Mercurio* (1907) de Gómez Carrillo, *Mundial Magazine* (1911) de Rubén Darío, *La Revista de América* (1912) de Francisco García Calderón e *La Revue Sud-Américaine* (1914) de Leopoldo Lugones (ROLLAND, 2005, p. 74).

11 Por perspectiva "transnacional" refiro-me a uma história não amarrada a visões metodológicas particulares, isto é, história transacional pode perpassar a história política, cultural e intelectual, entre outras linhas. Refere-se mais a uma maneira particular de observar os objetos de investigação, pretendendo destacar relações, redes e processos pensados sem fronteiras, ou melhor, transcendendo as fronteiras do território nacional (PRADO, 2013, p. 19). Ver ainda PRADO, dezembro de 2005; WEINSTEIN, janeiro/junho de 2013.

12 Quanto ao corpus: além de 141 edições de *Le Monde Diplomatique* impressas entre julho de 1999 e fevereiro de 2011 na Argentina, a análise conta com edições especiais publicadas na Argentina (*Anuário* e *Atlas*) e na França (especialmente a revista bimestral *Manière de voir*), e livros de autoria de seus intelectuais (Carlos Gabetta, Claude Julien, Ignacio Ramonet e Serge Halimi), considerados relevantes para este estudo. Faço referência ainda aos encontros e entrevistas realizadas com os jornalistas e intelectuais de *Le Monde Diplomatique* na Argentina (Carlos Gabetta, Carlos Alfieri, Creusa Muñoz, José Natanson, Luciana Garbarino, Luciana Rabinovich e Pablo Stancanelli) e na França (Anne-Cécile Robert, Bernard Cassen, Dominique Vidal, Maurice Lemoine, Renaud Lambert e Serge Halimi). Assim, a partir da história oral como ferramenta metodológica, espera-se que as entrevistas se tornem fontes históricas relevantes para a compreensão do passado, ao lado de documentos impressos, documentos imagéticos e outros registros (ALBERTI, 2004; FERREIRA, 2002; FREITAS, 2006; MEIHY, 1998; MEIHY, HOLANDA, 2007). As entrevistas foram gravadas, transcritas e traduzidas. Os depoimentos foram revisados e editados, passando por uma atividade de copidesque para ajustar as conversar à leitura, corrigindo erros

Argentina, revela uma característica da revista como um veículo de circulação de ideias – no caso, circulação de ideias políticas.

Revisitar a trajetória de Le Monde Diplomatique,[13] sua internacionalização[14] e sua realização na Argentina[15] permitirá alicerçar a análise sobre os encontros e os desencontros entre intelectuais franceses e argentinos,[16] a fim de desvelar os rumos que tanto buscam para as esquerdas no presente século.[17] E, por fim, provocar uma das mais inquietantes questões contemporâneas: onde estão os tais "intelectuais"? Ou, como questiona provocativamente François Dosse, após versar papeis tão diferentes, entre vigilantes contra as razões do poder, outras vezes conselheiros do príncipe, os intelectuais ainda se identificariam com a indignação militante dos tempos do *affaire* Dreyfus – ou veriam agora o fim de seu reinado, após o tal fim da história, mas antes do fim do mundo?[18]

(concordância e regência, por exemplo) e estilo (padrões e pontuações) (ALBERTI, 2014). As transcrições dos depoimentos estão reunidos no apêndice da tese de doutorado da autora, que está disponível na Biblioteca Florestan Fernandes da Faculdade de Filosofia, Letras e Ciências Humanas da Universidade de São Paulo.

13 Ver capítulo 1: *Na trilha do Monde Diplomatique*, que revisita a trajetória da revista, marcada por três momentos principais: o contexto de sua fundação (1954), a consolidação de sua linha editorial, primeiro com Claude Julien (entre 1973 e 1990), depois com Ignacio Ramonet (entre 1990 e 2008).

14 Ver capítulo 2: *L'internationale du Diplo*, que discute o processo de internacionalização da revista e as diretrizes das edições internacionais, consolidadas nas coordenações de Dominique Vidal (entre 1995 e 2010) e Anne-Cécile Robert (a partir de 2010).

15 Ver capítulo 3: *Do outro lado do Atlântico*, que aborda o contexto da idealização e realização da edição argentina, por iniciativa de Carlos Gabetta (entre 1999 e 2011). Ainda neste capítulo serão analisados os artigos e editoriais de Le Monde Diplomatique sobre questões econômicas, midiáticas e políticas.

16 Após 140 edições, o jornalista Carlos Gabetta saiu da edição argentina de *Le Monde Diplomatique* em fevereiro de 2011, por divergências políticas, como veremos mais adiante, com o proprietário da editora Capital Intelectual, o empresário Hugo Sigman. Ex-*Página/12*, o jornalista José Natanson assumiu a direção da revista em fevereiro/março de 2011. O principal motivo para as divergências foi a questão peronista, no caso, nos governos kirchneristas. Ver capítulo 4: *Encontros e desencontros*.

17 Ver capítulo 5: *Entre ideias e ilusões*, que, analisando as ideias abordadas nos capítulos anteriores, discute especialmente o papel dos intelectuais argentinos e franceses na articulação de ideias e proposição de alternativas para as esquerdas, revisitando suas experiências concretizadas no século XX e lançando apostas ao século XXI.

18 DOSSE, 2007, p. 11.

Tais intelectuais

Este estudo flerta com a sociologia, o jornalismo e a ciência política, mas amarra suas linhas primeiramente com a história – história dos intelectuais, história política e história do tempo presente. Três dimensões que requerem vigas, pilares e fundamentações teóricas para pavimentar o caminho que se pretende percorrer.

É essencial, pois, discutir as definições de "intelectuais" – tanto definições quanto "intelectuais" no plural, considerando a prolífica e profusa bibliografia nesse campo. Outrora célebres maestros das ideias ilhados em retóricas abstratas nas suas ilustres torres de marfim, noutros momentos já intrinsecamente imersos nas questões da política, da sociedade e, sobretudo, do tempo a que *pertencem*, os intelectuais assumiram diferentes papéis ao longo da história. A discussão a respeito da própria história dos intelectuais é um fenômeno relativamente novo, adquirindo reconhecimento catapultado por questões políticas relevantes, como ilustra o *affaire* Dreyfus, escândalo político na França de fins do século XIX.

Inocente, o oficial judeu Alfred Dreyfus (1859-1935) foi acusado e condenado por traição como espião alemão na artilharia francesa em 1894. Uma vez descoberto o equívoco, a armada francesa ainda tentaria ocultar o erro. Entretanto, e apesar de aclarada a inocência de Dreyfus, a sentença permaneceria no seu segundo julgamento. Foi o estopim para a indignação do escritor francês Émile Zola (1840-1902), que publicou no literário *L'Aurore* a famosa carta aberta *"J'accuse!"*, destinada ao presidente Félix Faure (1841-1899), no dia 13 de janeiro de 1898. No dia 14, pequenos protestos – posteriormente laureados como *"Manifeste des intellectuels"* – ocuparam as páginas de *L'Aurore*, à época lideradas por Georges Clemenceau (1841-1929). O escritor Maurice Barrès (1862-1923) respondeu à carta de Zola nas páginas de *Le Journal*, criticando a reivindicação de tais "intelectuais".[19] Nesse episódio, os que defendiam Dreyfus ficaram conhecidos como *dreyfusards* (esquerda progressista), designados pelos *anti-dreyfusards* (direita conservadora) mui pejorativamente como "intelectuais".

Zola, por sua carta ao presidente, foi julgado por injúria em Paris, em fevereiro de 1898. Artistas, cientistas e letrados, como Marcel Proust (1871-1922) e Émile Durkheim (1858-1917), se solidarizaram publicamente com o escritor, condenado à prisão e posteriormente exilado em Londres – uma solidariedade, justificaram à época, em prol da justiça e da verdade. Estariam assim firmadas duas palavras-cha-

---

19 WINOCK, 2000, p. 10.

ve da luta intelectual: "justiça" e "verdade".[20] Nesse contexto, na virada francesa do século XIX ao XX, viria à luz a ideia de escritores que escapam à sua alçada primeira para se engajarem no espaço público em favor de causas universais. Viriam, pois, ao espaço público: os intelectuais.

Revisando o *affaire* Dreyfus, os historiadores franceses Pascal Ory e Jean-François Sirinelli consideram as circunstâncias marcantes de um primeiro critério rigoroso para definir os intelectuais que, na verdade, não se definem pelo que *são*, um status ou um ofício, mas pelo que *fazem*, isto é, suas intervenções manifestadas no terreno da política.[21] Em outras palavras, não seriam os homens pensantes, mas os homens manifestantes de um pensamento. Seriam homens – e mulheres, adiciono – do universo cultural, enquanto produtores ou mediadores, *mis en situation* como homens e mulheres no campo do político, enquanto produtores e consumidores de ideologias.[22]

Mas quem seriam esses artistas, *clercs*, doutos, doutores, eruditos, filósofos, homens e mulheres de ideias e de letras, humanistas, ideólogos, oráculos do presente, senhores da razão, trabalhadores do pensamento, essa iluminada *intelligentsia*? Quem seriam esses intelectuais?

Diferentes interpretações marcaram e marcam os papéis atribuídos aos intelectuais – como ironiza Norberto Bobbio (1909-2004):

> Os intelectuais devem ser desaprovados porque são sempre "contra". Mas isso é dito pelos poderosos do dia. Não, os intelectuais devem ser execrados porque são conformistas. Mas isso é dito pelos que pretendem se tornar os poderosos no futuro. […]. São incorrigíveis e inoportunos *enfants terribles*. Não, são os "cães de guarda" do poder constituído. Seria possível continuar […].[23]

O pensador italiano propõe um olhar sobre a dimensão política dos intelectuais na sua relação com o poder. Em outras palavras, a questão não é apenas quem *são* e o que *fazem* os intelectuais, mas o que *deveriam* ser e o que *deveriam* fazer.[24]

Entre as diferentes perspectivas, diversos intelectuais acirraram discussões e ideias sobre seu próprio papel. Nas páginas d'*Os intelectuais e o poder*, primei-

---

20 WINOCK, 2000, p. 38.
21 ORY, SIRINELLI, 2002, p. 13.
22 ORY, SIRINELLI, 2002, p. 15.
23 BOBBIO, 1997, p. 10.
24 BOBBIO, 1997, p. 69.

ramente publicadas em Roma, em 1993, Norberto Bobbio destaca ainda quatro perspectivas: para Julien Benda, os intelectuais não teriam uma tarefa política, mas "espiritual"; para Karl Mannheim, os intelectuais teriam uma tarefa teórica e *mediatamente* política, pois deveriam elaborar a síntese de várias ideologias que dão vez a orientações políticas; para José Ortega y Gasset, os intelectuais teriam uma tarefa teórica e *imediatamente* política, pois deveriam elucidar e educar as massas; para Benedetto Croce, os intelectuais teriam uma tarefa política extraordinária, ancorada no ideal de liberdade – diferente da política ordinária dos governantes. Entre vícios e virtudes presentes nessas perspectivas, o autor destaca um vício comum: tais intelectuais são essencialmente retratados como se estivessem acima das classes e das massas, desenraizados da sociedade a que *pertencem*.[25]

Na encruzilhada de distintas definições de "intelectuais", duas arenas se destacam: o campo da cultura e o campo do poder. Cruzar tais campos de um lado a outro, flexibilizar suas linhas imaginárias ou fortificar suas distâncias provocou duelos teóricos e discussões dinâmicas ao longo do século XX. Dentro de tais arenas estariam em linhas marcadamente opostas os pensamentos de Julien Benda e Antonio Gramsci, depois Jean-Paul Sartre e Raymond Aron.

Julien Benda (1867-1956) publicou a crítica *A traição dos intelectuais* nas edições da *Nouvelle Revue Française* entre agosto e novembro de 1927,[26] crítica posteriormente publicada como livro na década de 1940. Para Benda, seriam realmente intelectuais Montaigne e Montesquieu, Voltaire a favor de Calas, Zola a favor de Dreyfus. A tese do filósofo francês: os intelectuais seriam reis-filósofos, clérigos puros de vocação "espiritual", defensores desinteressados de valores universais e tão somente de valores universais – a razão, a verdade e a justiça –, reverberando a ideia: "Meu reino não é deste mundo".[27] Assim trairiam os intelectuais ao mergulhar nas paixões políticas e no realismo mundano.

Antonio Gramsci (1891-1937) expressa, por sua vez, diferente posição ao propor nos seus *Cadernos do cárcere*, escritos entre 1929 e 1935: "Todos os homens são intelectuais, poder-se-ia dizer então; mas nem todos os homens desempenham na sociedade a função de intelectuais".[28] Para Gramsci, há uma diferença sensível,

---

25 BOBBIO, 1997, p. 35-36, grifo meu.
26 WINOCK, 2000, p. 249.
27 BENDA, 2007, p. 144.
28 GRAMSCI, 1979, p. 7.

entretanto, entre intelectual tradicional e intelectual *orgânico*. O tradicional seria sobretudo o humanista e o literato, que se querem independentes das disputas pelo poder. Por outro lado, o marxista italiano vê o *orgânico* como, ao mesmo tempo, o técnico e o político, intimamente vinculados a classes a fim de organizar interesses e conquistar mais poder.

Apesar de suas diferenças, Benda e Gramsci se encontram ao propor a crítica e o esclarecimento como características próprias aos intelectuais. Ao proferir suas famosas conferências em Londres, em 1993, o pensador palestino Edward Said (1935-2003) partiu das visões de Benda e Gramsci para formular suas ideias. Para Said, o intelectual deveria articular um papel de perturbador do *status quo*, como um *outsider* capaz de manter independência diante das pressões do poder para manifestar suas críticas e suas posições.[29] Deveria, aliás, se posicionar ao lado dos elos mais fracos da sociedade. Deveria *dizer* a verdade ao poder. Assim, o intelectual moderno seria um pensador autônomo, independente das diversas esferas de poder, um exilado e marginal, um amador[30] e autor de uma mensagem (uma perspectiva, uma filosofia, uma atitude) por e para um público. Seu papel seria levantar questões delicadas e confrontar ortodoxias, norteado por princípios universais como os direitos à liberdade e à justiça – e violações de tais princípios deveriam ser corajosamente criticadas e combatidas.[31]

Impresso pela primeira vez em 1955, *O ópio dos intelectuais* de Raymond Aron (1905-1983) provocou, após a Segunda Guerra Mundial (1939-1944), desconforto e desconcerto similares aos provocados pelas páginas de Julien Benda após a Primeira Guerra Mundial (1914-1919): ambos acusam intelectuais por fragilidades, fugas e frustrações. Para Aron, a *intelligentsia* contemplaria cientistas e escritores, os produtores de ideias; professores e críticos, os peritos; e jornalistas, os difusores.[32] Num contexto ideológico muito polarizado, o livro de Aron critica especialmente intelectuais franceses como Jean-Paul Sartre (1905-1980), Maurice Merleau-Ponty (1908-1961) e autores das revistas *Esprit* e *Les Temps Modernes*, que seriam, na vi-

---

29 SAID, 2000, p. 13.
30 Na expressão "amador", Edward Said se refere a intelectuais dedicados a uma atividade literalmente alimentada pela dedicação e pelo afeto, em detrimento do lucro e da especialização, que considera limitada, limitadora e egoísta (SAID, 2000, p. 74).
31 SAID, 2000, p. 28.
32 ARON, 1980, p. 183.

são do sociólogo, marxistas-leninistas imersos num "delírio ideológico" soviético, afastando-se assim da perspectiva crítica esperada dos intelectuais.

Posicionamento radicalmente diferente ficou marcado nas palavras e no pensamento de Jean-Paul Sartre sobre o papel dos intelectuais, definido no *Que é a literatura?*, de 1948. Para Sartre, o dever do escritor implica se posicionar contra injustiças de toda ordem. Ao cumprir seu compromisso social, o escritor se tornaria um intelectual "engajado", um pensador crítico, comprometido e independente, sendo responsável tanto pelo que faz quanto pelo que *não* faz, isto é, tanto por suas ações quanto por suas omissões. No pequeno livro, o filósofo existencialista pretende mergulhar na vida secreta das palavras:

> [...] O grave erro dos estilistas puros é acreditar que a fala é apenas um zéfiro que perpassa ligeiramente a superfície das coisas, que as afloram sem alterá-las. E que o falante é pura *testemunha* que resume numa palavra sua contemplação inofensiva. Falar é agir [...] Assim, ao falar, eu desvendo a situação por meu próprio projeto de mudá-la; desvendo-a a mim mesmo e aos outros, *para* mudá-la [...]. O escritor "engajado" sabe que a palavra é ação [...]. Sabe que as palavras, como diz Brice-Parain, são "pistolas carregadas".[33]

Manifesto similar se lê no editorial de *Les Temps Modernes*, de outubro de 1945, nas palavras de Sartre: "O escritor está *em situação* com sua época. Cada palavra tem repercussão. Cada silêncio também".[34]

Entre o intelectual crítico e o revolucionário, entre o compromisso com a verdade e com a política, entre Raymond Aron e Jean-Paul Sartre, dizia a intelectualidade francesa da época que era melhor "estar errado com Sartre que estar certo com Aron"[35] – o que ilustra a polarização marcante desses tempos.

Entretanto, n'*O século dos intelectuais*, impresso pela primeira vez em Paris, em 1997, o historiador francês Michel Winock lembra o mal-estar melindrado a partir de janeiro de 1950, quando Sartre e Merleau-Ponty publicaram na revista *Les Temps Modernes* um texto admitindo a existência dos campos soviéticos, mas hesitaram *escolher* um alvo de ataque num mea-culpa retórico: afinal, diziam os

---

33 SARTRE, 2004, p. 20-21.
34 Cf. WINOCK, 2000, p. 518, grifo no original.
35 GILMAN, 2012, p. 41.

autores, também existiam campos de concentração gregos e massacres nas colônias francesas...³⁶

Tempos depois, Tony Judt (1948-2010) se voltaria ao *passado imperfeito* dos intelectuais franceses tragados pela "fascinação magnética" das ideias comunistas especialmente no pós-guerra até 1956, quando Nikita Khrushchev (1894-1971) fez seu discurso criticando os crimes e os disparates stalinistas. Judt critica a irresponsabilidade de intelectuais como Sartre, Merleau-Ponty, Mauriac, Camus e Beauvoir, ao mesmo tempo incapazes de se integrar e de se afastar dos comunistas, dedicados não a condenar ou a defender os atos de Stalin, mas a tentar justificá-los.³⁷ Os intelectuais, lembra o historiador britânico, não seriam sequer diferentes dos demais indivíduos – afinal, também têm ambições e carreiras, também querem impressionar e por vezes reverenciar o poder.³⁸

Após a Segunda Guerra Mundial, a França se tornou palco privilegiado para os intelectuais. Paris, afinal, ainda era considerada um epicentro cultural, dando repercussão e poder de influência aos pensamentos, feitos e ideias de sua elite intelectual do pós-guerra.³⁹ Nos séculos XIX e XX, a cidade-luz se tornou abrigo preferencial para os exilados, para os intelectuais deserdados doutros países. No entanto, o olhar da *intelligentsia* francesa migrou para outros horizontes: a União Soviética. Ao defendê-la, critica Tony Judt, os intelectuais franceses superaram sua "irrelevância provinciana", dadas as limitações da realidade europeia da época, voltando a dialogar questões universais com a História.⁴⁰

Diante das desilusões desengatilhadas a partir de junho de 1956, quando *Le Monde* publicou o relatório secreto de Khrushchev, revelado meses antes no XX Congresso do Partido Comunista da União Soviética, catalisadas depois com a disputa de Suez (outubro de 1956) e a invasão de Budapeste (novembro de 1956), antes com o levante de Berlim (junho de 1953), a morte de Stalin (março de 1953) e a volta de Tito (janeiro de 1953), muitos intelectuais "desertaram".⁴¹ Assim, nas décadas de 1950 e 1960, os intelectuais franceses novamente precisaram virar os olhos para outros horizontes, não mais a Europa, não mais a União Soviética. Após a inde-

---

36 WINOCK, 2000, p. 606-607.
37 JUDT, 2007, p. 169.
38 JUDT, 2007, p. 208-209.
39 JUDT, 2007, p. 371.
40 JUDT, 2007, p. 359.
41 WINOCK, 2000, p. 649-659; JUDT, 2007, p. 382.

pendência da Argélia (julho de 1962), a luta contra o colonialismo tornou-se a luta contra o imperialismo a favor do Terceiro Mundo – "a jovem república Argentina, a Cuba de Fidel Castro e, em seguida, o Vietnã substituem a União Soviética nos corações".[42] No paralelo, acontecimentos como a prisão de Régis Debray na Bolívia (1967) e a morte de Che Guevara (1967). A política, pois, não gravitava mais na órbita francesa, mas alhures: "Os novos militantes voltam os olhos para o Vietnã e para a América Latina".[43]

Do outro lado do Atlântico, a América Latina. Enquanto Michel Winock fragmenta sua história dos intelectuais franceses em três momentos-chave (Maurice Barrès, Andres Gide e Jean-Paul Sartre) no século XX,[44] o historiador argentino Carlos Altamirano não vê possível marcação temporal similar para a história dos intelectuais na América Latina – apesar de destacar nomes importantes como Octavio Paz (1914-1998), José Carlos Mariátegui (1894-1930) e José Ingenieros (1877-1925). Diante da impossibilidade de indicar intelectuais como protagonistas absolutos a simbolizar diferentes momentos do século passado, Altamirano diz que os intelectuais latino-americanos se dedicaram predominantemente a causas nacionais, sem um epicentro intelectual como foi a *axis mundi* Paris.[45]

No início do século XX,[46] as nações latino-americanas viviam seus tempos de *belle époque* e de acelerado crescimento econômico, uma vez incorporadas à economia internacional como produtoras de matérias-primas e receptoras de capitais e inovações tecnológicas – o que impulsionou novo dinamismo nas sociedades e

---

42 WINOCK, 2000, p. 714.

43 WINOCK, 2000, p. 715.

44 Após a primeira edição d'*O século dos intelectuais*, de 1997, o autor destacou, nas páginas finais do livro, outro nome no panorama francês. Após a primavera de 1998, Michel Winock deixa aberta a questão se Pierre Bourdieu poderia protagonizar um novo capítulo da história dos intelectuais franceses (WINOCK, 2000, p. 801). Voltaremos a Bourdieu, adiante nas suas considerações sobre os campos intelectuais e, posteriormente, na sua presença nas páginas de *Le Monde Diplomatique*.

45 No original: "*[...] Eso refuerza el hecho que durante el siglo, la vida latinoamericana corrió predominantemente por cauces nacionales y que no hubo ningún escenario central, ninguna capital que ejerciere, como fue el caso de París, y no sólo para Francia, la función de metrópoles de donde brota la autoridad intelectual – con sus revistas, sus editoriales, sus academias, sus debates y, supuesto, sus maestros del pensar que a menudo han también sido maestros de la pluma*" (ALTAMIRANO, 2010, p. 11).

46 A influência das ideias francesas, vale dizer, é anterior ao século XX. No século XIX, na época das independências hispano-americanas via-se a razão como bússola para as ações humanas – e as tais ideias francesas se disseminaram na América Latina entre ilustrados que, alimentados por elas, se posicionaram no front de seus exércitos, como Simon Bolívar e Saint Martin. Cf. PRADO, 1999, p. 23.

ritmo nas cidades. Paulatinamente, a atividade política se profissionalizou, os escritores se especializaram e, ao longo das décadas de 1920, 1930 e 1940, foram se delineando os contornos do campo intelectual latino-americano, em torno de cafés, redações, revistas.[47]

O historiador francês François Dosse demarca na América Latina um bom terreno de transferência cultural do modelo de intelectual inspirado no *affaire* Dreyfus – um intelectual comprometido, com papel maior no fenômeno de *hibridização* da cultura europeia das luzes com as culturas autóctones.[48]

Outro historiador francês e latino-americanista, Olivier Compagnon considera que, nas primeiras décadas do século XX, a América Latina passou por uma profunda mudança intelectual, marcada por uma crise de identidade e por reflexões renovadas sobre o destino das nações.[49] Para Compagnon, o impacto da Primeira Guerra Mundial na intelectualidade latino-americana se verteu numa inquietação identitária muito forte, contexto agravado ainda com as celebrações dos centenários de suas independências. Se antes a Europa, sobretudo a França, representava um modelo de civilização, um ideal, uma luz para as nações latino-americanas, após a deflagração do conflito, os intelectuais latino-americanos passaram a mirá-la como um desmoronamento da razão, uma desilusão europeia, um desencantamento do *velho* mundo – e passaram a olhar para dentro, para as discussões, literárias e políticas, sobre suas próprias identidades nacionais[50] – discussões feitas, nas décadas de 1920 e 1930, na esteira do desenvolvimento da imprensa, das revistas culturais, como *Martín Fierro* (1924), *Amauta* de José Carlos Mariátegui (1926) e *Sur* de Victoria Ocampo (1931), das vanguardas modernistas e da valorização das culturas populares sintonizadas num *redescobrimento* latino-americano.

Ao abordar a questão nacional na intelectualidade latino-americana na década de 1920, a historiadora argentina Patricia Funes assinala como o antiimperialismo cruzou o pensamento sócio-político latino-americano na época, marcando uma das características mais expressivas das reflexões regionais no século XX,[51] nos

---

47 ALTAMIRANO, 2010, p. 13.
48 François Dosse destaca que Diana Quattrocchi-Woissou, por exemplo, mostrou o papel dos intelectuais como elite cosmopolita na Argentina, aberta às novidades da modernidade, mas atrapada num marco político refratário com o peronismo. Cf. DOSSE, 2007, p. 86.
49 COMPAGNON, 2014, p. 18.
50 COMPAGNON, 2014, p. 219.
51 FUNES, 2006, p. 205.

ensaios de José Vasconcelos (1882-1959), Leopoldo Lugones (1874-1938) e Ricardo Rojas (1882-1957), entre muitos outros – diante da expansão norte-americana e, como diria Olivier Compagnon, do *adeus* europeu no pós-guerra. Era o momento de pensar e *salvar* a nação. Para Funes, o imperialismo se tornou alvo teórico e ideológico, nas suas raízes econômica e política, de tal sorte que as oposições oligarquia/imperialismo *versus* povo/nação, consolidadas na década de 1920, entre o pós-guerra (1919) e a crise capitalista (1929), dominariam a cultura política latino-americana nas décadas de 1930 e 1940.[52]

Se no século XIX e nos primeiros passos do século XX, a cultura europeia, sobretudo francesa, marcava presença notável nos países latino-americanos, como modelo relacionado às ideias de progresso e de civilização,[53] a década de 1930 viria a intensificar a distância entre esses imaginários culturais e políticos ultramarinos. Por muito tempo, a cultura francesa simbolizou um farol republicano, um modelo cultural e político de democracia liberal a inspirar as elites de outras nações – um modelo que, a partir da década de 1930, passaria por uma forte crise de legitimidade. A declaração da guerra *total* (1939) ricocheteou como uma derrota moral do modelo francês – à guerra, afinal, se impregnava a ideia de barbárie, muito distante do ideal de civilização.[54] Assim, o historiador francês Denis Rolland destaca dois movimentos nesse fluxo histórico: no século XIX, a França era vista da América Latina como o país cultural por excelência – na sua expressão, um "conservatório cultural"; no século XX, a América Latina passa a ser vista como um "laboratório cultural".[55]

---

52 FUNES, 2006, p. 406-407.
53 ROLLAND, 2005, p. 111.
54 Apesar da guerra, Denis Rolland assinala que a França, ocupada e resistente, tornou-se símbolo de uma liberdade a recuperar – o que provocou uma retomada apenas momentânea dos laços já afrouxados entre França e América Latina. Além da guerra, o autor cita outros fatores para o distanciamento e a crise do modelo francês, como o interesse dos olhares latino-americanos a outros pontos do mundo, como a Revolução Russa de 1917 (que impulsionou a fundação dos primeiros partidos comunistas latino-americanos, na Argentina, no Brasil e no Chile, e da primeira seção latino-ameicana do Komintern no México, em 1919) (ROLLAND, 2005, p. 250). Na década de 1920, ideias socialistas, comunistas e anarquistas penetraram o tecido latino-americano e geminaram a fundação dos partidos filiados à Terceira Internacional Comunista, na Rússia: Argentina, 1918; Brasil, 1922; Cuba, 1925; Colômbia, 1930; Peru, 1930 (PRADO, PELLEGRINO, 2014, p. 118). Tempos depois, com os ares de triunfo dos americanos no pós-guerra, do *american way of life* (ROLLAND, 2005, p. 458). Voltarei a abordar a influência francesa no imaginário cultural e político latino-americano, sobretudo argentino, a partir dos diálogos e das relações imbricadas entre intelectuais – franceses e argentinos – na idealização e na realização de *Le Monde Diplomatique* no país. Ver capítulo 3: *Do outro lado do Atlântico*.
55 ROLLAND, 2005, p. 466-467.

De volta ao século XX, enquanto dois mundos se polarizavam após a Segunda Guerra Mundial, África, Ásia e América Latina passaram a surfar uma onda revolucionária que, para muitos, poderia se revelar a força motriz para a revolução mundial. Era a ascensão de um Terceiro Mundo, que pretendia intervir politicamente, sem se aliar aos Estados Unidos ou a União Soviética, contexto que se marcaria posteriormente por Cuba (1959), pela descolonização africana e pela resistência vietnamita. Assim, ao destrinchar o papel dos escritores-intelectuais nas revistas diversas político-culturais latino-americanas nas décadas de 1960 e 1970, como as argentinas *El Grillo de Papel* (1959) e *El Escarabajo de Oro* (1961), as cubanas *Casa de las Américas* (1960) e *El Caimán Barbudo* (1966) e as mexicanas *Cuadernos Americanos* (1942) e *Siempre!* (1953), a historiadora argentina Claudia Gilman considera que as discussões intelectuais e políticas ficaram marcadas pela recusa a toda postura colonial e imperialista, consolidando-se, ademais, a convicção de que os rumos históricos mudavam de horizonte – e as expectativas sobre as possibilidades revolucionárias se voltavam ao Terceiro Mundo.[56] Diante desse protagonismo terceiro-mundista, intelectuais latino-americanos, ainda catapultados internacionalmente com o *boom* da literatura latino-americana com Gabriel García Márquez (1927-2014), Mario Vargas Llosa (1936-), Julio Cortázar (1914-1984), Guillermo Cabrera Infante (1929-2005), Carlos Fuentes (1928-2012), Alejo Carpentier (1904-1980) e Ángel Rama (1926-1983), entre outros, manifestavam a convicção de que poderiam – e que deveriam – personificar uma das principais forças para a transformação radical da sociedade. Aos olhos do poder constituído, os escritores-intelectuais latino-americanos passaram a ser vistos como agitadores, subversivos, utópicos.[57]

Entre o intelectual comprometido e o intelectual revolucionário, entre a pluma e o fuzil, a intelectualidade latino-americana viveu outro momento de inflexão a partir da década de 1960, que cimentaram as tais expectativas sobre a revolução mundial com os golpes militares perpetrados no território latino-americano – como no Brasil (1964), na Argentina (1976), no Chile (1973) e no Uruguai (1973).

Após os nebulosos tempos das ditaduras militares,[58] enquanto a América Latina voltava passo a passo a trilhar seus caminhos nas redemocratizações nas décadas

---

56 GILMAN, 2012, p. 370.
57 GILMAN, 2012, p. 59-61.
58 Há, vale dizer, uma riquíssima literatura sobre a história das ditaduras militares latino-america-

de 1980 e 1990, outros rumos assolavam as expectativas da esquerda mundo afora – a derrocada do muro de Berlim (1989), a dissolução da União Soviética (1991) e a consolidação das políticas neoliberais nos anos seguintes. Nestas páginas, pretendo questionar se, na virada do século XX para o século XXI, os intelectuais voltariam, mais uma vez, o olhar a outros horizontes: de volta à América Latina, marcada por um *giro a la izquierda* com a conquista do poder por políticos, líderes e movimentos marcadamente identificados com posições antineoliberais, ancorados em tradições socialistas e socialdemocratas, à esquerda ou centro-esquerda no espectro político[59] – certamente lembrando seus diferentes matizes e singularidades na realidade regional –, nas vitórias nos pleitos presidenciais de Hugo Chávez na Venezuela (1998), Luiz Inácio Lula da Silva no Brasil (2002), Néstor Kirchner na Argentina (2003), Evo Morales na Bolívia (2005), Michelle Bachelet no Chile (2005), Rafael Correa no Equador (2006), Tabaré Vázquez e José Pepe Mujica no Uruguai (2004 e 2009). Noutros tempos interrompido por sombrias ditaduras militares, o protagonismo latino-americano voltaria revigorado na alvorecer do novo século aos olhos dos intelectuais e das esquerdas?[60]

*

Intelectuais e esquerdas. Lado a lado, as duas expressões suscitam questionamentos e argumentações. Por que, como questiona Norberto Bobbio, atribuímos aos intelectuais caracteres moralmente positivos, como a bravura de suas convicções, a independência de seu juízo, a ousadia de suas ideias, o gosto do paradoxo, o espírito critico, a defesa da liberdade e da justiça?[61] A propósito do livro de Julien

---

nas, nos seus contextos, contornos e confrontos, valiosa na revelação das violações aos direitos humanos, na reflexão sobre o "legado" autoritário residual nas sociedades pós-ditaduras (MARTINHO, COSTA PINTO, 2012), na crítica à censura na impresa (AQUINO, 1999; KUCINSKI, 1991; KUSHNIR, 2004), na análise das manifestações culturais da época (RIDENTI, 2014), entre muitas outras perspectivas sobre o período no Brasil e na América Latina. Voltarei, noutros momentos, à questão da ditadura e da política na Argentina. Ver capítulos 3: *Do outro lado do Atlântico* e 4: *Encontros e desencontros*.

59 AGUIRRE, 2013, p. 1; MODONESI, 2013, p. 151.
60 Voltarei mais intensamente a essa questão no desenvolvimento desta tese, a fim de respondê-la a partir da análise de *Le Monde Diplomatique* ao relacionar a perspectiva dos intelectuais franceses e a realidade dos intelectuais latino-americanos, no caso, argentinos – e como colidem, atraem-se e afastam-se essas duas visões. Um questionamento capital, também presente nos capítulos seguintes, é a definição de "esquerda" para *Le Monde Diplomatique*. Ver capítulos 4: *Encontros e desencontros* e 5: *Entre ideias e ilusões*.
61 BOBBIO, 1997, p. 116.

Benda, Bobbio minuta que a verdade dos intelectuais vale mais à esquerda, pois os intelectuais de esquerda podem declarar seus fins, mas os intelectuais de direita, não. Os primeiros declarariam desejar a justiça social para a humanidade; os segundos diriam desejar salvar a pátria e a liberdade, mas pensariam no extremo oposto – "no que pensam efetivamente, na defesa dos próprios interesses, não têm a coragem de dizer, e se o dissessem ninguém os apoiaria, e por isso agem continuamente de má-fé", critica o politólogo.[62]

No paralelo, o sociólogo Michael Löwy faz alinhada crítica ao analisar o itinerário intelectual e a ideologia política de György Lukács (1885-1971). Löwy destaca que os intelectuais ocupam um lugar específico no processo de produção ideológica. Seriam, aliás, produtores diretos da esfera ideológica. Seriam artistas, escritores, filósofos, publicistas, teólogos, certos estudantes e jornalistas – que vivem, sublinha o sociólogo, num universo regido por valores qualitativos: o belo e o feio, o certo e o errado, o justo e o injusto e assim por diante.[63] Assim, muitos intelectuais se encontram essencialmente em contradição com o universo capitalista, ditado rigorosamente por valores quantitativos, isto é, sob a égide do capital. "Para o artista, o quadro é antes de tudo belo, luminoso, expressivo ou inquietante; para o capitalismo, é antes de tudo um objeto que vale 50.000,00!", ilustra o sociólogo.[64] Diante desse contraste, primordialmente avessos ao capitalismo, portanto, os intelectuais recusariam não tal ou qual pilar quantitativo do modo de produção capitalista, mas sua pedra fundamental: a dominação de toda vida humana pelo valor de troca.[65]

Ao lado do crítico literário Robert Sayre, Löwy avança na discussão sobre a aversão dos intelectuais ao capitalismo a partir da ideia de *romantismo anticapitalista*, compreendida como visão crítica, resposta e recusa às condições de vida na sociedade capitalista moderna.[66] Um romantismo, poetizaria Gérard Nerval, ao mesmo tempo "iluminado pela estrela da *revolta* e pelo sol negro da *melancolia*".[67]

---

62 BOBBIO, 1997, p. 49.
63 LÖWY, 1979, p. 6.
64 LÖWY, 1979, p. 6.
65 LÖWY, 1979, p. 270.
66 LÖWY, SAYRE, 1993, p. 20.
67 LÖWY, SAYRE, 2008, p. 28; grifo meu.

Entre as diferentes vertentes do *romantismo anticapitalista* destrinchadas pelos autores,[68] destaca-se especialmente a ideia de romantismo revolucionário,[69] que almejaria um futuro radicalmente novo, reencontrando valores perdidos com a modernidade capitalista. Nas palavras de Michael Löwy e Robert Sayre, "a nostalgia do passado pré-capitalista é, por assim dizer, 'investida' na esperança de um futuro pré-capitalista".[70]

Segundo Löwy e Sayre, diversas dimensões românticas estariam presentes no Maio de 1968 e outras irrupções da época, como nos movimentos terceiro-mundistas, nas mobilizações pacifistas, na teologia da libertação, nas ideias feministas, nas correntes ecológicas, nas agitações contraculturais, entre outros fluxos.[71]

---

68 Invertendo a expressão "anticapitalismo romântico" de Lukács, Michael Löwy e Robert Sayre propõem uma tipologia do "romantismo anticapitalista", da direita à esquerda, do século XVIII aos dias atuais. Entre os diferentes tipos estariam: 1. o romantismo restitucionista, que visa restituir valores sociais e culturais pré-capitalistas, do passado medieval (como Adam Müller, Friedrich Novalis, Friedrich Schelling); 2. o romantismo conservador, que busca manter um estado tradicional na sociedade existente, legitimando a ordem a partir da evolução história considerada natural (como Edmund Burke, Thomas Malthus, Stahl); 3. o romantismo fascista, marcado pelo anticapitalismo mesclado à recusa da democracia parlamentar e do comunismo (como Gottfried Benn, Knut Hamsun); 4. o romantismo resignado, que lamenta a modernidade, mas nela reconhece uma situação *de facto* (como Thomas Mann, Max Weber, Gustave Flaubert); 5. o romantismo reformador, que valoriza formas e reformas para voltar a valores antigos (como Lamartine, Lamennais, Victor Hugo); e 6. o romantismo revolucionário, que pretende instaurar um futuro novo, reencontrando valores perdidos com a consolidação da modernidade capitalista (LÖWY, SAYRE, 1993; LÖWY, SAYRE, 2008, *passim*). Certamente, a tipologia, inspirada nos tipos ideais de Max Weber, não é rígida, pois a vida e o itinerário intelectual de um autor podem não corresponder a um tipo ideal ou podem corresponder a vários, além dos movimentos e reviravoltas entre as diferentes linhas do romantismo anticapitalista (LÖWY, SAYRE, 1993, p. 33; LÖWY, SAYRE, 2008).

69 Dentro do romantismo revolucionário, os autores identificam linhas diferentes, a saber: 1. o romantismo jacobino-democrático, crítico das opressões do passado e do presente, vinculado ao iluminismo (como Jean-Jacques Rousseau, Heinrich Heine); 2. o romantistmo populista, que pretende desenvolver modos de produção da vida camponesa pré-moderna (como Leon Tolstói, Aleksandr Herzen); 3. o socialismo utópico-humanista, que critica o capitalismo a favor da humanidade (como Fourier, Leroux, Moses Hess); 4. o romantismo libertário, ou anarquista, que idealiza uma federação descentralizada inspirada em tradições pré-capitalistas de camponeses (como Mikhail Bakunin, Oscar Wilde, Pierre-Joseph Proudhon); e 5. o romantismo marxista, vertente focada na luta de classes e no papel revolucionário do proletariado (como Walter Benjamin, Raymond Williams, Hebert Marcuse, Henri Lefebvre, E. P. Thompson, E. Bloch, além dos próprios Marx e Engels) (LÖWY, SAYRE, 1993; LÖWY, SAYRE, 2008).

70 LÖWY, SAYRE, 2008, p. 31.

71 No fim da década de 1950, circunstâncias históricas permitiram o florescimento de diversas versões do romantismo revolucionário, na Argélia, Cuba, Vietña. No Brasil, o sociólogo Marcelo Ridenti versa o romantismo revolucionário para compreender as lutas políticas e culturais durante a ditadura, especialmente entre a década de 1960 e o início da década de 1970, da luta armada às manifestações políticas e culturais no cinema, na literatura, na música e no teatro (RIDENTI, 2014).

A palavra "romantismo", entretanto, ainda é lida, tragada e digerida com certo amargor atualmente. Vista como um desvio de trajeto, a expressão é alvo de interpretações desprestigiadas e pejorativas, que relacionam "romantismo" a idealistas ingênuos, utopistas do passado, inveterados nostálgicos que, desenraizados do presente, não se mobilizam para construir o futuro. Não é a ideia presente. Cito, porém, as dimensões coloridas do romantismo revolucionário por considerá-las essenciais para a compreensão do jogo de luzes entre intelectuais franceses e latino-americanos, num certo fascínio no olhar do outro a respeito das experiências e potencialidades revolucionárias dos dois lados do Atlântico. De um lado, intelectuais latino-americanos inspirados ao rememorar as tradições francesas, berço revolucionário republicano e da *intelligentsia* moderna. De outro, intelectuais franceses admirados ao observar as alternativas experimentadas no território latino-americano, simbólico novo mundo e laboratório político-cultural, no presente século. E como uns e outros se *idealizam*.[72]

Amadores, críticos, engajados, orgânicos, outsiders, utópicos, subversivos, revolucionários, românticos, os intelectuais incorporaram diferentes *representações* ao longo da história. Utópicos ou realistas, reverenciados ou malditos, lembrados ou esquecidos, os intelectuais tentam influir nos ritmos e rumos de suas sociedades, independentemente de uma efêmera vitória ou de um amargo fracasso, conquistando, assim, seu lugar na história. Nesta tese, os intelectuais são considerados *lato sensu* acadêmicos, artistas, escritores, estudantes, eruditos, experts, ideólogos, jornalistas e militantes, entre muitos outros ofícios e ocupações; mas *stricto sensu* no papel desempenhado na sociedade, isto é, enquanto produtores e difusores de ideias: atores no debate público.

Não seria demais lembrar: os intelectuais não estão para além do bem e do mal. E se há mentes brilhantes empenhadas na crítica para a defesa das minorias, há ainda pensadores dedicados às cartilhas do *status quo* – afinal, há intelectuais tanto à esquerda quanto à direita no espectro do jogo político. Essencialmente imperfeitos, os intelectuais devem lidar como equilibristas entre um realismo firme, um desvelo racional austero e um duelo com seus próprios dilemas, dramas, interesses, lassitudes e paixões políticas. Ademais, os intelectuais *pertencem* ao seu tempo. Não

---

[72] Hipótese capital desta tese, voltarei a esse questionamento ao abordar o caso específico dos intelectuais protagonistas da história de Le Monde Diplomatique. Ver capítulos 4: *Encontros e desencontros* e principalmente 5: *Entre ideias e ilusões*.

são almas desenraizadas, mas corpos e mentes que se relacionam inextricavelmente à sua realidade, ao seu país e à sua época.

Do sociólogo Pierre Bourdieu (1930-2002), vale destacar a ideia de *campo intelectual* como primeiro horizonte dos conflitos político-culturais. Trata-se de um universo social diferenciado, articulado com sua própria lógica e suas relações internas. Ali os indivíduos estariam integrados numa estrutura em que são fundamentais as relações recíprocas e a sociabilidade, as questões de legitimidade e de capital cultural – o que permite abarcar diversas alternativas das trajetórias individuais de seus integrantes e de seus produtos culturais.[73] Diz Bourdieu: "Esse universo relativamente autônomo (o que significa dizer também, é claro, relativamente dependente, em especial com relação ao campo econômico e ao campo político) dá lugar a uma economia às avessas, fundada, em sua lógica específica, na natureza mesma dos bens simbólicos, realidades de dupla face, mercadorias e significações, cujo valor propriamente simbólico e o valor mercantil permanecem relativamente independentes".[74] É preciso, pois, considerar as questões geracionais, os diferentes itinerários (a trajetória política dos intelectuais) e as talvez divergentes sociabilidades (as relações entre os intelectuais, ancoradas nas suas simpatias e motivações ideológicas, filosóficas e políticas, mas também nas relações de solidariedade e sensibilidade seladas).[75]

A ideia de *campo intelectual* descortina uma discussão sobre a legitimidade disputada, apostada e atribuída aos avatares da *intelligentsia*. Um definir de identidades – quem, afinal, tem autoridade para se declarar "intelectual"? – no qual esses trabalhadores do pensamento só passam a existir como tais dentro de uma rede de relações, visíveis e invisíveis, que definem sua posição social, diante da posição dos outros.[76] Definição definitiva, pois, não há.

---

73 Na questão metodológica, Pierre Bourdieu oferece referência fundamental sobre as operações necessárias para analisar obras culturais. Primeiro, a análise da posição do campo literário/intelectual em relação ao poder – e sua evolução no decorrer do tempo. Segundo, a análise da estrutura interna do campo literário/intelectual, que obedece às suas próprias regras, isto é, a estrutura das relações entre as diferentes posições de seus integrantes. Terceiro, a análise da gênese dos *habitus* desses integrantes, na relação de suas trajetórias e seus produtos culturais (BOURDIEU, 1996, p. 243).
74 BOURDIEU, 1996, p. 162; BOURDIEU, 2002.
75 SIRINELLI, 1996.
76 BOURDIEU, 1996; BOURDIEU, CHARTIER, 2010, p. 13; CHARTIER, 2011, p. 88.

O historiador Jean-François Sirinelli destaca o caráter polissêmico e polimorfo da ideia de "intelectual".[77] No entanto, pondera: a definição de intelectual pode ser *variável*, de acordo com a época e o contexto histórico, mas está alicerçada em *invariantes*.[78] Ilustra Sirinelli que, enquanto mediadores culturais, os intelectuais podem se reunir num núcleo duro mais estreito, como o setor de uma universidade e a redação de uma revista. Às revistas, um olhar francês:

> As revistas conferem uma estrutura ao campo intelectual por meio de forças antagônicas de adesão – pelas amizades que as subentendem, as fidelidades que arrebanham e a influência que exercem – e de exclusão – pelas posições tomadas, os debates suscitados e as cisões advindas. Ao mesmo tempo que um observatório de primeiro plano da sociabilidade de microcosmos intelectuais, elas são, aliás, um lugar precioso para a análise do movimento das ideias. Em suma, a revista é, antes de tudo, um lugar de fermentação intelectual e de relação afetiva, ao mesmo tempo viveiro e espaço de sociabilidade, e pode ser, entre outras abordagens, estudada nesta dupla dimensão.[79]

Para François Dosse, enquanto observatório essencial para estudar a história dos intelectuais, as revistas revelam ainda afinidades num reordenamento ao redor de um indivíduo, evidenciando uma usual personalização de uma revista: *Les Temps Modernes* com Jean-Paul Sartre, *Esprit* com Emmanuel Mounier, *Cahiers de la Quinzaine* com Charles Péguy, *Annales* com Marc Bloch e Lucien Febvre e assim por diante[80] – e, no paralelo possível, adiciono, *Le Monde Diplomatique* com Claude Julien e Ignacio Ramonet na França; *El Dipló* com Carlos Gabetta na Argentina. Tal personalização garantiria relativa continuidade a uma realidade frágil e movediça, exposta a múltiplas mutações e rupturas.

Às tradições das revistas latino-americanas, um olhar argentino, de Altamirano:

---

77 Para Sirinelli, é preciso considerar três noções para o estudo dos intelectuais: geração, itinerário e sociabilidade. Quanto à questão geracional, o historiador observa que as solidariedades são um elemento importante nos círculos intelectuais – e é preciso considerar a geração, que costuma se formar a partir de um acontecimento fundador, permitindo construir uma memória coletiva para as trajetórias individuais. A análise do itinerário político, por sua vez, permite uma abordagem sobre o engajamento dos intelectuais. A sociabilidade, por fim, pode acontecer em torno da elaboração de uma revista, um manifesto, uma editora, passando também pela relação entre as dimensões afetivas e ideológicas, pois os comportamentos dos intelectuais são firmados não só por motivações filosóficas ou políticas, mas pela sensibilidade (SIRINELLI, 1996).

78 SIRINELLI, 1996, p. 242-243.
79 SIRINELLI, 1996, p. 249.
80 DOSSE, 2007, p. 59.

> As revistas culturais têm sido tradicionalmente uma frente para a história das ideias e a história da literatura. Através delas é possível estudar as direções e as batalhas do pensamento nas sociedades modernas e fazer o mapa das linhas de sensibilidade de uma cultura em um determinado momento. Entretanto, as revistas são também uma forma de agrupamento e de organização da *intelligentsia* e uma história dos intelectuais não poderia esquecê-las [...].[81]

Crítica literária e socióloga argentina, Beatriz Sarlo também avista o papel que tiveram as revistas para os intelectuais latino-americanos. Por sua intencionalidade política, aposta nas revistas como lugar privilegiado para pensar o presente que pretendiam transformar.[82] Nessa ótica, as revistas são, portanto, palco de batalhas estéticas, ideológicas e políticas – um convite a assistir, analisar e criticar os projetos e as atividades intelectuais.

Observatório de primeira ordem, portanto, as revistas – sobretudo as revistas literárias e políticas – podem compor um *locus* privilegiado para a investigação do papel *de facto* dos intelectuais e dos movimentos das ideias, pois a imprensa pode se revelar terreno fértil para as discussões políticas, enquanto mediador de ideias na esfera dos debates culturais, estéticos, estilísticos, intelectuais, ideológicos e políticos de nosso tempo.[83]

*

---

[81] ALTAMIRANO, 2010, p. 19.
[82] SARLO, 2005; SARLO, 2005a.
[83] No Brasil, diversos estudos abordaram a imprensa como documento e como fonte principal para o historiador. Há uma importante bibliografia sobre a imprensa alternativa (uma impressionante experiência nacional nos tempos da ditadura civil-militar, com símbolos como *Pasquim, Pif Paf* e *Movimento*), sobre a imprensa tradicional (com questionamentos sobre as posições editoriais e políticas de "jornalões" como *Folha de S.Paulo* e *O Estado de S. Paulo*) e sobre as revistas político--culturais (não só nacionais, mas principalmente latino-americanas, como *Lunes, Martín Fierro, Sur*, entre outras). Entre outros, exemplos emblemáticos se encontram nas dissertações de Maria Helena Rolim Capelato e Maria Ligia Coelho Prado, publicadas no livro *O bravo matutino: imprensa e ideologia: O Estado de S. Paulo* (1980); de Maria Aparecida de Aquino, versada no livro *Censura, imprensa e Estado autoritário (1968-1978): O Estado de S. Paulo e Movimento* (1999); e de Silvia Mikulin, com a investigação de *Lunes* no livro *Cultura ilhada: imprensa e Revolução Cubana (1959-1961)* (2003); nas teses de Bernardo Kucinski, com *Jornalistas e revolucionários: nos tempos da imprensa alternativa* (1991); e de Beatriz Kushnir, com *Cães de guarda: jornalistas e censores, do AI-5 à Constituição de 1988* (2004). Maria Helena Rolim Capelato ainda assina *Os arautos do liberalismo: imprensa paulista (1920-1945)* (1989) e *Imprensa e história do Brasil* (1988).

História *da* imprensa, mas também *na* imprensa e *através da* imprensa.[84] Isto é, diversos prismas refletem no papel da imprensa na historiografia: como observadora, como narradora e como protagonista de uma história. A fim de compreender o presente a partir de uma revista, é preciso desvendar um universo próprio da imprensa: diretrizes editoriais, edições especiais, ilustrações e fotografias, páginas mais relevantes, questões de layout, reuniões de pauta e de redação, relações oficiais e extraoficiais com a política, com os políticos e os partidos. Assim, estudar uma revista implica descobrir, demarcar e desvelar seus elos internos e externos,[85] ao considerar que a imprensa é, antes de tudo, um pequeno universo simbólico que merece ser observado por *dentro* e, posteriormente, por *fora*, nas suas relações com a sociedade e o poder.

Vale talvez um pequeno parêntesis: há infindáveis críticas voltadas à imprensa, como registro fragmentário do presente, realizado sob o influxo de diferentes interesses, ideais e paixões. Certamente, é preciso considerar criticamente o jornalismo e a imprensa como construções sociais – afinal, jornais e revistas não imprimem a realidade, mas interpretações sobre a realidade; aliás, jornais e revistas muitas vezes erram, esquivam, tergiversam e, infelizmente, mentem.

Entre a relativa transcendência dos livros e a relativa transitoriedade dos jornais, as revistas[86] se ocupam do presente. Se liderada por rodas intelectuais, pertencem simultaneamente ao campo jornalístico e ao campo artístico-cultural, podendo reunir no mesmo *front* teóricos, políticos, militantes. Logo podem ser analisadas

---

84 LUCA, 2014.
85 JEANNENNEY, 2003.
86 Neste ponto, reitero uma das primeiras notas desta tese: a preferência para designar *Le Monde Diplomatique* como "revista", "magazine" ou "gazeta". Primeiro, para evitar confusões com o "jornal" diário *Le Monde*, diversas vezes mencionado nas próximas páginas. Segundo, a periodicidade mensal, o estilo e a linha editorial diferenciada afastam *Le Monde Diplomatique* do perfil de um jornal nos moldes convencionais da imprensa. Além disso, no Brasil, as definições correntes reservam as palavras "jornal" para a publicação diária e "revista" para as de periodicidade mais espaçada, enfeixadas por uma capa e com maior diversidade temática – entretanto, só para ponderar, "sempre se pode citar os jornais semanais e seu afã de tudo abarcar, ou as revistas extremamente especializadas" (LUCA, 2014, p. 131). Segundo o dicionário referência Houaiss, o verbete "jornal" se refere a uma publicação diária, com notícias sobre o cenário político nacional e internacional, além de informações sobre diversos ramos do conhecimento; "revista", por sua vez, refere-se a uma publicação periódica que costuma reunir matérias jornalísticas – e, se voltadas a um público especializado, assumem um determinado formato (por exemplo, literário ou científico). A revista preenche, ou pretende preencher, lacunas informativas deixadas pela cobertura dos jornais diários. Além do design mais sofisticado, outro fator a diferenciá-la dos jornais é o texto, conciliando técnicas jornalística e literária, com teor interpretativo: o estilo magazine (VILAS BOAS, 1996).

como baluartes culturais e porta-vozes políticos. Ora observadora ora protagonista da história, uma revista pode simbolizar uma arena em que jornalistas e intelectuais fazem política – e fazem jornalismo, a maior batalha por corações e mentes de nosso tempo.[87]

De volta às trincheiras das ideias: da carta *"J'accuse!"* de Émile Zola no literário *L'Aurore*, passando por manifestos de Jean-Paul Sartre na revista *Les Temps Modernes* até, no horizonte do século XXI, a hiper-atualizada história imediata, com intelectuais como Bernard Cassen na idealização do Fórum Social Mundial de Porto Alegre, Slavoj Žižek no Occupy Wall Street de Nova York e muitos outros reunidos na confecção das edições de *Le Monde Diplomatique*, os intelectuais aguçaram as mais diversas inquietações teóricas e estudos de outros intelectuais, a respeito de seu papel na sociedade.

Inquietações extremamente presentes nos tempos atuais. Se entre guerras ideológicas e revoluções, o breve século XX se tornou a era do engajamento político dos intelectuais, que intelectualidade possível traz a aurora do século XXI? Onde estão os agitadores, promotores de campanhas e signatários de manifestos? Onde estão os sucessores de Michel Foucault, Pierre Bourdieu, Raymond Aron?[88] Nesses tempos *fraturados*, como instigara Eric Hobsbawm, que brechas podem encontrar os intelectuais diante de um mundo dominado pelo espetáculo midiático? Que inteligibilidade se pode encontrar num mundo paradoxal onde a *irracionalidade* na política e nas ideologias podem perfeitamente conviver com a racionalidade das tecnologias mais avançadas?[89]

Entre suas tramas e dilemas, repensar a história dos intelectuais implica lembrar as condições a impulsioná-la. Desde fins do século XX até o presente, com novo gás a partir da renovação da história política, a história dos intelectuais conquistou legitimidade paulatinamente nas arenas acadêmicas.[90] A história dos intelectuais está, aliás, no cruzamento das histórias cultural, social e política.[91]

---

87 ROSSI, 1995, p. 10.
88 HOBSBAWM, 2013, p. 229-230.
89 HOBABWM, 2013, p. 234.
90 No Brasil, destaco as coletâneas *Intelectuais, história e política: séculos XIX e XX*, organizada por Daniel Aarão Reis Filho (2000); *Intelectuais e Estado*, organizado por Denis Rolland, Elide Rugai Bastos e Marcelo Ridenti (2006); e *Intelectuais e imprensa*, organizada por Álvaro Santos Simões Junior, Cleide Antonia Rapucci e Luiz Roberto Cairo (2009).
91 SIRINELLI, 2003, p. 232.

A partir das décadas de 1970 e 1980 especialmente, a história política passou por uma vigorosa renovação teórica e metodológica, impulsionada pelo encontro com outras ciências sociais e disciplinas afins.[92] Na encruzilhada, na expressão de René Rémond, a história política passou a dialogar com ideias, interrogações, métodos, noções e questionamentos de outros campos, como a antropologia, a ciência política, a sociologia, entre outras.

Liberta das amarras da história política tradicional – esta *magistra vitae* focada, sobretudo, na suprema história do Estado e das disputas pela conquista ou pela conservação do poder, envolvendo as instituições que as materializaram e as revoluções que as transformaram,[93] com auge na historiografia do século XIX –, a história política renovada se abriu para questionamentos outros, também podendo se debruçar sobre o poder, mas nos jogos de luzes e sombras nele envoltos.

Diante das acusações, controvérsias e críticas sobre o caráter idealista, factual e positivista de suas narrativas cronológicas elogiosas aos *heróis* – isolando arbitrariamente os protagonistas das multidões –, a história política foi eclipsada no início do século XX, dando lugar à história social, à história das mentalidades e ao marxismo. Nas décadas de 1930 e 1940, a partir da fundação da revista *Annales* de 1929 por Marc Bloch (1886-1944) e Lucien Febvre (1878-1956), a história política foi alvo de muitas críticas, num momento em que os historiadores se desvencilhavam da história *événementielle* e buscavam diálogos com outras ciências sociais.[94] Após a predominante história *nova*, herdeira dos *Annales*, liderada por historiadores como Jacques Le Goff e Pierre Nora,[95] a partir da década de 1980 principalmente com o livro-manifesto de René Rémond, graças à revisão de suas fundamentações epistemológicas, a história política *renovada* saiu das simples narrativas ao redor do Estado, das instituições e do poder, voltando à baila com novas abordagens, passando a abraçar outras áreas e questões, como o político, os partidos, as palavras, os movimentos, as minorias, a memória, a imprensa, os intelectuais e assim por diante.[96] À

---

92 RÉMOND, 2003, p. 29; ROSANVALLON, 2010.
93 RÉMOND, 2003, p. 15.
94 LE GOFF, 2003, p. 128-129.
95 LE GOFF, NORA, 1979; LE GOFF, 1993; LE GOFF, 2003.
96 Publicada primeiramente na França, a coletânea *Por uma história política* (primeira edição de 1988), organizada por René Rémond, reúne uma série de ensaios que pretendem pavimentar fundamentações teóricas e metodológicas para a história política dedicada a novas questões. Rémond aborda *o* político, enquanto Serge Berstein os partidos, Jean-Nöel Jeannenney a mídia, Jean-François Sirinelli os intelectuais e assim por diante. Nas aproximações entre a história cul-

época, a história dos intelectuais também despertou, embalada por novos interesses e renovados olhares.[97]

No contexto da renovação da história política, também a história do tempo presente paulatinamente conquistou seu lugar nas arenas acadêmicas. O estudo do político e o retorno da história política tiveram papel aglutinador e dinamizador para esse campo, aberto e novo.[98] Ao propor um estudo sobre o papel dos intelectuais no século XXI, é preciso, pois, ponderar sobre as possibilidades e os limites da história do tempo presente.[99] Tida como provocação à história cravada nos cânones tradicionais, a história do tempo presente é delicada, pois pertence a um tempo e a uma atualidade em que os atores arrolados não raro ainda transitam na sociedade – e as situações que protagonizam ainda são discutidas e discutíveis no calor do momento, dentro e fora do ateliê do historiador. É, de fato, uma tarefa árdua abordar questões intrínsecas ao tempo presentemente vivido, mas é preciso lembrar que a história do tempo presente é, antes de tudo, *história*.[100] Assim, é imprescindí-

---

tural e a histórica política, vale destacar a coletânea *Para uma história cultural* (1998), organizada por Jean-Pierre Rioux e Jean-François Sirinelli, com contribuições de Daniel Roche, Jean-Nöel Jeannenney, Serge Berstein, entre outros.

97 François Dosse lembra a fundação do Groupe de Recherche sur l'Histoire des Intellectuels (GRHI), alojado no Institut d'Histoire du Temps Présent, em 1985, dirigido inicialmente por Jean-François Sirinelli que, logo em 1986, assinou o livro *Les intellectuels en France, de l'affaire Dreyfus à nos jours*, com Pascal Ory. Não muito tempo depois, em 1997, Michel Winock publicou a primeira edição de *Le siècle des intellectuels*. A partir de tais marcos continuaria o dinamismo do campo dos intelectuais na disciplina histórica. Cf. DOSSE, 2007, p. 13.

98 CHAUVEAU, TÉTART, 1999, p. 11-14.

99 Foi publicada primeiramente na Bélgica a coletânea *Questões para a história do tempo presente* (primeira edição de 1992), organizada por Agnès Chauveau e Philippe Tétart, que reúne uma série interessante de ensaios sobre as possibilidades e os limites da história do tempo presente, com contribuições de René Rémond, Jean-François Sirinelli, Jean-Pierre Rioux e Jacques Le Goff, entre outros. Na França, por volta de 1978, foram fundados o Institut d'Histoire du Temps Présent, por François Bédarida, e o Institut d'Histoire Moderne et Contemporaine, na Université Panthéon-Sorbonne – Paris I, ambos vinculados ao Centre National de la Recherche Scientifique (CNRS). No Brasil, a história do tempo presente deu seus primeiros passos no fim da década de 1970, postulando, ao contrário do que dizia a história tradicional (esta ainda fincada no passado distante), que o presente pode, sim, ser visto, observado e lido como um objeto de estudo legítimo. Atualmente, há importantes núcleos de estudo nesse campo – como o programa de pós-graduação da Universidade do Estado de Santa Catarina (UDESC), homologado em 2008, especialmente dedicado à história do tempo presente; e o Laboratório de Estudos do Tempo Presente, fundado em 1994, como parte do Instituto de Filosofia e Ciências Sociais da Universidade Federal do Rio de Janeiro (UFRJ).

100 Este estudo se ancora na história do tempo presente, logo vale lembrar que há distinções, não só semânticas, entre história do tempo presente, história imediata e história próxima (cf. LACOUTURE, 1993; CHAUVEAU, TÉTART, 1999; RÉMOND, 1999). A história imediata, marcada pelo selo jornalístico, é filha da imprensa: pressões jornalísticas e demanda/importância social firma-

vel considerar o presente humano como perfeitamente suscetível de conhecimento científico e, como dizia Jacques Le Goff (1924-2014), não reservar seu estudo apenas a outros campos – sociologia, jornalismo, ciência política –, mas ancorá-lo na própria história.[101]

Medievalista francês diante do presente, Jacques Le Goff lembrou, como discípulo de Marc Bloch, a importância de mirar acontecimentos e fenômenos atuais sob a perspectiva crítica do historiador – a fim de esclarecer o presente pelo passado e esclarecer o passado pelo presente.[102] Le Goff dissera certa vez que a história do presente seria, não raro, melhor feita por jornalistas, politólogos e sociólogos – que por historiadores de ofício.[103] Nas últimas décadas, porém, esse distanciamento entre o presente e o historiador se abreviou, impulsionado com a aceleração, o dinamismo e o interesse dos intelectuais sobre a realidade contemporânea e as relações internacionais, catalisadas com o desenvolvimento das mídias modernas e as produções historiográficas sobre questões legitimamente presentes.

Nas constelações de *fait-divers* cintilantes na imprensa, à mídia se deve uma nova voga sobre a história, abrindo um leque de afinidades e desavenças entre os dois campos – um encontro provocador, mas frutífero, entre historiadores sedentos de atualidade e jornalistas buscando legitimidade histórica.[104] *Presto ma non troppo*, não seria demais frisar: apesar de afinados nas claves do presente, há notável descompasso entre o ritmo frenético da mídia e o rigor do método histórico.[105] Ao se aventurar no século XXI, império do efêmero, do factual torrencial e do imediatismo, o historiador deve nortear, talvez mais do que nunca, suas investigações com bússolas teóricas, questionamentos precisos e referências rigorosas.

Ao lado de Le Goff, Pierre Nora argumenta o retorno do fato pois, com a mídia, o acontecimento voltou a marcar forte presença nas sociedades contemporâneas. A atualidade culminaria num fenômeno novo: o acontecimento – e, nessa linha, o

---

ram o princípio da história imediata a partir da década de 1950 (CHAUVEAU, TÉTART, 1999, p. 20-27). A história próxima, por sua vez, estaria mais alinhada à terminologia da história do tempo presente na continuidade cronológica e no distanciamento para desapaixonar a análise científica. Há historiadores que demarcam a história próxima aos últimos 30 anos – e a história do tempo presente nos últimos 50 ou 60 anos (CHAUVEAU, TÉTART, 1999, p. 27).

101 LE GOFF, 1995, p. 25.
102 LE GOFF, 1999, p. 93.
103 LE GOFF, 1995, p. 50.
104 RIOUX, 1999, p. 119.
105 LACOUTURE, 1990, p. 219.

affaire Dreyfus estaria entre as primeiras irrupções francesas do acontecimento moderno, ao lado da imprensa e dos intelectuais. À imprensa, reitera o historiador, se deve a volta de um tipo de acontecimento, "onde os fatos se escondem e demandam a crítica da informação, a confrontação dos testemunhos, a dissipação do segredo mantido pelos desmentidos oficiais", o questionamento de princípios que apelam à inteligência e à reflexão. Diz Nora que o caso Dreyfus teve tudo da imprensa e tudo lhe forneceu – rumores iniciais, silêncio da direita, negativas da informação oficial ("não há *affaire* Dreyfus"), implicações do Exército e da Justiça, comprometimentos na esfera do poder num momento crítico republicano, suspense nutrido por documentos falsos e confidências, abstrações afrontadas, apelo por cartas abertas e manifestos e, *voilà*, o surgimento do neologismo "intelectual".[106]

Volto assim às primeiras páginas: a proposta de investigar o papel dos intelectuais de *Le Monde Diplomatique* nas relações imbricadas entre a França e a América Latina,[107] especialmente simbolizada por Argentina, se alicerça na história dos intelectuais, na história política e na história do tempo presente. Um vibrato inacabado, que anima todo um passado e alenta inteligibilidade a um presente.[108] Uma história em constante movimento, como diz François Bédarida (1926-2001):

> [...] a história do tempo presente, mais do que qualquer outra, é por natureza uma história inacabada: uma história em constante movimento, refletindo as comoções que se desenrolam diante de nós e sendo portanto objeto de uma renovação sem fim. Aliás, a história por si mesma não pode terminar. Eis por que devemos afirmar alto e bom som – ao contrário daquela teoria tão em voga que pretende nos convencer de que chegamos a uma era de estabilidade e a um estágio de completa realização – que a história não tem fim, salvo se houver uma catástrofe cósmica.[109]

À escuta dos diálogos, afinados ou não, entre as ideologias dos intelectuais e a cultura política da época, é preciso jogar luz sobre as relações entre a história *oficial*

---

106 NORA, 1979, p. 181-182.
107 Na França, vale destacar as contribuições e produções científicas do Institut des Hautes Études de l'Amérique Latine (IHEAL), da Université Sorbonne Nouvelle – Paris III. Fundado em 1954, o instituto propõe um quadro multidisciplinar de investigações sobre a América Latina, incentivando o diálogo e o intercâmbio de ideias entre intelectuais franceses e latino-americanos.
108 RIOUX, 1999, p. 50.
109 BÉDARIDA, 2006, p. 229.

de *Le Monde Diplomatique* (impressa nas suas páginas) e a história *off the record* (não impressa, mas expressa nas vozes de seus intelectuais, idealizadores e realizadores).

Intérpretes do contexto político e cultural contemporâneo, afinal, os intelectuais estão imbricados nas vicissitudes, incoerências e atribulações de tal contexto – e, vale lembrar, mais uma vez, *pertencem* ao seu tempo.

Nesta investigação histórica, *Le Monde Diplomatique* é a principal pista para compreendermos o movimento das ideias no tempo, pincelando as tradições francesas e as utopias revolucionárias na América Latina do século XX e as alternativas possíveis no século XXI. No eixo Paris – Buenos Aires, quer-se compreender as relações entre imprensa, intelectuais e América Latina no *Monde Diplomatique*. E, voltando ao primeiro parágrafo desta tese, quer-se questionar como *Le Monde Diplomatique* "faz" história. Buscar compreender quem são esses intelectuais, o que fazem, o que pensam, o que pretendem. Buscar seus diálogos, seus pontos de encontro e de desencontro, suas sociabilidades, amizades e animosidades. Buscar quais mundos criticam, quais mundos idealizam e querem transformar. E, como dizia Marc Bloch, história é busca.[110]

---

110 BLOCH, 2001.

Na trilha do Monde Diplomatique

Páginas diplomáticas

Data de maio de 1954 a primeira edição de *Le Monde Diplomatique* na França, idealizado como um suplemento do cotidiano *Le Monde*, pautado principalmente pela política internacional. Fundador do diário *Le Monde* a pedido do general De Gaulle (1890-1970) em dezembro de 1944, Hubert Beuve-Méry (1902-1989) viu-se diante do imperativo do tempo para abrir uma nova gazeta especialmente dedicada à política internacional. Na década de 1950, as movimentações no tabuleiro do jogo político internacional – no pós-guerra, a consolidação das Nações Unidas (1945), a Guerra da Coréia (1950-1953), a morte de Stalin (1953), a revolta da Berlim oriental (1953), a Guerra da Indochina (1946-1954), o impacto de Mao no poder (1954-1959), a trilha de Fidel na Sierra Maestra (1959), entre outros acontecimentos – pediam paulatinamente por mais espaço nas dezesseis páginas à época do *Le Monde*.[1]

---

1 RAMONET, abril-maio de 2004, p. 6.

A fim de preencher essa lacuna, Hubert Beuve-Méry procurou um amigo diplomata húngaro, o jornalista político François Honti (1900-1974), correspondente do húngaro *Pesti Hírlap* exilado em Paris, que lhe propôs a idealização de um periódico mensal dedicado à política internacional. A redação era mínima: ao lado da jornalista francesa Micheline Pamet, o redator-chefe François Honti formou a primeira equipe de *Le Monde Diplomatique*, com contribuições de artigos de André Fontaine, Claude Julien, Eric Rouleau, Jean Planchais, Pierre Dourin e outros jornalistas da editoria internacional do *Monde*.[2]

Uma vez definidas a proposta e a equipe editorial, restava a Beuve-Méry escolher um título para a publicação. Considerou *Le Monde International* (pleonástico, como logo notou) e decidiu incluir a expressão "*diplomatique*", braço da política ancorado nas relações internacionais.[3] Assim nasceu *Le Monde Diplomatique* no dia 2 de maio de 1954, com o subtítulo *Journal des Cercles Consulaires et Diplomatiques*. Destinava-se, portanto, ao universo das embaixadas diplomáticas e da elite econômica internacional, com apenas oito páginas, periodicidade mensal e tiragem de 4.000 a 5.000 exemplares.[4] Até o início da década de 1970, o novato magazine seguia fielmente a linha editorial do pai, *Le Monde*.

Do *Monde*, umas palavras. De um lado, Beuve-Méry, antes correspondente de *Les Temps de Paris* (1861-1942) em Praga antes da guerra, se demitiu do jornal, por se opor aos acordos de Munique de setembro de 1938 – não muito tempo depois, o jornal minguou, politicamente comprometido diante das acusações de colaborar com os nazistas. De outro, De Gaulle almejava ler um bom jornal, *fer de lance* da influência cultural e política francesa, que se tornasse prestigioso e prestigiado – e

---

[2] Na época, por estar subordinado a *Le Monde*, *Le Monde Diplomatique* não possuía "diretor" próprio, mas um redator-chefe. Lembrados como diretores da gazeta, François Honti e Claude Julien foram oficialmente redatores-chefes, respondendo a Hubert Beuve-Méry. No *Monde Diplomatique*, o cargo "diretor" só será oficializado em 1981, como veremos mais adiante, como parte da conquista da independência editorial da revista diante do *Monde*. Assim, Julien seria o primeiro diretor do magazine até 1990.

[3] Segundo Ramonet, Beuve-Méry logo pensou no termo "diplomacia", ramo da política sobre as relações entre os Estados, e na raiz "diploma", referência às credenciais conferidas ao representante de um Estado diante da autoridade de um outro. A palavra vem do grego *diploma*, que quer dizer dobrado, como um jornal. No original: "*Il pensa ensuite au terme 'diplomatie', branche de la politique qui concerne les relations entre les Etats et dont la racine 'diplôme' fait référence aux lettres de créance qui accréditent le représentant d'un Etat auprès des autorités d'un autre. Ce mot vient du grec 'diploma', qui veut dire 'plié en deux'... comme un journal. Le Monde diplomatique était né*" (RAMONET, abril-maio de 2004, p. 5).

[4] SZCZEPANSKI-HUILLERY, 2005, p. 146-148.

assim, nas cinzas de *Le Temps*, o general pediu ao jornalista para pensar um novo jornal. Ao imprimir *Le Monde* pela primeira vez no dia 19 de dezembro de 1944, Beuve-Méry quis responder ao pedido político à sua maneira, isto é, movido por uma independência radical.[5]

Na política internacional, as posições do diário refletiam as do diretor, especialmente no culto da francofonia como espaço "neutro" diante dos polos americano e soviético, equilibrando um anticomunismo duro e um anti-atlantismo severo.[6] Assim, *Le Monde* quis se situar no centro do tabuleiro geopolítico – uma perspectiva eurocêntrica, para não dizer francocêntrica –, criticando as duas linhas traçadas no pós-guerra e, ao mesmo tempo, defendendo uma Europa independente. À época, também a redação estava polarizada diante dos posicionamentos possíveis na Guerra Fria – e o jornal da Rue des Italiens preferiu adotar uma posição neutralista, que mais tarde marcaria *Le Monde Diplomatique*.

Desde jovem oposto a quaisquer matizes de totalitarismo, o húngaro François Honti se tornou cônsul após a guerra, em Genebra. Considerava *Le Monde Diplomatique* a invenção de sua vida – e como a consolidação de suas vocações de jornalista e de diplomata.[7]

Idealizado, pois, na década de 1950 *bouleversée* por voltas, revoltas e reviravoltas na política internacional, as primeiras primeiras páginas de *Le Monde Diplomatique* se marcariam por questões como a revelação do relatório de Nikita Khrushchev (1956) – donde Moscou não seria mais a "meca marxista";[8] o Maio de 1958, durante as turbulências da Guerra de Independência da Argélia (1954-1962); a revolução vitoriosa dos barbudos liderados por Fidel Castro (1959) – um *tournant* no mundo diplomático;[9] nos anos seguintes, o Maio de 1968, seus estudantes e suas interrogações – revolta ou revolução?;[10] e os golpes militares na América Latina, como o Chile *sous la botte* de 1973.[11] Nas gavetas imensas da memória de *Le Monde Diplomatique*, certamente cada citado *major* acontecimento, entre muitos

---

5   RAMONET, abril-maio de 2004, p. 5.
6   Por atlantismo, faz-se referência à Organização do Tratado do Atlântico Norte (OTAN). Cf. RAMONET, abril-maio de 2004, p. 5.
7   O romancista Yves Florenne escreveu sobre a trajetória de François Honti no *Monde Diplomatique* em outubro de 1984, por ocasião da morte do diplomata. Cf. FLORENNE, outubro de 1974, p. 4.
8   PIERRE, novembro de 1956, p. 1.
9   FONTAINE, janeiro de 1960, p. 1.
10 MICHAUD, junho de 1968, p. 1.
11 JULIEN; outubro de 1973, p. 6. URIBE, novembro de 1973, p. 1.

outros, mereceria um estudo à parte sobre as posições da revista.[12] Entretanto, é interessante destacar tais acontecimentos para contextualizações da gazeta nos seus primeiros tempos. Se até 1973 *Le Monde* e *Le Monde Diplomatique* caminhavam lado a lado, vale questionar o que *Le Monde Diplomatique* era, para compreender o que se tornou.

Ignacio Ramonet lembra Hubert Beuve-Méry como um "homem progressista", diria um "homem de centro-esquerda", que rompeu com De Gaulle após sua volta ao poder com a crise argelina em 1958. Assim, Beuve-Méry se tornou adversário radical do general.[13] Na época, *Le Monde Diplomatique* passou a dar a palavra ao que se passava na África e na Ásia, a fim de compreender o que era o Terceiro Mundo.

Ao lado de *Le Monde*, *Le Monde Diplomatique* não se posicionou na Guerra Fria, privilegiando um olhar para outras experiências no mundo. Assim, em 1961, o historiador Jean Lacouture lembrava nas páginas diplomáticas a conferência de Bandung, Indonésia, que reunira 23 países asiáticos e 6 africanos, marcando o surgimento terceiro-mundista e do movimento dos não-alinhados em abril de 1955 [14] – na época, *Le Monde Diplomatique* publicou o discurso do presidente indonésio Sukarno, sustentando a posição dos não-alinhados, mas engajados. Da memória o escritor parte para a conferência de Belgrado, Sérvia, que institucionalizaria o movimento em setembro de 1961. A partir daí, Lacouture define a ideia de não-alinhamento no *Monde Diplomatique*: não-alinhamento não queria dizer não engajamento, pois as novas nações independentes se sentiam "sempre engajadas" e adiante no combate contra esse sistema de dominação,[15] defendendo a não agressão e a não intervenção nos assuntos internos dos outros países.

Vale lembrar que o horizonte intelectual, afinal, mudava seu eixo. Num mapa-múndi fragmentado por agressivos dois polos e um território europeu assolado pela guerra, muitos intelectuais passaram a observar outras experiências efervescentes na África, na Ásia e na América Latina – certas iniciativas interrompidas não muito tempo depois, com os golpes militares latino-americanos. Nesse

---

12 Os arquivos impressos de *Le Monde Diplomatique* desde 1954 estão disponíveis integralmente digitalizados. É possível conferi-los nos discos disponibilizados no site oficial da revista, que reúnem mais de 700 edições e 50.000 documentos.

13 RAMONET, 2010, p. 36.

14 LACOUTURE, abril-maio de 2004, p. 10-15. Originalmente publicado em outubro de 1961, esse artigo compõe a edição especial da revista *Manière de voir* de 50 anos de *Le Monde Diplomatique*.

15 LACOUTURE, abril-maio de 2004, p. 11.

ínterim, na década de 1970, Claude Julien (1925-2005) assumiria a direção de *Le Monde Diplomatique*.

Desde 1951 no *Monde*, Julien se tornou editor da seção internacional no fim da década de 1960. Publicou *L'empire américain* (Grasset, 1968), *Le nouveau nouveau monde* (Julliard, 1960) e *L'Amérique en révolution* (Laboureur et Cie, 1956), livros que lhe garantiram notoriedade pelas críticas à política e às relações internacionais norte-americanas.[16] Julien demonstrava muito interesse nos países do hemisfério sul e nas ideias terceiro-mundistas – e, pode-se dizer, posicionava-se mais à esquerda que os companheiros de *Le Monde*.

Em 1969, Hubert Beuve-Méry se aposentou, o que provocou impacto na hierarquia do *Monde*. O jornalista Jacques Fauvet (1914-2002) se tornou diretor, o historiador André Fontaine (1921-2013), redator-chefe – e Claude Julien foi promovido a chefe de serviços internacionais. As tensões pré-existentes entre Fontaine e Julien culminariam em 1972, num delicado desentendimento que se expressa em uma palavra: *zozo*.

Em entrevista à tese do historiador Nicolas Harvey, Julien esclareceu o episódio: foi uma discussão sobre uma entrevista exclusiva feita com um ministro egípcio, durante uma reunião de pauta, em que Julien se referiu a Fontaine, ao fim, como *zozo*, expressão francesa para simplório, *naïf*, ingênuo, besta, bobo. Diz Julien:

> Ah, sim... Na conferência de direção, cometi um grande erro. Cometi uma gafe terrível. Eu me expressei mal. Na editoria internacional havia uma entrevista exclusiva com o ministro egípcio de relações exteriores. No fim dessa conferência estavam o chefe da editoria política, o chefe da editoria econômica, o chefe da editoria cultural. Fontaine nos disse que nós não podíamos abarcar tudo. Eu me expressei muito mal. Havia a entrevista do ministro de relações exteriores, que se tornou um documento exclusivo. E eu me expressei muito mal. Só depois me dei conta de que tinha chamado meu redator-chefe de *"zozo"*. Não era minha intenção. Não era uma reflexão séria [...]. Por tratar o redator-chefe como zozo, sem pensar, tive de tirar um ano sabático.[17]

Em outras palavras, Julien fora forçado a tirar um sabático para amenizar tais tensões. Viajou o mundo e se dedicou especialmente à China, que então se despedia

---

16 SZCZEPANSKI-HUILLERY, 2005, p. 149.
17 HARVEY, 2011, p. 58.

da revolução cultural. Entretanto, ao retornar à França, em 1973, Claude Julien não retornou à redação do diário *Le Monde*. Assumiu *Le Monde Diplomatique*.

O papel de Claude Julien

Nascido em 17 de maio de 1925 em Saint-Rome-de-Cernon, Aveyron, Julien participou da resistência contra a ocupação nazista, foi militante da Jeunesse Ouvrière Chrétienne (JOC) e fundou o jornal *Debout!* Ainda jovem, estudou ciências políticas na University of Notre Dame, nos Estados Unidos. De volta à Europa, em 1949, atuou como jornalista na revista *La Vie Catholique Illustrée* (1949-1951) em Paris. Em 1951, tornou-se redator-chefe do diário *La Dépêche Marocaine*, em Tanger, Marrocos – mas a passagem foi muito breve. Julien retornou a Paris, onde se firmaria no *Monde* e depois no *Diplomatique*.[18]

Ilustra-se o interesse de Claude Julien sobre a América Latina, que posteriormente marcaria *Le Monde Diplomatique*, por exemplo, na Revolução Cubana. Em janeiro de 1960, Claude Julien, à época jornalista do *Monde*, assinou, ao lado de importantes intelectuais europeus, um manifesto de apoio aos revolucionários.[19] A visita do jornalista cubano Carlos Franqui, diretor do diário *Revolución*, à França impulsionou a composição de um comitê pró-Cuba e o convite a Jean-Paul Sartre, Claude Julien, Claude Faux, André Breton, Pablo Picasso, Le Corbusier e Louis Aragón a visitarem a ilha, em março de 1960.[20]

Em janeiro de 1973, ao fazer honras ao novo redator-chefe Claude Julien, Jacques Fauvet destacou que, além das políticas próprias das nações, para o Terceiro Mundo, os conflitos de independência e os impasses no desenvolvimento e nas so-

---

18 RAMONET, junho de 2005, p. 40.
19 O *Manifiesto de los intelectuales franceses en apoyo de la revolución* foi publicado na página 10 da edição de 4 de janeiro de 1960 de *Lunes de Revolución*. Na página 12, Claude Julien ainda assinou o artigo *A la revolución en su primer año*, que dizia: "*En la ocasión del primer aniversario de la Revolución, deseo al pueblo cubano que se disponga con el mismo éxito a esta segunda etapa de la lucha. [...] Es capital que esta segunda etapa de la Revolución conozca el mismo triunfo que la primera. Pero el coraje que el pueblo cubano ha manifestado en su lucha armada me permite esperar que continuará su esfuerzo con la misma tenacidad. Le deseo ardientemente, pues los acontecimientos de Cuba constituyen otro ejemplo de la inmensa efervescencia que agita al mundo entero, donde quiera que los pueblos oprimidos luchan por conquistar su libertad, su dignidad y sus condiciones de vida humanamente aceptables*" (JULIEN, 1960, p. 12). Todos os exemplares do breve *Lunes* estão disponíveis no Centro de Apoio à Pesquisa Histórica "Sérgio Buarque de Holanda" na Universidade de São Paulo (CAPH-USP), graças à historiadora Silvia Miskulin, autora de *Cultura ilhada: imprensa e Revolução Cubana (1959-1961)* (2003).
20 MISKULIN, 2003, p. 63-65.

ciedades marcavam um segundo momento do mundo pós-guerra e, consequentemente, do *Monde Diplomatique*.[21]

A Julien, pois, se atribui o que *Le Monde Diplomatique* se tornou. Por um lado, por questões pragmáticas: o editor reorganizou o layout e as seções, inovou as ilustrações e o tom das matérias, com artigos, críticas, dossiês e reportagens especiais; rejuvenesceu e ampliou o corpo de colaboradores, correspondentes internacionais e jovens jornalistas, dissolvendo o protagonismo dos repórteres do *Le Monde* pai no *Le Monde Diplomatique* filho; ampliou o âmbito das pautas, antes estritamente relacionadas ao campo da política internacional, passando a abarcar questões socioculturais e econômicas, aumentando ainda as páginas dedicadas às novas nações independentes do hemisfério sul.[22] Por outro lado, também por questões metafísicas: o editor idealizou o estilo de jornalismo que se tornaria a marca de *Le Monde Diplomatique*.

Em 1979, Claude Julien publicou *Le devoir d'irrespect* (Alain Moreau), um livro provocativo sobre o papel do jornalista – e do intelectual. Para Julien, o jornalismo deveria ser crítico, independente e irreverente. Julien indagava, indignado:

> [...] Este mundo trepidante, embriagado de sua própria febre, se apressa a condenar essa retirada: querer abstrair-se assim dos redemoinhos e das tormentas seria, dizem, trair a fraternal solidariedade dos homens, abandonar a sua trágica sorte as vítimas das crises que assolam o planeta, talvez afogá-los ainda mais em seu drama de fome, humilhação e sangue. Mas quantas inteligências e talentos – chefes de partidos ou de empresas, pensadores e escritores, engenheiros e humanistas, artistas e tecnocratas – loucamente envolvidos nos turbilhões da vida moderna prepararam, provocaram ou agravaram os dramas que depois lhes dão a matéria de tantas exortações ou lamentos?[23]

Julien tinha uma visão crítica sobre os intelectuais que, a seu ver, muitas vezes cediam à vaidade vulgar e à ilusória ambição de gravitar em torno do destino das ideias e dos acontecimentos, esquecendo-se seu verdadeiro papel. Dizia que os intelectuais devem ocupar um lugar importante na política – uma ambição legítima, mas que pode levar aos mais graves desvios, arrastando inexoravelmente o indiví-

---

21 FAUVET, janeiro de 1973, p. 1.
22 RAMONET, junho de 2005, p. 40.
23 A introdução do livro *Le devoir d'irrespect* foi traduzida para diversos idiomas e publicada nas edições internacionais de *Le Monde Diplomatique* de junho de 2005, por ocasião da morte de Claude Julien. (JULIEN, junho de 2005, p. 3).

duo aos lugares de poder onde impera uma lógica distinta e distante da dialética do intelectual e do escritor, pois "o poder fascina aos intelectuais assim como o mel atrai as moscas".[24]

Além dos intelectuais agitadores e dos meramente contemplativos, o jornalista defendia um intelectual que, apesar dos pesares, lute – mesmo diante da convicção de que perderá sua batalha. Dirão um intelectual desinteressado. Pior: um idealista, um sonhador, amarrado a uma quimera, dedicado a uma realidade que os homens do poder não conhecem ou não querem ver.[25] Para Julien, pois, as verdades do poder não podem ser as verdades dos intelectuais. Por vocação, os intelectuais deveriam revelar tudo o que poder se esforça para esconder, expor as contradições e as imposturas, dar vez e voz aos que nunca tiveram vez e voz, atrair o olhar para outras realidades. Deveriam, assim, ser críticos, inquietos, obstinados e, principalmente, *marginais* ao poder.[26]

Ao escrever essas linhas, em 1979, Claude Julien se situava no tempo. Nas próprias palavras do autor, com crítica e certa ironia: não se seduziu pelo comunismo (dizia-se um *aimable intellectuel petit-bourgeois*), mas tampouco pelo refluxo que descartou todas as ferramentas teóricas marxistas; criticou a avidez do capitalismo do outro lado do Atlântico (era então *anti-américain*), mas não via a estatização como alternativa à crise capitalista (e sim como fator *imperialista*); não cedeu ao terror da Guerra Fria (era um pacifista fervoroso), escreveu muito sobre a exploração dos povos oprimidos (um *idealista*?, questionou-se) e a eles se dedicou (via-se como um *cínico* que se atreveu a propor como modelo os "tiranos" do Terceiro Mundo).[27] Nessas páginas, o autor também se situava no espaço geopolítico:

> Estamos aqui, na Europa. E é daqui que nós podemos lutar, dentro mesmo de um sistema que, nas suas próprias fronteiras como através de múltiplas ramificações, mais além dos seus limites geopolíticos, nada tem de inocente. Os poderes constituídos mobilizaram, a seu serviço, uma multitude de expertos e de inteligências – e também de talentos mais medíocres – para manter e desenvolver os mecanismos que monopolizam a riqueza e a sua distribuição desigual, nutrem os privilégios, cultivam a corrupção, simpatizam com as ditaduras, ex-

---

24 JULIEN, junho de 2005, p. 3.
25 JULIEN, junho de 2005, p. 3.
26 JULIEN, junho de 2005, p. 3.
27 JULIEN, 1979.

ploram milhões de miseráveis, acumulam os rancores, os desesperos e os ódios, preparam a explosão que amanhã levará tudo o que os homens no poder pretendem conservar.[28]

Logo esse espírito de jornalismo crítico, independente e irreverente ao poder, defendido por Julien, marcaria a trajetória de Le Monde Diplomatique. Para imprimir nas páginas do periódico essa identidade foram necessárias certas mudanças paradigmáticas. O sonho de Julien, revelou Harvey, era fazer um jornal em que não se separassem a política, a política econômica, a política internacional, as artes e a literatura, isto é, em que se cruzassem todas as esferas. "Assim, introduzir a literatura ao analisar a história política e econômica, a história do presente e as perspectivas de qualquer país, me parece capital", dizia.[29]

Julien valorizava a voz de especialistas para tanto. Assim, a partir de 1973, Le Monde Diplomatique aumentou significativamente o número de artigos assinados por intelectuais relacionados às universidades francesas e de outros países. Também marcada por um afã de cosmopolitização de um magazine de vocação internacional, essa primeira mudança ainda se justificou por um processo de conquista de autonomia frente a Le Monde. A mudança revelava ainda um desejo de amenizar o eurocentrismo no tratamento das notícias internacionais – permitindo uma compreensão mais próxima à realidade de tais países, não só da dimensão política, mas da história, da cultura, das ideias, da literatura e da sociedade. Ao substituir progressivamente os jornalistas e correspondentes franceses do Monde por outros autores, principalmente *scholars* vindos dos países retratados para escrever nas suas páginas, Le Monde Diplomatique pôde, ao mesmo tempo, dar seus primeiros passos para sair da tutela editorial do diário, assim como firmar sua legitimidade no campo intelectual.[30]

Um fato, no mínimo, inusitado para compreender a aproximação entre Le Monde Diplomatique e o campo universitário na década de 1970: muitas vezes, o periódico não tinha recursos financeiros necessários para pautar jornalistas independentes nos países abordados. Ao recrutar colaboradores universitários, via-se dois benefícios: primeiro, a revista contava com a rubrica de especialistas sobre de-

---

28 Para Julien, ao defender o *status quo*, os conservadores não "conservam" realmente, mas destroem as possibilidades do mundo. JULIEN, junho de 2005, p. 3.
29 HARVEY, 2011, p. 61.
30 HARVEY, 2011, p. 50.

terminada questão; segundo, contava com a compreensão dos colaboradores – muitos já bem remunerados nos seus ofícios e acostumados a publicar gratuitamente seus artigos, principalmente nas revistas científicas – que aceitavam não receber ou receber um valor apenas simbólico por suas contribuições.[31] Na década de 1980, diante de sua ascendente difusão e, consequentemente, de seu crescente capital, a revista pôde considerar a contratação de outros jornalistas – à época, a redação ainda se resumia a Julien e Micheline Paunet. Depois Ignacio Ramonet e Bernard Cassen integrariam a equipe – dois intelectuais vindos do campo universitário: desde 1975 professor na Université Paris VII, Ramonet se doutorou na École des Hautes Études en Sciences Sociales em 1981, enquanto Cassen foi um dos fundadores da Université Paris VIII em 1980.[32]

Se na década de 1950 a redação de Le Monde Diplomatique (a.k.a. apenas François Honti e Micheline Paunet) era hierarquizada, respondendo a Le Monde, na década de 1980 assume outro caráter, mais *collégiale*:[33] com reuniões de pauta, discussões de ideias e muitos *brainstormings*, Le Monde Diplomatique adotou uma estrutura hierárquica menos rígida, similar a de um departamento universitário, onde o capital cultural de seus integrantes muito valia. A partir dessa época, foi pedido aos redatores para se diplomar e se especializar em certas áreas geográficas (África, América Latina e Oriente Médio, por exemplo) ou em questões diversas (direito internacional, literatura e assim por diante).[34] Isso também garantiu mais

---

31 HARVEY, 2011, p. 17.
32 A Université Paris VIII foi idealizada inicialmente no verão de 1968, estimulada pela efervescência cultural e política da época, como proposta do ministro Edgar Faure para uma universidade experimental. Nos primeiros tempos, a universidade foi construída nos arredores do *bois* de Vincennes, abrindo portas em 1969. Em 1972, foi rebatizada como Université Paris VIII. Em 1980, migrou para a periférica comuna de Saint-Denis. A respeito da história da universidade, ver ainda os livros *Abécédaire de Vincennes à Saint-Denis* (2011), organizado por Danielle Tartakowsky e Isabelle Tournier; e *Vincennes ou le désir d'appendre* (1979), organizado por Bernard Cassen, François Châtelet, Jacqueline Brunet, Madeleine Rébérioux, Pierre Dommergues e Pierre Merlin; *Vincennes, une aventure de la pensée critique* (2009), dirigido por Jean-Michel Dijan e prefaciado por Pascal Binczak. Neste último, um capítulo conta como Bernard Cassen, Hélène Cixous e Pierre Dommergues tiveram papel determinante para a idealização da universidade – não como um anexo à tradicional Sorbonne, mas como um núcleo universitário "experimental", angariando apoio do Partido Comunista Francês (CASSEN, 2009, p. 26-45).
33 O historiador Nicolas Harvey identifica quatro momentos no desenvolvimento da estrutura redacional de *Le Monde Diplomatique*: redação hierárquica (tempos de François Honti), redação concentrada (a partir de Claude Julien), redação *collégiale* (na década de 1980, com Julien intitulado diretor) e redação fragmentada (na década de 1990, com Ramonet como novo diretor) (HARVEY, 2011, p. 54).
34 HARVEY, 2011, p. 63.

legitimidade aos jornalistas para expressar suas próprias opiniões, adquirindo assinaturas fortes e próprias na revista.

Por um lado, a aproximação com as alas universitárias. Por outro, o progressivo distanciamento de Le Monde. Assim, Le Monde Diplomatique passou a firmar uma linha editorial própria. Muitos motivos justificaram esse distanciamento. Primeiro, as tais tensões pessoais e profissionais entre Claude Julien e André Fontaine, estremecidas principalmente a partir da discussão de 1972. Outro episódio marcante foi a quase passagem de Julien na direção do Monde em 1980: diante de uma grave crise financeira, a Société des Rédacteurs du Monde teve a oportunidade de escolher, pela primeira vez, quem substituiria Jacques Fauvet na direção do Monde. Disputavam os jornalistas Claude Julien, Jacques Almaric e Jacques Decornoy. Julien foi eleito com 62,76% dos votos, mas foi impedido de assumir a liderança do diário, que imediatamente passou para André Laurens. Muitos jornalistas do diário, próximos a Julien, se demitiram após o fracasso da sucessão – como Jacques Decornoy (1936-1996), que saiu do Monde em 1980, retornando como colaborador e depois redator do Monde Diplomatique em 1988.[35]

Mas, antes de sair definitivamente, Jacques Fauvet nomeou Claude Julien como "diretor" oficialmente de Le Monde Diplomatique em 1981[36] – novo título que, nas expressões de Julien, seriam um tipo de "prêmio de consolação" ou um "pedido de desculpas" por não poder assumir a liderança de Le Monde.[37] No fim, foi uma maneira de preservar a autonomia editorial da revista e abrir ambições de certa independência hierárquica diante do diário. Isso sinalizava que, a partir desse momento, a empresa teria Le Monde e Le Monde Diplomatique como publicações independentes.

As rivalidades entre Le Monde e Le Monde Diplomatique continuariam em outro polo de tensões: a política. A partir da década de 1970, passa a se delinear a linha editorial de Le Monde Diplomatique, com suas simpatias teóricas e políticas, posicionando-se paulatinamente "à esquerda da esquerda" do estreito espectro da imprensa europeia da época. Na década de 1980, a gazeta tinha conquistado certa autonomia editorial e redacional, mas não ainda autonomia administrativa – e, nes-

---

35 No editorial de Le Monde Diplomatique, Claude Julien escreveu sobre o espírito combativo de Jacques Decornoy em janeiro de 1997, por ocasião da morte do jornalista.
36 RAMONET, março de 2004, p. 7.
37 HARVEY, 2011, p. 61.

sa linha, talvez para afastar os fantasmas das frustrações com *Le Monde*, instituiu um conselho que se tornaria responsável pela próximas escolhas diretivas de *Le Monde Diplomatique*.

Em novembro de 1987, Julien publicou a primeira edição de *Manière de voir*, revista bimestral de 100 páginas que reúne os melhores artigos de *Le Monde Diplomatique* sobre determinado tema – um tipo de "enciclopédia contemporânea". Via o momento para inventar uma nova *manière de voir*, um olhar mais atento, benevolente, vívido:

> Um olhar que se quer atencioso, mas que deslize à superfície dos seres e do mundo; um olhar muito benevolente, mas procurado nos múltiplos detalhes que se escondem no afresco; um olhar pleno dessa alegria pura da surpresa da descoberta, mas rapidamente esgotado de tudo que perturba os hábitos e os confortáveis conformismos; um olhar fascinado por imagens, mas perplexo pela trepidante sucessão de imagens; ao mesmo tempo atencioso, benevolente, surpreso, fascinado, um tal olhar seria atualmente um olhar cego, incapaz de seguir seu curso num mundo louco.[38]

Ao propor ampliar as perspectivas, Julien critica os olhos cegos que subestimaram o risco do nazismo antes de 1939, os olhos gananciosos que não viram a iminência da crise de 1929, os olhos fanáticos velados por ideologias ultrapassadas, os olhares blasés, cúmplices e indiferentes – "os olhares sem memória, estupefatos pela reedição, sob formas inesperadas, de fenômenos antigos e sempre novos", dizia. Diante do tumulto contemporâneo e da hiper-informação que se apressava no fim da década de 1980, época em que escrevia essas palavras, o autor pedia silêncio, ponderação, crítica. "É preciso descobrir uma nova maneira de ver, e sem dúvida uma nova maneira de dizer. *Le Monde Diplomatique* certamente não tem a pretensão de realizá-la, mas tem a ambição de tentar alcançá-la".[39]

Claude Julien se afastou da direção em dezembro de 1990, após quase dezoito anos dedicados à revista. Escolhido para assumir as rédeas da publicação, Ignacio Ramonet dedicaria um editorial a Julien, morto aos 80 anos, em 5 de maio de 2005, em Tarn-et-Garonne, Midi-Pyrénées.[40] Assim ficaria lembrado o jornalista:

---

38   JULIEN, novembro de 1987, p. 4.
39   JULIEN, novembro de 1987, p. 4.
40   RAMONET, junho de 2005, p. 40.

Personalidade excepcional pelo poder de suas convicções, a singularidade de seu talento e a vastidão de sua cultura, Claude Julien marcou definitivamente a história de Le Monde Diplomatique. Teve uma influência decisiva sobre várias gerações de jovens jornalistas que admiraram a força de seu caráter, as qualidades de seu texto, a firmeza de suas ideias, a generosidade de seu compromisso e a paixão de suas lutas a favor de um jornalismo irreverente e de um mundo mais justo, mais pacífico, menos desigual e mais solidário. Para a equipe do Monde Diplomatique é uma perda imensa, insubstituível, pois ele nos ensinou uma característica fundamental, essencial nestes tempo de desleixo midiático: o dever da irreverência. Nosso jornal lhe deve, por assim dizer, tudo o que constitui sua identidade: sua linha editorial, a que permanecemos fiéis mesmo depois de sua partida; sua doutrina jornalística feita de exigência, imaginação, rigor e precisão; sua ética de austeridade e de modéstia; e suas principais ideias de rechaço a todo hegemonismo político, a todo dogma econômico que reforce o poder do dinheiro, ou a pretensão de uma cultura, qualquer que seja, a se impor sobre o mundo. [...].[41]

A perspectiva de Ignacio Ramonet

Se Julien deu ares novos a Le Monde Diplomatique, Ignacio Ramonet continuou a avançar nessa trilha, dando gás original e vivificador para a revista, que conquistou notoriedade e relevância internacional a partir da década de 1990.[42]

Nascido em 5 de maio de 1943 em Redondela, Galícia, Ignacio Ramonet cresceu em Tanger, Marrocos, com seus pais, fugidos do franquismo dominante na Espanha. Na juventude francesa, estudou na Université de Bordeaux III e doutorou-se com uma tese sobre o papel social do cinema cubano na École des Hautes Études en Sciences Sociales, em Paris. Pupilo de Roland Barthes (1915-1980), lecionou na Université Paris VII, entre 1975 e 2005. Publicou *Nouveaux pouvoirs, nouveaux maîtres du monde* (Fides, 1996), *La tyrannie de la communication* (Galilée, 1999) e *L'explosion du journalisme* (Galilée, 2011), entre outros. Paralelamente ao mundo acadêmico, passou a atuar como jornalista na década de 1970, colaborando com *Cahiers du cinema*, *Libération* e *Le Monde Diplomatique*.

---

41 RAMONET, junho de 2005, p. 40.
42 Enquanto diretor, Ignacio Ramonet contou com dois jornalistas como braços-direitos na posição de redator-chefe: primeiro, o jornalista franco-egípcio Alain Gresh (entre 1995 e 2006), depois o francês latino-americanista Maurice Lemoine (entre 2006 e 2010).

Assim como Julien, Ramonet contribuiu com a trajetória de *Le Monde Diplomatique* ao consolidar dois campos: a autonomia administrativa e a linha editorial. Na década de 1990, *Le Monde Diplomatique* ainda vivia um paradoxo: a linha editorial estava definida e a redação era independente, mas a revista permanecia enraizada na empresa Le Monde S/A. A ideia primeira, portanto, era firmar sua autonomia administrativa.

Em 1994, durante sua campanha para disputar a direção do *Monde*, o jornalista Jean-Marie Colombani prometeu transformar a revista em uma filial, isto é, uma nova sociedade filiada. Uma vez eleito diretor, Colombani cumpriu sua promessa, apesar de desagradar os acionistas do diário: Le Monde S/A cedeu seus 49% do capital da novata empresa Le Monde Diplomatique S/A a dois outros acionistas: a Association Gunter Holzmann (que reúne seus profissionais) e a Association Les Amis du Monde Diplomatique (que reúne seus leitores).[43] Em 1996, a nova estrutura administrativa de *Le Monde Diplomatique* se consolidou, tripartida entre a Le Monde S/A (51% do capital), a Association Les Amis du Monde Diplomatique (25% do capital) e a Association Gunter Holzmann (24% do capital). Tal estrutura pretendia garantir a independência que, nas palavras de Ramonet: "É esta independência que garante, em última instância, a singularidade deste jornal. Uma singularidade única".[44]

Nome muitas vezes esquecido nessa história, Gunter Holzmann (1912-2001) foi muito importante para a revista. Ignacio Ramonet certa vez recebeu uma intrigante carta de um velho leitor de *Le Monde Diplomatique*. Era Holzmann, um antigo amigo de Hubert Beuve-Méry, militante na juventude socialista na década de 1930 e que vivia na Bolívia desde 1954. Há muito admirava *Le Monde Diplomatique*, dizia a carta. Por volta de 1995, o admirador doou 5 milhões de francos (equivalentes à época a 1 milhão de dólares) para *Le Monde Diplomatique*, dinheiro investido na aquisição de ações do jornal.[45] Em fevereiro de 2001, Ramonet lembrou a memória de Holzmann, morto em 6 de janeiro de 2001, como um amigo e um modelo.[46]

Nascido na Breslávia (atualmente Wroclaw, Polônia), na histórica Silésia agora alemã, numa família judia, Gunter Holzmann ainda jovem enfrentou os nazistas, foi perseguido pela Gestapo e foi expulso da universidade. Tornou-se clandestino.

---

43 RAMONET, março de 2004, p. 7.
44 RAMONET, março de 2004, p. 7.
45 Carlos Gabetta em entrevista à autora, no dia 11 de setembro de 2012.
46 RAMONET, fevereiro de 2001, p. 2.

Estudou medicina em Cambridge, Inglaterra, e se exilou no Peru, depois na Bolívia. Na América Latina, embarcou na defesa das culturas indígenas e, na década de 1950, tornou-se um dos pioneiros da luta ecológica. Na casa dos 80 anos, decidiu destinar parte de seu patrimônio ao *Monde Diplomatique*.[47]

Desfeitos os laços mais fortes entre *Le Monde* e *Le Monde Diplomatique*, outros dois episódios marcariam mais uma vez as tensões entre as duas publicações. Em dezembro de 2001, diante das cartas de leitores inquietados com a divulgação da entrada da Le Monde S/A na bolsa de valores – e como isso impactaria na independência do *Monde Diplomatique* –, Ignacio Ramonet publicou um editorial esclarecendo as divisões acionárias da revista (24% para seus profissionais, 25% para seus leitores e 51% para Le Monde S/A, acionista majoritária) e criticando a lógica financeira cravada no *coeur* da empresa: "Ninguém duvida da vontade dos responsáveis do *Monde* de preservar a independência da empresa, e de que muitos bloqueios foram feitos para tal fim. Mas o que será dessa independência em caso de turbulências do mercado, de colapso nos valores das ações e de ataques de grandes predadores?"[48]

Não tardou a resposta do diretor do *Monde*, Jean-Marie Colombani. Na edição de janeiro de 2002, *Le Monde Diplomatique* deu vez às suas palavras:

> Por que *Le Monde* decidiu abrir uma parte de seu capital ao público? "Por ser uma indústria (não uma indústria como as outras, pois o essencial de sua produção é imaterial, mas ainda assim uma indústria), a imprensa não pode se subtrair das leis que regem todo o desenvolvimento industrial [...]". Essa frase de Hubert Beuve-Méry, proferida em 1956 pelo fundador do *Monde*, que não hesitou a fazer o elogio da "beneficente publicidade", retorna a essa realidade elementar: a independência não pode ser verdadeiramente garantida sem as contas equilibradas, logo com um mínimo de rentabilidade. [...] Enfim, é um dogma "beuve-méryen" que *Le Monde Diplomatique* deve manter em mente, ao momento em que alguns de seus membros se impliquem em atividades militantes: é preciso recusar todo engajamento partidário por jornalistas. Essa é a primeira garantia de independência que nós devemos a nossos leitores.[49]

---

47 RAMONET, fevereiro de 2001, p. 2.
48 RAMONET, dezembro de 2001, p. 2.
49 COLOMBANI, janeiro de 2002, p.2.

Em março de 2003, os jornalistas Pierre Péan e Phillippe Cohen publicaram *La face cachée du Monde* (Éditions Mille et Une Nuits), livro investigativo em que revelavam detalhes não tão orgulhosos da história do prestigiado jornal francês. Em abril de 2003, Ramonet publicou o editorial "*Le Monde et le Diplo*",[50] revisitando a trajetória que levou à independência de *Le Monde Diplomatique*. A ideia do editorial era demarcar claramente uma linha a dividir as duas publicações, para acalmar leitores revoltados que pediram por esclarecimentos das relações entre *Le Monde Diplomatique* e a direção de *Le Monde*.

Dizia Ramonet, mui diplomaticamente: "Desde 1996, nossas análises foram muito diferentes das de *Le Monde* em diversos temas. Às vezes, como durante a guerra de Kosovo, os pontos de vista eram francamente opostos. Não nos privamos de expressar em nossas colunas as reservas que nos inspiravam, por exemplo, o projeto de entrada na Bolsa. Nós sublinhamos igualmente os riscos que implicava a incessante ampliação do grupo Le Monde [S/A]. A direção do grupo sempre respeitou nosso direito à crítica".[51] Na edição seguinte, Jean-Marie Colombani voltou às páginas de *Le Monde Diplomatique* respondendo ao editorial. Entre outras questões administrativas, Colombani destacou:

> *Le Monde Diplomatique* e *Le Monde* podem ter, e tiveram, divergências editoriais. *Le Monde Diplomatique* é efetivamente um jornal de opinião – no singular –, *Le Monde* é um jornal de opiniões – no plural. E, se os pontos de vista editoriais do *Monde Diplomatique* são diferentes, se são criticados por *Le Monde*, eles mostram assim nossa liberdade: *Le Monde Diplomatique* é a prova da liberdade editorial dentro da família do *Monde*. Um ensinamento do último fórum de Porto Alegre é que não há modelo para o altermundialismo, mas que a pluralidade democrática, cultural e econômica é que trará as alternativas. A pluralidade de opiniões é um elemento disso.[52]

Portanto, apesar de partilhar o selo da família *Monde*, *Le Monde* e *Le Monde Diplomatique* já traçavam trajetórias muito diferentes na década de 1990 e no início dos anos 2000, como duas publicações independentes, com linhas editoriais diferentes e, às vezes, em direções totalmente opostas.

---

50 RAMONET, abril de 2003, p. 2.
51 RAMONET, abril de 2003, p. 2.
52 COLOMBANI, maio de 2003, p. 2.

Além de direções editoriais, endereços literais. Em julho de 2002, a redação de *Le Monde Diplomatique* se mudou para um predinho de tijolo à vista na Avenue Stephen-Pichon, perto da Place d'Italie, 13º *arrondissement* parisiense – por acaso, Stephen-Pichon (1857-1933) foi jornalista e diplomata, parlamentar esquerdista na França de 1889. Em dezembro de 2004, nas comemorações de seu 60º aniversário, o tradicional jornal da Rue des Italiens se mudou para um prédio admirável no Boulevard Auguste Blanqui, também no 13º *arrondissement* – também por acaso, Auguste Blanqui (1805-1881) foi um teórico e revolucionário republicano francês.

*

Entre as direções tracejadas noutros campos, vale destacar os rumos tomados por *Le Monde Diplomatique* a partir de Ignacio Ramonet. Em tempos diferentes de Julien, Ramonet precisou lidar com outras questões relacionadas ao próprio *métier* do jornalista e do intelectual, numa sociedade marcada pelo *boom* imagético, a gênese da internet, o frenesi do tempo real e, na sua expressão, a *tirania totalitária da mídia*.[53] Ademais de seus diversos livros com críticas à mídia, seus editoriais no *Monde Diplomatique* também reverberam a filosofia jornalística do sociólogo.

Em outubro de 1993, Ramonet criticava a crise de identidade e de personalidade da imprensa, destrinchando as motivações profundas no estremecimento de pilares básicos do jornalismo. Para Ramonet, primeiro, a própria ideia de informação mudou radicalmente: se antes era preciso responder às questões básicas do paradigma de Lasswell – quem?, fez o quê?, quando?, onde?, como?, e por quê? –, agora a TV pretende mostrar a história em *tempo real*. Logo, as ideias de atualidade e de tempo também mudaram, de tal maneira que passou a imperar a ilusão de que a importância dos acontecimentos seria proporcional à sua simples riqueza imagética. Nesse transtorno midiático, Ramonet assinala um deslize fundamental: muitos passaram a acreditar que, confortavelmente instalados na poltrona assistindo a espetacular avalanche de acontecimentos fragmentados na TV, estão se informando. "Um erro maiúsculo", diz, que levaria a dois abismos midiáticos de nosso tempo: superinformação e desinformação. "E enfim, porque querer se informar sem esforço é uma ilusão que remete ao mito publicitário, antes que à mobilização cívica. Informar-se cansa. Esse

---

53 RAMONET, 1999.

é o preço que um cidadão paga para ter direito a participar com inteligência da vida democrática".[54]

Do *Monde Diplomatique*, pois, um posicionamento sobre a informação:

> No *Monde Diplomatique*, consideramos que o fato de se informar continua sendo uma atividade produtiva, impossível de se realizar sem esforço, pedindo uma verdadeira mobilização intelectual. Uma atividade bastante nobre, na democracia, para que o cidadão aceite dedicar parte de seu tempo e de sua atenção. Se nossos textos são mais longos que os de outros diários e periódicos, é porque frequentemente é indispensável recordar as informações fundamentais de um problema, seus antecedentes históricos, sua trama social e cultural, sua espessura econômica para apreender assim toda sua complexidade. Cada vez mais leitores aceitam essa concepção exigente da informação e se mostram sensíveis diante de nossa maneira, sem dúvida imperfeita, mas sóbria, de observar a marcha do mundo. [...] Um mundo mais difícil de compreender, que exige do jornalista humildade, dúvida metódica, trabalho, pesquisa, imaginação e que naturalmente pede ao leitor mais esforço, mais atenção. Só a esse preço a imprensa gráfica pode abandonar os confortáveis bancos do simplismo dominante e se encontrar com aqueles leitores que desejam compreender para poder atuar melhor como cidadãos em nossas democracias adormecidas.[55]

Num de seus livros mais críticos sobre a mídia, Ignacio Ramonet questiona o papel do jornalista atualmente. Via, na década de 1990, uma galopante taylorização da profissão: se um dia o jornalismo foi artesanato, agora é indústria – e o jornalista assume um papel coadjuvante nesse sistema, como meros transmissores de informações sob encomenda.[56]

Le Monde Diplomatique muitas vezes é lembrado como espaço privilegiado para a articulação dos campos jornalístico, universitário e militante.[57] Se Julien avançou nas aproximações com o campo universitário, Ramonet atraiu o campo militante.

Três editoriais especialmente pontilharam essa trilha. Em fevereiro de 2005, o sociólogo cristalizou a crítica *"La pensée unique"* nas páginas de *Le Monde Diplomatique*. A seu ver, o "pensamento único" é a doutrina contemporânea neoliberal do capital internacional, que vem se definindo desde a década de 1940, com os

---

54 RAMONET, outubro de 1993, p. 28.
55 RAMONET, *op. cit*, p. 28.
56 RAMONET, 1999.
57 WEIL, 2006; SZCZEPANSKI-HUILLERY, 2005; LATTEF, 2008.

acordos de Bretton-Woods (1944) e o Plano Marshall (1947). Diante das ruínas ideológicas do muro de Berlim e da URSS, arquitetou-se uma nova ordem fincada no capitalismo, alicerçada nos admiráveis avanços tecnológicos e sua fabulosa mundialização das informações, potencializando as teses neoliberais do *laissez faire*. Dizia Ramonet:

> Enredados. Nas democracias atuais, cada vez mais os cidadãos livres se sentem enredados, levados por uma espécie de doutrina viscosa que, imperceptivelmente, envolve racionalmente todos os rebeldes, inibe-os, perturba-os, paralisa-os e, eventualmente, reprime-os. Essa doutrina é o pensamento único, o único autorizado por uma invisível e onipresente polícia da opinião. Desde a queda do Muro de Berlim, o colapso dos regimes comunistas e da desmoralização do socialismo, a arrogância, a prepotência e insolência desse novo evangelho chegaram a tal ponto que nós podemos, sem exagero, descrever essa fúria ideológica como o dogmatismo moderno. O que é o pensamento único? A tradução em termos ideológicos da reivindicação universal dos interesses de um conjunto de forças econômicas e, em particular, do capital internacional.[58]

O pensamento imperialisticamente "único" seria imposto por poderosas instituições econômicas, como Banco Mundial e FMI, aliadas às principais fontes de informação internacionais – sob o *prima principium*: a economia prevalece sobre a política.

Em dezembro de 1997, Ramonet publicou o editorial *"Désarmer les marchés"*. Na época, diante de uma nebulosa crise financeira internacional, o autor diagnosticava a mazela: a mundialização do capital financeiro, febril com as articulações tentaculares do Banco Mundial, FMI e OCDE, submetendo países e povos ao seu bel-prazer. E arriscava a alternativa: "O desarmamento do poder financeiro deve tornar-se o principal canteiro civil se quisermos evitar que o mundo do próximo século se transforme em uma selva onde os predadores farão a lei".[59]

Ignacio Ramonet revisitou o economista americano James Tobin (1918-2002), Prêmio Nobel de 1981, no editorial, ao propor a instauração de uma taxa de 0,1% sobre as transações financeiras internacionais a fim de reduzir as especulações no mercado financeiro – na estimativa do editor, o tributo recolheria cerca de 166 bi-

---

58 RAMONET, fevereiro de 2005, p. 2.
59 RAMONET, dezembro de 1997, p. 1.

lhões de dólares anuais, o bastante para erradicar a pobreza extrema ainda no fim do século XX. Assim aflorou a ideia da Action pour une Taxe Tobin d'Aide aux Citoyens (Attac), que logo se tornaria a Association pour la Taxation des Transactions Financières et pour l'Action Cityoenne (Attac),[60] movimento-laboratório liderado por Ignacio Ramonet e Bernard Cassen contra a mundialização do capital neoliberal, sintonizado com as flamejas de Chiapas (1994) e Seattle (1999), que culminaria no primeiro Fórum Social Mundial, em Porto Alegre (2001).

Idealizado como um contraponto ao Fórum Econômico Mundial (símbolo do capitalismo financeiro, por reunir as principais lideranças da economia mundial), em Davos, Suíça, o primeiro encontro na capital gaúcha reuniu cerca de 20 mil participantes, entre ativistas, artistas, estudantes, intelectuais e líderes de movimentos sociais, em busca de alternativas para construir "outro mundo possível". Em busca, nas palavras de Milton Santos:

> [...] [d]a possibilidade de produção de um novo discurso, de uma nova metanarrativa, um novo grande relato. Esse novo discurso ganha relevância pelo fato de que, pela primeira vez na história, se pode constatar a existência de uma universalidade empírica. A universalidade deixa de ser apenas uma elaboração abstrata na mente dos filósofos para resultar da experiência ordinária de cada homem. De tal modo, em um mundo datado como o nosso, a explicação do acontecer pode ser feita a partir de categorias de uma história concreta. É isso, também, que permite conhecer as possibilidades existentes e escrever uma nova história.[61]

---

60   O nome do economista James Tobin não demorou para ser riscado do título do movimento, que manteve o acrônimo: de Action pour une Taxe Tobin d'Aide aux Citoyens (Attac) para Association pour la Taxation des Transactions Financières et pour l'Action Cityoenne (Attac). Nos artigos, discursos e livros, os líderes da Attac -France buscaram distinguir suas ideias, sem comprometer Tobin. Assim, buscaram não implicar Tobin, que nunca foi identificado como ativista ou articulador. Outra razão para a mudança do título do movimento está nos campos visados para atuação: a Attac -France via a tributação das transações financeiras como alternativa para lutar contra a globalização neoliberal, tal como contra as multinacionais e a Organização Mundial do Comércio (OMC). No inverno de 1998, Bernard Cassen conversou com James Tobin ao telefone, convidando-o para uma conferência sobre a possível Taxa Tobin, que se realizaria em janeiro de 1999, em Paris. A conversa foi cordial, mas Tobin deixou claro que não era um "revolucionário" – e que, por outros motivos, não poderia comparecer ao evento. Cassen garantiu ao economista que respeitava e compreendia perfeitamente seu posicionamento.

61   SANTOS, 2004, p. 21.

Estaria a resposta em Davos? Para Ramonet, não, mas em Porto Alegre.[62] Floresceu assim o movimento altermundialista, com contribuições de articuladores como o empresário israelo-brasileiro Oded Grajew, o arquiteto brasileiro Francisco Whitaker e o editor francês Bernard Cassen, reunidos na redação parisiense de *Le Monde Diplomatique*, arquitetos do altermundialismo, diria Maxime Szczepanski-Huillery[63] – ao mesmo tempo catalisado pelo primeiro boom da internet e das manifestações contrárias à globalização neoliberal, e catalisador de expectativas sobre as alternativas possíveis diante de tal globalização neoliberal. Assim, se Julien firmou o antiimperialismo na linha de *Le Monde Diplomatique*, Ramonet rubricou o antineoliberalismo – e atraiu adentro militantes e movimentos sociais, *i.e.* a Attac, o Fórum Social Mundial, o Observatoire Français e o Observatório Internacional de Mídias.[64] Na época, *Le Monde Diplomatique* ficou famoso como o jornal "não-oficial" do movimento altermundialista.

Para Szczepanski-Huillery, *Le Monde Diplomatique* se reservou um status ambíguo no movimento, ao mesmo tempo *outsider* e *insider*. Por um lado, foi um dos principais precursores da nebulosa altermundialista na França. Por outro, transgredindo fronteiras dos universos jornalísticos, militantes e universitários, preservou relativa distância ao não se definir definitivamente sob selos teóricos e ideológicos: "Nem marxista-leninista, nem *gauchiste*, o *mensuel* não é feito nem por nem para militantes, e nunca pôs seu nome, antes do nascimento da Attac, ao serviço de um grupo ou de um partido, apesar de suas simpatias expostas aqui e ali".[65]

Em janeiro de 2000, por fim, Ramonet publicou o editorial "*L'aurore*", pessimista sobre as arbitrariedades e deliberações do mercado financeiro, otimista sobre as possibilidades da sociedade civil mobilizada: "Por muito tempo despossuídos da palavra, os cidadãos disseram em alto e bom som: 'Basta!' Basta de aceitar a mundialização como uma fatalidade. Basta de ver o mercado decidir no lugar dos eleitos. Basta de ver o mundo transformando em mercadoria. Basta de passividade, de resignação, de submissão".[66] No editorial, o sociólogo dava pistas sobre o que esperava do novo milênio:

---

62 RAMONET, agosto de 2000, p. 5.
63 SZCZEPANSKI-HUILLERY, 2005.
64 HARVEY, 2011, p. 20.
65 SZCZEPANSKI-HUILLERY, 2005, p. 168.
66 RAMONET, janeiro de 2000, p. 1.

> [...] agora é preciso sonhar com a construção de um futuro diferente. Não é mais o caso de se contentar com um mundo onde só há duas medidas: o zero e o infinito. Onde um bilhão de habitantes vive na prosperidade enquanto outro bilhão está na miséria e quatro bilhões dispõem apenas do mínimo vital. É tempo de fundar uma nova economia, mais solidária, apoiada no desenvolvimento durável, que situe o ser humano no centro das preocupações. Começando por desarmar o poder financeiro que, ao longo das últimas décadas, não parou de corroer o território do político, reduzindo o perímetro da democracia.[67]

Em janeiro de 2001, o editor cravaria Porto Alegre como o marco do novo século: entre 25 e 30 de janeiro a cidade sulista abrigaria o primeiro Fórum Social Mundial. Diferentemente de Seattle ou Praga, não mais uma manifestação simples contra as injustiças do neoliberalismo, mas uma tentativa, com espírito positivo e construtivo, de propor um marco que permitisse ver uma globalização nova, afirmando "outro mundo possível", mais humano e mais solidário.[68]

*

Tais editoriais marcaram as posições editoriais e políticas de *Le Monde Diplomatique*. Marcaram ainda um momento em que a revista renovou sua relevância internacional. Após a tímida estreia com uma tiragem de 5 mil exemplares na década de 1950, o magazine saltou para 50 mil sob a direção de Claude Julien na década de 1970 – e, até 1990, catapultou a marca de 150 mil. Nos tempos de Ignacio Ramonet, entre 1990 e 2000, atingiu o máximo histórico de 357 mil exemplares.[69] Assim, feito por e para intelectuais, entre críticos contemplativos e, ao mesmo tempo, agitadores políticos,[70] *Le Monde Diplomatique* conquistou seu lugar no painel da imprensa internacional.

Eleito em 1990 e reeleito em 1996 e 2002, Ramonet passou mais de dezesseis anos na direção de *Le Monde Diplomatique* – "tempos demais", diria. Em 2008, não quis disputar mais um mandato, abrindo caminho para outros talentos do tabloide. Essa foi a história oficialmente narrada e impressa na página 2 da edição de março de 2008. Nos bastidores, extraoficialmente, a história não foi simples assim.

---

67 RAMONET, janeiro de 2000, p. 1.
68 RAMONET, janeiro de 2001, p. 40.
69 RABADÁN, 2009, p. 262-263.
70 JULIEN, junho de 2005.

Alain Gresh, Bruno Lombard e Maurice Lemoine tentaram disputar o posto de diretor, mas não conseguiram. A escolha do diretor de *Le Monde Diplomatique* é assim fragmentada: a Association Gunter Holzmann indica um candidato, que deve ser avalizado pela Association Les Amis du Monde Diplomatique e, depois, *Le Monde*, ainda acionista majoritário, pode se pronunciar sobre a escolha. No fim de 2007, diante da saída de Ramonet, o impasse para escolher um novo diretor não se deu por implicâncias do *Monde*, como se poderia imaginar, mas a divisões internas no *Monde Diplomatique*.

A estrutura tripartida do *Monde Diplomatique* tenta equilibrar interesses às vezes divergentes. A Association Gunter Holzmann (AGH), vale lembrar, reúne os profissionais da redação (editores, estagiários, redatores, repórteres, secretários etc.) que, idealmente, defendem a independência redacional. A Association Les Amis du Monde Diplomatique reúne leitores, muitos engajados e militantes, que defendem certos ideais e linhas editoriais mais marcadas. Por fim, a Le Monde S/A que, *grosso modo*, defende a rentabilidade da revista. Logo, a gazeta precisa se equilibrar entre esses escopos, às vezes convergentes, outras vezes contraditórios.[71]

O editor Alain Gresh foi o primeiro a se declarar candidato – mas teve apenas 9 dos 20 votos na AGH. Nascido no Egito em 1948, Gresh mudou-se com a família na década de 1970 para Paris, onde cursou matemática na Université Paris VII, árabe no Institut National des Langues et Civilisations Orientales. Doutorou-se com uma tese sobre a Organização para Libertação da Palestina (OLP) na École des Hautes Études en Sciences Sociales em 1983. Desde 1985 integra a redação do *Monde Diplomatique*.

Para Harvey,[72] Gresh estaria no centro de uma das principais clivagens dentro da redação de *Le Monde Diplomatique*: a dita fratura pós-colonial e a discussão sobre o Islã. A fratura pós-colonial discute diversas questões alavancadas com a colonização francesa e a descolonização: as relações entre França e África, por exem-

---

71 HARVEY, 2011, p. 94.
72 Atualmente na Université d'Ottawa, o historiador Nicolas Harvey defendeu uma excelente tese de doutorado em ciência política na Université de Rennes I, em 2011. Harvey realizou um estágio no *Monde Diplomatique* entre janeiro e fevereiro de 2006, e realizou 67 entrevistas (59 delas presencialmente), mas muitas infelizmente sob condições de anonimato, o que torna certas questões imprecisas. Teve o mérito de revelar diversos conflitos internos e divergências pessoais e profissionais no *Monde Diplomatique*. Ao abordar o hibridismo do *Monde Diplomatique* entre os campos jornalísticos, militantes e universitários, destacou diferentes estruturas redacionais ao longo da trajetória da revista, diferentes representações da identidade da revista, diferentes vertentes ideológicas entre seus integrantes. Valiosas, suas contribuições estão citadas ao longo dessas páginas.

plo. Outro ponto de tensões é o posicionamento no conflito israelo-palestino nas páginas do *Monde Diplomatique*. Entretanto, entre diversas questões delicadas, na realidade francesa, o Islã político é a pedra de toque para as discussões internas do *Monde Diplomatique*.

A expressão *fratura pós-colonial* é versada para criticar uma herança dos tempos coloniais – certos pensadores, como Alain Gresh, afirmam que a França ainda precisa acertar as contas com a memória, talvez amnésia, colonial. Advogam ainda que o Islã político pode ser socialmente progressista, dando continuidade às lutas antiliberais. A discussão opõe duas correntes políticas: os republicanos (laicistas, às vezes abertamente anticlericais e islamofóbicos) e os antigos comunistas (ateus majoritariamente, mais favoráveis à tolerância diante da cultura muçulmana). Um exemplo foi a publicação das caricaturas de Maomé no dinamarquês *Jyllands-Postern*, em setembro de 2005: os cartoons foram republicados no semanário satírico francês *Charlie Hebdo*, em fevereiro de 2006 – quase dez anos, vale lembrar, antes do atentado brutal contra a redação, que provocou a morte de Stéphane Charbonnier (o Charb, diretor da revista desde 2009), Georges Wolinski ("o" Wolinski), Jean Cabut (Cabu) e Bernard Velhac (Tignous), entre outros.[73] Nos idos de 2005/2006, no *Monde Diplomatique*, de um lado, uns viram o cartoon como forma de racismo; de outro, uns arriscavam que os árabes manifestantes deviam pedir "desculpas" ao governo dinamarquês.[74]

O diretor financeiro Bruno Lombard, indicado por Jean-Marie Colombani, foi o segundo a arriscar o cargo – recebeu 11 dos 20 votos na AGH, mas não foi avalizado pelos Amis du Monde Diplomatique, não por desavenças ideológicas (como foi o caso da negativa a Alain Gresh), mas por simples lógica: Lombard não era considerado nem universitário, nem jornalista, nem *intelectual*.[75]

---

73 Na manhã de 7 de janeiro de 2015, três terroristas abriram fogo contra a redação do *Charlie Hebdo*, no 11° *arrondissement* de Paris. Além de vigílias França afora, tributos proliferaram internet adentro: primeiro, a mensagem *je suis Charlie*, em homenagem aos cartunistas assassinados; no paralelo, a mensagem *not in my name*, vinda de jovens muçulmanos, criticando as motivações dos autores do atentado – que teriam ligações com a Al-Qaeda no Iêmen. Lembrada como uma revista provocativa, satírica, "subversiva", anticlerical e às vezes antirreligiosa, *Charlie Hebdo* se tornou um símbolo da liberdade de imprensa, levantando discussões intelectuais inquietantes e controversas na imprensa internacional a respeito da liberdade de imprensa e do discurso de ódio, do terrorismo islâmico e da islamofobia. Para outros, porém, o episódio se tornou carta na manga para os líderes europeus intensificarem medidas extremas de vigilância em nome do combate contra o terrorista.

74 HARVEY, 2011, p. 184-190.

75 HARVEY, 2011, p. 101.

O editor Maurice Lemoine considerou a possibilidade de disputar o cargo, mas via chances mínimas de conquistar o apoio de mais de dez colegas na AGH, também devido a discordâncias internas. Por fim, Serge Halimi apresentou sua candidatura, obtendo unanimidade tanto na AGH quanto nos Amis du Monde Diplomatique – só depois Le Monde validou, velozmente, a escolha do novo diretor. Assim se abriu o tempo de Serge Halimi.[76]

O tempo de Serge Halimi

Tempos diferentes, certamente, dos passados por Claude Julien e Ignacio Ramonet. Serge Halimi assumiu a direção de *Le Monde Diplomatique* num momento mais delicado para a continuidade da relevância internacional da revista. Por um lado, o furor altermundialista começou a esfriar, que assumiu mais fortemente seu caráter difuso e diluído ao longo do tempo. Por outro, o raiar da crise financeira internacional de 2008, considerado o mais grave colapso econômico desde o *crash* de 1929. Além disso, o próprio *métier* do jornalista e do intelectual tropeçou num novo contexto, em que as condições técnicas alteraram o ritmo, o estilo e o eixo da produção da informação. Num contexto midiático pautado pelo ritmo frenético da internet, destino de muitos leitores, preservar o papel do papel se tornou um desafio para as mais diversas publicações, da direita à esquerda. Halimi portanto precisou, aliás, precisa lidar com outras adversidades à frente de *Le Monde Diplomatique*.

Conflitos internos também marcaram a redação do *Monde Diplomatique* nos últimos tempos. Desde 2004, a difusão da revista caiu consideravelmente, reflexo da dissipação do movimento altermundialista e da Attac.[77] As estreitas relações entre Attac-France e *Le Monde Diplomatique* não eram unanimemente acordadas na redação, pois, para muitos, o envolvimento poderia comprometer a independência da revista. Em 2005, as turbulentas campanhas para o conselho do movimento im-

---

76 A partir de 2008 na direção de *Le Monde Diplomatique*, Serge Halimi contou com Alain Gresh como diretor adjunto, Maurice Lemoine como redator-chefe, depois Anne-Cécile Robert, Martine Bulard e Philippe Rivière como redatores-chefes adjuntos. A partir de 2010 assumiu como redatora-chefe Martine Bulard, ex-*L'Humanité*.

77 Segundo informações oficiais de *Le Monde Diplomatique* sobre a difusão da edição francesa: 1994 – 153.600 exemplares; 1995 – 162.408 exemplares; 1996 – 180.738 exemplares; 1997 – 180.906 exemplares; 1998 – 189.855 exemplares; 1999 – 204.586 exemplares; 2000 – 191.770 exemplares; 2001 – 211.527 exemplares; 2002 – 228.164 exemplares; 2003 – 240.226 exemplares; 2004 – 206.604 exemplares; 2005 – 199.766 exemplares; 2006 – 180.821 exemplares; 2007 – 166.853 exemplares; 2008 – 171.274 exemplares.

plicaram acusações de fraude eleitoral – num momento em que Ramonet e Cassen eram presidentes de honra.

A jornalista Flavie Holzinger aclarou o *affair* Attac-France: Jacques Pikonoff presidia o movimento e, ao lado de Bernard Cassen e Michèle Dessenne, defendia uma direção mais forte, para garantir um movimento mais independente *vis-à-vis* os sindicatos e outros movimentos sociais; por outro lado, porém, os três vices-presidentes, Susan George, Gustave Massiah e François Dufour, e os instituidores e integrantes sindicalistas queriam manter a Attac-France como *carrefour* de ações e movimentos sociais e políticos.[78] Uma comissão revelou fraude nas eleições de 2005/2006 – e Pikonoff, linchado midiaticamente, recebeu manifestações de solidariedade de Ramonet e Cassen.

Por estar no *Monde Diplomatique*, por fundar e presidir simbolicamente a Attac, Bernard Cassen via sua legitimidade lhe garantir certa tranquilidade, apesar das divergências no movimento. Assim Cassen se via *intocável*, na sua expressão, diferentemente de seu sucessor, Pikonoff.[79]

Feitos por correspondência, os votos para as eleições da Attac-France foram armazenados num domingo de maio de 2006 – e deveriam ter sido contados no mesmo dia, mas não foram. No domingo, predominava uma a expectativa sobre o vencedor, mas, na terça-feira, a situação se inverteu totalmente, suscitando a suspeita de que as cédulas tinham sido falsificadas. Assim que as acusações foram feitas, Cassen sugeriu procurar a justiça, para prestar queixa e iniciar investigação, que se desenrolou a partir de 1º de dezembro de 2006. O juiz Benoit Giraud, do Tribunal de Grande Instance de Bobigny, assim julgaria a questão no dia 13 de agosto de 2009: "Considerando que o contexto muito hostil e muito conflitual em que foram realizadas as eleições na primavera de 2006 e que as análises estatísticas não podem, por si só, estabelecer evidência de fraude eleitoral e ainda menos de indicar seus autores, a referida fraude é indubitavelmente provável, mas longe de ser provada".

Em 2006, o historiador Nicolas Harvey presenciou essas tensões na redação, que culminaram no pedido de demissão do redator-chefe Alain Gresh e do redator-chefe adjunto Dominique Vidal de suas funções *hierárquicas*, permanecendo na redação como jornalistas. O porquê: Gresh e Vidal discordavam das intervenções de

---

78   HOLZINGER, 2013, p. 266.
79   Bernard Cassen em entrevista à autora, no dia 10 de novembro de 2014.

Ignacio Ramonet e Bernard Cassen sobre a disputa pela direção da Attac-France.[80] Desse modo, Maurice Lemoine assumiu como redator-chefe, Anne-Cécile Robert e Serge Halimi como redatores-chefes adjuntos.

Ao ser escolhido diretor em 2007/2008, após as tentativas frustradas de Alain Gresh, Bruno Lombard e Maurice Lemoine, Serge Halimi simbolizava uma *terceira via* a conciliar duas vertentes políticas muito fortes no *Monde Diplomatique*: de um lado, um clã de republicanistas, como Bernard Cassen e Maurice Lemoine; de outro, um polo de antigos comunistas, como Alain Gresh e Dominique Vidal – vertentes que estavam se colidindo e se cristalizando, misturando questões pessoais, profissionais e ideias políticas nas discussões. Assim, Halimi despontava como uma alternativa para conciliar tais diferenças.

Filho da advogada feminista Gisèle Halimi, Serge Halimi nasceu na Tunísia, em 1955. Desde 1992 no *Monde Diplomatique*, doutorou-se em ciências políticas na University of California, Berkeley, e lecionou na Université Paris VIII entre 1994 e 2000. Colaborou com o satírico *Charlie Hebdo* e com o crítico *Là-bas si j'y suis* na rádio France Inter. Entre outros títulos, publicou *Quand la gauche essayait* (Arléa, 1993) e *Les nouveaux chiens de garde* (Raison d'Agir, 1997).

De suas ideias sobre o papel do jornalismo: no livro *Les nouveaux chiens de garde*, prefaciado por Pierre Bourdieu, Halimi esquadrinha uma análise crítica sobre o considerado conluio entre os poderes econômico, midiático e político. Faz referência ao livreto *Les chiens de garde* de 1932, em que o jovem jornalista comunista Paul Nizan (1905-1940) criticava as análises de certos filósofos de sua época que fomentavam a perpetuação de uma filosofia "idealista" distante da realidade, da miséria material, das mazelas, da guerra – os cães de guarda. Para Halimi, por sua vez, os novos cães de guarda ladrariam nos microfones, atingindo decibéis mais altos que nos púlpitos. Distorceriam as realidades sociopolíticas, servindo aos interesses dos *maîtres* do mundo. O autor arremata, na última palavra do livro:

> Referindo-se aos jornalistas de seu país, um sindicalista americano observou: "Há 20 anos, eles almoçavam conosco nos cafés. Hoje, eles jantam com os chefes". Encontrando apenas os "tomadores de decisão", iludindo-se numa sociedade de direito e dinheiro, transforman-

---

80 Enquanto Ramonet participava como pessoa física da Attac, a Le Monde diplomatique S/A e a Association Gunter Holzmann participavam como pessoa jurídica. Após a verificação de fraude nas eleições da Attac, Le Monde Diplomatique S/A e Association Gunter Holzmann se retiraram do movimento. Cf. HARVEY, 2011, p. 33, p. 232-233.

do-se em máquinas a propagar o pensamento do mercado, o jornalismo se trancou numa classe e numa casta. Perdeu seus leitores e sua credibilidade. Precipitou o empobrecimento do debate público. Essa situação é própria de um sistema: códigos de ética não vão mudar muita coisa. Mas, frente ao que Paul Nizan designava "conceitos dóceis que ordenam os caixas sonhadores do pensamento burguês", a lucidez é uma forma de resistência.[81]

Em outubro de 2009, Halimi revisitou a questão sobre os rumos do jornalismo no editorial "*Notre combat*", no *Monde Diplomatique*. O editor lembra que há décadas a revista propalava a formação de um turbilhão econômico, que viria a irromper e devastar redações. E, por fim, faz um apelo a seus leitores, para tomar parte na batalha das ideias e transmitir a novos leitores a *manière de voir* singular de *Le Monde Diplomatique*.[82]

Em outubro de 2010, outro "*Notre combat*" foi publicado, lembrando a campanha a apelar aos leitores para angariar fundos, convidar amigos para assinar a revista ou adquiri-la mais frequentemente nos quiosques. Em três meses, 1.648 leitores contribuíram com um total de 164.321 euros para o magazine, que pôde equilibrar enfim as contas da casa.[83] Halimi recorda que tais donativos se voltaram para amparar mais solidariamente as finalidades do *Monde Diplomatique* de acordo com seus valores editoriais: garantir preços mais acessíveis da revista nos países pobres, acompanhar edições estreantes (à época, a húngara e a curda), acompanhar edições economicamente difíceis (como a armênia e a peruana). Nessa linha, a direção francesa dedicou 82.000 euros para equilibrar as tarifas preferenciais nos países do hemisfério sul, 83.000 euros para ajudar as edições internacionais, 63.000 euros para investir em investigações e reportagens, 54.000 euros para indexar digitalmente o arquivo histórico do *Monde Diplomatique*.[84]

Para Halimi, o jornalismo mingua há muito tempo, por questões de princípios da profissão. Um pilar da estrutura, marcada por novos "feudos hereditários" – os impérios de Arnault, Berlusconi, Boygues, Murdoch, Slim etc. Outro, a internet – mas, adverte, o jornalismo já vacilava antes da internet, com as estruturações redacionais, as pressões publicitárias e de outras ordens. Halimi vê a internet como

---

81 HALIMI, 2005.
82 HALIMI, outubro de 2009, p. 28.
83 HALIMI, outubro de 2010, p. 2.
84 HALIMI, outubro de 2010, p. 2.

ferramenta a contribuir para aumentar o impacto do magazine mundo afora, mas não para garantir sua existência. Diz, assim, em tom melancólico:

> Evidentemente, o declínio do altermundialismo nos afetou mais duramente que a outros. Ainda que a hegemonia intelectual do liberalismo tenha sido questionada, sua argila se endureceu rapidamente. Se a crítica não é suficiente, a proposta tampouco: a ordem social não é um texto que bastaria "descontruir" para que se recomponha por si mesmo; muitas ideias arranham o mundo real, sem derrubar seus muros. Não obstante, às vezes se espera de nós que os acontecimentos se dobrem nossas esperanças comuns. E, caso contrário, nos julgam um tanto deprimentes...[85]

Serge Halimi finaliza o editorial com um convite ao leitor: lembrar as razões para se ler *Le Monde Diplomatique*. Para tanto, recorda a identidade da revista:

> Quem mais continuará a financiar um jornalismo de interesse geral aberto ao mundo, dedicar duas páginas aos mineiros da Zâmbia, à marina chinesa, à sociedade letã? Esse periódico não está isento de defeitos, mas encoraja os autores que viajam, investigam, saem de suas casas, ouvem, observam. Os jornalistas que concebem o periódico não são nunca convidados aos jantares dos poderosos, não "flertam" com os lobbies farmacêuticos ou o setor financeiro, não são *habitués* da grande mídia. Estes, aliás, que transformam cada "nova fórmula" doutros jornais e transformam suas *revues de presse* em morada reservada a cinco ou seis títulos, sempre as mesmas, ocultando diligentemente *Le Monde Diplomatique* apesar de seu impacto internacional inigualável. Basicamente, é o preço da nossa singularidade.[86]

A singularidade de *Le Monde Diplomatique* é marcante, de fato. Singularidade esta, vale dizer, diversas vezes destacada em metadiscursos elogiosos. Singularidades como a redação mais horizontal e especializada, a linha marcadamente antiimperialista e antineoliberal, o estilo mais analítico do *journal* realizado tal qual uma revista, reunindo diferentes gêneros jornalísticos, entre artigos, editoriais, manifestos, reportagens especiais, textos literários e assim por diante. Híbrida entre um jornal e uma *revue intellectuelle*, para abraçar essas pretensões, a revista integra redato-

---

85 HALIMI, outubro de 2009, p. 28.
86 HALIMI, outubro de 2009, p. 28.

res, correspondentes e colaboradores vindos de diferentes horizontes, convergindo campos intelectuais, jornalísticos e militantes.

Halimi define a linha editorial de *Le Monde Diplomatique* a partir de dois eixos ideológicos: primeiro, na década de 1950 com Claude Julien, a sensibilidade despertada pelo Terceiro Mundo – ou como dizia a fórmula de Ignacio Ramonet: "não é que nós somos terceiro-mundistas; os outros é que são primeiro-mundistas";[87] segundo, na década de 1970 e mais na década de 1980, a animosidade contra a política neoliberal.

Se um periódico, como propõe Serge Halimi, é a soma dos assuntos abordados e dos descartados, dos autores escolhidos e dos esquecidos,[88] resta investigar a lógica que pauta a primazia de determinados assuntos e autores, assim como a recusa de outros. A identidade singular do *Monde Diplomatique*, assim, se firma em oposição ao outro – este simbolizado por um jornalismo alvo de críticas de editores como Cassen, Ramonet e Halimi.

Em julho de 2010, *Le Monde Diplomatique* voltou marcar posição, mais uma vez, em relação a *Le Monde* que, nas palavras de Serge Halimi, por décadas tentou impor sua *influência ideológica* ao constituir um gigante grupo midiático, um objetivo megalomaníaco.[89] Uma página virada na história da imprensa francesa, pois *Le Monde* agora passaria a outras mãos: as dos empresários Xavier Niel, Pierre Bergé e Matthieu Pigasse. Dizia Halimi: "Os novos acionistas serão os donos do título. A esses potenciais investidores, não há nada além do dinheiro. Projeto editorial, eles dizem não ter. Mas suas ideias, ao expressá-las, se inscrevem no perímetro exigido de um centralismo liberal, atlantista, europeu e federalista".[90] O editor, enfim, aclara novamente: sim, *Le Monde* detém 51% do capital do *Monde Diplomatique*, muito embora a revista seja editada por uma sociedade e uma redação distintas, com um diretor escolhido de maneira distinta e com uma linha editorial distinta. Segundo Halimi, tal estrutura garante a independência do *Monde Diplomatique*, de maneira que a recapitalização do *Monde* não provocaria impactos na revista.[91]

Uma revista original, mas, como vimos, também campo de tensões e conflitos não só nas rivalidades entre *Le Monde* e *Diplomatique*, mas nas discordâncias

---

87 Serge Halimi em entrevista à autora, no dia 28 de novembro de 2014.
88 HALIMI, dezembro de 2011, p. 2.
89 HALIMI, julho de 2010, p. 2.
90 HALIMI, julho de 2010, p. 2.
91 HALIMI, julho de 2010, p. 2.

e conflitos de ordem editorial dentro do próprio *Le Monde Diplomatique*, como quaisquer campos intelectuais. A linha de *Le Monde Diplomatique*, aliás, se adjetiva de diversas maneiras segundo os olhares diferentes de seus intelectuais – à esquerda, alternativa, altermundialista, terceiro-mundista, republicanista, revolucionária, de "contrainformação", de "contra-poder" e assim por diante. Palavras são etiquetas imperfeitas. E as etiquetas são muitas.

Le Monde Diplomatique está, de fato, à esquerda, mas talvez mais ao centro-esquerda, talvez mais à esquerda da esquerda, a julgar pelas pupilas diversas a mirá-lo. No seu bojo e no seu *bureau*, afinal, intelectuais e jornalistas têm trajetórias pessoais, profissionais e militantes diferentes. O historiador Nicolas Harvey identifica quatro correntes ideológicas predominantes dentro do *Monde Diplomatique*: esquerda cristã (simbolizada, por exemplo, por Claude Julien e Micheline Paunet), esquerdistas libertários (Serge Halimi), antigos comunistas ou *neocomunistas* (Alain Gresh, Martine Bulard e Dominique Vidal) e republicanos de esquerda (Bernard Cassen) – não precisamente pelas definições ideológicas de tais expressões, mas pelas trajetórias intelectuais de seus representantes, lembrando ainda que muitos podem perpassar tais tipos.[92]

De Julien, por exemplo: militante na Jeunesse Étudiante Chrétienne (JEC), na Jeunesse Ouvrière Chrétienne (JOC) e jornalista na revista *La Vie Catholique Illustrée*, simbolizaria uma esquerda cristã – mas menos ideológica e religiosa, mais relacionada a posições políticas: uma crítica radical do nacionalismo, traduzido nos anos 1950 e 1960 no apoio a movimentos de descolonização, nos 1970 e 1980 ao terceiro-mundismo, nos 1990 e 2000 à construção europeia.[93]

Cassen, por sua vez, representaria a linha republicana dentro do *Monde Diplomatique*. Professor do Lycée Henri IV, depois professor do Institut d'Études Européennes da Université Paris VIII, foi diretor de uma missão interministerial de informação científica entre 1981 e 1985, tempos de Jean-Pierre Chevènement como ministro de ciência e tecnologia. Paralelamente à carreira universitária e jornalística, foi ativo no Le Cercle Condocert e na Maison de l'Amérique Latine, fundou a Attac-France e foi um dos principais idealizadores do Fórum Social Mundial. Para Harvey, o viés republicano se expressa num eurocepticismo marcante, com ideias laicistas e soberanistas para as diversas repúblicas como resistência às hegemonias

---

92 HARVEY, 2011, p. 161-180.
93 HARVEY, 2011, a partir da p. 161.

– o que levaria a uma certa admiração por personalidades da esquerda latino-americana, como Fidel Castro e Hugo Chávez.[94]

De Vidal, entre outros exemplos: representaria antigos comunistas – ou, como certos autores preferem, *neocomunistas*. Filho do linguista Haïm Vidal Sephiha, professor emérito do Institut Universitaire d'Études Juives Elie Wiesel de Paris, Vidal estudou filosofia e história, atuou no Maio de 1968, aderiu à Union des Étudiants Communistes em 1969, onde conheceu Alain Gresh. Vidal foi jornalista na revista *Révolution*, mas foi demitido em 1987, devido a suas críticas aos regimes comunistas na Europa oriental, com outros sete amigos. Por neocomunista, compreendem-se características diversas como a crítica ao tratado da Constituição Europeia, a crítica à cumplicidade/implicações do *Monde Diplomatique* com a Attac-France, a posição mais favorável a questões religiosas e ao Islã político mais progressista.[95]

Halimi, por fim, simbolizaria a linha libertária. Diplomado no Sciences-Po e na Université Paris I – Sorbonne, professor no Institut d'Études Européennes da Université Paris VIII, Halimi se destacou no campo intelectual, principalmente na crítica à mídia. Harvey se refere por *libertário* a particularidades como as junções entre a universidade e a militância esquerdista de tom anarquista.[96]

Nada, afinal, é preto no branco. Diferentes tons de cinza – aliás, de vermelho – coloriram as páginas de *Le Monde Diplomatique* ao longo de sua trajetória. O magazine viu sua linha editorial avançar, distendendo-se sem se romper drasticamente. Desde os tempos de François Honti, a vocação internacional foi aprimorada, dando voz a colaboradores vindos dos países retratados, que assim compreendem a realidade dos países retratados. A partir das direções de Claude Julien e Ignacio Ramonet, a vocação intelectual e política se firmou, articulando diálogos mais expressivos com outras vozes, muitas afinadas, muitas dissonantes. E, nos tempos atuais, é a vez de Serge Halimi imprimir novos entretons na revista.

Entre o jornalismo e a história, o papel pretendido por intelectuais no *Monde Diplomatique* é participar do debate público, contribuir para questões importantes internacionais, construir propostas alternativas. Contemplar o mundo, mas também agitá-lo. Às versões consideradas superficiais e conservadoras da história vulgarizada e divulgada na mídia, o magazine privilegia um outro olhar – expressão esta que volta

---

94 HARVEY, 2011, a partir da p. 166.
95 HARVEY, 2011, a partir da p. 171.
96 HARVEY, 2011, a partir da p. 176.

diversas vezes às vozes, às páginas e às linhas de *Le Monde Diplomatique*. Nos últimos tempos, a gazeta publicou a primeira edição de um *Manuel d'histoire critique*, um "contra-manual" crítico que retraça o desenvolvimento do mundo da revolução industrial a nossos dias, passando pelas principais transformações sociais, descobertas científicas, discussões intelectuais.[97] Por iniciativas nessa linha, *Le Monde Diplomatique* abre possibilidades de aproximação com a história, pela semelhança dos métodos (análises de conjuntura, apontamento dos interesses envolvidos, perspectiva dilatada, análises de causas, previsão de consequências, entre outros).[98]

Diante dessas singularidades editoriais e políticas, *Le Monde Diplomatique* atraiu olhares para além das fronteiras francesas, tornando-se ainda mais *internacional*. Ou, como afirma Dominique Vidal: "Esta abertura ao mundo não é de ontem. Muito cedo, *Le Monde Diplomatique* pretendeu ser um jornal internacional realizado na França, muito mais que um jornal francês vendido no exterior".[99]

Aventurar-se nas tortas trilhas de *Le Monde Diplomatique* implica, inevitavelmente, retornar aos passos primeiros da revista. Há ali uma bússola para compreender os desdobramentos da história da imprensa. Mas é preciso lembrar que, nessa trajetória, cada passo abre outros milhares de caminhos possíveis que, com sorte, podem levar a estudos posteriores mais pontuais: que rastros *Le Monde Diplomatique* ladrilhou no Maio de 1958 ou no Maio de 1968, que pedaços do muro e da memória soviética tombaram nas suas páginas, que sequelas ficaram das fraturas pós-coloniais, que vestígios se podem encontrar sobre o império americano, que visões se podem vislumbrar sobre o tal outro mundo possível e assim por diante. Há diversos desvios de percurso e rotas alternativas, sem atalhos nem trapaças. Entre tantos fluxos possíveis, este estudo pretende investigar os cruzamentos que permitiram uma revista *très française* ancorar ultramar, na América Latina.

---

97 BRÉVILLE, setembro de 2014, p. 14-15.
98 VICENTE, 2009, p. 191.
99 VIDAL, novembro de 2006, p. 27.

L'internationale du Diplo

Diferentes momentos marcaram a propagação de Le Monde Diplomatique ao redor do mundo. No artigo "*L'Internationale du Diplo*", o jornalista francês Dominique Vidal revisita a trajetória que culminaria em 65 edições internacionais (34 impressas, 31 eletrônicas) em 2006, com as estreias da edição húngara em novembro e das edições finlandesa e kuaitiana em dezembro.

Entretanto, Vidal inicia sua narrativa confrontando Le Monde Diplomatique com outros exemplos na imprensa internacional: à época, a revista americana Newsweek tinha 4 edições internacionais; o jornal The International Herald Tribune, vinculado ao americano The New York Times, 9; a revista francesa Elle, 15; Le Monde Diplomatique, 65, presentes em 25 idiomas além do francês. Enquanto as outras publicações contam com estratégias mercadológicas e campanhas publicitárias, porém, a gazeta francesa, nas palavras do editor, contaria principalmente com o "sonho" de um outro mundo possível.[1]

---

1 VIDAL novembro de 2006, p. 27.

Le Monde Diplomatique pretenderia assim oferecer outro *asset*: as ideias. Vidal diz, como vimos noutra página: "Esta abertura ao mundo não é de ontem. Muito cedo, *Le Monde Diplomatique* pretendeu ser um jornal internacional realizado na França, muito mais que um jornal francês vendido no exterior".[2]

Na década de 1970, Portugal e Grécia foram os primeiros países a lançar edições da revista, num contexto marcado pela derrocada de suas ditaduras e pelo processo de redemocratização nesses países. Foram as primeiras, historicamente, a difundir as análises de *Le Monde Diplomatique* sobre política internacional.[3]

Além das fronteiras europeias, *Le Monde Diplomatique* consolidou novas tentativas durante a década de 1980, com edições publicadas em espanhol. A primeira, no México, em janeiro de 1979, com 36 páginas de traduções francesas e 4 páginas especialmente dedicadas à América Latina, sob direção de José Maris Ruines Aldunate, com um comitê composto por Gonzalo Arroyo, Odile-Guilpain, Pedro Vuskovic e Rolando Weismann,[4] encerrada após o assassinato do editor Yvan Menéndez em 5 de novembro de 1986.[5] A intrincada história das diferentes edições mexicanas merece um parêntesis: Yvan Menéndez foi encontrado amordaçado em seu carro – o 359º jornalista assassinado na América Latina entre 1970 e 1986.[6] Antes de Menéndez, uma outra edição do *Monde Diplomatique* circulou no país, sob a responsabilidade de Luis Javier Solana e Federico Fasano – uma versão *pirate* que, lembrou Claude Julien, acumulava graves de erros na tradução do francês ao espanhol, títulos errôneos e contradições inadmissíveis, a tal ponto que a edição foi encerrada em julho de 1986.[7] Tempos depois, outra edição foi fundada no México. Em 23 de outubro 1998, porém, outro editor foi assassinado, também encontrado estrangulado em seu carro: o jornalista mexicano Claudio Cortés García, que também escrevia para a revista *La Crisis*.[8] Uma década depois, mais uma tentativa: estreou a 5 de setembro de 2008 a *Ediciones LeMondeDiplomex*, liderada pelo jornalista francês Jean-François Boyer, com 44 páginas (31 de traduções francesas, 8

---

2 VIDAL, novembro de 2006, p. 27.
3 VIDAL, novembro de 2006, *op. cit.*
4 Cf. LE MONDE DIPLOMATIQUE, fevereiro de 1979, p. 22.
5 VIDAL, novembro de 2006, p. 27.
6 JULIEN, dezembro de 1986, p. 1.
7 JULIEN, dezembro de 1986, p. 1.
8 RAMONET, dezembro de 1998, p. 2.

de matérias mexicanas e 5 de publicidade), junto ao diário *La Jornada*. Tampouco durou, mas por questões financeiras.

De volta à década de 1980, outras tentativas de edições em espanhol se dariam em Buenos Aires e depois em Madri. De Buenos Aires e Ciudad de México, Claude Julien à época via "duas capitais que jogam *[jogavam]* um papel essencial no difícil encaminhamento de toda a América Latina a uma democracia forte o bastante para resistir aos golpes de Estado e tentações ditatoriais, aos desastres econômicos agravados por regimes militares, às vontades imperiais de grandes potências".[9] Entretanto, ainda eram tentativas elementares, que não duraram por muito tempo. Depois viria uma versão trimestral em árabe, realizada em Túnis entre 1987 e 1998, posteriormente transferida a Beirute. Foram todas, vale destacar novamente, iniciativas muito efêmeras.

A segunda onda de internacionalização se iniciou na década de 1990, mais ampla e mais duradoura. Foram iniciadas as duas primeiras grandes edições internacionais do *Monde Diplomatique*: uma em alemão, publicada como suplemento do berlinense *Die Tageszeitung*;[10] outra em italiano, publicada como suplemento no romano *Il Manifesto*. Em 1999, o britânico *Guardian Weekly* passou a publicar mensalmente 16 páginas traduzidas.[11] Ainda nessa época, *Le Monde Diplomatique* se firmaria em Buenos Aires (Capital Intelectual) e em Madri (L-Press, depois Cybermonde),[12] voltando a ser traduzido também em português (com a editora progressista Campo Comunicação) e em grego (com o diário *Eleftherotypia*).

A conquista da independência editorial e financeira de *Le Monde Diplomatique* diante de *Le Monde* propiciou uma aceleração para o surgimento de novas edições internacionais. Em 1996, eram apenas 5 edições internacionais impressas,

---

9 JULIEN, dezembro de 1986, p. 1.
10 Por tempo indeterminado, a edição alemã também foi publicada na revista *Die WochenZeitung*, de Zurique. Cf. LE MONDE DIPLOMATIQUE, maio de 1995, p. 2.
11 Segundo Flavie Holzinger, a primeira iniciativa inglesa aconteceu em fevereiro de 1997, com uma versão web. Em setembro de 1998, tornou-se suplemento impresso no *Guardian Weekly*, dirigido por Wendy Kristianasen (HOLZINGER, 2013, p. 65).
12 Inaugurada em 1995 e inicialmente dirigida por Antonio Albiñana na editora L-Press de Madri, a versão espanhola migrou para as Ediciones Cybermonde, de Valencia, com o diretor Ferran Montesa, em 2000. Desde 2008, Ignacio Ramonet, jubilado da matriz francesa, se tornou diretor da edição espanhola (RABADÁN, 2009, p. 284-285, p. 385). A filial espanhola, vale dizer, pode ser considerada a partir daí uma das mais independentes editorialmente entre as edições internacionais: por exemplo, é a única que não traduz obrigatoriamente o editorial do mês de Serge Halimi da versão francesa; quem assina o editorial é Ignacio Ramonet (HOLZINGER, 2013, p. 57).

com uma tiragem total de 500 mil exemplares. Em 1999, 10 edições. Em 2000, 13 edições impressas – e aí cruzaram a marca de 1 milhão de exemplares. Em 2001, 16 edições impressas. Em 2003, 23 edições impressas. Em fins de 2004, 25 edições impressas, totalizando uma tiragem de 1,5 milhão de exemplares. Em 2006, 34 edições impressas incluindo a francesa. Entretanto, na contracorrente dessa expansão, muitos países perderam suas edições por falta de recursos financeiros, como Áustria, Líbano, México, Turquia e Venezuela. Apesar de não contarem mais com as páginas impressas, muitos países mantiveram edições apenas eletrônicas: das rotativas ao ciberespaço, *Le Monde Diplomatique* somava 31 edições em 2006.

Outros fatores se destacam na aceleração das edições internacionais, principalmente condições técnicas e diretrizes editoriais, ambas alavancadas por uma ferramenta: a internet. Por um lado, a internet permitiu catalisar o desenvolvimento das edições internacionais por oferecer condições primeiramente técnicas para transmitir os artigos franceses às suas filiais, a tempo de serem traduzidos e publicados com apenas dias (e não mais meses) de diferença da matriz francesa. Na mesma linha, permitiu o surgimento de edições estritamente eletrônicas. Por outro, fora das páginas e fora das redações, a internet também começava a engendrar outras articulações, que derivariam nos primeiros movimentos internacionais descentralizados, por exemplo, dos protestos de Seattle e de Gênova – que, dentro das redações do *Monde Diplomatique*, engatilharia propostas para outras edições internacionais, interessadas e atraídas pela dimensão do altermundialismo na década de 2000. No fim de 2010, a expansão atingiu certo equilíbrio, dedicando 83 mil euros a estrear ou a manter edições internacionais.[13]

Ao dizer que a abertura do *Monde Diplomatique* ao âmbito internacional não é de "ontem", Dominique Vidal tem razão. Além da vocação internacional, a revista foi difundida no exterior desde seus primeiros tempos "diplomáticos". Nas décadas de 1950 e 1960, era encaminhada às embaixadas francesas noutros países. Em 1981, já sob a batuta de Claude Julien, o número de exemplares encaminhados a outros países correspondia a quase 50% da difusão. Em 2010, além das edições internacionais, *Le Monde Diplomatique* dedicava 22% de sua impressão francesa ao exterior.[14] E, em 2011, mais uma vez além das edições internacionais, a versão francesa da

---

13 Informação presente na tese de Flavie Holzinger, citando a newsletter de *La correspondance de la presse* de 7 de outubro de 2010. Cf. HOLZINGER, 2013, p. 53.
14 HOLZINGER, 2013, p. 35.

revista estava presente em 92 países – apesar de escalas radicalmente diferentes, por exemplo, com meros 5 exemplares encaminhados a Gana, 10 para Guiné, 20 para a Nigéria, 1.600 para a Argélia e quase 3.000 para o Canadá.[15]

Três eixos estratégicos de expansão marcaram *Le Monde Diplomatique* ao longo do tempo: edições europeias (tendo como principais polos a alemã e a italiana), edições árabes (como a egípcia) e edições latino-americanas (como a argentina).[16]

Ideias internacionais

Apesar da notável expansão de *Le Monde Diplomatique* em âmbito mundial, é interessante notar que esse movimento se fez, por assim dizer, "à francesa". A concepção da maioria das edições internacionais se deu timidamente, sem que Paris simbolizasse seu centro irradiador, pois, na tese de Dominique Vidal, o desejo de contar com uma tradução ou uma edição própria de *Le Monde Diplomatique* partiu da iniciativa dos próprios jornalistas e intelectuais mundo afora. Por isso, a matriz francesa desconsidera absolutamente a possibilidade de que esta internacionalização se traduza, na expressão de Vidal, num "império da imprensa mundial":

> Nem imaginamos que isto represente um império da imprensa mundial! A maior parte destas edições nasce da forte motivação de um pequeno grupo de homens e – mais frequentemente – de mulheres que não contam o tempo que dedicam a esta causa e trabalham com recursos reduzidos. Tanto é assim que o equilíbrio de diversas delas permanece frágil... Além disso, a criação da maior parte das edições estrangeiras de *Le Monde Diplomatique* não resultou de uma prospecção realizada a partir de Paris. Quase todos os parceiros tiveram, eles próprios, a iniciativa. Estão entre os herdeiros do Maio de 68 espalhados pelo mundo, que pertencem ao movimento altermundialista ou representam, simplesmente, órgãos de imprensa social que querem cobrir melhor as realidades internacionais, todos desejosos, sobretudo, de contribuir para a difusão do *Diplô*, veículo que julgam sério, documentado e crítico.[17]

---

15 HOLZINGER, 2013, p. 36.
16 RABADÁN, 2009.
17 VIDAL, novembro de 2006, p. 27.

Fisgo desse trecho três expressões-chave para compreender a última onda de internacionalização de *Le Monde Diplomatique*: os *herdeiros* do Maio de 1968, o *boom* movimento *altermundialista* e o selo fixado à revista como "documentado e crítico".

Três expressões que descortinam diferentes interpretações. Das memórias do maio francês de 1968, época do Quartier Latin QG para "mais intelectuais por metro quadrado que qualquer outro canto do mundo",[18] como escreveu o historiador Eric Hobsbawm, outorgou-se à rebeldia estudantil, de matiz romântica revolucionária, diversos simbolismos, impressões e interpretações.[19] Nas palavras do sociólogo Michael Löwy:

> Maio de 1968 não foi uma revolução, mas uma imensa onda de contestação social, cultural e política, sustentada em suas expressões mais radicais por uma aspiração revolucionária. Seu imaginário se alimentava de revoluções do passado e do presente – desde a Comuna de Paris até as revoluções vietnamita e cubana; trata-se, porém, de um evento inovador, com características originais. Os gestos herdados do passado, como a construção de barricadas com paralelepípedos que passam de mão em mão numa cadeia solidária, não têm a mesma função: são atos simbólicos. Não há fuzis ou granadas, e menos ainda metralhadoras ou canhões. A violência é controlada e limita-se ao arremesso de pedras e de paralelepípedos, ao qual respondem – do lado das "forças da ordem" – com o cassetete e o gás lacrimogênio. Às vezes os jovens lançam coquetéis molotov, que servem sobretudo para incendiar os carros – encarnação material da alienação mercantil – ou as próprias barricadas, a fim de impedir o avanço da polícia. O brilho dos incêndios nas ruas de Paris iluminou a imaginação social das últimas décadas, não só na França, mas um pouco em todo o mundo.[20]

Nas próprias páginas de *Le Monde Diplomatique*, nas revisões históricas a 40 anos do Maio de 1968, o politólogo Bernard Lacroix, autor de *L'utopie communautaire. Mai 68, histoire sociale d'une revolte* (2006), relembrou o repertório de agitações heterogêneas da época – manifestações, ocupações, marchas, sequestros, enfrentamento contra as forças da ordem – que, visto em retrospectiva, a ideia de contracultura amalgamou. Por diferentes ângulos, o Maio de 1968 foi caracterizado como um complô, como uma crise mundial da juventude, como um conflito gera-

---

18 HOBSBAWM, 2003, p. 235-236.
19 RIDENTI, 2000, p. 266-267.
20 LÖWY, 2009, p. 521-522.

cional, como uma crise da universidade, um confronto de classes, uma revolta, uma crise da política interna e/ou internacional.[21]

Ao invocar o ativismo altermundialista, Dominique Vidal ainda abre outros filões de interpretações – nebuloso, o movimento recebeu diversas designações: altermundialismo, antiglobalização, movimento civil mundial, movimento da justiça global, movimento de resistência global, movimento social internacional, "movimento dos movimentos" e assim por diante. Fluidez presente ainda nas controvérsias sobre seu momento inspirador: antes de desembocar nas manifestações de Seattle (1999) e Porto Alegre (2001), a fonte estaria entre a Eco-92 no Rio, o brotar da Via Campesina no maio belga de 1993, o levante zapatista de Chiapas de 1994, entre outros.[22] Na esquerda francesa da época, diversas filiações, entre tradições militantes e correntes ideológicas antigas, afluíram à nebulosa do altermundialismo: esquerdas pós-maio de 1968, entre esquerda marxista, anarquismo revisitado, mobilizações campesinas, movimentos católicos de solidariedade internacional, movimentos a favor do Terceiro Mundo, movimentos dos *san-papiers*, dos *sans logis* e *sans emploi*, sindicalismo e mídia alternativa, como *Le Monde Diplomatique*.[23] Não por acaso, vale lembrar, *Le Monde Diplomatique* desde a década de 1970 se solidarizou com o terceiro-mundismo[24] e os movimentos de descolonização.[25] Seria a ascensão internacional de *Le Monde Diplomatique*, vale questionar, filha de um certo pós-modernismo (novos movimentos e altermundialismo amalgamados tal como os fóruns mundiais)?

Um detalhe não explorado no editorial de Vidal: nas décadas de 1960 e 1970, diante da instauração das ditaduras civis militares, muitos intelectuais latino-americanos buscaram refúgio na França, época em que Paris se tornou um tipo de "ca-

---

21 LACROIX, maio de 2008, p. 31.
22 AGRIKOLIANSKY, GOBILLE, 2011, p. 140.
23 AGRIKOLIANSKY, FILLIEULE, MAYER, 2005, p. 12.
24 Nos *Mitos revolucionários do Terceiro Mundo*, escritos entre 1972 e 1975, o escritor francês Gérard Chaliand lembra a "euforia" terceiro-mundista florescente no fim da década de 1950, durante a Guerra da Argélia – e logo reforçada pela radicalização da Revolução Cubana. Na Europa, a obra do ensaísta francês Frantz Fanon, de ascendência africana, especialmente *Les damnés de la terre*, inspirou a corrente. Na França, o gatilho foi a Guerra da Argélia; nos Estados Unidos, a Guerra do Vietnã. Tal "euforia" marcou a década de 1960, desenvolvendo-se no contexto da descolonização e do surgimento de movimentos revolucionários armados na Ásia, na África e na América Latina (CHALIAND, 1977, p. 8). Outra obra de destaque foi *Révolution dans la révolution*, do jovem jornalista francês Régis Debray, um pequeno livro que via na América Latina o território destinado ao fim do imperialismo norte-americano. Debray escreveu o livro em Havana, em 1967, meses antes do maio de 1968, em Paris.
25 AGRIKOLIANSKY, FILLIEULE, MAYER, 2005, p. 28.

pital" do exílio. Vale lembrar que um dos maiores exílios intelectuais do século XX se deu nessa época: o destino primeiro de muitos intelectuais latino-americanos foi o Chile mas, após o golpe de Augusto Pinochet, a parada final se tornou a França.

Enquanto produtora de ideias e propagadora de ideologias, a França simbolizou, para os intelectuais latino-americanos, inspirados na cultura francesa, uma vanguarda política até meados da década de 1970.[26] Reivindicada pela esquerda francesa na década de 1960, a ideologia terceiro-mundista tentou preencher o vazio deixado pelo desaparecimento dos confrontos de classes no território europeu – e assim, em busca de novos ideais revolucionários, muitos militantes políticos voltaram os olhares aos focos latino-americanos, primeiro a Cuba, depois ao Chile. Enquanto cá miravam certas mentes europeias, mentes latino-americanas lá imigravam, florescendo e proliferando relações com a esquerda francesa da época, escrevendo para revistas importantes como *Les Temps Modernes*, *La Pensée* e *Cahiers de l'Amérique Latine*, compondo temporariamente quadros de prestigiadas universidades como Paris X – Nanterre, Paris VIII – Vincennes e Paris III – Sorbonne Nouvelle.[27] Apenas para citar dois exemplos de refugiados latino-americanos: uma vez exilados na capital francesa, o jornalista argentino Carlos Alberto Gabetta[28] e o historiador brasileiro Luiz Felipe de Alencastro escreveram sobre as ditaduras de seus países para *Le Monde Diplomatique* – Alencastro assinava com o pseudônimo Julia Juruna.[29]

Se, portanto, para Dominique Vidal, o desejo de ter uma edição própria da revista partiria dos herdeiros do Maio de 1968 espalhados pelo mundo, desejosos, principalmente, por participar da difusão de suas ideias – tal sentimento se justificaria pelo fato de que muitos jornalistas, intelectuais e militantes de outras naciona-

---

26 RODRIGUES, 2008, p. 28.
27 RODRIGUES, 2008, p. 36.
28 Após o golpe de 1976 na Argentina, o jornalista rosarino Carlos Alberto Gabetta se exilou em Paris, onde conheceu Bernard Cassen, depois Claude Julien e Ignacio Ramonet. Anos mais tarde, tentaria realizar *Le Monde Diplomatique* em Barcelona e, finalmente, em Buenos Aires. Da época, ver, entre outros: GABETTA, outubro de 1980; GABETTA, abril de 1982; GABETTA; abril de 1978.
29 O historiador e cientista político catarinense Luiz Felipe de Alencastro foi recebido com outros expatriados na casa da socióloga Violeta Arraes, irmã de Miguel Arraes, governador de Pernambuco deposto pelos militares a 1º de abril de 1964. Exilado a partir de 1966 em Paris, a quilômetros de distância do Brasil, Alencastro, como muitos perseguidos políticos, preferiu se prevenir, escolhendo um pseudônimo para assinar seus artigos no exterior. Assim, Julia Juruna escreveu diversas vezes no *Monde Diplomatique*. Ver, entre outros: JURUNA, janeiro de 1986; JURUNA, agosto de 1983; JURUNA, junho de 1976.

lidades e outras trajetórias compartilhem sua visão de mundo. Uma visão singular, uma *manière de voir*, como frisado noutras passagens. Assim, no amplo espectro do simbolismo do maio francês e das difusas diretrizes do altermundialismo, *Le Monde Diplomatique* seria visto como "documentado e crítico" por ativistas, estudantes, intelectuais, jornalistas e políticos de outros países. Na visão de Vidal, o principal momento para a internacionalização de *Le Monde Diplomatique* coincide com o desenvolvimento do movimento altermundialista, que "deu a ideia a certos jornais, jornalistas e intelectuais de criar sua própria edição".[30]

Nascido em 18 de junho de 1950, em Paris, Dominique Vidal iniciou a carreira na imprensa comunista francesa, na revista *France Nouvelle*, depois *France Nouvelle: Révolution*. Na manhã de 6 de outubro de 2014, num café na Place d'Italie, a poucas quadras da redação do *Monde Diplomatique*, o jornalista lembrou os descaminhos que o levaram até ali. A partir de 1983 principalmente, Vidal teve conflitos com o Partido Comunista Francês (PCF), pois discordava de seus posicionamentos em questões internacionais, sobretudo a respeito dos países comunistas do leste. Assim, em 1986, figurou entre os 7 dos 20 jornalistas demitidos do *Révolution*, fato que os situaram numa dupla "lista negra": por um lado, muitas mídias não queriam jornalistas vindos da imprensa comunista; por outro, tais jornalistas passaram a ser considerados inimigos do PCF, logo a imprensa próxima, alinhada ou aliada, tampouco os queria. Vidal passou dois anos desempregado. Por volta de 1987, começou a colaborar com *Le Monde Diplomatique*. Tempos depois, sensível à sua situação, o jornalista Nöel Copin (1929-2007), diretor do diário católico *La Croix*, contratou Vidal como secretário de redação. Dissera: "Você vai refazer sua virgindade política".[31]

Depois de *La Croix*, Vidal foi subdiretor do Centre de Formation des Journalistes, uma das principais escolas francesas de jornalismo, onde era responsável pela editoria internacional. Criou cursos de pós-graduação de jornalismo no exterior – países como Camboja, Líbano e Tunísia. Nessa época, Ignacio Ramonet o convidou para integrar a equipe de *Le Monde Diplomatique*, onde ficou entre 1995 e 2010, quando se jubilou.

No *Monde Diplomatique*, ademais de sua expertise em questões relacionadas ao Oriente Médio, o principal papel de Dominique Vidal era coordenar as edições internacionais – uma aposta que, diz, demorou para darem importância. Nos pri-

---

30 Dominique Vidal em entrevista à autora, no dia 6 de outubro de 2014.
31 Dominique Vidal em entrevista à autora, no dia 6 de outubro de 2014.

meiros tempos, com apenas três edições internacionais (as versões alemã, italiana e mexicana), Vidal precisava enviar a edição francesa impressa, via correio, para os parceiros no exterior. Isto é, à espera da edição francesa impressa para traduzir todos os artigos, os parceiros só publicavam as versões nos seus países com cerca de 30 dias de atraso. O editor tentou desenvolver outro modelo, mais veloz: passou a encaminhar os arquivos franceses assim que finalizados, artigo por artigo, reduzindo o atraso para 7 ou 10 dias após a publicação do número parisiense. Vidal também viajou para diversos países, para conhecer, ajudar e conversar com possíveis parceiros, muitos com equipes diminutas e recursos financeiros limitados.

Dentro do próprio *Le Monde Diplomatique*, a ideia de ter edições internacionais passou a ser respeitada, legitimada e estimulada a partir de fins da década de 1990, mas principalmente nos anos 2000, quando notaram a janela aberta para a difusão de suas ideias. Interessa, portanto, à matriz francesa a difusão de suas ideias mundo afora. Interessa, por sua vez, às edições internacionais o acesso a artigos "únicos" sobre política e relações internacionais.[32] Assim foi reiterada a vocação internacional, ou internacionalista, de *Le Monde Diplomatique*, quer dizer, além de suas páginas desde a década de 1950 já dedicadas à política internacional, desde a década de 1970 assinadas por intelectuais e jornalistas de diversas nacionalidades, agora as articulações de seus intelectuais com outras redações e núcleos jornalísticos permitiram imprimir mais uma vez um certo cosmopolitismo à identidade da revista.

Em maio de 2004, para marcar o 50º aniversário da "matriz" – a edição francesa fundada em 1954 –, as edições internacionais se reuniram no Palais de Sports, na Porte de Versailles, no 15º *arrondissement* parisiense.[33]

Paris foi uma festa: reuniram-se mais de 5.000 convidados, entre escritores, ensaístas, filósofos, jornalistas, militantes, músicos, sindicalistas. Nas palavras de Vidal, o reencontro dos intelectuais foi como um eco dos grandes movimentos para a paz com o pós-guerra – ou como os seminários antifascistas da década de 1930. Entre brindes, discursos e, principalmente, reflexões sobre o mundo originado da Guerra Fria – e as melhores vias para transformá-lo. Os editores e colaboradores revisaram a situação política internacional e definiram diretrizes para as próximas iniciativas de *Le Monde Diplomatique*.

---

32 Dominique Vidal em entrevista à autora, no dia 2 de abril de 2013.
33 VIDAL, junho de 2004, p. 29.

Entre as diversas *vozes de resistência*, expressão de Vidal, reverberadas no encontro, intelectuais de diversos campos tomaram a palavra. Na literatura, nomes como o uruguaio Eduardo Galeano (1940-2015), a canadense Naomi Klein e o Nobel português José Saramago (1922-2010). Na política, o porta-voz da Via Campesina José Bové, o dirigente do MST João Pedro Stédile e o líder boliviano Evo Morales, tempos antes de conquistar a presidência de seu país. Entre as vozes femininas e feministas, a socióloga francesa Christine Delphy, a ex-ministra maliense Aminata Dramane Traoré e a bengalesa Irene Khan, da Anistia Internacional. Além de Antonio Negri, Etienne Balibar, Jacques Derrida (1930-2004) e Régis Debray, dois outros intelectuais tiveram vez e voz, mas transmitidas virtualmente: uma videoconferência do linguista americano Noam Chomsky e um vídeo *in memoriam* do pensador palestino Edward Said (1935-2003). Diretor do *Monde Diplomatique* à época, o sociólogo galego Ignacio Ramonet, por sua vez, dedicou seu discurso à memória de Pierre Bourdieu (1930-2002).

O filósofo franco-argelino Jacques Derrida, "amigo fiel" de *Le Monde Diplomatique*, homenageou a revista, que considerava a *aventura* e a *ambição jornalística* mais notáveis dos últimos 50 anos – e, ainda nas suas palavras, não só em Paris, na França ou na Europa. O discurso na festa "diplomática" no dia 8 de maio de 2004 foi lembrado não muito tempo depois, por ocasião de sua morte, no dia 9 de outubro de 2004.[34] Nesta, uma de suas últimas intervenções, dissera: "Nos últimos 50 anos transcorridos, inegável e irreversivelmente transcorridos, *Le Monde Diplomatique* representou, para mim, a honra e a coragem do que foi, através de uma informação objetiva e rigorosa, frequentemente indetectável noutros lados, algo mais que um modelo jornalístico herdeiro do melhor passado; simultaneamente, no mesmo movimento, significou um convite e um estímulo para o futuro".[35]

Derrida almejava ler um dia uma história analítica do cinquentenário *Le Monde Diplomatique* – que, julgava, seria uma campanha imensa para os historiadores do futuro. Recompor tal história requereria lembrar os fundamentos do *Monde Diplomatique* dos tempos de Beuve-Méry, e seus movimentos ao lado do tempo:

> E isso certamente através de múltiplos movimentos, com reviravoltas às vezes audazes, inclusive perigosas, ou expostas à própria discussão, que, felizmente, ainda pode ocorrer entre os amigos do diário. Esta

---

34 DERRIDA, novembro de 2004, p. 36-37.
35 DERRIDA, novembro de 2004, p. 36.

fidelidade se manteve através de todas as equipes e suas sucessivas direções. O que mudou, quem poderia negar, é o mundo, não o jornal, mas seu grande homônimo, seu referente desordenado, o próprio mundo. O mundo foi abalado e rachado e reconstruído por todos os tipos de terremotos. Os conceitos e as formas do que ainda ontem se dizia o "mundo da diplomacia" foi radicalmente alterado, mas *Le Monde Diplomatique* não mudou, pelo menos em espírito, em seus princípios fundamentais, mas se altermundializou.[36]

Por dez horas, o Palais de Sports se tornou palco para diversas intervenções intelectuais, sintonizadas com manifestações musicais e artísticas, ecléticas do jazz ao rap, com Bernard Lubat, Gnawa Diffusion, Gilles Non, La Rumeur, Manu Dibango, Paco Ibáñez, entre outros. Fim de festa, quase à meia-noite em Paris.

Paris, aliás, é o eixo desses círculos concêntricos intelectuais internacionais – muito embora recuse tal centralidade, o que se vê na expressão de Vidal recusando *Le Monde Diplomatique* como um "império da imprensa mundial", os laços de família entre *Le Monde Diplomatique* e suas filiais internacionais não pode ser caracterizado por relações entre edições "irmãs" ou "primas", isto é, por relações horizontais no *réseau*. Há certa hierarquia, como veremos, que talvez mereça como metáfora familiar mais oportuna as relações entre uma mãe, matriz parisiense e seus filhos espalhados pelo mundo.

E os filhos pródigos à casa tornam. *Le Monde Diplomatique* realiza reuniões anuais com os editores das edições internacionais – mas, por questões financeiras, nem todos comparecem aos encontros. As reuniões são realizadas em diferentes cidades, como Paris, Londres, Bruxelas e outras capitais, especialmente europeias, por volta de junho. Ali os intelectuais e jornalistas discutem as linhas do *Diplô* no mundo, o que passou e o que virá.

Diretrizes

À propos mais uma vez da linha editorial e política de *Le Monde Diplomatique*. Na leitura de Dominique Vidal, a linha evoluiu. De caderno especial destinado às chancelarias e consulados parisienses, *Le Monde Diplomatique* se transformou a partir da direção de Claude Julien, que impulsionou uma orientação mais marcada e mais marcante, no sentido do terceiro-mundismo diante de uma ordem bipola-

---

36 DERRIDA, novembro de 2004, p. 36-37.

rizada. "Tornou-se um jornal *engajado*", diz Vidal.[37] A direção de Ignacio Ramonet seguiu e acentuou essa orientação – tornando-se, aos olhos do jornalista, ainda mais *engajado*, principalmente no sentido do altermundialismo. Para Vidal, Serge Halimi preservou as diretrizes editoriais de Julien e Ramonet, mas afrouxou os laços com o movimento altermundialista, isto é, Halimi e *Le Monde Diplomatique*, sem serem hostis às propostas altermundialistas, agora considerariam que "não é papel do jornal estar diretamente ligado a um movimento".[38]

É importante lembrar as linhas-mestras de *Le Monde Diplomatique* para compreender como suas diretrizes se ajustam às edições internacionais. Se a revista se posiciona, orgulhosamente vale dizer, com determinada personalidade, identidade e caráter, é preciso compreender até que ponto se mostra flexível para dialogar com suas filiais. No âmbito pragmático, Vidal conta que tentou incutir a ideia de flexibilidade a respeito das edições internacionais no *Monde Diplomatique* – mas foi difícil, principalmente para as direções aceitarem os diferentes perfis dos parceiros: por exemplo, do comunista italiano *Il Manifesto* ao *mainstream* grego *Eleftherotypia*.

A fim de equilibrar identidade e flexibilidade, a matriz se pautou por um critério jornalístico, não político: se *Le Monde Diplomatique* for impresso como suplemento especial dentro de um diário, a edição deve se limitar a publicar apenas artigos de *Le Monde Diplomatique*, pois os outros artigos, de outros estilos, linhas editoriais e principalmente políticas, já estarão contemplados nos cadernos cotidianos do diário; se, por outro lado, *Le Monde Diplomatique* for idealizado e realizado por uma editora ou por um círculo de intelectuais e jornalistas independentes, a matriz francesa deve aceitar que a edição inclua artigos e editoriais próprios, sobretudo relacionados à realidade do próprio país.

A partir de tais critérios, atualmente é possível observar três tipos de edições internacionais de *Le Monde Diplomatique*. Primeiro, há versões independentes *mistas*, que mesclam traduções dos artigos franceses, obrigatórias por questões contratuais, e artigos próprios – por exemplo, as edições realizadas na Argentina, no Chile e no Brasil. Segundo, há versões *integrais*, que traduzem 100% das matérias francesas para o próprio idioma – caso das edições encartadas como suplemento noutros jornais, como na Grécia (*Eleftherotypia*) e na Itália (*Il Manifesto*). Terceiro, edições financiadas pela matriz francesa do *Monde Diplomatique*, como a edição espanho-

---

37 Dominique Vidal em entrevista à autora, no dia 6 de outubro de 2014, grifo meu.
38 Dominique Vidal em entrevista à autora, no dia 6 de outubro de 2014.

la e a versão inglesa. Inicialmente, a redação francesa e *The Guardian* mantinham juntos a edição, mas o berliner britânico quis interromper a parceria – a edição se mantém atualmente, mas sustentada apenas pelo bureau francês.

No campo das traduções, duas edições se destacaram nos últimos tempos: Berlim e Buenos Aires. A edição alemã traduz todos os artigos franceses, repassando-os às edições de Suíça e Luxemburgo e também à efêmera edição da Áustria. A edição argentina, por sua vez, repassa suas traduções para a Espanha e para a América Latina.

Ainda a respeito da busca de equilíbrio entre identidade e flexibilidade, *Le Monde Diplomatique* estipulou um acordo contratual com as edições internacionais: oficialmente, 70% dos artigos franceses devem ser traduzidos e impressos nas edições internacionais independentes, que podem escolher como preencher os demais 30%, com artigos e editoriais próprios ou de outras edições. Entretanto, essa simples afirmação abriga três imprecisões. Por um lado, ao entrevistar diferentes fontes das edições na Argentina, no Brasil e no Chile, a resposta sobre as proporções variou entre 70% - 30%, 60% - 40% e 50% - 50%, o que já mostra os contornos variáveis da regra. Por outro lado, considerando os 70% oficiais, os editores franceses dizem que a regra não é tão rígida, não é totalmente matemática, pois não vão medir à régua as impressões de suas filiais, tolerando as edições a extraoficialmente extrapolar o conteúdo próprio. Por fim, Vidal cravou 70% - 30%,[39] mas Anne-Cécile Robert afirma atualmente 75% - 25%.[40]

Em fins de 2010, Dominique Vidal se aposentou e se despediu do *Monde Diplomatique*. Anne-Cécile Robert assumiu a direção das edições internacionais. Conversei com Dominique Vidal no Café de France, esquina da Place d'Italie com o Boulevard Auguste Blanqui, um encontro amigável, entre cafés expressos e tilintares de talheres de garçons mal-humorados, e quase informal ou, na expressão do editor, sem *langue de bois [conversa fiada]*. Encontrei Anne-Cécile Robert, por sua vez, por duas vezes: nos dias 4 de fevereiro de 2013 e 14 de outubro de 2014, entre livros empilhados e estantes repletas de arquivos coloridos do *Monde Diplomatique*, no predinho de tijolo à vista na arborizada e tranquila Avenue Stephen-Pichon. Nos dois encontros, mais formais, a jornalista, uma das poucas representantes da ala feminina na revista, se mostrou mais "diplomática", quer dizer, mais cautelosa

---

39 Dominique Vidal em entrevista à autora, no dia 6 de outubro de 2014.
40 Anne-Cécile Robert em entrevista à autora, no dia 14 de outubro de 2014.

nas palavras e nas expressões escolhidas para responder à entrevista – o que todavia não se traduziu em falta de crítica ou de autocrítica. Diplomaticamente, a editora marcou suas posições, algumas dissonantes das de seu antecessor.

Nascida em 28 de abril de 1967, em Paris, Anne-Cécile Robert se doutorou no Institut d'Études Européennes da Université Paris VIII. Uniu-se ao *Monde Diplomatique* por volta de 1998, a convite do veterano Bernard Cassen, a quem conhecera no Cercle Condorcet. Autora de *Afriques, années zero* (L'Atalante, Nantes, 2008) com Jean-Christophe Servant, e *Un totalitarisme tranquille* (Syllepse, 2001) com André Bellon, Robert costumava escrever mais sobre questões africanas e direito internacional. Em 2010, passou a coordenar as edições internacionais. A respeito das conversações e correspondências com editores de outros países, tanto Robert quanto Vidal destacaram uma expressão para definir a relação com as edições internacionais: família. E há dramas nas melhores famílias.

Apesar de içar *Le Monde Diplomatique* a um fenômeno "único" na imprensa mundial, as edições internacionais são marcadas por certa fragilidade, principalmente financeira. Um primeiro sinal é a imprecisão do número de edições internacionais, lembrando que muitas se iniciam, mas também se despedem dos quiosques muito rapidamente. Em março de 2011, seriam 84 edições internacionais, em 27 idiomas (41 impressas, num total de 2.400.000 exemplares, e 43 eletrônicas). Em novembro de 2006, Dominique Vidal celebrava 75 edições, em 26 idiomas, entre versões impressas e digitais. Em fevereiro de 2013, além das 47 edições, Anne-Cécile Robert indicava novas iniciativas na Croácia, no Equador e em Honduras, além de retomar uma edição antiga na Austrália.[41] Em outubro de 2014, o total caiu para 31 edições, em 25 idiomas, entre versões impressas e digitais. Enquanto a edição croata fechava portas, a edição sérvia as abria. Estreou nesse mês ainda a edição porto-riquenha, como suplemento de oito páginas no alternativo *Compartir es vivir*. Em julho de 2015, o total subiu para 37 edições, em 20 idiomas (32 impressas e 5 estritamente eletrônicas).

Le Monde Diplomatique foi difundido na América Latina (Argentina, Bolívia, Brasil, Chile, Colômbia, México, Porto Rico, Uruguai, Venezuela), na Ásia (Coreia do Sul, China, Índia, Japão), na Europa (Alemanha, Armênia, Bulgária, Bielorrússia, Croácia, Espanha, Eslováquia, Eslovênia, Finlândia, França, Grécia, Hungria, Itália, Luxemburgo, Noruega, Polônia, Portugal, República Tcheca, Rússia, Suécia,

---

41 Anne-Cécile Robert em entrevista à autora, no dia 4 de fevereiro de 2013.

Suíça, Turquia) e no Oriente Médio (Arábia Saudita, Curdistão, Dubai, Egito, Emirados Árabes Unidos, Iêmen, Irã, Líbia, Kuait, Palestina, Tunísia) em diferentes momentos ao longo de sua trajetória. Além do francês, do inglês e do espanhol, foi traduzido para idiomas mais "distantes" como curdo sorâni, curdo kurmandji, esperanto, farsi e finlandês, entre outros. No entanto, é difícil precisar o número de edições internacionais pois a rede é muito fluida e às vezes frágil, assim muitas versões são repentinamente encerradas e outras vão e vêm: por exemplo, após a breve experiência de 1975, inicialmente dirigida por Snu Abecassis na editora D.Quixote, após quase quinze anos a edição portuguesa voltou em abril de 1999, assumido pela cooperativa Outro Modo.

Diante da complexa amplitude de Le Monde Diplomatique, é imprescindível considerar duas questões: uma intelectual e uma internacional. Por um lado, apesar de suas linhas-mestras, editoriais e políticas, Le Monde Diplomatique não pode ser visto como um caderno simples e homogêneo. Há indubitavelmente diversas dimensões para a heterogeneidade intelectual da revista – as nuances dos diferentes autores, ideias e linhas, ainda que predominantemente à esquerda. Por outro lado, o caráter cosmopolita oferece outro campo de tensões para as identidades presentes na revista – dentro da edição francesa, há jornalistas e intelectuais de diversos horizontes, com ideias fortes sobre diferentes países; mas fora da edição francesa, ainda há jornalistas e intelectuais dum leque muito maior, também com posições fortes sobre os próprios países. Nesse jogo de espelhos fragmentados, marcado pela pluralidade de identidades intelectuais nesse contexto extremamente internacionalizado, é preciso considerar como uns e outros se veem refletidos. Diante do risco de esquizofrenia, quão fortes seriam as linhas-mestras do Monde Diplomatique para garantir uma identidade?

*

Um desvio delicado aconteceu com a edição norueguesa, que publicou um artigo lançando hipóteses sobre a participação do governo norte-americano nos atentados de 11 de Setembro, na sua edição de julho de 2006. A matriz francesa discordou da "paranoia" da publicação e, na sua edição de dezembro de 2006, publicou um artigo do jornalista político Alexander Cockburn (1941-2012), editor da revista *CounterPunch*, que criticava duramente as teorias da conspiração.[42] Tempos depois,

---

42   COCKBURN, dezembro de 2006, p. 3.

a filial norueguesa voltou a afrontar a matriz, publicando uma resposta a Cockburn na edição de março de 2007, de autoria do filósofo americano David Ray Griffin.

Outra fragilidade é a presença tímida na Ásia e a ausência nos Estados Unidos. Ali, *Le Monde Diplomatique* se faz presente apenas através da edição eletrônica britânica. Apesar das discussões iniciais com as revistas *The Nation* e *Harpers*, a ideia não vingou. Dizem, segundo a editora, que os americanos não estão tão "interessados" no que os franceses pensam sobre relações internacionais.[43] Por volta de 2010/2011, a matriz francesa recebeu uma proposta da revista *Forbes* – o que, na visão de Anne-Cécile Robert: "Quer dizer que *Le Monde Diplomatique* é um jornal prestigiado. É uma referência. Mesmo sendo um jornal com suas convicções, ideias, opiniões muito marcadas, é também uma referência. Disse 'não' à revista *Forbes*, pois seria muito complicado do ponto de vista editorial".[44]

Nos melhores momentos, porém, o nascimento das edições internacionais sempre é comemorado. Tanto Vidal quanto Robert dizem que, na maioria das vezes, jornalistas, intelectuais e acadêmicos *leitores* primeiramente de diversas nacionalidades vão bater à porta do *Monde Diplomatique* francês para dialogar e negociar a possibilidade de levar a revista a seus países. Logo, o pontapé inicial é muito simples, informal, casual. "É uma network, mas profissional. Muitos somos amigos, discutimos notícias, trocamos experiências. Enfim, pensamos o mundo", define Vidal.[45] Uma relação amigável, mas profissional.

Palavras a respeito dos *leitores* do *Monde Diplomatique*: além dos mais fiéis e "ativos", reunidos na Association Les Amis du Monde Diplomatique, a revista conta com diferentes perfis de leitores. Em novembro de 1985, o estudo *Sofres 30.000* mostrava que o público-alvo da revista era predominantemente masculino (69,7%), relativamente jovem entre 25 e 34 anos (31,1%) e entre 35 e 49 anos (27,5%), com ensino superior (67,8%), principalmente atuantes nos negócios – *affaires cadres* (36,7%) e nas profissões intermediárias (21,2%), vivendo nas áreas metropolitanas de Paris (53,1%).[46] Na época, os leitores totalizavam 557 mil, na difusão de 52.698 exemplares.[47]

---

43 Anne-Cécile Robert em entrevista à autora, no dia 4 de fevereiro de 2013.
44 Anne-Cécile Robert em entrevista à autora, no dia 14 de outubro de 2014.
45 Dominique Vidal em entrevista à autora, no dia 2 de abril de 2013.
46 Cf. LE MONDE DIPLOMATIQUE, novembro de 1985, p. 25.
47 HOLZINGER, 2013, p. 41.

Por volta de outubro de 1998, outro estudo, do Conseil Sondage Analyses (CSA), mostrava informações sobre o perfil dos leitores, entre eventuais e assinantes, destacando o elevado nível sociocultural do público: 60% com bacharelado, com hábitos culturais muito fortes, entre cinema, museus e teatro, com cultura literária e livresca acima da média dos franceses. Realizado entre 2009 e 2010, um terceiro estudo, da Audipresse, mostrava certa linearidade no perfil: predominantemente masculino (55%), mas mais velho (43% com mais de 40 anos, 27% entre 35 e 49 anos, 15% entre 25 e 24 anos), com alta escolaridade (79% com bacharelado, entre eles 60% com pós-graduação) e maior concentração urbana, principalmente na área metropolitana de Paris (72%) – o leitor envelheceu e se intelectualizou ainda mais. Na perspectiva do historiador Nicolas Harvey, *Le Monde Diplomatique* difere da maioria das mídias radicais anticapitalistas francesas por seu *elitismo*, isto é, por seu foco nos leitores de alto capital cultural, interessados nas palavras de experts, intelectuais e jornalistas prestigiados, versando sobre temas complexos e num estilo austero.[48] Assim, em linhas gerais, entre os leitores da revista na França e no mundo, dois segmentos merecem destaque especial. De um lado, os formadores de opinião: artistas, ativistas, intelectuais, jornalistas, parlamentares, professores e dirigentes de organizações da sociedade civil, atraídos pelo debate plural sobre questões fundamentais na política nacional e pela cobertura de assuntos internacionais. De outro, o segundo segmento é formado por acadêmicos, entre estudantes e professores universitários. Assim, diversos outros tipos de leitores ficaram fora dos estudos referidos, como intelectuais de diversas nacionalidades, interessados a ponto de querer levar o selo para seus países.

Mas há mais. Simbolizado como "polo de resistência intelectual", *Le Monde Diplomatique* atrai ainda diferentes etiquetas: resistência intelectual, guerra ideológica, batalha de ideias – um vocabulário, como diz o historiador Maxime Szczepanski--Huillery, senão militar, no mínimo militante.[49] O bureau parisiense do *Monde Diplomatique* divide, literalmente, espaço com outras iniciativas, mais militantes: o Observatoire Français des Médias e, desde 2007, a Association Mémoire des Luttes, idealizada por Ignacio Ramonet e Bernard Cassen. Antes abrigada na Maison de l'Amérique Latine, no Boulevard Saint-Germain, a partir de 2003, a Association Les

---

48 HARVEY, 2011, p. 221.
49 SZCZEPANSKI-HUILLERY, 2009, p. 16-17.

Amis du Monde Diplomatique migrou para o mesmo endereço.[50] Em maio de 1995, Les Amis foram oficialmente reunidos para cumprir prioritariamente um desígnio: angariar os 10 milhões de francos necessários para a fundação da filialização do *Monde Diplomatique* dentro do *Monde*.[51] Nas palavras de Claude Julien, para contribuir, por vias materiais e intelectuais, ao desenvolvimento e à independência do *Monde Diplomatique*.[52] Na crítica de Szczepanski-Huillery,[53] porém, Les Amis atravessaram tensões entre sua proposta inicial e a vontade manifesta de uma ala considerável de leitores, desejosos de articular ações militantes – uma tensão que ficaria mais nítida em junho de 1998, com a instituição da Attac.[54]

Pensar, portanto, como *Le Monde Diplomatique* foi/é *lido* implica considerar diferentes perspectivas: quem escreve, o que escreve e para quem escreve *Le Monde Diplomatique*. No jogo de espelhos a aproximar campos jornalísticos, intelectuais e militantes como seus autores e, ao mesmo tempo, como seus leitores, a revista impulsionou a difusão de suas ideias além das fronteiras francesas. E, nessa linha, é preciso considerar que leitores, de outras nacionalidades, quiseram participar mais ativamente dessa difusão, ao propor fundar edições nos seus próprios países.

Ao receber propostas para iniciar novas edições, Anne-Cécile Robert busca informações sobre os potenciais parceiros – suas posições, seus históricos, seus *backgrounds*. Para a editora, o ponto principal é ter certeza de que estão de acordo nas questões editoriais e políticas. "E, sobre a situação financeira das outras edições, nós não somos gananciosos. Não queremos dinheiro. Queremos espalhar nossas ideias ao redor do mundo", diz.[55] Nessa linha, *Le Monde Diplomatique* estipula as taxas impostas às edições internacionais, referentes aos direitos autorais da edição francesa, segundo as condições financeiras de cada país.

---

50 SZCZEPANSKI-HUILLERY, 2009, p. 499.
51 SZCZEPANSKI-HUILLERY, 2009, p. 502.
52 JULIEN, fevereiro de 1996, p. 2.
53 Atualmente responsável pela Bibliothèque Belle Beille, da Université d'Angers, o historiador Maxime Szczepanski-Huillery abordou, entre outras questões, o papel dos leitores/militantes da Association Les Amis du Monde Diplomatique e suas relações na revista. Szczepanski-Huillery defendeu uma ótima tese de doutorado em ciência política na Université de Picardie, em 2009, com foco na politização de *Le Monde Diplomatique* e suas vinculações com a ideologia terceiro-mundista e, tempos depois, com o movimento altermundialista.
54 SZCZEPANSKI-HUILLERY, 2009, p. 502.
55 Anne-Cécile Robert em entrevista à autora, no dia 4 de fevereiro de 2013.

Ao assumir o lugar de Dominique Vidal, a quem reconhece pelo trabalho "excepcional", Anne-Cécile Robert buscou dar continuidade à consolidação da rede de edições internacionais, por exemplo, intermediando relações com as embaixadas e instituições culturais francesas nos países, "linkando" seus editores e procurando financiamento mediante *subvention européene*.[56] Também buscou divulgar a rede, por exemplo, com iniciativas como uma mesa-redonda aberta sobre as edições internacionais na Université Paris VIII – Saint-Denis, em maio de 2014, na efeméride do 60º aniversário de *Le Monde Diplomatique*, e uma mesa-redonda sobre as edições internacionais no primeiro Forum Mondial de la Langue Française em Montreal, em julho de 2012.

De tempos em tempos, a editora faz uma pilha das edições internacionais impressas, para conferir seu andamento. Nas línguas e contextos sócio-políticos fora de seu domínio, conta com a ajuda dos editores especializados e às vezes de intelectuais desses países, colaboradores do *Monde Diplomatique*.

Em janeiro de 2013, Robert recebeu uma mensagem de um jornalista lituano, interessado em iniciar uma edição na Lituânia – um país cujo contexto político não lhe é familiar. Primeiro pediu ajuda a um dos jornalistas do *Monde Diplomatique* para obter informações e, depois, conversou com o diretor do jornal, para saber se suas ideias se alinhavam, pois: "O ponto principal é ter certeza de que estamos de acordo em questões políticas. É garantir que estamos de acordo com a linha editorial", justifica.[57]

Diante dessas diretrizes todas, estar de acordo em questões editoriais e políticas salta como a premissa mais importante. Para Vidal, a matriz francesa do *Monde Diplomatique* é "indiscutivelmente anticapitalista, altermundialista, terceiro-mundista", o que o posicionariam à esquerda no espectro político, mas:

> Não diria, como muitos dizem, que todas as edições de *Le Monde Diplomatique* são esquerdistas. Nem todas são *left-wing*, nem todas são *mainstream*. Nem todas são altermundialistas. Mas é claro que todos esses movimentos mundiais – como os antiglobalização, como mostrou o Occupy Wall Street e outros movimentos nos países árabes, na Espanha e na Rússia – se alinham e fazem sentido com *Le Monde Diplomatique*. Então, o ponto comum entre as edições internacionais é a visão crítica. O mais importante – e essa é a chave para a história de

---

56 Anne-Cécile Robert em entrevista à autora, no dia 14 de outubro de 2014.
57 Anne-Cécile Robert em entrevista à autora, no dia 14 de outubro de 2014.

> *Le Monde Diplomatique* – é a crítica. Mesmo os que não concordam politicamente podem encontrar informação séria e real no *Monde Diplomatique*, com análises profundas e perspectiva.[58]

Mas, apesar dessa declaração, o editor vê as fragilidades das edições internacionais como reflexo da fragilidade da imprensa à esquerda atual:

> É difícil separar a vida de *Le Monde Diplomatique* e a de suas edições internacionais. A fraqueza das edições internacionais é a fraqueza da imprensa de esquerda atual. É claro que estamos vivendo um tempo de muitas possibilidades, de novas possibilidades. Mas, na questão financeira, é um tempo difícil para a imprensa de esquerda. Nós tivemos boas e más experiências. Nós iniciamos e encerramos edições, muitas brevemente. Mas, em linhas gerais, podemos nos orgulhar de certas conquistas.[59]

Por *esquerda*, Dominique Vidal compreende primeiramente uma crítica hostil à sociedade capitalista, devido a suas injustiças de diversas ordens. Logo, uma busca por *alternativas*, no plural, frisa, ao mesmo tempo justas socialmente e respeitando a identidade social e cultural dos povos. Por fim, uma aversão às políticas imperialistas, a partir dos ideais de justiça e de igualdade.[60] Considera, assim, a matriz francesa indiscutivelmente anticapitalista, altermundialista, terceiro-mundista – características, diz, de uma imprensa contemporânea de esquerda.[61]

Para Anne-Cécile Robert, por sua vez, as edições internacionais herdariam o DNA do *Monde Diplomatique* francês: a crítica ao imperialismo, ao colonialismo e ao capitalismo neoliberal.[62] Uma questão de valores, na sua expressão. Por valores, refere-se às ideias de justiça, liberdade, solidariedade. Entretanto, a editora não gosta das expressões *direita* e *esquerda*. Essencialmente prefere ver os intelectuais de *Le Monde Diplomatique* como *free-minders*, opostos ao imperialismo e à dominação de qualquer sorte: de ricos sobre pobres, de brancos sobre negros, de

---

58 Dominique Vidal em entrevista à autora, no dia 2 de abril de 2013.
59 Dominique Vidal em entrevista à autora, no dia 2 de abril de 2013.
60 Dominique Vidal em entrevista à autora, no dia 6 de outubro de 2014.
61 Dominique Vidal em entrevista à autora, no dia 6 de outubro de 2014.
62 Anne-Cécile Robert em entrevista à autora, no dia 4 de fevereiro de 2013.

homens sobre mulheres, e assim por diante. "Se isso quer dizer *left-wing*, então, sim, estamos à esquerda", diz.[63]

A editora interpreta *Le Monde Diplomatique* como uma crítica ao imperialismo, lembrando que, nos tempos de Guerra Fria, assistiam a dois imperialismos e, assim, a revista preferiu não tomar partido de um imperialismo ou de outro. "Para nós", define a editora, "não se trata de tomar posição de quaisquer 'competições', mas se trata de criticar os mecanismos, as lógicas e os casos de dominação, de criticar as injustiças – e não necessariamente entrar numa guerra entre X ou Y".[64] Aliás, Robert discorda do pressuposto de uma relação mais direta entre o boom de *Le Monde Diplomatique* e o altermundialismo – que, a seu ver, foi um acelerador, mas não foi um fator capital. Em outras palavras, defende que a revista se desdobrou em edições internacionais por mérito próprio, mas não intrinsecamente relacionado a condições contextuais como o aflorar do movimento no mundo e na França.

Todavia, entre uma revista francesa difundida no exterior e uma revista internacional nascida na França, Anne-Cécile Robert e Dominique Vidal têm visões semelhantes: mais justo seria dizer *Le Monde Diplomatique* um periódico internacional nascido na França.

A mencionada vocação internacional da revista se reflete também no cosmopolitismo da redação e do quadro "viajado" de intelectuais e jornalistas colaboradores. No núcleo parisiense, apenas para citar exemplos: o diretor Serge Halimi nasceu na Tunísia, o ex-redator-chefe Alain Gresh nasceu no Egito, a editora Mona Chollet é suíça, o novo redator-chefe adjunto Benoît Bréville estudou no Canadá, o ex-diretor Ignacio Ramonet é espanhol e viveu por muito tempo no Marrocos.

Se compreender o mundo é essencial para *Le Monde Diplomatique*, além da diversidade de perfis e trajetórias, o bureau francês valoriza titulações acadêmicas dentro e fora da redação: "Intelectuais escrevem no *Monde Diplomatique* – e todos os jornalistas de *Le Monde Diplomatique* são diplomados, são doutores", diz Robert.[65] A partir da década de 1980, vale lembrar, foi pedido aos redatores para se diplomar e se especializar em certas áreas geográficas (África, América Latina e Oriente Médio, por exemplo) ou em determinados setores (direito internacional,

---

63 Anne-Cécile Robert em entrevista à autora, no dia 4 de fevereiro de 2013.
64 Anne-Cécile Robert em entrevista à autora, no dia 14 de outubro de 2014.
65 Anne-Cécile Robert em entrevista à autora, no dia 14 de outubro de 2014.

história, literatura e assim por diante).[66] Na imprensa tradicional, são versadas as expressões *especialistas* e/ou *setoristas*. Assim, Serge Halimi se dedica especialmente à cobertura relacionada a política e cultura norte-americana; Renaud Lambert, a América Latina, Escócia, Inglaterra e Irlanda; Pierre Rimbert, a Europa; Martine Bulard, a questões econômicas e Ásia; Laurent Bonelli, a União Europeia; Benoît Bréville, a Canadá e Estados Unidos; Alain Gresh, a política e cultura islâmica e Oriente Médio; Anne-Cécile Robert, a questões de direito internacional, União Europeia e África.[67] Noutros tempos presentes na redação, Bernard Cassen e principalmente Ignacio Ramonet transitavam mais livremente no mapa-múndi, abordando questões relacionadas a Europa e América Latina, mas também ao destino de outros "destinos" mais distantes.

Para Anne-Cécile Robert, *Le Monde Diplomatique* estaria entre um jornal e uma *revue*. "Uma de nossas preocupações é trazer para o público leitor *[leigo]* as ideias do mundo acadêmico. E trazer para os intelectuais um pouco do mundo real".[68] Assim, na perspectiva editorial, dois duelos intelectuais sobre questões internacionais também marcaram as páginas de *Le Monde Diplomatique*. O primeiro, protagonizado por Tariq Ramadan. O segundo, por Bernard-Henri Lévy.

Intelectual suíço de origem egípcia, Tariq Ramadan é atualmente professor de estudos islâmicos contemporâneos na Oxford University. Autor de *Islam and the arab awakening* (Oxford University Press, 2012) e *Être musulman européen* (Éditions Tawhid, 1999), entre outros, o escritor assina *L'Islam en questions* (Actes Sud, 2000) com o editor Alain Gresh. A personalidade de Ramadan se tornou relevante no *Monde Diplomatique*, por ser emblemática da questão sobre a conciliação entre o Islã, o laicismo e o movimento altermundialista.[69] Como dito noutras páginas, não há consenso sobre o Islã no *Monde Diplomatique*. Enquanto Gresh considera o Islã político progressista, um potencial aliado nas lutas antiliberais, Cassen não pensa assim. A partir desse contrassenso fundamental, a redação francesa rachou, por exemplo, nas discussões sobre a liberdade religiosa, quando senadores franceses aprovaram a lei que proíbe do uso de véus muçulmanos e a presença de outros símbolos religiosos nas instituições públicas, em 2004.[70]

---

66 HARVEY, 2011, p. 63; HOLZINGER, 2013, p. 153.
67 HARVEY, 2011, p. 81.
68 Anne-Cécile Robert em entrevista à autora, no dia 4 de fevereiro de 2013.
69 HARVEY, 2011, p. 188.
70 HARVEY, 2011, p. 176.

Ramadan escreveu três vezes no *Monde Diplomatique*.[71] Na última intervenção, respondeu a Olivier Roy, à época diretor do Centre National de la Recherche Scientifique (CNRS) e autor de *L'Islam mondialisé* e *Les illusions du 11-Septembre* (Seuil, 2002), que criticava a corrente do islamismo a impor um *islam-code* infligido do deserto afegão à universidade americana, que poderia criar condições favoráveis a ações violentas.[72] Ramadan refuta o artigo de Roy, que, na sua interpretação, mais esfumaçaria do que iluminaria as tendências islâmicas.[73]

Tempos depois, Dominique Vidal escreveria a respeito de Ramadan, respondendo a uma acusação do escritor Thierry Jonquet (1954-2009) no *Monde* de 7 de novembro de 2003, em que dizia que Vidal minimizava e isentava Ramadan de seus "transbordamentos antissemitas".[74] Vidal escreveu que o filósofo suíço cometera uma "imperícia emblemática" ao se referir ao judaísmo, real ou supostamente simbólico, de certos intelectuais. Isso não justificaria, porém, a caça às bruxas ao redor de Ramadan. Para Vidal, tanto nos seus escritos quanto nas suas intervenções, Ramadan nunca expressou antissemitismo. Ao contrário, dizia Vidal, Radaman seria um dos raros pensadores muçulmanos a criticar claramente as violências contra os judeus.[75]

Se Tariq Ramadan foi alvo de controvérsias *dentro* do próprio *Monde Diplomatique*, Bernard-Henri Lévy foi alvo de controvérsias por *fora*. Pensador francês de origem argelina, BHL protagonizou o movimento dos *nouveaux philosophes* na década de 1970. Autor de *L'idéologie française* (Grasset, 1981), *Éloge des intellectuels* (Grasset, 1987) e uma série de *Questions de príncipe* (de I a X, publicadas entre 1983 e 2006), o *intello star* BHL é várias vezes citado, aliás criticado, por diversos autores no *Monde Diplomatique*. Além de expressões como *intelectual midiático*, *novo reacionário*[76] e *duvidoso*,[77] ironizado como *intelectual impostor* que nunca traiu ou nunca mentiu,[78] o epifenômeno BHL "estrelou" um dossiê digital da revista:

---

71 RAMADAN, abril de 1998, p. 13; RAMADAN, junho de 2000, p. 12-13; RAMADAN, julho de 2002, p. 2.
72 ROY, abril de 2002, p. 2.
73 RAMADAN, julho de 2002, p. 2.
74 VIDAL, dezembro de 2002, p. 2.
75 VIDAL, dezembro de 2002, p. 2.
76 MASCHINO, outubro de 2002, p. 28-29.
77 DALRYMPLE, dezembro de 2003, p. 30-31.
78 RIMBERT, janeiro de 2010, p. 28.

L'imposture Bernard-Henri Lévy,⁷⁹ inspirado no livro dos jornalistas Nicolas Beau e Olivier Toscer.

Em dezembro de 2003, ao resenhar *Qui a tué Daniel Pearl?* (Grasset), de Bernard-Henri Lévy, o historiador britânico William Dalrymple criticou o livro, "ambicioso" por combinar investigação jornalística e estilo literário, mas com equívocos inaceitáveis e erros factuais de primeira importância sobre a história do jornalista americano Daniel Pearl, repórter do *Wall Street Journal* sequestrado e brutalmente assassinado no Paquistão.⁸⁰ O editor Serge Halimi, por sua vez, criticou o estilo BHL, com seus editoriais efêmeros nos *bloc-notes* do *Le Point* e suas análises superficiais, tendo "cúmplices" como intelectuais, industriais midiáticos e políticos – ao invés de criticá-los, o filósofo novo BHL daria preferência os poderosos no auge de seu poder.⁸¹

Em fevereiro de 2004, Lévy pediu a palavra no *Monde Diplomatique*, para responder às críticas de Dalrymple. Para Lévy, seu crítico cruzou a linha ao passar para insultos "ridículos" e acusações "infundadas". Uma última palavra ao *Monde Diplomatique*, o autor-alvo criticou a pressa para reproduzir a resenha do historiador, nas suas palavras "absurda" e "errada".⁸² Além das discórdias intelectuais, o xis da questão estava essencialmente nas representações sobre a realidade paquistanesa e a Al-Qaeda, num tabuleiro geopolítico pós-11 de Setembro.

Cito os *affaires* Tariq Ramadan e Bernard-Henri Lévy não só por retratarem dissensões intelectuais, implicâncias e rivalidades pessoais, mas por se referirem a discordâncias ideológicas sobre questões internacionais, o que reflete não só nas páginas parisienses do *Monde Diplomatique*, mas reverbera nas edições internacionais. Tais questões, por exemplo, poderiam impulsionar um estudo à parte, sobre o impacto das desavenças nas edições árabes – e se o dito prestígio do *Monde Diplomatique* poderia amortizar esse impacto.

*

---

79 *Le Monde Diplomatique* organizou um dossiê digital reunindo diversos artigos diretamente relacionados a Bernard-Henri Lévy. A pequena introdução já dá o tom irônico versado a BHL que, diz *Monde Diplomatique*, por amar a América, provavelmente conhece a expressão *work in progress*. Assim, a revista reservou um espaço no site para criticar cada novo livro, nova intervenção ou nova controvérsia do autor. Ver http://www.monde-diplomatique.fr/dossier/BHL
80 DALRYMPLE, dezembro de 2003, p. 30-31.
81 HALIMI, dezembro de 2003, p. 30.
82 LÉVY, fevereiro de 2004, p. 26-27.

Anne-Cécile Robert atribui à vocação internacional de *Le Monde Diplomatique* seu status de seriedade e de prestígio, justamente por não focar apenas a França, mas abordar países "esquecidos" pela imprensa tradicional – o que teria atraído leitores, de países diferentes, de realidades diferentes, para assinar a edição francesa, mas talvez também para iniciar uma edição própria do *Monde Diplomatique*. "*Le Monde Diplomatique* é, *voilà*, uma instituição", diz.[83]

A editora considera a revista como uma tribuna para intelectuais de diversas nacionalidades e diversos repertórios – incluindo sindicalistas, militantes, estudantes. Uma revista internacional mas, na sua expressão *très française*. Isto é, como expressão da cultura francesa e da *universalidade*. Nas suas palavras:

> A França ficou marcada pela Revolução Francesa, com essa ideia de que nós podemos portar um ideal universal de justiça, de fraternidade, de direitos humanos. Universal, por se referir ao mundo inteiro. E talvez *Le Monde Diplomatique* seja muito francês nesse sentido, por portar esse ideal do universal, isto é, a ideia de que todos os povos finalmente têm essa ideia comum, esse fim comum de progredir e de fazer avançar os valores. Por muito francês *[très français]*, podemos dizer, tem esse desejo de fazer progredir esses valores universais e, também, de dar a palavra aos intelectuais do mundo inteiro.[84]

Para Serge Halimi, as edições internacionais são a prova de uma mensagem *universalista* do *Monde Diplomatique*.[85] Como diretor da revista francesa, o jornalista atribui o sucesso das edições internacionais presentes na América Latina à expertise e à sofisticação das análises, "pois talvez as redações desses países não têm os elementos para permitir fazer as pesquisas sobre o norte da África ou o Oriente Médio".[86]

À expressão de Robert, Halimi acrescenta:

> Sim, mas é um jornal *très français* que publica um discurso do presidente Rafael Correa em Paris, quando o resto da imprensa não aborda. Um jornal *très français* que publica um texto do subcomandante Marcos *[do Exército Zapatista de Libertação Nacional]*. Um jornal *très français* que foi muito solidário aos grandes combates da esquerda latino-americana, notavelmente no momento do golpe no Chile, contra

---

83 Anne-Cécile Robert em entrevista à autora, no dia 14 de outubro de 2014.
84 Anne-Cécile Robert em entrevista à autora, no dia 14 de outubro de 2014.
85 Serge Halimi em entrevista à autora, no dia 28 de novembro de 2014.
86 Serge Halimi em entrevista à autora, no dia 28 de novembro de 2014.

Salvador Allende, ou do golpe na Argentina, três anos mais tarde. Um jornal que se interessava pelo Brasil, num momento em que poucos lembravam do país. Nós nos interessamos pelo Brasil antes ainda que se tornasse um país emergente – enquanto outros só se interessam por países que se tornam um ator no mercado ou uma economia potencial, para depois descobrir que há uma sociedade que vive ali.[87]

Entre tribuna intelectual e instituição, entre jornal e *revue* teórica, entre páginas internacionais e *très françaises*, aos olhos de seus editores, Le Monde Diplomatique defende um jornalismo reflexivo, não *événementiel* no fluxo dos acontecimentos.

A partir dessas diretrizes editoriais e políticas, Le Monde Diplomatique encontrou um lugar ao sol no território latino-americano, majoritariamente impulsionado por iniciativas próprias de intelectuais e jornalistas latino-americanos. Ao mesmo tempo, os intelectuais franceses passaram a minutar a América Latina com bons e admirados olhos, especialmente na virada do novo século.

Le Monde Diplomatique encontrou na América Latina, em termos editoriais, um terreno privilegiado, pois logo a língua espanhola se tornou a principal liga de edições internacionais, antes das árabes. Vidal considera que, por outro lado, em termos políticos, a influência de Le Monde Diplomatique nos países latino-americanos, como na Argentina e no Chile, se destacou, superando a influência da revista nos países europeus – além das versões francesa, alemã e italiana, diz, outras edições tiveram impacto menor, circunscrito a pequenas confrarias intelectuais.[88]

Além de destacar o interesse da revista *très française* a vozes como Rafael Correa e o subcomandante Marcos, do Exército Zapatista de Libertação Nacional (EZLN), a solidariedade às esquerdas no Chile de Salvador Allende ou na Argentina, Serge Halimi, por sua vez, vê uma relação simbiótica entre França e América Latina expressa entre a *expertise* dos intelectuais franceses e a linha latino-americana presentemente mais *progressista*.[89] Para Halimi, nas edições internacionais "há uma espécie de simbiose entre as redações, da linha mais progressista na América Latina e do conteúdo proposto por Le Monde Diplomatique, mais focado nas questões internacionais, que as redações presentes talvez não poderiam produzir sozinhas".[90] Diante das diversas edições internacionais, o diretor considera que, ao lado da Eu-

---

87 Serge Halimi em entrevista à autora, no dia 28 de novembro de 2014.
88 Dominique Vidal em entrevista à autora, no dia 6 de outubro de 2014.
89 Serge Halimi em entrevista à autora, no dia 28 de novembro de 2014.
90 Serge Halimi em entrevista à autora, no dia 28 de novembro de 2014.

ropa, a América Latina é a zona do mundo onde a mensagem *universalista* do *Monde Diplomatique* encontra muita ressonância.

Na mesma linha, para Robert, a América Latina é o espaço mais dinâmico para as edições internacionais de *Le Monde Diplomatique*. Se historicamente a revista acompanhou os desdobramentos políticos na região desde a ditaduras militares, atualmente admira-se com "a luta excepcional dos povos latino-americanos para se libertar do ultra-liberalismo e da dominação americana".[91] Diante de uma Europa "congelada", entre outras expressões, a editora assim define o interesse pela América Latina: um *laboratório da liberdade*, na busca de transformações sociais a partir da democracia.[92]

Questiono Vidal a respeito dessa admiração europeia diante das atuais experiências latino-americanas. O que pensa sobre o olhar dos intelectuais europeus a fenômenos latino-americanos? A resposta:

> Direi como penso francamente. *Pas faire de la langue de bois [sem conversa fiada]*, como dizemos. Há dois tipos de intelectuais que não podem compreender os fenômenos latino-americanos, como o peronismo e o bolivarianismo. O primeiro tipo corresponde a intelectuais anticomunistas, cujo anticomunismo é tal que é incompreensível, por exemplo, ao correspondente do *Monde* o que acontece na Venezuela. O segundo tipo corresponde aos que sempre precisam de um ídolo. Foi Mao Tse Tung durante a revolução cultural, Che Guevara durante "um, dois, três Vietnãs". Os que tiveram uma certa adoração por Gorbachev ou por Ho Chi Mihn. Todos que, na minha opinião, têm um "pró-comunismo" tão forte não podem compreender, pois têm uma visão acrítica. Vivemos num momento de convulsão mundial tal (nas forças internacionais, enfraquecimento da hegemonia americana, crise europeia, crise financeira internacional, desaparecimento da alternativa comunista antiga) que, se não temos uma visão crítica, estamos perdidos. Por muito tempo, o que se escreveu nos jornais e no *Monde Diplomatique* sobre Venezuela ou sobre Cuba...[93]

Que por ora fiquem as reticências de Vidal, como primeira pista para a trajetória trilhada nas páginas seguintes, rumo à América Latina.

---

91 Anne-Cécile Robert em entrevista à autora, no dia 14 de outubro de 2014.
92 Anne-Cécile Robert em entrevista à autora, no dia 14 de outubro de 2014.
93 Dominique Vidal em entrevista à autora, no dia 6 de outubro de 2014.

Do outro lado do Atlântico

Data de julho de 1999 a estreia de *Le Monde Diplomatique* na Argentina. Na página introdutória da edição, a revista se afirma como "herdeira" de uma história prestigiosa e se reafirma como crítica ao "pensamento único", expressão dantes citada na *pensée unique* de Ignacio Ramonet.[1] Nessa linha, a *manière de voir* da matriz francesa se traduz como *punto de vista* singular nas páginas da versão argentina. Almeja-se uma visão crítica a ângulos esquecidos pela imprensa *mainstream*: as destruições do dogma liberal, os perigos do suposto "choque de civilizações", as oportunidades das novas tecnologias e assim por diante. Uma visão crítica, diz a revista, reverberando Karl Marx, para os que querem compreender, mas também mudar o mundo atual.[2]

Na edição inaugural, *El Dipló*[3] revisita um editorial de Ignacio Ramonet, publicado em outubro de 1993, para expressar a filosofia intelectual e jornalística que

---

1   RAMONET, fevereiro de 2005.
2   Cf. LE MONDE DIPLOMATIQUE, julho de 1999.
3   Neste estudo, farei referência à edição argentina de *Le Monde Diplomatique* como *El Dipló*, a

a edição argentina pretende herdar e honrar da matriz francesa.[4] Um editorial já referido, com uma crítica incisiva sobre a crise de identidade da imprensa, em que o sociólogo espanhol destrincha as motivações profundas no estremecimento de pilares básicos do jornalismo. Se antes informar equivalia a oferecer uma descrição precisa de um acontecimento – no tal *lead* jornalístico: quem?, fez o quê?, quando?, onde?, como?, e por quê? –, informar se tornou um imperativo do "tempo real", da divulgação (e vulgarização) imediata (e ilusória) da "história". Assim, também mudaram as ideias de atualidade e de tempo – que envelheceram o jornalismo impresso, irremediavelmente descompassado diante do acontecimento hiper-midiatizado e imagético. Mas, na perspectiva do *Monde Diplomatique*, informar-se não é isso. Na verdade, informar-se cansa.[5]

Para *Le Monde Diplomatique* e, logo, para *El Dipló*, informar-se implica uma atividade produtiva, impossível de se realizar sem esforço e mobilização intelectual. Uma atividade nobre, para que o cidadão dedique parte de seu tempo e de sua energia. Por isso, justifica Ignacio Ramonet, os textos longos, para recordar antecedentes históricos, informações fundamentais, tramas socioculturais, políticas e econômicas a fim de compreender a complexidade de um acontecimento. *El Dipló* pretende se posicionar, assim, fiel às linhas-mestras do *Monde Diplomatique*.

Após a estreia da edição *porteña*, *El Dipló* conquistou outros solos sul-americanos, com edições sucessivas em Santiago, Bogotá, Caracas e La Paz, num contexto sul-americano, principalmente argentino, marcado, na expressão de Carlos Gabetta, na crista da onda neoliberal.[6] *El Dipló* estreou, portanto, querendo nadar contra essa corrente ideológica e política. No primeiro editorial, Carlos Gabetta dizia que a "fórmula alternativa" ao "neoliberalismo destruidor" deveria fincar raízes na política: isto é, supõe debate e ideias políticas claras, decisões políticas marcantes e participação política ativa.[7] De uma Argentina "aluna modelo" do neoliberalismo,

---

fim de desviar possíveis confusões entre a matriz francesa e a filial argentina. Porém, outros interlocutores eventualmente se referem ao *Le Monde Diplomatique* com expressões como "*Dipló*", "*LMD*" e "*MD*". Na mesma linha, *El Dipló* encontra referência nas expressões "revista", "magazine" ou "gazeta", pois a periodicidade mensal, o estilo e a linha editorial diferenciada, mais dedicada à análise e menos à "notícia", isto é, ao *hard news*, afastam a publicação do perfil de um jornal nos moldes convencionais da imprensa. Não obstante, há mínimas vezes em que a publicação é citada, por outrem, como um jornal.

4   RAMONET, julho de 1999, p. 4.
5   RAMONET, julho de 1999, p. 4.
6   GABETTA, agosto de 2003, p. 3.
7   GABETTA, julho de 1999, p. 3.

marcada historicamente pelo peronismo e pelas heranças incertas da ditadura militar, o país passou por diversas transformações desde a redemocratização, acompanhadas de perto por *El Dipló* desde 1999.[8]

Ancorar na América Latina não foi uma travessia fácil. *El Dipló* vingou na Argentina graças à insistente iniciativa do jornalista Carlos Gabetta, que consolidou a edição platina como o principal porto de *Le Monde Diplomatique* do outro lado do Atlântico.

O papel de Carlos Gabetta

Nascido em 28 de setembro de 1943, em Rosário, Santa Fe, Carlos Gabetta foi redator da revista *Panorama*, dirigida por Tomás Eloy Martínez (1934-2010), redator-chefe da revista política *Discusión* e, ao mesmo tempo, na década de 1970, militou no Ejército Revolucionario del Pueblo (ERP), braço armado do Partido Revolucionario de los Trabajadores (PRT). Tempos de radicalização para muitos jornalistas que, como Gabetta e Eloy Martínez, acreditavam que o jornalismo e a literatura eram lugares privilegiados para impulsionar transformações sociais.[9]

Entretempos: o PRT surgiu em janeiro de 1965, a partir da fusão de duas organizações políticas – Frente Revolucionario Indoamericano Popular (FRIP), liderado por Mario Roberto Santucho (1936-1976) e Francisco René Santucho (1925-?), e Palabra Obrera, linha trotskista liderada por Nahuel Moreno (1924-1987). O PRT se rompeu não muito tempo depois, a partir de 1967, entre outros fatores, num dissenso entre duas vertentes: uma, que considerava o imperativo da luta armada; outra, que ponderava a estrutura partidária tradicional, caracterizando a guerrilha e a luta armada como estratégias distantes das organizações revolucionárias.[10] Assim, da ruptura viriam o PRT – El Combatiente, logo PRT – ERP, liderado pelos Santucho; e o PRT – La Verdad, dirigido por Moreno, que depois desembocaria no Partido Socialista de los Trabajadores (PST).

---

8   Este estudo, conforme exposto na introdução, foca 141 edições de *Le Monde Diplomatique* impressas entre julho de 1999 e fevereiro de 2011 na Argentina, período em que a revista foi dirigida pelo jornalista Carlos Gabetta. Além desse corpus principal, faço referências, certamente sinalizadas, a edições especiais publicadas na Argentina (*Anuário* e *Atlas*) e na França (especialmente a revista bimestral *Manière de voir*), e livros de autoria de seus principais intelectuais (Carlos Gabetta na Argentina e Ignacio Ramonet na França), considerados relevantes para este estudo.
9   ULANOVSKY, 2011a, p. 157-158.
10 MANGIANTINI, 2013, p. 126.

Para os Santucho, na leitura do historiador argentino Martín Mangiantini, a luta revolucionária se daria em três momentos graduais: primeiro, a revolução, ainda frágil, teria uma estratégia defensiva; depois, graças à luta revolucionária, se firmaria um equilíbrio de forças; por fim, a revolução passaria à ofensiva. À época, o PRT – ERP mirava e admirava Fidel Castro, como síntese teórica das ideias revolucionárias, de Marx a Lenin, passando por Trotsky e Mao, donde era preciso lutar por "dois, três, muitos Vietnãs".[11]

Diante desse horizonte revolucionário no PRT – ERP, o jornalista precisou se exilar logo após o golpe que derrubou Isabel Perón. Questão de dias depois do 24 de março de 1976, a militante Maria Elena Amadio foi sequestrada e assassinada pela repressão – e seu companheiro, Carlos Gabetta, precisou se refugiar, primeiro na Itália, depois na França. O PRT – ERP se desarticulou a partir de 1977, desmantelado com a repressão.

Gabetta, assim como muitos intelectuais militantes de partidos e movimentos armados da época, reviu e reconsiderou certas táticas políticas, propostas a favor da guerrilha e da luta armada como via de transformação social, com a instauração de um regime de partido único, o eliminar das propriedades privadas e a economia estatizada. Aliás, vale dizer, parte da esquerda latino-americana atual abdicou do teor revolucionário e dos modelos utópicos e teleológicos comunistas da época, reavaliando ainda suas posições sobre a ideia de democracia formal.[12]

Revirando suas lembranças, o editor diz que não mudou de ideia sobre a necessidade de "mudar o mundo" – e, declara, se na década de 1970 lutava pelo socialismo, atualmente continua lutando pelos mesmos ideais. Entretanto, a "história"

---

11 Diz Mangiantini: "*Y eso también puede considerarse como un gradualismo pero desde el punto de vista de la historia de las ideas revolucionarias – este sector del PRT consideró al castrismo con la síntesis teórica del conjunto de los revolucionarios (desde Marx hasta Lenin, passando por Trosky y Mao) argumentando que la táctica fundamental para los procesos revolucionarios latinoamericanos era la construcción de guerrillas. [...] Así el PRT se valió de afirmaciones específicas de cada uno de los teóricos preexistentes: la idea de Marx sobre la estrategia de la toma de poder por parte de la clase obrera, basada en las condiciones de las fuerzas productivas y en la estrategia militar; la caracterización que Lenin realizó sobre el éxito de las insurrecciones con posterioridad a una guerra civil prolongada, dada la debilidade que por sí solo poseía el proletariado; las concepciones de la revolución permanente y el programa de transición de Trotsky; y el concepto de guerra prolonga maoísta, para finalizar con un intento de síntesis en el que la Revolución Cubana se caracterizaba por fusionar las diversas tendencias, esto es, la idea de revolución continental exoresada en la consigna de creación de dos, três, muchos Vietnam, y la construcción del ejército revolucionario como método a partir de la guerrilla sobre la base de la unidad politico-militar de la dirección revolucionaria*" (2013, p. 137-138).

12 AGUIRRE, 2013, p. 3.

lhe teria feito revisar os métodos, pois o tempo lhe mostraria que, apesar de boas intenções, muito se destrói com mudanças drásticas demais. Diz-se agora mais "evolucionista",[13] que "revolucionário" – e que mudar a realidade não pode ser uma aventura de uma "vanguarda iluminada" do dia para a noite, mas um trajeto pontilhado por uma sociedade.[14]

Em Paris, Gabetta publicou *Todos somos subversivos* em outubro de 1979, depois traduzido e publicado em Buenos Aires, em novembro de 1983. Um livro testemunhal, prefaciado por Osvaldo Soriano (1943-1997), com histórias de militantes, marginalizados e estudantes, entre outros, durante a ditadura. Busca mostrar como *todos* eram considerados subversivos na ótica arbitrária da repressão, a partir de histórias muito diferentes, como o drama de Matilde Herrera, socialite argentina exilada em Paris após o desaparecimento de seus três filhos e suas famílias; o romance de Michel e Lilliane Guilbard, um do Moviment Rural de la Jeunesse Chrétienne de France, outra do Movimiento Rural Católico Argentino; as prisões do senador Hipólito Solari Yrigoyen, alvo de atentados da Triple A. Na Europa, o autor pretendia revelar o que se passava na Argentina; já na Argentina, pretendia registrar como direito à memória.[15] Dedicou as páginas a Maria Elena e a todos os *compañeros*.

Questionei, a partir do livro, se o autor se considerava *subversivo* até os dias atuais. Interessante sua resposta, que define o que pensa sobre o papel dos intelectuais:

> Todo intelectual crítico é subversivo, pois ataca ou questiona a ordem estabelecida. Se está mal, é preciso criticar o que está mal. Se está bem é preciso ver o que se pode melhorar mais. Sempre cito uma frase de Marx, quando escreveu *La cuestión judia [de 1844]*, um livro muito

---

13 Talvez inadvertidamente, Carlos Gabetta faz eco ao teórico alemão Eduard Bernstein (1850-1932) e sua perspectiva do "socialismo evolucionário". Bernstein diferia das ideias expressas nas teorias de Karl Marx e Friderich Engels. Para Bernstein, os social-democratas não deveriam esperar por uma "catástrofre" que semeasse as premissas revolucionárias capazes de levá-los ao poder. Ao contrário, defendia que a social-democracia deveria seguir o caminho parlamentar, promover alianças com outras agremiações e formular um programa de reformas para assegurar melhores condições aos trabalhadores. A lei – mediante uma reforma legislativa – seria o caminho mais lento; a força revolucionária, o caminho mais rápido e radical. Mas, para Bernstein, qual método seria mais promissor dependeria inteiramente do contexto político e de sua relação com as diversas classes e culturas do povo (BERNSTEIN, 1997). A perspectiva evolucionista marcou tempos da Segunda Internacional, entre discussões sobre a transição pós-capitalista (gradualista ou revolucionária) e as perspectivas da crise (improvável ou iminente).

14 Carlos Gabetta em entrevista à autora, no dia 1º de setembro de 2014.

15 GABETTA, 1983, p. 12.

crítico sobre a questão sendo o próprio autor judeu e neto de rabino. Saiu o livro e a comunidade judaica não sabia o que fazer. Disseram que ele se deixou levar por seu "temperamento passional". E Marx respondeu: a crítica não é uma paixão da mente, mas a mente da paixão. Para mim, essa consideração deveria valer para todos os intelectuais. É preciso apaixonar-se por uma causa, por uma ideia, mas ao mesmo tempo é preciso estar pronto para ver o que está mal.[16]

Exilado, Gabetta escreveu para diversas publicações, como o francês *Politique Hebdo* e o italiano *Il Manifesto*. A partir de 1977, graças ao amigo Bernard Cassen, Gabetta passou a colaborar com *Le Monde Diplomatique*, especialmente sobre temas econômicos e políticos latino-americanos. Logo Gabetta tornou-se amigo de Claude Julien e Ignacio Ramonet. Entre seus feitos como jornalista, em 1984, revelou com Sergio Joselovsky na revista argentina *Humor* que, no dia 10 de junho de 1978, o general Jorge Rafael Videla (1925-2013) recebera uma carta assinada por 2.337 jornalistas franceses, indicando nomes de 31 jornalistas assassinados, 40 desaparecidos e 68 presos na Argentina.

De volta para casa, Gabetta participou do semanário alternativo *El Periodista de Buenos Aires*, primeiro número datado de 7 de setembro de 1984. A ideia inicial reunia jornalistas como Osvaldo Soriano, em Buenos Aires; Carlos Gabetta, indo e vindo de Paris; e Andrés Cascioli. Entretanto, Soriano e Cascioli discutiram e romperam pouco tempo antes do lançamento do tabloide, que enfim estreou sob a direção de Cascioli, com Carlos Gabetta como redator-chefe e Carlos Alfieri como redator.[17] A revista reuniu textos de Tomás Eloy Martínez, María Esther Gilio, Jorge Lanata, Horacio Verbitsky, entre outros, além de jovens jornalistas como Sergio Joselovsky e Julio Villalonga, que depois se destacariam. Na lembrança de Horacio Verbitsky, *El Periodista* foi a primeira publicação pós-ditadura a começar a ocupar os feixes de liberdade disponíveis, com estilo contestatário, crítico, investigativo.[18] Já Gabetta, desde 1986 de volta a Buenos Aires, lembra que a revista estava na encruzilhada, hostilizada ao mesmo tempo por radicais governistas e por esquerdistas. O maior impasse, diz no livro de Carlos Ulanovsky, se sintetiza-

---

16 Carlos Gabetta em entrevista à autora, no dia 1º de setembro de 2014.
17 ULANOVSKY, 2011a, p. 169.
18 ULANOVSKY, 2011a, p. 170.

va na questão: "Como se faz bom jornalismo em uma sociedade que não tolera as ideias claras e diferentes?"[19]

El Periodista acabou em maio de 1989. No início de 1990, Gabetta retornou à Europa, ficando entre Madri e Barcelona. Nunca rompera relações com os amigos franceses do *Monde Diplomatique*, pois mesmo dedicado a outras publicações, o jornalista continuava colaborando com artigos sobre a Argentina e a América Latina. Assim, na cidade catalã, iniciou a revista *cuatroSemanas y Le Monde Diplomatique*, em fins de 1992.

Duas décadas mais tarde, na tarde de 11 de setembro de 2012, na sua casa, no tranquilo bairro de San Telmo, Buenos Aires, entre retratos do jornalista com personalidades como Fidel Castro e Gabriel García Márquez, Gabetta contou que um dos principais entraves para a consolidação de edições internacionais independentes do *Monde Diplomatique* era a posição do diretor Claude Julien, que insistia que os outros países deveriam apenas traduzir os artigos franceses integralmente – "traduzi-los e ponto". Isso mudaria paulatinamente com Ignacio Ramonet na direção, a partir de 1990 – as discussões a respeito se abrandaram lentamente, o que contribuiu para o processo de internacionalização da revista: "Traduzi-los e ponto. Eu não concordava. Eu dizia: 'Não pode ser'. Era muito amistoso, mas não concordava. Eu dizia: '*Mira*, Ramonet, não posso fazer um jornal espanhol, com a matéria principal francesa sobre uma questão argelina ou de outra antiga colônia francesa. Que importa isso *[para o leitor espanhol]*?'".[20]

Carlos Gabetta compartilhou comigo exemplares de *cuatroSemanas y Le Monde Diplomatique*, tabloide de cerca de 48 páginas, custando 475 pesetas espanholas à época, impresso pela Ediciones del Parque. Enquanto *cuatroSemanas* se dedicava a questões especialmente espanholas, *Le Monde Diplomatique* trazia traduzidos os artigos franceses. A edição n.º 14, de março de 1994, contemplava um editorial-manifesto na página 23:

> Uma voz clara em meio ao ruído: A nossos leitores: Ao longo de nosso primeiro ano no mercado, tratamos de diversos temas políticos, econômicos, sociais, culturais e ecológicos no âmbito nacional e internacional. A "atualidade" não é, para nós, a habitual sucessão de fatos sem nítida conexão entre si, nem com a história ou o entorno

---

19 ULANOVSKY, 2011a, p. 171.
20 Carlos Gabetta em entrevista à autora, no dia 11 de setembro de 2012.

regional e mundial. O "político" carece de sentido sem a análise do "econômico", do "social" etc. Não acreditamos que, com toda sua expressividade, uma imagem valha mais que mil palavras e, ao contrário da visão jornalística de que só é notícia que um homem morda um cachorro, e não ao contrário. Para *cuatroSemanas*, o importante é a agressão em si mesma, o destino da vítima e as razões do agressor, seja ele homem ou cachorro (talvez, sobretudo, se for cachorro). Tratamos de fazer um periódico para gente que, dispondo de informação, precisa ao menos de um guia para contemplá-la, reuní-la, organizá-la e entendê-la. Também para aqueles que se perguntam criticamente se não há alternativa possível à que nos oferecem os políticos, a política e os meios de comunicação em quase todo o mundo, e consideram que para defender e aperfeiçoar a democracia é preciso fazer muito mais que votar de tempos em tempos. Por isso, abundamos em detalhes, citações, fontes, referências – ainda que sob o risco de cansar [...].

Três detalhes se destacam nesse trecho. Na última linha do texto de março de 1994, *cuatroSemanas* invoca a já referida ideia expressa no editorial de Le Monde Diplomatique de outubro de 1993: informar-se cansa.[21] No parágrafo anterior, a ideia de democracia como algo muito além das urnas, o que lança vestígios sobre as posições de Carlos Gabetta, afastado desde a década de 1970 de movimentos armados. Por fim, a rubrica *una voz clara en medio del ruido* da revista espanhola, que tempos depois migraria e se firmaria como *slogan* na edição argentina do *Monde Diplomatique*.

A experiência barcelonesa durou até meados de 1994. Logo Gabetta voltaria a Buenos Aires, onde passaria quase quatro anos tentando estabelecer e estabilizar *El Dipló*.

Não foi a primeira tentativa argentina. Gabetta menciona que, na década de 1980, o jornalista argentino Hugo Kliczkowsky[22] tentou fundar uma edição, mas aceitando a prerrogativa de uma revista tal qual esperava a matriz francesa, isto é, mera tradução. O projeto não vingou. Gabetta, por sua vez, argumentava que era preciso atrair argentinos. Queria lançar uma revista fiel à linha editorial do *Monde Diplomatique*, mas com assuntos nacionais como chamariz para novos leitores argentinos. Familiarizados com a experiência de *cuatroSemanas y Le Monde Diplomatique*, os editores franceses já estavam mais abertos a essa possibilidade. O porém: o capital.

---

21 RAMONET, julho de 1999, p. 4.
22 Hugo Kliczkowsky é argentino, mas vive há tempos na Espanha. Desde 2011, tentei por diversas vias, mas não foi possível localizá-lo para pedir uma entrevista para esta tese.

O acordo editorial entre Gabetta e Ramonet: a edição deveria traduzir 70% dos artigos franceses, podendo preencher os 30% restantes com artigos argentinos – cifra que *El Dipló* nunca respeitou à risca. Marco de uma relação amistosa, o acordo de meados de 1999 estipulava o valor simbólico de mil dólares por mês por todos os direitos autorais. Outro custo, maior, era a remuneração para jornalistas e intelectuais. Gabetta queria bons profissionais poliglotas, que dominassem inglês e francês, além do castelhano. Por isso e por questões ideológicas, pretendia oferecer salários bons – afinal, pensava o editor, uma revista de esquerda não poderia submeter seus profissionais a salários ruins.[23]

O editor demorou a encontrar investidores dispostos a apostar nesse projeto, caro e arriscado, na Argentina. Cruzou-lhe o caminho o empresário Hugo Sigman, da editora Capital Intelectual – "um empresário progressista, mas um empresário", destacaria o jornalista. Gabetta lhe propôs um projeto de negócios, admitindo que *perderiam* dinheiro por dois ou três anos, até poderem equilibrar as contas – e, de fato, viriam a equilibrá-las no 30º mês. Assim, estreou *Le Monde Diplomatique Edición Cono Sur – El Dipló* em julho de 1999.[24]

Carlos Gabetta convocou jornalistas veteranos como Marta Vassallo, Luis Bilbao e Carlos Alfieri, com quem já tinha trabalhado dez anos antes, n'*El Periodista de Buenos Aires*, para integrar a redação, inicialmente na Calle Acuña de Figueroa, depois na Avenida Córdoba. Além de profissionais mais experientes, apostou em jovens jornalistas como Creusa Munõz, Luciana Rabinovich e Pablo Stancanneli, inicialmente como estagiários. Tempos depois, os três se tornaram redatores e, enfim, editores.

Outras edições latino-americanas começaram a deslanchar na época. Certa vez, Gabetta recebeu um telefonema do jornalista chileno Victor Hugo de la Fuente – "um velho amigo, também exilado na França".[25] Queria levar *Le Monde Diplomatique* ao Chile. Gabetta fez uma ponte entre Fuente e os franceses, propondo-lhes um acordo: a filial argentina poderia disponibilizar 100% das traduções francesas à edição chilena, assim como os 30% de artigos argentinos, num custo de mil dólares por mês – quantia que, depois, seria partilhada em 75% para os argentinos, 25%

---

23 Carlos Gabetta em entrevista à autora, no dia 11 de setembro de 2012.
24 Carlos Gabetta em entrevista à autora, no dia 11 de setembro de 2012.
25 Carlos Gabetta em entrevista à autora, no dia 11 de setembro de 2012.

para os franceses. Chile aceitou o acordo – assim como as edições posteriores, como Bolívia, Colômbia, México, Peru e Uruguai.

Além de centralizar as traduções dos artigos – disponíveis ainda à edição espanhola –, a edição argentina é considerada uma liderança estratégica para *Le Monde Diplomatique* na América Latina, graças a Carlos Gabetta, que teve importante papel nessa expansão editorial, visitando outras capitais latino-americanas e ajudando outros jornalistas e intelectuais a firmarem novas edições.[26] Mas diferentemente da edição argentina, mais sólida, muitas edições latino-americanas não se consolidaram, principalmente por falta de investimentos e recursos financeiros. Na casa dos 30 mil exemplares, a edição argentina também é encontrada nas principais cidades uruguaias. A versão chilena vingou graças ao capital de Victor Hugo de la Fuente, que vive entre Paris e Santiago. Por seu turno, *Le Monde Diplomatique Brasil* estreou em agosto de 2007, vinculado ao Instituto Pólis – mas a primeira edição eletrônica foi ao ar antes, em dezembro de 1999, por iniciativa do jornalista Antonio Martins.[27]

Tempos antes, outro telefonema importante para Carlos Gabetta: Ignacio Ramonet o procurou, contando que recebera uma carta de um velho leitor do *Monde Diplomatique* francês. Ressabiado, o sociólogo espanhol pediu para o amigo argentino conferir quem era esse sr. Gunter Holzmann. Gabetta apurou e descobriu que se tratava de um judeu alemão, militante da juventude socialista na década de 1930, que se refugiou no Peru e na Bolívia. O resto da história já foi narrado noutra página: Gunter Holzmann doou 5 milhões de francos (equivalentes à época a 1 milhão de dólares) para *Le Monde Diplomatique*, investidos na aquisição de ações do jornal.[28]

Lembrado por sua personalidade forte[29] e por seu papel articulador para as edições latino-americanas,[30] Gabetta teve papel importante na história d'*El Dipló*. Considera, aliás, que *El Dipló* herda "tudo" do *Monde Diplomatique*. Na nossa primeira entrevista, em setembro de 2012, assim definiria a linha editorial da revista: um *republicanismo de esquerda* – "do centro-esquerda à esquerda mais radical, mas sempre muito democrática. Que aceita e respeita as regras republicanas".[31]

---

26 Anne-Cécile Robert em entrevista à autora, no dia 2 de fevereiro de 2013.
27 SAYURI, 2016.
28 Carlos Gabetta em entrevista à autora, no dia 11 de setembro de 2012.
29 Dominique Vidal em entrevista à autora, no dia 6 de outubro de 2014.
30 Anne-Cécile Robert em entrevista à autora, no dia 2 de fevereiro de 2013.
31 Carlos Gabetta em entrevista à autora, no dia 11 de setembro de 2012.

No nosso segundo encontro, em setembro de 2014, Gabetta radicaria a definição de *republicanismo de esquerda* a:

> [...] algo certamente relacionado à Revolução Francesa, uma maneira de entender a democracia. Uma república consiste em dizer se todos podemos ter jornais, se todos podemos nos educar, se todos podemos opinar e se todos podemos votar. Isto é, liberdade política. Os direitos humanos e políticos. A esquerda entende os direitos humanos como econômicos, políticos e sociais. Uma república de esquerda seria uma república que, preservando o critério da divisão dos poderes, avance nas liberdades políticas e na igualdade de direitos econômicos, políticos e sociais. É preciso reduzir as desigualdades ao seu nível mínimo. Assim compreendo a ideia de republicanismo de esquerda.[32]

A ideia de *republicanismo de esquerda* do argentino Carlos Gabetta caminha paralelamente ao pensamento esboçado pela editora francesa Anne-Cécile Robert, ao caracterizar *Le Monde Diplomatique* como uma revista internacional mas, na sua expressão, ainda *très française*.[33] De um lado e de outro, a principal ideia é a defesa de determinados valores a demarcar a linha da matriz francesa e, consequentemente, as diretrizes para as edições latino-americanas.

*

Na edição de julho de 2000, *El Dipló* publicou um dossiê especial França – Argentina. No dossiê, o economista argentino Eric Calcagno introduz a ideia das relações antigas entre as duas culturas, que teriam todos os ingredientes para escrever um "romance":

> Não faltam em dois séculos nem militares, nem escritores e viajantes, nem artistas, arquitetos e pensadores que não possam ser os protagonistas de uma ficção maior que abarque ambas margens. A sensação de influências, nutrida de clichês (um galicismo aceitado), articuladas em mitos individuais, de Santiago de Liniers a Jean-Paul Sartre, ou coletivos, como Carlos Gardel, termina às vezes por ofuscar as dimensões de uma realidade complexa. [...] Talvez olhar-se no espelho do outro seja um exercício pertinente, não para a importação de soluções prontas para usar, que não sobrevivem à diferença de histórias e de contextos, mas para nutrir a reflexão com uma nova perspectiva aos

---

32 Carlos Gabetta em entrevista à autora, no dia 1º de setembro de 2014.
33 Anne-Cécile Robert em entrevista à autora, no dia 14 de outubro de 2014.

próprios desafios. Não é um exercício fácil, mas "às vezes é preciso se afastar das coisas, pôr um mar no meio, para ver as coisas de perto", tal como escrevia Alejo Carpentier em seu *Concierto Barroco*.[34]

Olhar-se no espelho do outro. A expressão do economista se enquadra perfeitamente para as relações imbricadas entre *Le Monde Diplomatique* e *El Dipló*, nos seus metadiscursos marcados por metáforas visuais: o outro olhar, o *punto de vista* singular, a tal *manière de voir*. Além disso, simboliza o escopo deste estudo: de um lado, compreender como os intelectuais franceses miram e admiram as experiências latino-americanas, passadas e presentes; de outro, compreender como os intelectuais argentinos contemplam a história francesa, seu legado revolucionário e seu farol civilizatório.

A ideia do dossiê, portanto, era iluminar as dimensões dessa realidade complexa, a partir de três eixos: cultura, economia e sociedade. Enquanto o economista Alfredo Calcagno lembra a escola francesa de regulação econômica, o escritor Pedro Sondereguer perambula na influência francesa na vida urbana argentina. Enquanto a jornalista Silvia Hopenhayn comenta o contexto e as influências da literatura francesa, o historiador Gregorio Weinberg aborda o modelo francês na história das ideias.

Intelectual e historiador argentino, Gregorio Weinberg (1919-2006) cita a difusão do iluminismo e da *intelligentsia* francesa, do romantismo social e do utopismo que deixaria vestígios em diversos pensadores latino-americanos, como Esteban Echeverría (1805-1851) e Juan María Gutiérrez (1808-1878), assim como Domingo Sarmiento (1818-1888) e Juan Bautista Alberdi (1810-1884). Dali, o historiador salta para o século XX, com a influência intelectual de Jean-Paul Sartre (1905-1980) e Maurice Merleau-Ponty (1908-1961), depois de Claude Lévi-Strauss (1908-2009), Jacques Lacan (1901-1981) e Michel Foucault (1926-1984), entre outros – autores presentes, diz Weinberg, na ponta da língua de todos os intelectuais e estudantes de humanidades na Argentina e nos vizinhos da América Latina.[35] Volta no tempo para citar ainda historiadores como Alexis de Tocqueville (1805-1859), Felicité de Lamennais (1782-1854) e François Guizot (1787-1874), Marc Bloch (1886-1944) e Lucien Febvre (1878-1956), Fernand Braudel (1902-1985) e Jacques Le Goff (1924-2014), a ponto de notar que o index seria interminável ao ampliar o campo para outras disciplinas.

---

34 CALCAGNO, julho de 2000.
35 WEINBERG, julho de 2000.

Entretanto, Weinberg assinala o momento primeiro para a influência intelectual francesa na Argentina com o revolucionário de *mayo* Mariano Moreno (1778-1811), que traduziu e difundiu *O contrato social* de Jean-Jacques Rousseau para insuflar o "espírito republicano" na ex-colônia ibérica, em 1810.[36]

Assim, desenrolando o novelo proposto por Gregorio Weinberg nas próprias páginas d'*El Dipló*, ao aludir aos ideias revolucionários republicanos de 1789, Carlos Gabetta e Anne-Cécile Robert acabam por se alinhar nas suas considerações sobre as balizas básicas de *Le Monde Diplomatique* e sobre o papel a cumprir a partir delas.

Dinâmica franco-argentina

Há tempos o jornalista Carlos Gabetta escreve seus *diarios ciudadanos*, anotações e reflexões pessoais, escritas a *vuela pluma*. Diários, diz, de um argentino "muy 'viajado'" que, por sua profissão jornalística, minuta suas observações sobre a realidade.[37] Gabetta se orgulha, não se pode negar, de seu cosmopolitismo – um argentino que viveu por muito tempo na França –, mas, como intelectual transterrado como diria José Gaos, pondera:

> [...] se algum leitor pensa que me "afrancesei", direi que estamos de acordo. Mas me encantaria explicar-lhe que se tivesse vivido na Holanda teria me holandizado, na Alemanha alemanhizado, ou no Uruguai uruguaizado, mas que em qualquer um desses países teria continuado sendo inelutavelmente argentino; não no sentido "patriótico" vulgar, que sempre acaba se prestando para qualquer coisa, mas no sentido de pertencimento a uma comunidade, a uma cultura específica.[38]

No dia 20 de maio de 2000, o argentino escreveu no *diário ciudadano*:

> Chego a Londres no fim do dia e de umas breves férias, para participar da reunião anual de trabalho com vários – uma vintena – dos que fazem as edições estrangeiras de *Le Monde Diplomatique*. No dia seguinte acordo cedo e, logo depois do café, saio para passear na Russell Square, em pleno Bloomsbury. Confirmo que os parques e os jardins ingleses têm muito mais graça que os franceses. À noite, jantar e quase bebedeira com todos esses amigos, a metade mulheres. Cada um tinha dormido como pôde, mas o certo é que na manhã seguin-

---

36 WEINBERG, julho de 2000.
37 GABETTA, 2013, p. 173.
38 GABETTA, 2013, p. 17.

te, fria e algo chuvosa, todo mundo, como combinado, estava às 10 o'clock na porta de *The Guardian* para a primeira reunião. Subimos rapidamente e mal tínhamos nos sentado – eu, pelo menos – quando Esner, um dos diretores do *Guardian* responsáveis pela edição de *El Dipló* em inglês, arrancou sem preâmbulos: bem-vindos ao trabalho. Ele se manteve ao longo do dia quase sem abrir a boca, prestando verdadeira atenção, apesar de que era evidente que não compreendia muitas coisas em francês. Nove horas de trabalho sem cochichos, diálogos paralelos, brincadeiras ou gente se levantando... Trabalho duro, coletivo, sério e bem feito.[39]

A narrativa ilustra uma das primeiras reuniões anuais dos editores estrangeiros do *Monde Diplomatique* – na época, anotou o editor no diário, eram 51 edições, em 30 idiomas. Na lembrança de Gabetta, o encontro era absolutamente amistoso e democrático – e esses editores representavam o que de "melhor", política e humanamente, se poderia encontrar na imprensa. Era um encontro de *soñadores concretos*.[40]

Realizada no mês de junho, a reunião anual dos diretores das edições internacionais do *Monde Diplomatique* é um dos principais momentos para diálogo e intercâmbio de ideias sobre as experiências das edições nos diferentes países – nem todos os diretores podem comparecer a todos os eventos, por motivos econômicos. Um *rendez-vous* de jornalistas e intelectuais, que administram empresas – mas que, ressalva o jornalista argentino, o estilo não é empresarial. "Discutimos abertamente sobre tudo – e o dinheiro não está acima dessa relação. É um encontro amistoso. Um clima de camaradas".[41]

Apesar da impressão de horizontalidade, *Le Monde Diplomatique* mantém certa relação hierarquizada com as edições internacionais. Afinal, Paris é a matriz, Buenos Aires e as outras edições são filiais, franquias, subsidiárias. Ao se propor a publicar versões do *Monde Diplomatique* nos seus países, esses jornalistas e intelectuais compactuam com a ideia de que é preciso seguir a linha editorial da revista francesa. Nessa ótica, consideram que não bastaria simplesmente fundar um jornal crítico, independente e internacional "novo", pois valorizam a marca "tradicional" *Le Monde Diplomatique*. Assim, a fim de absorver esse prestígio, preferem lidar com

---

39 GABETTA, 2013, p. 193-194.
40 GABETTA, 2013, p. 194-195.
41 Carlos Gabetta em entrevista à autora, no dia 11 de setembro de 2012.

as requisições (não rígidas, friso, mas presentes) da matriz francesa a iniciar um projeto editorial e político mais "original".

Nas dinâmicas franco-argentinas, enquanto Carlos Gabetta publicou editoriais focados em questões nacionais e latino-americanas, como voltadas a Cuba e Venezuela, por exemplo, Ignacio Ramonet teve traduzidos editoriais dedicados a questões internacionais de grande angular, com críticas a líderes como Barack Obama (n.º 114), George W. Bush (n.º 66), Nicolas Sarkozy (n.º 100), Silvio Berlusconi (n.º 32) e Vladimir Putin (n.º 37), e a regiões mais "distantes" da realidade latino-americana, como Kosovo (n.º 97) e Somália (n.º 92). Também ficaram marcados editoriais simbolizados por capitais e metrópoles, como Caracas (n.º 79), Londres-Bagdá (n.º 74) e Porto Alegre (n.º 19), e por retratos de países fotografados em momentos particulares, como Irã *atômico* (n.º 85), México *fraturado* (n.º 86) e Polônia *paranoica* (n.º 94).[42]

Além das traduções dos artigos franceses, o *staff* argentino se divide em diversas funções. Fora Gabetta, Carlos Alfieri é o principal veterano na redação de Buenos Aires.

Nascido em 30 de outubro de 1942, em Lanús, Alfieri começou a estudar filosofia na Universidad de Buenos Aires (UBA), mas não concluiu a graduação, pois ainda jovem, aos 25 anos, iniciou sua carreira jornalística. Escreveu para *Radiolandia*, de 1969, um jornalismo próximo à literatura folhetinesca, da Editorial Julio Korn, líder de revistas de espetáculos e entretenimento da época.[43] Alfieri confessa que não lhe interessava intelectualmente o estilo popularesco da revista, mas, dizia, a labuta ajudava a pagar as contas no fim do mês. Também escreveu para a Editorial Abril, instalada na Argentina a partir de 1952, com César Civita e as revistas de Mickey e Donald, com

---

42 Atualmente no *Monde*, a jornalista Flavie Holzinger analisou, entre outras questões, os editoriais de Ignacio Ramonet no *Monde Diplomatique*. Na sua interessante tese de doutorado em geopolítica defendida na Université Paris VIII – Saint-Denis, em 2013, Holzinger também notou essa particularidade na titulação original dos editoriais franceses: a localização geográfica, algo próximo ao léxico diplomático, por exemplo "Davos" (março de 1996), "Porto Alegre" (janeiro de 2001), "Bolivie" (novembro de 2003) e "Turquie" (novembro de 2004). Para Holzinger, esses toponômonos não se limitam a designar um território nacional, pois os textos se referem ao Estado, seu povo, sua política e sua sociedade, com representações sociais, políticas e econômicas. A autora ainda destacou o recurso de exclamações (por exemplo, "*Viva Brasil!*", de janeiro de 2003) e interrogações ("*Oublier le sud?*", de abril de 1991; "*Quelle Europe?*", de junho de 1994; "*Où va Israël?*", de agosto de 1998, entre outros) a dar o tom dos títulos jornalísticos (HOLZINGER, 2013, p. 165-166).

43 ULANOVSKY, 2011, p. 244.

os direitos cedidos por Walt Disney[44] – exemplo propício para a crítica midiática para pensar o Pato Donald, de Ariel Dorfman e Armand Mattelart.[45]

Na retrospectiva de Alfieri, nos anos seguintes seria decisivo seu ingresso no diário *La Opinión*, de Jacobo Timerman, idealizador ainda da revista *Primera Plana* (1962), da revista *Confirmado* (1965) e do diário *El Diário* (1969). Timerman, lendariamente lembrado como "ogro das redações" e magnânimo mentor dos jovens cronistas, foi um dos principais renovadores do jornalismo argentino.[46]

Fundado em 4 de maio de 1971, *La Opinión* marcou um momento singular do desenvolvimento do jornalismo argentino, mesclando análise política, crítica cultural, informação e às vezes literatura. Inspirado no francês *Le Monde*, o tabloide não tinha fotografias, só ilustrações e textos, longos, muito longos, assinados por jovens jornalistas do calibre de Tomás Eloy Martínez e Julian Delgado. Ao pensar *La Opinión*, diz a biógrafa Graciela Mochkofsky, Timerman[47] pretendia uma publicação moderna, que deveria escrever sobre economia a partir de uma posição ideológica de direita; sobre política a partir do centro; e sobre cultura a partir de uma linha de esquerda – a fórmula não era "original", diz Mochkofsky, correspondendo a certos elementos de *Le Monde*.[48]

Ali Alfieri experimentava a ideia de "revolução" presente entre jovens jornalistas, cujo foco de irradiação era a Revolução Cubana. "Todos estávamos contagiados por essa grande utopia revolucionária", lembrou, no dia 1º de setembro de 2014, num café na nova redação *porteña* de *El Dipló*, na Calle Paraguay.[49]

---

44 ULANOVSKY, 2011, p. 141.
45 DORFMAN, MATTELART, 2001; VARELA, 2010.
46 MOCHKOFSKY, 2013.
47 Uma historieta interessante presente na biografia "não autorizada" escrita por Graciela Mochkofsky, *Timerman, el periodista que quiso ser parte del poder*: a certo ponto, Jacobo Timerman considerou a possibilidade de narrar sua história com uma biografia "talvez autorizada". Precisaria, porém, da ajuda de um jornalista para escrevê-la. Timerman pediu indicações para o agente literário Guillermo Schavelzon, que lhe indicou Carlos Gabetta, por ser um *periodista cinquentón* que vivera sua época. A Mochkofsky, Gabetta contou o breve encontro com um temperamental Timerman: "Nos encontramos a meia quadra do restaurante onde tínhamos marcado e, acompassando-me ao seu andar, fiz-lhe a carinhosa pergunta de rigor: 'Como anda, Jacobo?' Ele parou e me encarou: 'Sabe o que respondeu Heráclito quando na sua velhice lhe fizeram a mesma pergunta estúpida?'" (MOCHKOFSKY, 2013, p. 441). No fim, Gabetta nunca foi oficialmente convidado a escrever a biografia de Timerman.
48 MOCHKOFSKY, 2013, p. 103-107.
49 Carlos Alfieri em entrevista à autora, no dia 1º de setembro de 2014.

Em 1975, nos primeiros momentos do "terrorismo" da Triple A, Alfieri teve um amigo, *compañero* jornalista, encontrado morto nos campos de Ezeiza – Jorge Money, repórter sequestrado e assassinado. No dia 28 de abril, 16 artistas, escritores e jornalistas receberam ameaças da Triple A – entre eles, Carlos Civita, Mario Benedetti e Tomás Eloy Martínez.[50] Para ilustrar a atmosfera da época, até fins de setembro de 1974, destaca a jornalista Gabriela Esquivada, o Centro de Estudios Latinoamericanos contabilizou 132 ataques à imprensa: 25 atentados a bomba a diários e revistas; 15 prisões de jornalistas; 14 fechamentos definitivos de mídias – entre elas, *Noticias*, da guerrilha peronista Montoneros, e *El Mundo*, adquirido pelo PRT; 14 agressões intimidatórias a jornalistas; 10 ameaças a jornalistas assinadas pela Triple A; 9 sequestros de edições de diários, livros e revistas; 7 demissões de jornalistas ordenadas por motivos políticos; 6 apropriações de TVs e editoriais; 5 assassinatos de jornalistas; 5 atentados a bomba a cinemas e teatros; 5 ataques armados a mídias; 4 decretos a limitar gradualmente a liberdade de expressão; 4 ações judiciais contra jornalistas; 3 recusas de amparos judiciais; 2 boicotes econômicos a diários; 2 invasões; 1 sequestro e tortura de um jornalista; 1 tentativa de sequestro de outro.[51] Jacobo Timerman, tempos depois, também foi sequestrado por militares, em 1977.[52]

Diante desse contexto cinzento, Alfieri decidiu se exilar, passando dez anos num retiro espanhol. Voltou brevemente à Argentina para participar de *El Periodista de Buenos Aires*, mas logo voltou para a Europa, onde passaria outros vinte anos entre Madri e Barcelona – a primeira temporada de exílio, forçado por questões políticas; a segunda, por motivações econômicas. Tornou-se editor da revista espanhola *Interview* e encontrou sua verve no jornalismo cultural. Na Espanha, ainda colaborou com a *Revista de Occidente*, idealizada por José Ortega y Gasset (1883-1955) na década de 1920, e com a *Claves de Razón Práctica*, dirigida por Fernando Savater.

---

50 ULANOVSKY, 2011a, p. 61.
51 ESQUIVADA, 2010, p. 348-349.
52 Um paralelo interessante, talvez oportuno nesta nota, destaca a mentalidade da época da ditadura argentina. Jacobo Timerman, *publisher* poderoso, fundador de diversas inovadoras publicações no país, foi (surpreendetemente) sequestrado em 1977, acusado de lavar dinheiro dos guerrilheiros Montoneros a partir de seu vínculo com o financista David Graiver (1941-1976). Entretanto, antes de ser preso e torturado, Timerman pensava que só os "culpados", isto é, os guerrilheiros e seus cúmplices, estavam vulneráveis e eram submetidos aos horrores da tortura. "*Si uno no había hecho 'nada', no tenía que temer. Si uno era 'importante' y tenía aliados, mucho menos todavía*", relata Graciela Mochkofsky na biografia não autorizada de Timerman (2013, p. 267). O pensamento corrobora a ideia diametralmente oposta, presente no livro *Todos somos subversivos* de Carlos Gabetta a respeito da arbitrariedade das torturas e prisões perpetradas pelos militares.

Num dia de 2008, Carlos Gabetta ligou para Alfieri, convidando-o para voltar a Buenos Aires e se unir à redação de *El Dipló*. Autor de *Conversaciones* (Katz Editores, 2008), Alfieri agora é um dos editores da revista, além de coordenador das coleções de livros, de autores argentinos e franceses, publicados pela Capital Intelectual. Assim como a matriz francesa edita a revista bimestral *Manière de voir* e os *Atlas* especiais, a redação argentina edita outras publicações, a fim de engrossar o orçamento, como as coleções *Los libros del Dipló*, o *Anuário* e os *Atlas*.[53]

Alfieri considera *El Dipló* um periódico de esquerda, de tendência "progressista muito crítica". "Penso", diz, "que o único papel *[do intelectual]* é ser crítico".[54] Pondera que muitas vezes acadêmicos e literatos têm conhecimento profundo dos assuntos abordados, mas não têm ferramentas e *savoir faire* de edição jornalística para expressar esse conhecimento. Assim, Alfieri vê seu papel na edição e revisão dos textos, tornando-os mais palatáveis ao leitor "leigo" da revista – como diz Gabetta, feita por especialistas e editada por jornalistas.[55]

Ao lado de Alfieri, outros jornalistas, mais jovens, contribuem nesse processo de edição: Creusa Muñoz, Luciana Garbarino, Luciana Rabinovich e Pablo Stancanelli. Em linhas gerais, todos dizem se identificar com a linha editorial de *El Dipló*. Na rotina redacional, extraoficialmente, Alfieri se centra mais em questões culturais; Stancanelli, políticas; e Muñoz, internacionais.

Gabetta investiu em jovens talentos, rejuvenescendo a redação argentina. Além da diferença geracional, apostou em recém-formados de outros repertórios e itinerários além do jornalismo. Creusa Muñoz nasceu em 1978, estudou relações internacionais na Universidad Nacional de Rosario e, no último semestre da universidade, viajou a Buenos Aires para conversar com Carlos Gabetta. Diante da proposta de estágio, arriscou: tornou-se depois redatora júnior e redatora sênior; agora coordena as tarefas da redação, distribuindo as notas e matérias entre os outros editores. Luciana Garbarino nasceu em 1986, estudou jornalismo na UBA e em 2011, logo após a graduação, foi incorporada à equipe – diferentemente de seus companheiros, porém, não era leitora assídua de *Le Monde Diplomatique*, revista que conhecera graças a seu pai.

---

53 Nas coleções de livros, os argentinos traduziram, por exemplo, *La explosión del periodismo*, de Ignacio Ramonet, *Escritos libertarios*, de Noam Chomsky, e *Revoluciones que cambiaron la historia*, de Benoît Bréville e Dominique Vidal.
54 Carlos Alfieri em entrevista à autora, no dia 12 de setembro de 2012.
55 Carlos Gabetta em entrevista à autora, no dia 11 de setembro de 2011.

Filha de argentinos, mas nascida no Rio em 1984, Luciana Rabinovich, por sua vez, estudou letras na UBA e se pós-graduou em relações internacionais na Universidad Torcuato di Tella. Também iniciou como estagiária e coordenou a edição eletrônica de *El Dipló*, até pedir demissão, em setembro de 2014, para se dedicar a um mestrado no Brasil. Rabinovich vê uma interessante diferença de abordagens: na sua leitura, os franceses abordariam mais questões e revisões "históricas", enquanto os argentinos pensariam mais as "atualidades" argentina e latino-americana.[56]

Filho de diplomatas, Pablo Stancanelli, por fim, nasceu em Lima, em 1975, viveu na Argentina, na Itália e na Suíça, onde leu *Le Monde Diplomatique* pela primeira vez. Iniciou os estudos de filosofia na UBA, mas ainda não concluiu o curso. Viu que a revista iria se instalar em Buenos Aires em 1999 e, conversando com um "amigo fanático" por Pierre Bourdieu, decidiu encaminhar seu currículo para a vaga de estagiário. Passou por todas as funções da redação: estagiário, redator, editor.

Talvez sinal geracional, a presença feminina mais forte na redação argentina contrasta com a mais tímida no bureau francês. Enquanto o staff argentino conta com certo equilíbrio entre 3 jornalistas homens (entre eles, 2 veteranos) e 3 jornalistas mulheres, o francês contava com 8 jornalistas homens e 2 jornalistas mulheres por volta de 2006 – o que sinaliza a difícil feminilização da revista.[57] Ao analisar o quadro francês, Nicolas Harvey notou que enquanto importante parte da redação, num marco geracional pré-1968, talvez não tivesse sensibilidade à causa feminista, certos jornalistas se declararam feministas de *première heure*. Velado, o conflito se manifestou, por exemplo, na década de 1990, quando três mulheres trabalharam sucessivamente por um breve período na redação francesa: a integração fracassara, pois além de ouvirem conversações machistas, elas alegaram ser consideradas *simples secrétaires*. Uma declarou se sentir como uma "máquina de escrever". Outra jornalista afirmou que enquanto "alguns [antigos colegas] detestam as mulheres, outros as amam demais".[58]

Outro ponto interessante é a especialização, presente tanto na equipe francesa quanto na equipe argentina. Enquanto os franceses, como dissera Anne-Cécile Ro-

---

56 Luciana Rabinovich em entrevista à autora, no dia 11 de setembro de 2012.
57 Para Nicolas Harvey, porém, não se trata de uma dificuldade isolada no *Monde Diplomatique*, mas infelizmente uma realidade enfrentada na imprensa francesa e no mercado de trabalho francês. Cf. HARVEY, 2011, p. 327-330.
58 HARVEY, 2011, p. 330.

bert, são todos diplomados e doutores,[59] os argentinos também investem na formação acadêmica, ainda que iniciante, como os mestrados de Creusa Muñoz e Luciana Rabinovich. Buscar se aprimorar intelectualmente, aliando o universo jornalístico e a arena acadêmica não é, diga-se de passagem, tão usual nas redações quanto se possa imaginar.

Entre as referências teóricas e inspirações intelectuais, os jornalistas destacam um heterogêneo leque de autores. Muñoz, por exemplo, cita Samuel Huntington, Robert Keohane e Joseph Nye "no mundo", e Juan Gabriel Tokatlian, Roberto Russell e Rut Diamint entre os argentinos.[60] Garbarino cita Antonio Gramsci, Eric Hobsbawm, Marx, Martí, Michel Foucault e Pierre Bourdieu, além de teóricos do discurso, como Eliseo Verón e Ernesto Laclau.[61] Rabinovich, por sua vez, se refere a autores "clássicos" como Bourdieu, Foucault, Hobsbawm, Marx, Negri e Said – entre argentinos "mais contemporâneos", Oscar Terán e Beatriz Sarlo; entre jornalistas, Alfredo Zaiat e Juan Forn.[62]

O diferencial no segmento geracional anterior, de Carlos Gabetta e Carlos Alfieri, é a experiência com diversas outras publicações e um passado marcado pela proximidade com a militância política – para Gabetta no ERP e para Alfieri na redação de *La Opinión*. Assim como Alfieri, Stancanelli iniciou seus estudos universitários em filosofia, mas à época de nosso encontro, no movimentado e musical café La Esquina, a poucos metros da redação de *Le Monde Diplomatique* na Calle Paraguay, tampouco tinha concluído o bacharelado. Assim como o veterano, o jovem editor passou a priorizar o ofício jornalístico, dedicando menos tempo para a filosofia.

A questão geracional é interessante, pois mostra como os jovens bacharéis formaram sua própria visão de jornalismo, o que é flagrante, por exemplo, na frase de Stancanelli: "Minha visão do jornalismo é basicamente a do *Monde Diplomatique*".[63] Stancanelli critica a imprensa argentina, a seu ver, "quase *farándula*", isto é, simples entretenimento, espetáculo, showbiz. Na sua leitura, *El Dipló* ofereceria outro olhar. "Dizia o primeiro editorial de Ignacio Ramonet na Argentina: buscar informação requer esforço. Não basta a leitura dinâmica dos diários, os dez minutos de TV à

---

59   Anne-Cécile Robert em entrevista à autora, no dia 14 de outubro de 2014.
60   Creusa Muñoz em entrevista à autora, no dia 11 de setembro de 2012.
61   Luciana Garbarino em entrevista à autora, no dia 11 de setembro de 2012.
62   Luciana Rabinovich em entrevista à autora, no dia 11 de setembro de 2012.
63   Pablo Stancanelli em entrevista à autora, no dia 12 de setembro de 2012.

noite. Estar informado quer dizer buscar fontes, opinar, participar das discussões. Um jornalismo *intelectual*."[64]

O editor indica, entretanto, uma diferença importante na dinâmica no eixo Paris – Buenos Aires: assim como as demais edições internacionais, a edição argentina não tem a estrutura empresarial do *Monde Diplomatique* francês – a estrutura tripartida, a escolha do diretor e os recursos financeiros, entre outros. Além disso, *Le Monde Diplomatique* conta 60 anos na França, consolidando prestígio e uma gama de colaboradores internacionais, já *El Dipló* conta apenas 15 anos na Argentina, e ainda lhe falta investimento, por exemplo, para reportagens especiais latino-americanas.

No paralelo, a admiração ao *Monde Diplomatique* francês não é tímida entre os veteranos. "*Le Monde Diplomatique* é um dos periódicos mais prestigiados do mundo", diz Alfieri, na casa dos 70 anos: "Eu era um leitor. Quando vivi na Espanha, lia *Le Monde Diplomatique* da França. Era um leitor aficionado".[65] Entrelaçando passado, presente e futuro, o jornalista admirava *Le Monde Diplomatique*, gosta e orgulha-se de escrever n'*El Dipló* e espera continuar ali.

*

Em novembro de 2010, Carlos Gabetta traçou uma linha paralela entre as agitações sociais na França, tendo como fio condutor a crise financeira, e o imperativo de repensar a política na Argentina. No editorial "*París/Buenos Aires*", dizia o editor que a resposta "fácil" diante das diversas manifestações de insatisfação popular francesas seria: "Se as coisas estão tão mal que até na França acontecem enfrentamento desse calibre, por que a Argentina deveria ser uma exceção?"[66] A resposta mais fértil, mas mais difícil, assinalou, implicaria analisar a realidade argentina, pois o que importaria, diante das crises, é o estado das ferramentas institucionais de um país. Outras sociedades, como a francesa, talvez pudessem enfrentar a crise melhor e propor alternativas, mas não a argentina peronista, uma vez amarrada num *estéril enfrentamiento de siempre*. Para Gabetta, pois, a menos que um governo, pressionado por sua sociedade – o que valeria tanto para a França quanto para a Argentina – se atreva a mudar radicalmente os rumos, a crise financeira

---

64 Pablo Stancanelli em entrevista à autora, no dia 12 de setembro de 2012, grifo meu.
65 Carlos Alfieri em entrevista à autora, no dia 1º de setembro de 2014.
66 GABETTA, novembro de 2010, p. 2.

internacional poderia acabar com as democracias e a paz mundial – a menos que antes acabe com o capitalismo.[67]

Discussões desse estilo serão abordadas nas próximas páginas, segmentadas em três vertentes, vale dizer, inevitavelmente entrelaçadas: questões econômicas, questões políticas e questões midiáticas.[68] Nas questões econômicas, a linha-mestra é a crítica antineoliberal diante das crises financeiras, especialmente a argentina de 2000 e a internacional de 2008, que, no entanto, não se esgotam nos meandros das especulações mirabolantes do mercado e nas repercussões na economia real: invadem, afinal, os campos da política. No âmbito político se destaca a discussão sobre alternativas, principalmente com o altermundialismo. Logo, nas questões políticas, por sua vez, o fio condutor será o tom antiimperialista de *Le Monde Diplomatique*, que se traduz nas páginas d'*El Dipló*.[69] Nas questões midiáticas, por fim, volta-se à crítica sobre a imprensa internacional e assim, lateralmente, às propostas editoriais e políticas da revista, tanto em sua matriz francesa quanto em sua filial argentina.

(Um parêntesis preciso: peço, previamente, desculpas pela avalanche de citações neste capítulo, entre trechos destacados de artigos e declarações dos intelectuais argentinos e franceses. Justifico-os, porém, pois seu escopo é justamente introduzir e ilustrar as posições do *Monde Diplomatique* a respeito de diversas questões. E justifico certas citações maiores neste e noutros capítulos por motivos tanto literários quanto ideológicos – certas aspas, no jargão jornalístico, merecem maior destaque, pois, muito mais que quaisquer paráfrases, a versão original pode enfatizar o tom literário ou o teor ideológico de quem o expressa).

Destrinchar *El Dipló* implica observar, por um lado, as posições francesas firmadas na revista argentina – aliás, impressas por Paris e literalmente traduzidas na revista argentina. Mas, por outro, observar os passos próprios, os ideais e os interesses da edição latino-americana, nos editoriais de Carlos Gabetta e nos artigos assinados por intelectuais convidados por Buenos Aires.

---

67 GABETTA, novembro de 2010, p. 2.
68 Alicerces analíticos semelhantes, segmentados em questões econômicas, questões políticas e questões midiáticas, foram utilizados para a análise anterior, referente à minha dissertação de mestrado, que se dedicou à análise do *Le Monde Diplomatique Brasil* (SAYURI, 2011).
69 Questões de política nacional mais específicas, como as relações entre a históira argentina e a herança peronista serão abordadas no capítulo 4: *Encontros e desencontros*.

Questões econômicas

Diversos artigos marcaram as páginas d'*El Dipló*, desde fins de 1999, sobre a crise financeira que assolou a economia argentina durante a década de 1990 e o início da década de 2000, e sobre as convulsões políticas após o fim dos tempos de Carlos Menem (1989-1999) e com os instáveis presidentes Fernando de la Rúa (1999-2001), Ramón Puerta (2001), Adolfo Rodríguez Saá (2001), Eduardo Camaño (2001-2002) e Eduardo Alberto Duhalde (2002-2003), até a ascensão de Néstor Kirchner (2003-2007).

Na década de 1990, diante da hiperinflação, o ministro Domingo Cavallo lançou o projeto de conversibilidade para zerar a inflação: um peso passou a valer um dólar. No dizer de Carlos Gabetta, "nada ilustra melhor a continuidade ideológica e de interesses que uniu o processo de destruição do Estado, da indústria nacional e da entrega de empresas e recursos ao exterior, iniciada na ditadura militar em 1976, que a inevitável presença do economista Domingo Cavallo, alto funcionário da ditadura e ministro dos governos de Menem e De La Rúa".[70]

Após a conversibilidade, a Argentina voltou a crescer, mas ao custo de uma imensa e impagável dívida externa. Ou ao custo, na análise dos economistas Alfredo e Eric Calcagno, de um modelo de país, encurralado num dilema entre a dependência dos volúveis capitais externos e a independência, a soberania nacional.[71] Após meses agravando a crise, o governo argentino declarou moratória de sua dívida em dezembro de 2001, quando a instabilidade econômica e política levou cinco presidentes à Casa Rosada no intervalo de 12 dias.

Tempos antes, em setembro de 1999, na terceira edição d'*El Dipló*, o cientista político e historiador belga Eric Toussaint abordava o círculo "infernal" da dívida e a campanha Jubileu 2000, que exigia a revogação imediata da dívida impagável dos países mais pobres. Desde 1997, lembrava o autor, os países do Terceiro Mundo e do Leste Europeu se tornaram vítimas de uma nova crise, por três razões: a queda de suas exportações, a diminuição dos fluxos de capital e o aumento das taxas de juros.

Além dessa tríade, um agravante: os ricos investidores pausaram suas apostas nos países emergentes à época (latino-americanos como Argentina, Brasil e Chile, e sudeste asiático) – entre 1997 e 1999, os fluxos financeiros aos países periféricos

---

70 GABETTA, agosto de 2008, p. 3.
71 CALCAGNO, CALCAGNO, fevereiro de 2000, p. 1.

caíram 47%. Diante da impossibilidade de quitar as dívidas, os países passaram a acumular déficits sociais, com aumento do desemprego, degradação dos serviços públicos, desregulação das relações trabalhistas, aumento da miséria e das violações de direitos humanos. Para Toussaint, negar-se a anular a dívida externa e aceitar a imposição de políticas de ajuste equivalia a abandonar os povos ao perigo, à própria sorte, criticou o historiador.[72]

Em julho de 2000, Carlos Gabetta caracterizava a gravidade da crise argentina como risco à dissolução nacional. Para os argentinos, não era mais uma questão de desemprego ininterrupto e miséria, de retrocesso profundo nas ciências e tecnologia, de declínio universitário, de corrupção institucional e política, de *marasmo provincial* ou quaisquer índices socioeconômicos que moldavam a grave crise. Era a iminência de um quadro definitivo: a dissolução nacional, um *destino colonial* de um Estado encurralado, engessado, claramente incapaz de tomar decisões econômicas e financeiras sem a tutela das instituições internacionais: um *callejón sin salida*.[73]

No paralelo às notícias "quentes" da época, com estatísticas e números sobre capitais, consumo e desemprego na ordem do dia, *El Dipló* pautou suas críticas a partir de análises sobre o modelo econômico *per se*. Assim, a dívida externa concretizaria um projeto político que direcionava o país ao encolhimento do Estado e à desregulação, um modelo herdado da ditadura militar na década de 1970, que culmina na década de 1990 – a dívida "velha" pulou de 7.875 milhões de dólares em 1975 a 45.087 milhões em 1983; a dívida "nova" saltou de 58.588 milhões de dólares em 1991 a 144.657 milhões em 1995.[74] Um modelo, para os economistas Alfredo e Eric Calcagno, no qual a vertiginosa dívida atuou como locomotiva do expresso neoliberal. O xis da questão, portanto, não estaria apenas na economia, mas na política. Assim, seria "perfeitamente ilusório", na crítica dos autores, buscar uma saída com os beneficiários do modelo. No bojo da dívida externa e da dolarização estaria uma lógica política, explícita ou implícita.[75]

Os Calcagno argumentam que as alternativas ao neoliberalismo existem, mas não são milagrosas. Questionam mais uma vez um modelo de país para a Argentina, a partir de considerações éticas, morais e políticas, depois econômicas, isto é, oposto

---

72 TOUSSAINT, setembro de 1999.
73 GABETTA, julho de 2000, p. 1.
74 CALCAGNO, CALCAGNO, junho de 2000, p. 4-5.
75 CALCAGNO, CALCAGNO, junho de 2000, p. 4-5.

à ordem neoliberal, que prima a economia, impondo o mercado como horizonte da ética, da moral e da política.[76] Logo as alternativas existem, mas precisam ser pensadas a partir de uma mudança de paradigma: sair do modelo que vampirizou o Estado[77] e transformou o país num cassino,[78] num palco de tragédia grega protagonizado pelo *establishement* financeiro.[79] Na época, ironizaram os economistas, a imprensa internacional dedicava artigos de tom de epitáfios à Argentina.[80]

Os Calcagno escreveram diversos artigos para *El Dipló*. Nascido em La Plata, em 1967, o sociólogo Eric Calcagno y Maillmann faz parte de uma família com fortes laços com os âmbitos acadêmicos e diplomáticos e com a França. Alfredo Domingo Calcagno (1891-1962), seu avô, foi reitor da Universidad Nacional de La Plata e embaixador argentino da Unesco em Paris, nos tempos do presidente Arturo Frondizi. Alfredo Eric Calcagno, seu pai, formado no Institut d'Études Politiques de Paris, atuou por muito tempo na comissão econômica para América Latina e Caribe nas Nações Unidas. Eric Calcagno, por sua vez, se graduou na Sorbonne, foi diretor do Centro de Estudios del Pensamiento Económico Nacional na Universidad de Buenos Aires – e foi embaixador argentino em Paris entre 2005 e 2007, e senador da Frente para la Victoria em Buenos Aires entre 2007 e 2011, no governo da presidente Cristina Kirchner; desde 2012, leciona na Universidad Nacional de Avellaneda.

Críticos do modelo neoliberal, Alfredo e Eric Calcagno publicaram diversos livros juntos, como *Una Argentina posible* (2006) e *El universo neoliberal* (1995). Diante da crise argentina, versaram suas críticas ao próprio modelo, "retrógrado" e "troglodita", nas suas perspectivas, cujo principal obstáculo para o desenvolvimento seria o sistema de renda imposto desde 1975 que, na dimensão política, visa a intangibilidade de seu estilo de acumulação econômica centrado no setor financeiro. Na política, isso se traduziria em diversas pressões, do financiamento de campanhas a golpes de mercado, passando por subornos. Ali convergem duas dimensões críticas: nos elos externos, a dívida e a moratória proposta pelos norte-americanos; nos elos internos, a fragilidade política argentina, inexpressiva e ineficaz.[81]

---

76 CALCAGNO, CALCAGNO, julho de 2000, p. 6-7.
77 CALCAGNO, CALCAGNO, janeiro de 2001, p. 9.
78 CALCAGNO, CALCAGNO, março de 2001, p. 6.
79 CALCAGNO, CALCAGNO, junho de 2001, p. 6.
80 CALCAGNO, CALCAGNO, novembro de 2001, p. 4-5.
81 CALCAGNO, CALCAGNO, outubro de 2001, p. 20.

Para Gabetta, o caos econômico pôs em xeque a legitimidade e a soberania nacional, um xeque à própria República.[82] Na sua leitura, a crise argentina amalgamava matérias-primas explosivas: um modelo econômico neoliberal, uma liderança política corrupta e uma sociedade angustiada, que logo passaria a dar sinais de revolta massiva. Além da bancarrota, o editor via a explosão do caos social e da crise institucional no país.

Certa vez, a crise argentina, aliás, foi o exemplo fortuito para Pierre Rosanvallon, fazendo eco às teses keynesianas, ilustrar sua ideia de que a compreensão da sociedade não pode se limitar à economia ou à cultura, mas passa pelo político. "Tomando um exemplo mais próximo de nós", escreveu o historiador, por volta de 2003, "pode-se dizer que a atual crise atravessada pela Argentina não pode ser interpretada simplesmente a partir dos fatores econômicos e financeiros que são sua causa imediata. Ela só adquire sentido quando situada na longa história de um declínio ligado à dificuldade recorrente de fundar a nação no reconhecimento de obrigações compartilhadas".[83]

Ainda Gabetta interpreta a crise financeira como reflexo de uma crise política num país "mafioso". Em agosto de 2001, o editor escreveu: "A crise do modelo neoliberal e sua democracia cativa conduz agora a uma bifurcação de dois caminhos: de um lado, o totalitarismo ou a anarquia, o país definitivamente dependente e cada vez mais atrasado; de outro, uma democracia dinâmica, uma República autônoma e igualitária".[84] Era, na sua escrita entusiasta, a hora da sociedade civil, mobilizada, nos bairros nos grêmios estudantis e políticos, nas universidades e nas ruas.[85]

Em dezembro de 2001, a sociedade argentina gritou "basta!" com *cacerolas*. Diante da magnitude das manifestações engatilhadas a partir de 19/12, *El Dipló* precisou imprimir duas edições em janeiro de 2002 – a primeira, na gráfica no dia 27/12, manchetou que a sociedade passava a puxar o freio da crise; a segunda, excepcionalmente finalizada a 2/1, atualizou a edição, sublinhando que a sociedade começou a se mobilizar mais fortemente por uma mudança profunda.[86] Gabetta narra:

82　GABETTA, abril de 2001, p. 3.
83　ROSANVALLON, 2003, p. 73.
84　GABETTA, agosto de 2001, p. 3.
85　GABETTA, agosto de 2001, p. 3.
86　GABETTA, janeiro de 2002, p. 3.

> A Argentina finalmente explodiu. A mansidão de uma sociedade com um histórico de lutas e alto nível de organização política, sindical e corporativa, estava ficando assombrosa. Por muito menos que uma taxa de 20% de desempregados, 14 milhões vivendo abaixo da linha da pobreza e uma perda de poder aquisitivo de cerca de 50% nos últimos cinco anos, os argentinos costumavam virar o país de cabeça para baixo. No entanto, até esse dia histórico em que dezenas de milhares de cidadãos saíram às ruas espontaneamente para dizer "basta", parecia que a sociedade estava atordoada, incapaz de expressar seu descontentamento diante de uma situação insustentável. Mas na quarta-feira, 19 de dezembro, os argentinos recuperaram seu instinto vital. [...] A revolta começou onde deveria começar: milhares de desesperados, na sua esmagadora maioria trabalhadores desempregados há anos e privados de todos os benefícios econômicos e sociais, avançaram nos supermercados para procurar comida. E continuou onde era lógico continuar: depois de um discurso absurdo do impassível ex-presidente Fernando de la Rúa, a classe média empobrecida iniciou um "*cacerolazo*" em todos os bairros de quase todas as cidades do país e, depois, tão espontaneamente como todo o resto, saiu à rua e se dirigiu à Plaza de Mayo, em Buenos Aires, ou às sedes da mais alta autoridade em outras cidades.[87]

O grito ecoou além-mar. No dia 24 de dezembro de 2001, a Attac-France emitiu uma nota oficial, expressando solidariedade com os manifestantes argentinos, que seriam vítimas das políticas "criminais" perpetradas na ditadura militar e nas sucessivas presidências civis, seguindo ao pé da letra as exigências do consenso de Washington tuteladas pelo FMI.[88]

Para Gabetta, era preciso olhar a crise argentina sob o prisma da oportunidade – entre o "abismo" e a "alternativa", como mostraram as "lições" da história, como as revoluções, as lutas independentistas latino-americanas, o New Deal americano e a IV República francesa, que certamente encontrariam conflitos internos e "traições", mas que indicaram alternativas, salvo dimensões e distâncias diferentes, apoiadas por suas sociedades.[89]

O elogio às possibilidades engendradas pela sociedade civil, buscando alternativas ao neoliberalismo, marcou tanto *Le Monde Diplomatique* quanto *El Dipló*, tanto Ignacio Ramonet quanto Carlos Gabetta. Uma crítica ao neoliberalismo, es-

---

87 GABETTA, janeiro de 2002, p. 2-3.
88 ATTAC-FRANCE, janeiro de 2002, p. 7.
89 GABETTA, agosto de 2004, p. 2.

creveu o editor argentino, sistema confiante após a implosão soviética e a capitulação socialdemocrata, orgulhoso de sua preeminência ideológica e midiática nas sucessivas crises financeiras internacionais – México e Rússia à época.[90] Girando a sorte na rodada do milênio da OMC, em dezembro de 1999, milhares de manifestantes, entre trabalhadores, intelectuais e ativistas se reuniram para protestar em Seattle, que firmou, nas letras de Gabetta, uma *social resistência planetária*, com diversas organizações sociais de distintas correntes culturais, políticas, religiosas, líderes campesinos, ecologistas, sindicais, artistas e intelectuais. O editor esperava que tal *social resistência* se estendesse o bastante para convencer ou derrubar políticos "patéticos" e burocratas, "covardes" cívicos penhorando o presente e o futuro de suas nações. Uma expectativa otimista, ressalvo, insuflada por intelectuais e militantes, que não se concretizou...

Ramonet escreve nas mesmas linhas. Via, no limiar do novo milênio, a resistência ilustrada nas mobilizações de Seattle. Na sua interpretação, na dinâmica capitalista, a globalização alcançara os últimos rincões do planeta, atropelando a independência dos povos e a diversidade política. Era, para o sociólogo, uma nova era de "conquista", como na época dos descobrimentos e das colonizações.

Os conquistadores? Poderosos conglomerados e multinacionais, na tríade Estados Unidos, Europa e Japão. À diferença, porém, dos colonizadores, esses novos conquistadores não se importariam com territórios, mas com mercados – capitais, mercantilizando as palavras e as coisas, os corpos e os espíritos.[91] Diante disso, os cidadãos multiplicariam as mobilizações contra os novos poderes, convencidos de que é preciso se opor à globalização tal. Depois de Seattle, Praga e Gênova, os olhos se virariam para Porto Alegre – onde se reuniriam *nuevos soñadores*, não só como protesto contra as injustiças e as desigualdades provocadas pelo neoliberalismo, mas para tentar, com espírito construtivo e positivo, propor um marco teórico para uma outra globalização – um outro mundo possível, mais humano e mais solidário.[92]

Assim, para *Le Monde Diplomatique* e para *El Dipló*, a resposta para as crises financeiras estaria na sociedade civil e nos movimentos sociais. Em tom bravo, irritado, Gabetta questiona: quem disse que era preciso regular o capitalismo? ¿*Le Monde diplomatique*? *Sí, señor*. Irritado, pois há tempos defendia a regulação dos

---

90 GABETTA, dezembro de 1999, p. 3.
91 RAMONET, dezembro de 1999, p. 40.
92 RAMONET, janeiro de 2001, p. 40.

mercados, mas a ideia nunca repercutiu como pretendia. Diante do agravamento da crise argentina, a imprensa internacional passou a defender o mesmo argumento d'*El Dipló* – uma imprensa, lembrou o editor, que por décadas fez elogios à globalização neoliberal e ao "fim da história".[93]

Apesar de sublinhar, mais uma vez, um promissor movimento mundial de resistência, de Seattle a Gênova, de Viena a Lima, de Seul a Buenos Aires, convergentes na busca de propostas alternativas, Gabetta indicava limites. A virtude: "O às vezes caótico arco de proposições políticas, ecológicas, de gênero etc. reconhece um único fio condutor, que une esses grupos em filigrana: a democracia, a horizontalidade, a participação".[94] O vício: "As dificuldades para articular tantas diferenças num programa comum, uma falha que em certos países e circunstâncias poderia levar os setores realmente necessitados a se dividir, pendendo à direita".[95]

Abriu-se um novo momento: durou duas décadas o desconcerto com o colapso da URSS e, assim, o capitalismo voltou a seus impulsos primitivos, mostrando as garras logo após a queda do muro de Berlim, devorando, ilustra Gabetta, impiedosamente tudo que se move, como no filme *Yellow Submarine*, dos Beatles – e devorando a si mesmo.[96]

Em novembro de 2007, ainda no longo prelúdio da crise financeira internacional, a voracidade do capitalismo voltou à baila nas páginas d'*El Dipló*. Para Ramonet, o capitalismo nesse momento subvertia sua própria lógica, convertendo suas mínimas regras em *nenhuma* regra. Novos atores, como os *private equities*, com titãs famintos como Blackstone Group, Carlyle Group, Colony Capital, Eurazeo e KKR, entre outros. No voraz apetite nas especulações, o editor fisga a gula:

> Enquanto que o discurso crítico contra o horror econômico – que um dia foi chamado de altermundialista – se embaralha e se torna rapidamente inaudível, um novo capitalismo se instala, ainda mais brutal e conquistador. É o de uma nova categoria de fundos-abutres, os *private equities*, fundos de investimento rapineiros com apetite de ogro, que dispõem de capitais colossais. [...] O fenômeno desses fundos rapineiros surgiu há quinze anos, mas estimulado por créditos baratos e a favor da criação de instrumentos financeiros cada vez mais sofisticados,

---

93 GABETTA, agosto de 2002, p. 3.
94 GABETTA, agosto de 2002, p. 3.
95 GABETTA, agosto de 2002, p. 3.
96 GABETTA, agosto de 2002, p. 3.

ganhou nos últimos tempos uma dimensão preocupante. O princípio é simples: um clube de investidores milionários decide comprar empresas que imediatamente eles administram de maneira privada, longe da Bolsa e de suas regras estorvantes, e sem ter de prestar contas a acionistas exigentes. A ideia é contornar os próprios princípios da ética do capitalismo, apostando somente na lei da selva. [...] Alguns pensavam que, com a globalização, o capitalismo finalmente estava saciado. Agora se vê que sua voracidade parece ilimitada. Até quando?[97]

À época, antes mesmo dos agravantes içarem a crise financeira mundial a níveis tão turbulentos a ponto de serem inegáveis, o economista francês Frédéric Lordon resgatou um histórico das crises econômicas contemporâneas: 1978, a quebra do mercado de ações; 1990, a quebra dos *junk bonds* e a crise das financeiras de poupanças e empréstimos norte-americanos; 1994, a quebra dos titulares de *debéntures* americanos; 1997, a fase asiática da crise financeira internacional, arrastando-se por Tailândia, Hong Kong e Coreia; 1998, a segunda fase, passando por Rússia e Brasil; 2001 a 2003, o estouro da bolha da Internet. E 2007, por fim, a crise americana a simbolizar o auge ideal dos desdobramentos fatais da especulação liberada. O eterno retorno? A ideia ilusória de que, a cada crise, o sistema capitalista se autocorrige, se autorregula, se autorregenera *ad eternum*. A crise americana, apostava o autor, estava só começando, mas, como a globalização globaliza o mercado e sua "estupidez financeira", não ficaria limitada aos Estados Unidos.[98]

O *crack* viria em 2008, tão ou mais grave que 1929. Se tudo começou com o estouro da bolha da internet em 2001, quando os investimentos migraram num ritmo insano ao mercado imobiliário e o sistema de *subprimes*, o Federal Reserve aumentou as taxas de juros em 2005, detonou a máquina e desengatilhou um efeito dominó que, desde agosto de 2007, fez tremer o sistema internacional – Merrill Lynch, Northern Rock, Société Génerale tiveram perdas colossais[99] e arrastaram as agências de *ratings* Standard&Poors, Moody's, Fitch, entre outras. O colapso do Lehman Brothers, de setembro de 2008, foi a primeira peça a cair nesse imenso dominó econômico mundial.

Nas páginas d'*El Dipló*, Ignacio Ramonet arriscou que o *crash* marcaria a crise do século, um fim de era para o capitalismo – e nada voltaria a ser como antes. Nada?

---

97 RAMONET, novembro de 2007, p. 40.
98 LORDON, setembro de 2007.
99 RAMONET, fevereiro de 2008.

No calor da hora, Ramonet definiu a crise como momento decisivo para o capitalismo – a quebra de Wall Street (campo financeiro) seria confrontável com o que representou a queda do muro de Berlim (âmbito geopolítico). Um *cambio de mundo* e um *giro copernicano*, descreveu.[100] O capitalismo se destruiria por sua própria voracidade, confirmando ainda uma regra do cinismo neoliberal: privatizar os benefícios, mas socializar as perdas. Nessa lógica, as autoridades americanas correram para resgatar os *banksters* de Wall Street, às custas dos cidadãos – sim, os governos se mobilizaram, destacou, mas para salvar os bancos. "Socialismo para os ricos, e capitalismo selvagem para os pobres", criticou.[101] Entretanto, o cataclismo econômico acontecia num momento de vazio teórico das esquerdas, especialmente europeia, presa no choque da crise, quando seria tempo de almejada "audácia".

Em outubro de 2008, Carlos Gabetta também embarcou na ideia do naufrágio do capitalismo diante da crise. Diante das incertezas da época, da perspectiva de recessão mundial de maior ou menor calibre, das mudanças climáticas, da ascensão de novas potências como Brasil, China, Índia e Rússia, o argentino via dois caminhos. Por um lado, um abismo. Por outro, uma trilha para oportunidades. Para a América Latina, a oportunidade estaria aí, ancorada na crise financeira internacional, aportada nos movimentos sociais e nos governos progressistas. Diante do pesadelo do horror econômico, era a hora se sonhar outro mundo:

> De um terremoto surgem fendas, novas formações. Mas é preciso esperar o fim do terremoto para ver o que ficou no topo e o que ficou no abismo, ou simplesmente que nova geografia se moldou. O tremor, na América Latina, se dá na forma de conflitos internos de cada país, mais ou menos intensos [...]. Os novos líderes latino-americanos, os sistemas institucionais que representam e os movimentos sociais que os apoiam devem lidar com tudo isso. Com uma base econômica ligada às comoções mundiais, o terremoto mesmo, e com instituições e sociedades abaladas, à procura de uma nova estabilidade. [...] Quem serão os que terão dado um salto adiante na história da civilização e quem estarão atrás? Pois assim funciona a história. E assim como dessa crise se pode imaginar um fim catastrófico, também se pode acreditar nas possibilidades de uma sorte de final feliz universal. O homem produziu armas nucleares para se exterminar, é verdade; mas também fez muito para se satisfazer e se reproduzir, para buscar a felicidade. Para se tornar "verdadeiramente humanos", como bem con-

---

100 RAMONET, outubro de 2008.
101 RAMONET, outubro de 2008.

cluiu Marx. [...] Durante as guerras de independência, as burguesias da América sabiam o que faziam e em que mundo estavam. Reconheceram seus interesses. A oportunidade está aí novamente, desta vez nas mãos das maiorias. Será sonhar demais?[102]

Ao lado do sonhar de Gabetta, Serge Halimi convidava a pensar o "impensável". Se nos últimos 30 anos, marca o autor, o ultraliberalismo impôs seu pensamento, fundamentando um mundo individualista, egoísta e egocêntrico, simplesmente inviável, onde afinal estaria a esquerda?[103] Por 30 anos, reitera o autor, a mínima ideia de alterar nos fundamentos da ordem liberal, com o propósito quiçá de melhorar as condições de vida dos povos, chocou com respostas cínicas: "Tudo isso é muito arcaico; nossa lei é a globalização; os caixas estão vazios e os mercados não aceitaram; vocês sabem que o muro de Berlim caiu?", ironiza.[104]

As alterações foram outras: privatizar e transformar os bens e serviços públicos em máquinas de dinheiro, quase caça-níqueis, erosão dos direitos sociais, o que impactou na vida cotidiana e nas mentalidades, cada vez mais individualistas. Para Halimi, o *crash* de 2008 seria a derrocada de um sistema. A esquerda oficial, critica o editor, acompanhou o liberalismo. Mas teria uma outra esquerda no horizonte, capaz de desempoeirar seus projetos mais modestos e tímidos, como um aumento do salário mínimo, uma taxa de James Tobin,[105] um novo acordo de Bretton Woods? Assim como Gabetta, Halimi destaca o tempo de incertezas acalentado com a crise:

> Durante as décadas keynesianas, a direita liberal pensou o impensável e aproveitou uma grande crise para impô-lo. Desde 1949, Friedrich Hayek, o padrinho intelectual da corrente que iniciaram Ronald Reagan e Margaret Thatcher, lhes tinha explicado: "A principal lição que um liberal deve sacar do êxito dos socialistas é que sua valentia para ser utópicos [...] torna cada dia possível o que até muito pouco tempo parecia irrealizável". Então, quem irá propor o questionamento do

---

102 GABETTA, outubro de 2008, p. 3.
103 HALIMI, novembro de 2008.
104 HALIMI, novembro de 2008.
105 Referida por Ignacio Ramonet no editorial de dezembro de 1997, anteriormente citado, a ideia da taxa inspirada no economista James Tobin direcionou a fundação da Action pour une Taxe Tobin d'Aide aux Citoyens (Attac), que depois se tornaria a Association pour la Taxation des Transactions Financières et pour l'Action Cityoenne (Attac).

núcleo do sistema, o livre mercado? "Utópico"? Hoje tudo é possível quando se trata dos bancos...[106]

Gabetta volta a Marx.[107] A implosão econômica de 2008 seria o momento culminante de um *big bang* datado por volta da primeira crise do petróleo, em 1973. Gabetta pede desculpa pelo *marxismo de manual*, ao afirmar o imperativo de diagnosticar a mudança na composição orgânica do capital à época, devido à aceleração das descobertas cientificas e tecnológicas, versadas na produção. A acumulação do capital e o boom dos petrodólares – um momento de "excepcional" liquidez do mercado –, o prodigioso salto das tecnologias de informação e de transportes, entre outros fatores, empurraram o capital da produção, rumo ao promissor setor financeiro. Essa seria a nebulosa.

Diante da crise financeira, uma época perigosa, mas "apaixonante" – conforme caracterizou o editor, citando Gramsci: "Pessimismo da inteligência, otimismo da vontade".[108] No mundo, Gabetta identifica sistemas e culturas institucionais críticas, sistemas democráticos falidos, com confusos vaivéns. Na Argentina, assinala uma particularidade: sua sociedade, seus políticos, suas instituições e seus intelectuais avistam a crise a partir de uma visão esfumaçada, de seu passado incerto e nebuloso. Entre os vizinhos sul-americanos, se os Mujicas, os Lulas e os Chávez se arriscam a fracassar na tormenta, diz o editor, no mínimo representam uma novidade – enquanto os argentinos, para versar um argentinismo, se prendem a uma lógica e uma cultura *del despelote [desordem, caos]*.[109] Entre o mundo e a Argentina, Gabetta é ao mesmo tempo pessimista e otimista mas, ao dizer que todos os desenlaces desse drama global ainda estão abertos, aposta suas fichas na possibilidade de uma mudança radical.

Apesar de Carlos Gabetta, Ignacio Ramonet e Serge Halimi indicarem o momento oportuno para buscar alternativas e propor outros modelos, não indicam *que fazer* pragmaticamente para mudar o mundo *de facto*. Distantes da crônica cotidiana da imprensa econômica, da torrente informacional das oscilações dos mercados, das pílulas informativas dos recordes negativos conquistados na crise,

---

106 HALIMI, novembro de 2008.
107 Diversas vezes Carlos Gabetta cita Karl Marx nos seus editoriais, por exemplo, de janeiro de 2000, abril de 2000, junho de 2000, abril de 2001, entre outros.
108 GABETTA, junho de 2010.
109 GABETTA, junho de 2010.

os editores observam as questões econômicas a partir de perspectivas temporais mais longas, mais decantadas, às vezes mais desencantadas. Não destacam muitos números, tão volúveis e voláteis quanto uma tarde em Wall Street, mas, a partir de revisões históricas e referências teóricas, criticam o *coeur* do capitalismo contemporâneo: o modelo neoliberal.

Questionam a fábula do *pensamento único*, fórmula de Ignacio Ramonet, desnudando a fragilidade da economia nas trêmulas mãos "invisíveis" do mercado que, na expressão de outros autores, catapultaria "ditaduras de acionistas"[110] e um "império do medo".[111] Um *pensamento*, já se disse noutras páginas, que simboliza a doutrina contemporânea neoliberal do capital internacional, que vem se definindo desde a década de 1940, com os acordos de Bretton Woods de 1944 – que deram origem ao Banco Mundial e ao FMI – e o Plano Marshall de 1947, uma nova ordem fincada no capitalismo, alicerçada ainda nos admiráveis avanços tecnológicos e sua fabulosa mundialização das informações, potencializando as teses neoliberais do *laissez faire*.[112]

*

A crítica de *Le Monde Diplomatique* e *El Dipló* à globalização é evidente. Muitos teóricos se debruçaram sobre o mapa-múndi global, a fim de compreender o globo não só como aglomerado de Estados, nações e sociedades nacionais, em suas relações de interdependência e dependência, imperialismo e multilateralismo. Mas, como provocou Octavio Ianni, é mais:

> A descoberta de que a terra se tornou mundo, de que o globo não é mais apenas uma figura astronômica, e sim o território no qual todos encontram-se relacionados e atrelados, diferenciados e antagônicos – essa descoberta surpreende, encanta e atemoriza. Trata-se de uma ruptura drástica nos modos de ser, sentir, agir, pensar e fabular. Um evento heurístico de amplas proporções, abalando não só as convicções, mas também as visões de mundo.[113]

De fato, abala. Para o sociólogo britânico Anthony Giddens, a globalização pode ser definida como a intensificação dialética das relações sociais em escala

---

110 PIVERT, março de 2009.
111 BURGI, março de 2009.
112 RAMONET, fevereiro de 1995.
113 IANNI, 2001, p. 13.

mundial, "linkando" lugares distantes de tal modo que acontecimentos localizados são modelados por eventos ocorrendo a milhas de distância.[114]

Nos últimos tempos, as principais críticas à globalização foram fervilhadas por intelectuais e líderes da sociedade civil no campo da oposição ao atual modelo econômico. Muitos, inebriados pela tônica altermundialista, fizeram apenas literatura militante. Entretanto, intelectuais não visceralmente opostos à economia de mercado também fizeram críticas incisivas sobre os rumos da globalização: Prêmio Nobel de 2001, o economista americano Joseph Stiglitz, por exemplo, criticou as vãs promessas de reduzir índices de pobreza durante a última década do século XX, promessas nem consideradas no século XXI. Criticou o papel de instituições como OMC, FMI e Banco Mundial, que não cumpriram os compromissos nem garantiram a estabilidade da economia mundial.[115]

Teria passado, porém, a *belle époque* do FMI e do Banco Mundial. Se antes, relembra Bernard Cassen no *Monde Diplomatique*, os fâmulos de Washington, generosamente remunerados, entre limusines e hotéis 5 estrelas, elaboravam programas de "ajuda" a países que sequer conheciam ou reconheciam, programas uma vez feitos, para sempre arquivados, agora as condições do jogo são outras. Para Cassen, dois fenômenos furtaram o brilho que ostentavam FMI e Banco Mundial: primeiro, o fracasso de suas políticas, que foram obrigados a admitir; depois, os olhares vigilantes de muitos manifestantes mobilizados nas suas reuniões de cúpula internacional.[116] Cassen ainda destaca um ponto curioso: se antes a OMC foi o alvo preferencial das manifestações internacionais contra a globalização neoliberal, agora está sendo ultrapassada pelas instituições de Bretton Woods, o Banco Mundial e o FMI. Um salto qualitativo, sinal de solidariedade entre os hemisférios norte e sul, diz o autor:

> [...] Ainda que o livre mercado tenha consequências em todos os países, desenvolvidos ou não, o FMI e o Banco Mundial operam essencialmente nos países menos industrializados e são relativamente "invisíveis" na tríade Estados Unidos – Europa – Japão. Nesses países, o debate público a respeito de tais instituições tinha ficado confinado às associações de solidariedade com o Terceiro Mundo e a uns poucos meios de difusão, mas esses tempos ficaram para trás. Agora é cada vez mais evidente que existe uma identidade ideológica de enfoque e

---

114 GIDDENS, 1991, p. 60.
115 STIGLITZ, 2002, p. 32.
116 CASSEN, setembro de 2000.

uma divisão de trabalho concertada – ainda que não isenta de conflitos – entre a OCDE, a OMC, o Banco Mundial, o FMI, o G8 e a Comissão Europeia. A título de controle global, reações também globais e exigências de mudanças radicais.[117]

O editor frisa que, paradoxalmente, de dentro das instituições de Bretton Woods e de certos círculos americanos vieram umas das críticas mais contundentes. Cita, por exemplo, o caso de Joseph Stiglitz, ex-chefe de economistas e vice-presidente sênior para políticas de desenvolvimento do Banco Mundial, que criticou severamente a atuação do FMI na crise asiática e que, como dito, criticou os malefícios e as promessas imaginárias da globalização.

Nas discussões ao redor da globalização, a crítica efervescente entre a *intelligentsia* e as lideranças da sociedade civil passou por um momento de (in)definição. Era, afinal, do contra – uma *antiglobalização*? Ou contra a globalização tal qual a atual, defendendo um outro paradigma – uma *alterglobalização*?

Entre diversos teóricos, as ideias de Milton Santos (1926-2001) talvez se situem mais próximas a *Le Monde Diplomatique* e *El Dipló* – não por acaso, a expressão *pensamento único* marca o subtítulo de seu último livro. Se, de um lado, brilha o extraordinário progresso das ciências e das tecnologias; de outro, esse vertiginoso progresso, reservado a privilegiados atores globais, ofusca as disparidades e desigualdades socioeconômicas. Santos criticava a tirania da informação e do dinheiro, que produziria novos totalitarismos, o empobrecimento galopante das massas e o encolhimento drástico do papel dos Estados. Via reações na Ásia, na África e na América Latina, nos movimentos populares que poderiam levar a uma outra globalização. Assim, a globalização oscilaria entre *fábula* legitimada pelo pensamento único, *perversidade* sistêmica e *possibilidade* aberta para novas civilizações planetárias.[118]

À época áurea do altermundialismo, Bernard Cassen via de um lado do Atlântico, no alto dos alpes suíços, os especuladores e capitalistas de toda sorte, políticos e presidentes de transnacionais, reunidos em Davos. De outro, em Porto Alegre, sociedades simbolizadas por sindicatos e movimentos, a defender um mundo diferente do imposto pelo neoliberalismo dominante.[119] Via, assim, o fórum na capital

---

117 CASSEN, setembro de 2000.
118 SANTOS, 2004.
119 CASSEN, fevereiro de 2001.

gaúcha como um *verdadero viraje*, em sua diversidade imensa, com movimentos opostos à globalização neoliberal.

Porto Alegre, por quê? Nas impressões superotimistas de Ignacio Ramonet,

> Porque Porto Alegre se tornou há tempos uma cidade emblemática aos olhos dos que pensam que verdadeiramente é possível outro mundo. Capital do Rio Grande do Sul, o mais meridional do Brasil, na fronteira com Argentina e Uruguai, Porto Alegre é um tipo de laboratório social que os observadores vindos de todo mundo miram com certa fascinação. [...] Nesta cidade singular, onde se desenvolve uma democracia diferente das demais, o Fórum Social Mundial levantará outra globalização que não exclua os povos. Há dez anos que o capital e o mercado tentam nos convencer de que, contrariamente ao que diziam as utopias socialistas, são eles – e não o povo – que fazem a história e a felicidade humana. Em Porto Alegre, novos sonhadores lembrarão que não só a economia é mundial, mas também a proteção do meio ambiente, a crise das desigualdades sociais e a preocupação com os direitos humanos são questões mundiais. E que aos cidadãos do planeta corresponde se encarregar delas.[120]

Friso, novamente, o tom superotimista do sociólogo espanhol, referindo-se à capital gaúcha como palco de uma "democracia diferente das demais" em janeiro de 2001, o que sinaliza um entusiasmo excessivo por parte da esquerda europeia diante do "laboratório latino-americano" para outros mundos possíveis.

Todavia após um sopro de otimismo sobre as possibilidades do altermundialismo nos primeiros encontros de Porto Alegre, o movimento perdeu fôlego ao longo do tempo. Outro momento de (in)definição para o movimento viria a marcar os últimos tempos. Em janeiro de 2008, a revista internacional *Utopie Critique* levantou a questão: já era a hora de pensar um *pós-altermundialismo*?[121]

O neologismo estrelou um colóquio organizado por *Utopie Critique*, ao lado da Association Mémoires de Luttes, idealizada por Ignacio Ramonet e Bernard Cassen, com a participação de diversos integrantes do conselho internacional do Fórum Social Mundial – desde 2010 descentralizado e fragmentado em milhares de eventos espalhados pelo mundo.

---

120 RAMONET, janeiro de 2001, p. 40.
121 HOLZINGER, 2013, p. 313.

Autor de *Tout sur Attac* (Mille et Une Nuits, 2002), *Tout a commencé à Porto Alegre* (Mille et Une Nuits, 2003) e *Manifeste altermondialiste* (Mille et Une Nuits, 2006), outrora mais enérgico e excitado pelas potencialidades altermundialistas, Bernard Cassen também versou sua interrogação ao *pós-altermundialismo*. Lembrando um encontro de intelectuais no dia 16 de fevereiro de 2000, na redação parisiense de *Le Monde Diplomatique*, em que se idealizou o que seria o primeiro Fórum Social Mundial, na capital gaúcha, dizia não imaginar a dimensão que tomaria o movimento mundial. E não imaginar o "impasse" vivido com a ascensão ao poder na Bolívia, no Equador, no Paraguai e na Venezuela de líderes vindos de movimentos populares que, com *altibajos*, iniciariam políticas de ruptura com o neoliberalismo. Diz "impasse", pois as propostas coincidiam com as expressadas nos fóruns, suscitando dilemas: que atitude adotar? Solidarizar-se aos novos governos? Ou cruzar os braços e olhar para outro lado, pois governos são governos, portanto suspeitos? Dilemas, ainda alimentados com as ideias de John Holloway nas páginas de *Mudar o mundo sem tomar o poder* (2003), que levariam a uma questão crucial: e o poder? Diz Cassen: "A palavra 'poder' está ausente no vocabulário de muitos de seus atores, salvo para estigmatizá-la, muitas vezes como reação às derivas totalitárias de Estados-partidos. Ao contrário, o contrapoder e a desobediência civil são consideradas as alavancas privilegiadas para a mudança".[122]

Na tarde de 10 de novembro de 2014, na sua sala na Association Mémoire des Luttes, entre retratos com o ex-presidente Lula e o governador gaúcho Tarso Genro em Porto Alegre, com o ex-presidente Hugo Chávez em Caracas e com o amigo alemão Gunter Holzmann em Santa Cruz de la Sierra, Bernard Cassen ponderou sobre a ideia de altermundialismo atualmente, ideia difusa tal qual uma malha de metrô – metáfora presente na sua pensata no livro bilíngue *Voix rebelles du monde/ Rebel voices of the world* (2007):

> *Oui*, o altermundialismo. [...] Gosto da metáfora do metrô. Quando pegamos o metrô La Défense ao Château de Vincennes, a Attac fez o altermundialismo 100%, pegamos o metrô La Défense e descemos ao fim da linha. Mas os sindicatos, a CGT sobe no metrô na estação Concorde e desce na Tuileries. Como o movimento altermundialista é composto por organizações muito diferentes, os sindicatos, as igrejas, as associações, tudo o que você quiser. Que têm ideias diferentes. Que têm missões diferentes. Para pôr essa nebulosa sob um chapéu, um

---

122 CASSEN, janeiro de 2010.

título comum foi o altermundialismo. Mas não há unidade. É uma convergência de proposições. É um processo de conscientização. [...] Atualmente, não sei muito o que quer dizer.¹²³

Por *pós-altermundialismo*, Cassen pretende expressar duas ideias. Por um lado, não refutar, mas dar continuidade à proposta altermundista. Por outro, marcar a diferença radical entre o momento em que o movimento aflorou, foi identificado e foi intitulado, e o momento em que governos *progressistas* ascenderam ao poder na América Latina – que viriam a mudar o jogo. Diante de governos simpáticos às suas propostas, o movimento altermundialista, arisco diante de partidos e governos, ficou desnorteado e perdeu seu rumo.¹²⁴ Assim, para voltar aos trilhos (do metrô, para dar continuidade à sua metáfora), seria preciso repensar a articulação dos movimentos, dispersos, com partidos e governos que lhes deem a possibilidade de discutir alternativas.

Se o *altermundialismo* atravessou ou atravessa uma crise atualmente, se definhou ou se indefiniu, vale questionar os impactos no *Monde Diplomatique* e suas edições internacionais. Na edição argentina, já dissemos, Gabetta indicara limites ao "promissor" movimento mundial que, apesar de seu "virtuoso" (e caótico) arco de proposições políticas,¹²⁵ tinha inerentes dificuldades para articular tantas vertentes e reivindicações diferentes num só movimento.¹²⁶

Em janeiro de 2007, às vésperas do Fórum Social Mundial no Quênia, o economista egípcio Samir Amin questionava n'*El Dipló*: ¿*Qué altermundialismo?*

Amin critica os movimentos que cada vez menos questionariam os princípios fundamentais do capitalismo, o que hipotecaria sua habilidade para propor alternativas, apesar de necessárias e possíveis, pensando na construção de um sistema internacional policêntrico.¹²⁷ Entretanto, o autor considera que a radicalização das lutas não aconteceu nos movimentos sociais, em prol de um necessário "realismo" e a apreensão para não se ilhar na extrema esquerda – e critica os movimentos sociais que se resignaram, fixando fins mais modestos para suas lutas: retroceder no neo-

---

123 Bernard Cassen em entrevista à autora, no dia 10 de novembro de 2014.
124 Bernard Cassen em entrevista à autora, no dia 10 de novembro de 2014.
125 GABETTA, agosto de 2002, p. 3.
126 GABETTA, agosto de 2002, p. 3.
127 AMIN, janeiro de 2007.

liberalismo, mas apenas para promover alternativas relacionadas a um capitalismo com "rosto humano".[128] Assim, Amin faz uma ressalva importante:

> Diante desses desafios, o altermundialismo, quer dizer, o projeto de construir "outro mundo possível", se conjuga no plural. Existe um altermundialismo que poderia se qualificar como "brando", que inspira tomadas de posição que se encontram tanto nas sociedades opulentas (certo "ecologismo radical") quanto nos países pobres encurralados (com os fundamentalismos para-religiosos ou para-étnicos). Um altermundialismo progressista não poderia, por sua parte, se comprometer com tais caminhos. Ainda que necessite realizar uma indispensável leitura crítica dos limites das experiências das esquerdas contemporâneas. Apesar dessas diferenças, que depois de tudo constituem uma das grandes riquezas do universo altermundialista, e frente ao principal perigo que representa a possibilidade de novas guerras preventivas lideradas pelos Estados Unidos, todo o leque do altermundialismo, desde o mais radical ao mais moderado, deveria unir suas forças. É a única maneira de construir finalmente esse outro mundo possível que todos querem.[129]

Se um dia a edição francesa de *Le Monde Diplomatique* foi marcada como o jornal "não-oficial" do movimento altermundialista, atraindo militantes e movimentos sociais, se *evidentemente*, na expressão italizada de Serge Halimi, o declínio do altermundialismo afetou a revista mais duramente que a outras mídias,[130] nos últimos se firmou a ideia de que não seria seu papel estar diretamente ligado a *um* movimento, muito embora as críticas à globalização neoliberal continuem pululando nas suas páginas.

*

Recapitulando, portanto, os posicionamentos de *Le Monde Diplomatique* e *El Dipló*[131] a partir da dimensão econômica: por um lado, a crítica à globalização ne-

---

128 AMIN, janeiro de 2007.
129 AMIN, janeiro de 2007.
130 HALIMI, outubro de 2009, p. 28.
131 Um breve comentário: diversos editoriais de dimensão altermundialista foram traduzidos da matriz francesa para as versões latino-americanas, mas é possível observar uma dedicação especial da edição chilena ao altermundialismo, mais marcante que a da edição argentina. Um dos fatores para essa presença mais forte foi a realização dos fóruns chilenos, encontros vinculados ao Fórum Social Mundial. Outra singularidade na edição chilena é a maior abertura aos movimentos estudantis, principalmente a partir de 2011, com a crise das universidades e o despontar

oliberal e suas instituições tentaculares, como FMI e Banco Mundial; por outro, a esperança na sociedade civil e nos movimentos sociais para buscar alternativas, alterglobalização. Tanto na crise argentina de 2001 quanto na crise financeira internacional de 2008, os intelectuais se adiantaram meses, indicando contratempos adiante, lances arriscados e sinais de perigo no mercado, prestes a explodir. Após a explosão, continuaram martelando, em diferentes metáforas e variações, que muitas vezes dão a impressão literal de *déjà vu*,[132] a mesma ideia inicial: a chave para fugir da crise não estaria no mercado, simplesmente não poderia estar trancada na caixa preta própria a detonar a crise. Deveria-se procurar noutros cantos políticos, noutros canteiros civis. Deveria-se procurar na política.

Arena onde se assiste à galvanização do poder entre as potências mundiais: os países não mais se polarizam meramente entre alas leste e oeste, não se apartam simplesmente entre hemisférios norte e sul, nem se equilibram na pirâmide entre primeiros, segundos e terceiros mundos. No quadro atual, a política e as relações internacionais se desequilibram com os malabarismos da economia, em que os ricos dos países ricos dançam nas costas dos pobres, os ricos dos países pobres tentam acompanhar seu compasso e os pobres dos países pobres não conseguem sequer ficar de pé.[133] E se a economia mundializada invade a política, é de se questionar os rumos da política nas relações internacionais.

---

 de Camila Vallejo, que além de escrever para *Le Monde Diplomatique* no Chile, participou de um livro com o selo da Editorial Aún Creemos en los Sueños: *Otro Chile es posible*.

132 No editorial "*El mundo... y Argentina*", de junho de 2010, Carlos Gabetta usa um recurso inusitado na imprensa tradicional. Diz que os leitores não estão equivocados diante da sensação de *déjà vu*, pois republica os editoriais "*El big bang de la crisis*", de março de 2009, e "*Democracias fallidas*", de abril de 2009, suprimindo os subtítulos originais e reorganizando as referências bibliográficas. Um recurso semelhante foi utilizado outras vezes – nos editoriais "*Entre reformas y revolución (1)*", de dezembro de 2007, e "*Entre reformas y revolución (2)*", de janeiro de 2008, além da série "*República o país mafioso*", de outubro de 1999, outubro de 2000, julho de 2002, março de 2005, agosto de 2008 e janeiro de 2011, que inclusive está presente no subtítulo do livro *La encrucijada argentina: República o país mafioso* (Editora Planeta, 2012), que reúne editoriais e entrevistas, com personalidades como Leandro Despouy, Manuel Garrido e Marta Oyahamarte. O editor justifica o recurso não certamente por comodidade, ou por um certo "exercício de arrogância" (o clássico *los habíamos dicho*; em português: *nós avisamos*), mas para reiterar um quadro econômico e institucional global, que não variou ou não mudou no seu ponto essencial, mas se agravou – e, por isso, volta aos primeiros argumentos a fim de refletir sobre a continuação da atualidade (GABETTA, junho de 2010, p. 3).

133 SAYURI, 2016.

Questões políticas

Se o século XX definhou a partir da pá de cal jogada num muro grafitado a 8 de novembro de 1989,[134] o século XXI despertou com torres tombando a 11 de setembro de 2001. Se a questão colonial marcou as lutas independentistas do Terceiro Mundo, a pedra fundamental do mapa-múndi contemporâneo é a luta contra o imperialismo.

Após setembro de 2001, os Estados Unidos redinamizaram o papel da política militar no âmbito internacional. Os atentados de 2001, atribuídos a Al-Qaeda e a Osama Bin Laden, contra as torres gêmeas do World Trade Center, em Nova York, abalaram o início deste século. É a partir desse horizonte que iremos abordar as questões de política internacional nas páginas d'*El Dipló*.

Três dossiês de dez artigos foram publicados entre outubro e dezembro de 2001, com a rubrica "*¿Terrorismo contra terroristas?*". No editorial de outubro, Ignacio Ramonet lembrou outro 11 de Setembro: pilotos miravam o símbolo de um sistema político detestado, explosões, desmoronamentos, escombros. Nova York, 2001? Não: Santiago, Chile, 1973, com o bombardeio do palácio presidencial e o golpe do general Augusto Pinochet contra o presidente socialista Salvador Allende, com a "cumplicidade" norte-americana.[135] Ramonet lamenta e sagra a legítima compaixão às vítimas dos atentados de Nova York, mas questiona se os Estados Unidos podem ser considerados um país "inocente".

"Não participou por acaso em ações políticas violentas, ilegais e às vezes clandestinas na América Latina, África, Oriente Médio, Ásia, cuja consequência é um bando trágico de mortos, 'desaparecidos', torturados, presos, exilados...?", questiona.[136] E provoca: "A atitude dos líderes e das mídias ocidentais, seus exagerados esforços pró-americanos, não devem mascarar a cruel realidade. No mundo todo, e sobretudo nos países do hemisfério sul, a sensação que a opinião pública manifesta com maior frequência a propósito dos condenáveis atentados é: 'o que acontece é muito triste, mas eles merecem'".[137]

Ramonet argumenta que, nos tempos de Guerra Fria, os norte-americanos se lançaram na cruzada contra o comunismo – esse era o adversário. Desde 1991, os

---

134 GUILLEBAUD, 2003, p. 35.
135 RAMONET, outubro de 2001, p. 40.
136 RAMONET, outubro de 2001, p. 40.
137 RAMONET, outubro de 2001, p. 40).

norte-americanos, na perspectiva do editor, alegariam instaurar uma nova ordem mundial, mais justa, ao preço, caro, de ser a *sua* ordem, tornando alvos os adversários no caminho. Desde 2001, o terrorismo se tornou elemento estratégico primordial – esse é o adversário agora.[138]

Carlos Gabetta caminha na mesma linha: condena os atrozes atentados por suas milhares de vítimas civis, mas convida a analisar as consequências das políticas norte-americanas sobre o resto do mundo. Atentados injustificáveis, mas não impossíveis de compreender, na sua ótica. O editor argentino volta ao mesmo ponto do amigo galego: desde a implosão da URSS a marcar o fim da Guerra Fria, os Estados Unidos ascenderam como única potência mundial, uma potência "imperial".[139] Lembra, também, o histórico de intervenções americanas em diversas guerras e em "latrocínios latino-americanos", com invasões a Cuba e Granada, conspirações para golpes contra governos progressistas, como de Jacobo Arbenz na Guatemala (1954) e Salvador Allende no Chile (1973). Interpreta assim que os Estados Unidos se comportam com estilo violento, ilegal e arbitrário nas questões internacionais, o que levou o intelectual americano Noam Chomsky a definir o país como o *terrorista mundial n.º 1*.[140]

Entre colchetes: apesar das severas críticas, como vimos e veremos, ao caráter imperialista da política dos Estados Unidos, muitos autores e editores lamentam a trágica dimensão humana do 11 de Setembro, que deixou mais de 3.200 mortos e 6.291 feridos. Tampouco embarcaram nas teorias de conspiração que passaram a pulular noutras mídias. Assim, em dezembro de 2006, *El Dipló* traduziu um artigo do jornalista político americano Alexander Cockburn (1941-2012), editor da revista *CounterPunch*. Como já se mencionou noutra página, à revelia da matriz francesa, a edição norueguesa de *Le Monde Diplomatique* publicou um artigo lançando hipóteses sobre a participação do governo norte-americano nos atentados de 11 de Setembro. A redação francesa discordou do texto "paranoico" e, na sua edição de dezembro de 2006, publicou a crítica de Cockburn – na edição argentina, ilustrada como "paranoicos" do complô. Para Cockburn, as teorias da conspiração, oriundas

---

138 RAMONET, outubro de 2001, p. 40.
139 GABETTA, outubro de 2001, p. 3.
140 GABETTA, outubro de 2001, p. 3.

na esquerda norte-americana, revelavam um "infantilismo" político, além de um vazio teórico e estratégico.[141]

Colchetes feitos, volto às críticas. Alvo preferencial das críticas antiimperialistas d'*El Dipló*, pois, os Estados Unidos são vistos como dominadores despóticos, outrora genocidas (contra os índios), escravistas (contra os negros), expansionistas (contra os mexicanos) e colonialistas (contra os porto-riquenhos).[142] A hiperpotência dirigiria a política internacional, manejando lances por todo o tabuleiro geopolítico, com dianteiras diplomáticas e militares, econômicas e financeiras, científicas, culturais e tecnológicas. Na perspectiva de Ramonet, ao se alicerçar no poder da informação e das tecnologias, dos símbolos e dos imaginários, os Estados Unidos instaurariam, com a cumplicidade de seus dominados, um *delicioso despotismo*.[143] Na visão sociológica de Pierre Bourdieu e Loïc Wacquant, trata-se de um imperialismo simbólico da ideologia neoliberal, de Berlim a Buenos Aires, de Londres a Lisboa, presente simultaneamente por todos lados, a partir de um modelo único: a sociedade norte-americana da era pós-fordista e pós-keynesiana.[144]

Ao lado dos Estados Unidos, o verdadeiro *eixo do mal* estaria, segundo o julgamento do *Monde Diplomatique*, na globalização neoliberal, nas suas frentes econômica, ideológica e militar. À tríade OMC, FMI e Banco Mundial, a acusação: impor a ditadura do mercado e o culto da ganância, provocando colapsos cá e lá, como crises da Turquia à Argentina. Outros réus seriam os produtores culturais – universidades, prestigiosos institutos de investigação, mídias –, ideólogos que teriam instaurado uma indústria persuasiva a convencer corações e mentes de que a mundialização trará um final feliz universal. Por fim, após o 11 de Setembro, as intervenções militares, acusadas de se impor não só politicamente fora de seus domínios, mas cultural, ideológica e simbolicamente.[145] No editorial, o veredicto: culpados.

As discussões sobre o Islã político, já foi dito noutras páginas, é ponto de divergência entre os intelectuais de *Le Monde Diplomatique* – muito embora tais divergências não palpitem aos olhos ao folhear as edições d'*El Dipló*. Para o editor Alain Gresh, o amálgama entre Islã, islamismo e terrorismo é muito presente na mídia e, por isso, considera que o Islã político substituiu o comunismo como inimigo

---

141 COCKBURN, dezembro de 2006.
142 RAMONET, maio de 2000, p. 40.
143 RAMONET, maio de 2000, p. 40.
144 BOURDIEU, WACQUANT, maio de 2000, p. 12.
145 RAMONET, março de 2002, p. 40.

principal na política internacional vista do Ocidente,[146] posição também presente nos editoriais de Carlos Gabetta e Ignacio Ramonet. No Oriente, Gresh considera que o Islã político pode ser socialmente progressista, dando continuidade às lutas antiliberais. Editor franco-egípcio, especializado em Oriente Médio, Gresh pôde impor *sua* linha editorial nesse campo, contando com apoio editorial de Ramonet.[147] Entretanto, curiosamente, nos três dossiês imediatamente publicados após os atentados de Nova York, entre outubro e dezembro de 2001, Gresh não teve nenhum artigo traduzido na edição de Buenos Aires.

Antes, em setembro de 2001, Gresh teve traduzido um artigo sobre os enfrentamentos entre israelenses e palestinos que tinham se tornado notícia diária na imprensa internacional. Ali argumentou que era preciso priorizar absolutamente a defesa internacional dos palestinos na política, até o momento garantidas apenas por missões civis internacionais. Uma saída política para o conflito, como recordaram "valentemente", definiu o editor, personalidades dos dois campos, como os ministros Yasser Abed Rabbo, Nabil Amr, Hisham Abdul Razzek e os intelectuais Hanan Ashrawi, Sari Nuseibeh, Salim Tamari entre os palestinos, e o ex-ministro Yossi Bellin e escritores como Amos Oz e A.B. Yehoshua entre os israelenses. Fora isso, lamentou que a única saída seria uma escalada de violência que culminaria num confronto bélico marcado por "eles e os outros", uma guerra cujo transcurso seriam vencidos "eles e os outros".[148]

Em novembro de 2001, Gresh publicou "*Islamophobie*" na edição francesa, mas não teve o artigo traduzido na edição argentina. Inicia tal texto com um trecho intrincado, que professava: "O senhor, teu Deus, te entregará essas nações e lhes infligirá um grande pânico, até que sejam destruídas. Entregará às tuas mãos os reis dessas nações, tu farás desaparecer o nome deles do céu e nenhum resistirá perante ti, até que os tenha destruído". Gresh questiona se esse apelo violento estaria dissimulado no Alcorão, para logo responder: é um trecho do Antigo Testamento, Deuteronômio 7, versículos 23 e 24.[149]

Gresh questiona as razões para, após o 11 de Setembro, alguns intelectuais tentarem difundir a ideia de que o Alcorão encobriria as *fontes do mal* nos países islâmicos.

---

146 HARVEY, 2011, p. 199-200.
147 HARVEY, 2011, p. 200.
148 GRESH, setembro de 2001.
149 GRESH, novembro de 2001.

Parte de Edward Said para questionar a ideia de Islã, que definiria uma relativamente pequena dimensão do que se passa no mundo muçulmano, que cobriria milhões de indivíduos e um punhado de países, tradições e línguas. Amalgamar tudo num só pote, provoca, equivale a esquecer a história.[150] O autor cita inclusive *The New York Times* para lembrar que, após a ruína da URSS, alguns políticos e *think tanks* norte-americanos buscavam outro novo inimigo – e o fundamentalismo muçulmano se transformara rapidamente na principal ameaça à pretensa paz mundial.

Em setembro de 2004, Alain Gresh publicou outro artigo nas páginas portenhas de *Le Monde Diplomatique* – não o primeiro desde setembro de 2001, mas talvez um dos mais interessantes a este estudo. Abordava a ideia, equivocada a seu ver, de guerra contra o "terrorismo", lembrando novamente que o terrorista, preferencialmente associado ao muçulmano, substituiu o inimigo antes simbolizado pelos comunistas na Guerra Fria, pedra no caminho para os interesses hegemônicos dos Estados Unidos. O inimigo, definiu o editor criticando a ótica norte-americana, seria o terrorismo, os Estados bárbaros e canalhas, maquinistas das armas de destruição massiva. O inimigo da vez eram os iraquianos, os *outros* que detestariam os valores ocidentais, que rechaçariam os ideais de liberdade e de democracia.[151] Gresh critica:

> A Guerra Fria, especialmente na década de 1980, mobilizou pouco e foi sobretudo uma questão de Estados maiores; o comunismo já tinha perdido grande parte de sua força de atração e o espantalho vermelho já não suscitava grandes caças às bruxas. A guerra contra o terrorismo evoca outras ressonâncias: uma parte da opinião pública ocidental e muçulmana está disposta a acreditar que os conflitos atuais encobrem um choque entre civilizações. As divisões já não seriam então entre fortes e fracos, ricos e pobres, poderosos e despossuídos, mas entre "eles" e "nós". Cada país ocidental renunciaria ao conceito ultrapassado de "luta de classes" para alistar-se nas fileiras da "luta contra o outro". Se iniciaria então uma guerra de mil anos, cujo único resultado seria afiançar a ordem estabelecida.[152]

Tempos antes, em setembro de 2000, Alain Gresh abordara a ideia de democracia após a ruína da União Soviética e o fim da Guerra Fria, que abririam um es-

---

150 GRESH, novembro de 2001.
151 GRESH, setembro de 2004, p. 14-16.
152 GRESH, setembro de 2004, p. 14-16.

paço favorável para pensar e repensar o sistema de liberdades civis e individuais, os direitos sociais e econômicos, advertindo, criticamente, que o desenvolvimento da "poderosa" democracia norte-americana indicava que a mercantilização "invasora" asfixiaria a prática democrática.[153] Crítica que se torna mais ilustrada no trecho:

> Mas os Estados Unidos interpretaram sua vitória sobre o comunismo como a vitória de sua concepção de democracia, reduzida a umas receitas e a uma vitrine eleitoral. Atesta-o a reunião auspiciada por Washington (entre os dias 25 e 27 de junho passado, em Varsóvia), de 107 países "democráticos". Democrático Egito, onde as eleições são meramente formais, o analfabetismo massivo e a liberdade de organização reduzida a sua mínima expressão? Democrático Kuwait, onde o sufrágio exclui as mulheres e a milhares de cidadãos de "segunda classe"? Democráticos Turquia, Azerbaijão, Peru, Quênia? De fato, o único ponto em comum dos "107" é que se consideram "amigos" dos Estados Unidos.[154]

Para Gresh, a democracia seria uma busca indelével, um caminho pontilhado por armadilhas – a maior delas, os corruptíveis interesses particulares.

*

De volta a setembro de 2001, no primeiro dossiê d'*El Dipló* sobre terrorismo, o escritor paquistanês Tariq Ali refutou, como muitos autores, as ideias de "choque de civilizações", do teórico americano Samuel P. Huntington (1927-2008), lembradas por diversos intelectuais midiáticos.

Em 1993, Huntington, diretor de estudos estratégicos de Harvard, publicou *Clash of civilizations*, contrariando outro teórico, Francis Fukuyama e sua tese do "fim da história". Para Huntington, a derrota da URSS marcava o fim das querelas ideológicas, mas não da história. A partir daí, pós-Guerra Fria, a cultura pautaria os conflitos do mundo – e não a política ou a economia. Ali, por sua vez, argumenta que o que está em jogo é, na verdade, justamente o poder político e o domínio econômico.[155]

No segundo dossiê de 2001, o jornalista neozelandês Nicky Hager mergulha nos jogos de espiões norte-americanos, contando a história da National Security

---

153 GRESH, setembro de 2000, p. 40.
154 GRESH, setembro de 2000, p. 40.
155 ALI, outubro de 2001, p. 8.

Agency (NSA) – que treze anos depois, diga-se de passagem, dominaria as manchetes com as graves revelações de Edward Snowden.[156] As estratégias norte-americanas de controle de informação eletrônica foram elaboradas inicialmente contra as potências do Eixo, depois contra a União Soviética. Surpreende que uma agência americana tão sofisticada e poderosa não pôde rastrear a movimentação das peças que levaria ao xeque-mate de 11 de Setembro? Sim. Mas, ressalva o repórter, a principal função da NSA não era defender o país de ameaças externas potenciais como o terrorismo, mas garantir acesso global às comunicações para incrementar a preeminência americana nos âmbitos econômico, militar e político.[157]

No último dossiê de 2001, Ignacio Ramonet comenta o impacto simbólico pretendido pelos ataques, marcando os principais monumentos da grandeza dos Estados Unidos, nas dimensões econômica (World Trade Center), militar (Pentágono) e política (Casa Branca). Volta à questão da globalização, mas a partir de outro prisma. Interpreta o editor espanhol que, após o fim de época marcado no dia 9 de novembro de 1989 com a queda do muro de Berlim, 11 de setembro de 2001 inaugura um novo período histórico, em que a globalização financeira passa a coexistir com a globalização do terror e de múltiplas criminalidades, favorecendo o esvaziamento dos débeis Estados.[158] Diante da fraqueza dos Estados, o império, diz Ramonet:

> Atacado pela primeira vez no seu território, no santuário de sua própria metrópole e de uma maneira particularmente mortífera, os Estados Unidos decidiram reagir transformando a situação política internacional. Num primeiro momento, o mundo segurou a respiração, temendo uma resposta precipitada e impulsiva de sua parte. No entanto, sob a influência do secretário de Estado Colin Powell, que se mostrou a personalidade mais lúcida na administração americana, os Estados Unidos conseguiram manter o sangue frio. E souberam capitalizar a comoção internacional e a solidariedade manifestada por quase todas as chancelarias (com a notória exceção do Iraque) para consolidar sua hegemonia planetária.[159]

---

156 No dia 9 de junho de 2013, o analista americano Edward Snowden, ex-técnico de informática da CIA, revelou aos jornais *The Guardian* e *The Washington Post* o sistema de vigilância global realizado pela agência americana NSA. Após a revelação do esquema de espionagem eletrônica, Edward Snowden foi acusado de divulgar informações sobre a defesa americana, entre outros crimes – e, desde 2013, está refugiado na Rússia.
157 HAGER, novembro de 2001, p. 26.
158 RAMONET, dezembro de 2001, p. 20-21.
159 RAMONET, dezembro de 2001.

Um Estado frágil, mas agressivo. Para Ramonet, os atentados ricochetearam noutros países, cerrando brechas para as liberdades, o respeito à democracia e aos direitos humanos. Em prol da "justa guerra", a trinca democracia, direitos civis e direitos humanos foi deliberadamente ignorada e, assim, graças à "guerra mundial contra o terrorismo", outros países como França, Inglaterra e Itália também reforçaram suas legislações repressivas [160] – nos Estados Unidos, o Patriot Act foi outorgado a 26 de outubro de 2001.[161]

Ainda no último dossiê, o linguista americano Noam Chomsky publicou suas críticas. Para Chomsky, a campanha militar norte-americana reincide na lógica de sua tradicional política *predatória*. Volta, também, ao argumento: sim, deve-se lamentar os milhares de mortos nos atentados agressivos e instantâneos; mas sim, deve-se lamentar que a política americana não contribui para amenizar a violência, mas para alastrá-la e intensificá-la. Ao proferir uma conferência em Cambridge, Massachusetts, em 2001, o filósofo citou exemplos como a conquista do México, as invasões do Haiti e das Filipinas, o apoio a governos autoritários no Iraque e a ocupações israelenses nos territórios da Palestina, as intervenções na Nicarágua e na Guatemala.[162] Se, segundo os manuais militares americanos, o terrorismo é o uso calculado, calculista, com fins políticos ou religiosos, da violência, do medo e da intimidação, Chomsky indica a similaridade da definição ao que, reivindicando esse tipo de práticas, os Estados Unidos denominaram como *low-intensity wars*.[163]

*

Valorizado por *Le Monde Diplomatique*, Noam Chomsky teve seus livros *Actos de Agresión* (2000) e *Cartas de Lexington* (2000) resenhados na revista.[164] Linguista, filósofo e ativista, atualmente o autor é professor no Instituto de Tecnologia de Massachusetts (MIT). Elogiado por seu rigor e sua coragem intelectual, Chomsky reúne nas *Cartas* uma série de críticas à mídia "loot", que corresponderia a *lies of our times*, jogo de palavras para as mentiras de nosso tempo. Aos olhos do *Monde Diplomatique*, a coragem do filósofo americano seria justamente manifestar suas posições, nítida e às vezes diametralmente diferentes da maioria da mídia de seu país.

---

160 RAMONET, janeiro de 2002, p. 40.
161 RAMONET, março de 2004, p. 40.
162 CHOMSKY, dezembro de 2001, p. 30.
163 CHOMSKY, dezembro de 2001, p. 31.
164 CAMUSSO, outubro de 2001, p. 9.

Após as invasões do Afeganistão (2001) e do Iraque (2003), Chomsky retornaria a *El Dipló* em agosto de 2003, defendendo sua tese: a "estratégia imperial" norte-americana, reverberada pelas principais revistas do *establishment*. Chomsky interpreta que, às vésperas da invasão do Iraque – justificada pela ameaça de armas químicas, senão "imaginárias", talvez "inventadas", nas suas expressões –, o alvo do ultimato não era realmente Saddam Hussein, mas as Nações Unidas. No fundo, o recado seria: "rendam-se ou invadiremos mesmo sem seu *insignificante aval*".[165] Em maio de 2004, o teórico reiterou sua ideia: o terrorismo como pretexto norte-americano para exercer seu imperialismo. Um terrorismo, diria, arbitrário, focado no momento no Oriente Médio, ocultando as ações dos aliados aos interesses dos Estados Unidos – que não seriam "terroristas", mas "combatentes da liberdade", como a mídia outrora etiquetara o próprio Osama Bin Laden, nos tempos em que o árabe aterrorizava os soviéticos.[166]

Noam Chomsky não foi o único a destacar os interesses ocultos dos Estados Unidos. Samir Amin, economista egípcio marxista e ex-militante do Partido Comunista Francês, atualmente vive em Dakar, Senegal. Escreveu para *Le Monde Diplomatique* diversas vezes, desde a década de 1970. Em janeiro de 2007, num artigo questionador do altermundialismo, destacou a ambição americana de firmar sua hegemonia militar no mundo inteiro – e o Oriente Médio despontaria como região prioritária, por quatro razões: possui recursos petrolíferos generosos e dominá-los daria aos norte-americanos uma posição privilegiada, escanteando tanto seus aliados (Europa e Japão) quanto seus possíveis rivais (China) numa posição de dependência energética; passa por um momento de debilidade e confusão, que permitiria ao agressor assegurar uma vitória fácil no tempo imediato; ali os americanos encontrariam uma porta para o *velho* mundo, o que facilitaria uma ofensiva militar contra outros polos (China, Índia, Rússia); e ali os americanos encontram um aliado, Israel, com armas nucleares. Para Amin, o projeto não estaria só no papel, mas teria avançado nas ocupações de Afeganistão, Iraque e Palestina; nas intimidações de Irã, Líbano, Síria.[167]

Era o momento de um *neoimperialismo* americano, segundo Ignacio Ramonet, um tipo de *imperialismo* que renovaria a ideia romana de um domínio moral, mas

---

165 CHOMSKY, agosto de 2003, p. 16-17.
166 CHOMSKY, maio de 2004.
167 AMIN, janeiro de 2007.

agora fundada na convicção de que o livre mercado, a globalização e a propagação da civilização ocidental são *positivas* e imperiosas para o mundo inteiro, ideia agora agravada por um domínio militar e midiático contra povos, vistos aos olhos do imperador, *inferiores*.[168] Seria o "terrorismo" capitalista ocidental.[169]

O escritor uruguaio Eduardo Galeano também contribuiu para a discussão da guerra do *bem* contra o *mal*, indicando "identikits" demoníacos – ou, como intitulou o texto irônico, mais literário, mas político, os *diablos del Diablo*. Um mal multifacetado, que seria muçulmano, mulher, negro, judeu, índio, gay. Que seria o *outro* aos olhos dos dominantes.

Do diabo muçulmano, Galeano critica: "Em tempos atuais, os mísseis fabricam muito mais inimigos que os inimigos que destripam. Mas que será de Deus, no fim, sem inimigos? O medo manda, as guerras comem medo. A experiência prova que a ameaça do inferno é sempre mais eficaz que a promessa do céu. Bem-vindos sejam os inimigos".[170] Assim, Bush se firmaria no poder graças à oportuna ascensão de Bin Laden como "Satã maior".

Do diabo judeu, Hitler não teria "inventado" nada, afinal os judeus seriam, ironiza o autor, imperdoáveis assassinos e "culpados de todas as culpas": as bancarrotas econômicas, as crises financeiras internacionais, as derrotas militares. Ora, satiriza Galeano, os judeus que originariam a febre amarela, a peste negra e as pestes todas.[171]

Do diabo mulher, essas *bruxas* que formariam o harém de Satã. Do diabo gay, esses *filhos* do inferno. Do diabo índio, seres *bestiais* que teriam abrigado Satã uma vez expulso da santa Europa. Do diabo negro, inimigo da luz e da inocência.[172]

Galeano critica claramente a demonização do *outro*, o não rico, não hétero, não *civilizado*, não católico, não branco. O outro é *outro*, não fiel aos valores ocidentais. O diabo é *estrangeiro*. E pobre:

> Em cada um se esconde um delinquente, talvez um terrorista. [...] Nos bairros malditos esperam, agachados, mordendo invejas, tragando rancores, os autores de sua próxima desgraça. São vagantes, maltrapilhos, bêbados, drogados, carne de cárcere ou de bala, gente sem dentes, nem caminho nem destino. Ninguém os aplaude, mas esses

---

168 RAMONET, maio de 2003.
169 GABETTA, agosto de 2005.
170 GALEANO, agosto de 2005.
171 GALEANO, agosto de 2005.
172 GALEANO, agosto de 2005.

ladrões de galinha fazem o que podem imitando, modestamente, aos mestres que ensinam ao mundo as fórmulas de sucesso. Ninguém os compreende, mas eles querem ser cidadãos exemplares, como esses heróis de nosso tempo que violam a terra, envenenam o ar e a água, estrangulam salários, assassinam empregos e sequestram países.[173]

*

Eric Hobsbawm, assinatura aquilatada por *Le Monde Diplomatique*, assim como Noam Chomsky e Edward Said, mirou a questão do imperialismo americano a partir de um viés histórico. Para Hobsbawm, o império americano teria características singulares diante dos outros exemplos históricos mundiais – o espanhol nos séculos XVI e XVII, o britânico nos séculos XIX e XX –, contrastando superioridade tecnológica e militar com vulnerabilidade econômica e impopularidade política.[174]

Na crítica do historiador marxista, a globalização içou um ponto inédito em três dimensões: a política, a interdependência internacional e a tecnologia decisiva para questões econômicas e militares. Diz Hobsbawm que "à diferença do projeto imperial americano – e essa é a grande novidade –, todas as grandes potências e todos os impérios sabiam que não eram os únicos e ninguém procurava dominar todo o mundo por si só. Ninguém se considerava invulnerável, ainda que era certo que todos se consideravam o centro do planeta".[175] Entretanto, a meta americana não seria ocupar o mundo todo, mas estimular guerras, instalar governos amigos e ir embora. Assim, a guerra do Iraque ilustraria a *frivolidade* dos decisores de Washington: "Iraque é um país derrotado, mas negou a se submeter. [...] A política evocada pelos extremistas de Washington, isto é, uma total reestruturação do Oriente Médio, não tem sentido".[176]

Hobsbawm define o imperialismo como dominação e manejo do mundo. Para tal, expressões como *eixo do mal* e *roadmap* ricocheteariam como frases feitas nas pretensões imperialistas americanas, que almejam abrigar uma certa ilusão de poder – e não uma estratégia real.

Americano radicado na Europa, professor na American University of Paris, Phillip S. Golub assinou mais um texto forte sobre o império americano, que esta-

---

173 GALEANO, agosto de 2005.
174 HOBSBAWM, junho de 2003, p. 22-23.
175 HOBSBAWM, junho de 2003, p. 22.
176 HOBSBAWM, junho de 2003, p. 22-23.

ria construindo uma "ideologia imperial". Diante, pois, da prerrogativa de guerras humanitárias, alguns teóricos caracterizariam os Estados Unidos como "império magnânimo".

Golub parte do historiador Arthur Schlesinger Jr., que, meses antes do 11 de Setembro, arremessara a hipótese de que os Estados Unidos, apesar das tentações de superpotência, não cairiam no imperialismo, pois nenhuma nação estaria apta para assumir isoladamente o papel de árbitro mundial no século XXI. Na mesma linha, o diplomata Charles William Maynes (1938-2007) afirmara que os Estados Unidos tinham potencialidades imperiais, mas não tinham vocação imperialista. Mas Golub parte dessas ideias, justamente para refutá-las: a seu ver, um "prodigioso fervor imperialista" se apoderou do país desde fins do século XIX, aplaudido por políticos, jornalistas, empresários. O que mudou no século XXI, pós-11 de Setembro, é que, pela primeira vez, a força *manu militari* agora vem escoltada por um discurso explícito de legitimação do império – com vozes, por exemplo, de Charles Krauthammer, editorialista do *Washington Post*, de Max Boot, editorialista do *Wall Street Journal*, e de Robert Kaplan, mentor para política internacional de George W. Bush; nas universidades, vozes como Stephen Peter Rosen, diretor do Olin Center, da Harvard University, e Robert Kagan, do Carnegie Endowment for International Peace. Um império, diria o historiador Paul Kennedy, maior que a *pax* britânica, o tempo napoleônico, o império romano.[177]

Para Golub, a semântica de Bush tampouco falha: as constantes referências ao enfrentamento entre civilização e barbárie, a guerra contra o mal, a pacificação dos bárbaros – flagrante de um pensamento imperial. Na análise do intelectual, Bush e a nova direita norte-americana estariam dispostos a batalhar para garantir a prosperidade do império – literalmente batalhar, mediante a guerra, submetendo povos *indóceis* do Terceiro Mundo e derrubando governos de Estados *ilegais*. Atuariam, assim, isoladamente ou com alianças circunstanciais, unilateralmente, defendendo seus próprios interesses nacionais. Quanto ao *resto* do mundo: o Terceiro Mundo, submisso; a Europa, subordinada; o Oriente Médio, *pacificado*.[178]

Golub retornou às páginas d'*El Dipló* em outubro de 2007, analisando o traumatismo de "fim do império". Diante do fracasso na ocupação no Iraque, Golub diagnosticava a instauração de uma crise no bojo da elite estado-unidense, mo-

---

177 GOLUB, setembro de 2002, p. 24-25.
178 GOLUB, setembro de 2002.

mento mesmo em que desmoronava a primazia do consenso de Washington e a emergência de outras potências econômicas – uma crise mais profunda que a provocada pela derrota no Vietnã décadas atrás. "O cúmulo da ironia: essa crise afeta a coalizão de ultranacionalistas e neoconservadores que se formou na década de 1970, precisamente para terminar com a 'síndrome do Vietnã', restaurar o poderio norte-americano e reativar a 'vontade de vitória' no país", escreveu o autor, mestre em relações internacionais e história contemporânea na Université Paris IV e doutor em relações internacionais na University of Sussex.[179]

Uma fratura exposta: diante do desacordo sobre os rumos da guerra no Iraque, publicamente expresso por parte de veteranos norte-americanos, somou-se o dissenso entre agências de inteligência e principais instituições do Estado. Na indignação do general norte-americano William Odom, a invasão teria sido o mais importante "desastre estratégico" da história norte-americana. Na versão do coronel Larry Wilkerson, ex-chefe de Estado maior de Colin Powell, um "erro de dimensão histórica". Na definição de Zbigniew Brzezinski, ex-diretor do National Security Council, uma "calamidade moral, histórica e estratégica".[180] Por dentro, foi marcada a ferro a ideia de que a guerra quebrou o exército e comprometeu gravemente a legitimidade norte-americana. Por fora, as sequelas da fratura foram outras: o assoreamento da hegemonia norte-americana na América Latina, na Europa, no Leste Asiático. "O *american dream* foi substituído pela imagem de um Leviatã militar que só mostra desprezo pela opinião pública internacional e que viola as mesmas regras instituídas pelos Estados Unidos".[181]

Se desde meados do século XX os dirigentes americanos consideravam ter a singular responsabilidade histórica de governar o mundo, agora seriam obrigados a observar o mapa-múndi por outro ângulo, por outras lentes. Se seu reinado neste mundo era algo "esperado", agora seria alvo de questionamentos metralhados por diversos franco-atiradores. Phillip S. Golub assim assinala o princípio de uma crise, questionando-a como o início do fim do império americano – uma *desimperialização* que, ao estilo das experiências pós-coloniais, pode ser um processo longo e traumático.

*

---

179 GOLUB, outubro de 2007, p. 20.
180 GOLUB, outubro de 2007, p. 20.
181 GOLUB, outubro de 2007, p. 20.

Faço um breve parêntesis. Assim como a tônica altermundialista insuflou discursos otimistas de *Le Monde Diplomatique*, também as vicissitudes da crise financeira internacional e os reveses do "imperialismo" americano suscitaram sopros de superotimismo nessas páginas "diplomáticas", traduzindo muitas vezes mais expressão de um *wishful thinking* que de uma análise aprimorada. E, no afã revolucionário, diria Norberto Bobbio, muitos são pessimistas quanto ao passado, mas otimistas quanto ao futuro.[182]

Se a última década do século XX viu a governança internacional dos Estados Unidos, após transformações geopolíticas com a ruína soviética e a hegemonia instaurada das ideias e políticas neoliberais, a globalização dos mercados financeiros e das tecnologias da informação, a primeira década do século XXI testificou um tabuleiro internacional diferente após os atentados de 11 de Setembro, quando a guerra ao terror e o imperialismo americano foram muito discutidos.

Diante do fracasso na invasão ao território iraquiano, a implosão da bolha do mercado imobiliário americano e a crise financeira internacional, discutiu-se (às vezes celebrou-se) mais intensamente a crise do neoliberalismo e o colapso do poder americano: flagrante de contradições inerentes e do caráter insustentável do próprio sistema, a crise contemporânea, final, seria a crise do neoliberalismo sob a hegemonia americana.[183] Eric Hobsbawm, Giovanni Arrighi, Immanuel Wallerstein e outros intelectuais indicaram o início do fim do império americano – muitos, como no *Monde Diplomatique*, muitas vezes mais inspirados por um certa expectativa, entre uns e outros atribuindo uma dimensão revolucionária a tal fim de época. Outros pensadores, inclusive de esquerda, criticaram o "mito" do colapso do poder americano construído sem evidências convincentes além da retórica, contrargumentado, por exemplo, que o poder militar e o fator econômico norte-americanos continuam os mais poderosos do mundo.[184]

Mas não é tudo. É também flagrante nessas discordâncias uma movimentação de ideias no tempo. *Finito* o século XX, passadas a derrocada soviética e a derrota ideológica de uma esquerda, o século XXI permitiria retomar o fio de uma história

---

182 BOBBIO, 2006, p. 82.
183 DUMÉNIL, LÉVY, 2014, p. 183.
184 FIORI, 2008.

interrompida? Viria o tempo almejar, realisticamente, uma dimensão revolucionária nos rumos do mundo? Tilintam, no tumulto, os guizos desse otimismo...[185]

E se um certo otimismo contra o imperialismo norte-americano agora se volta à América Latina, há de se lembrar que há muito tempo tais ideias floresceram na América Latina. Ainda a princípios do século XX, uma das flâmulas fincadas pelas ideias internacionais comunistas na América Latina foi o antiimperialismo. Na época, o escritor uruguaio José Enrique Rodó, o jornalista cubano José Martí e o poeta nicaraguense Rubén Darío, além da proximidade literária no modernismo hispano-americano, partilhavam proximidade política na tessitura intelectual crítica às atitudes dos Estados Unidos em relação à América Latina. Rodó, com *Ariel*; Darío, com *Azul*; e Martí, considerado mártir da independência cubana, identificava os Estados Unidos como o gigante Golias diante da América Latina, aliás *Nuestra América*, como Davi.[186]

*

Em dezembro de 2007, o escritor francês Christian Salmon alfinetou mais uma vez o imperialismo americano e suas histórias fabulosas, simplórias e maniqueístas construídas sobre uma luta entre o bem e o mal, uma disputa entre os vencedores e os perdedores. O autor desengaveta um artigo do premiado jornalista Ron Suskind publicado no *New York Times* dias antes do pleito presidencial americano de 2004. Suskind lembrava uma conversa com Karl Rove, assessor aliado do republicano, que teria dito no verão de 2002: "Somos um império agora. E, quando agimos, criamos nossa própria realidade. Enquanto vocês estudam essa realidade – judiciosamente, como queiram –, nós agimos de novo, criando outras novas realidades, que vocês podem igualmente estudar. É assim que as coisas se passam. Nós somos os atores da história. [...] E a vocês, a todos vocês, só resta estudar o que fazemos".[187]

Para Salmon, essas palavras são dignas de um "Maquiavel midiático", mais esperadas de um filme hollywoodiano que de um gabinete da Casa Branca. Em março de 2003, a invasão ao Iraque ilustrou esse desejo norte-americano de inventar sua própria versão da realidade, com muitas estratégias de comunicação. Além de 500 jornalistas

---

185 GUILLEBAUD, 2003, p. 61.
186 PRADO, PELLEGRINO, 2014, p. 99.
187 SALMON, dezembro de 2007, p. 22.

na unidade do exército americano, uma parafernália tecnológica eletrônica capaz de produzir, em tempo real, vídeos dos combates, animações, diagramas, mapas.

Na crítica de Salmon, em setembro de 2002, no discurso de Bush no primeiro aniversário do 11 de Setembro, abrindo caminho e preparando terreno para a invasão do Iraque, foi armado um estratégico circo midiático para "informar" os norte-americanos sobre o grande combate que a potência logo deveria enfrentar. A imagem: Bush ao pé da Estátua da Liberdade, iluminada por poderosos projetores. As mil palavras: não foram sequer necessárias, pois a ideia era imprimir a própria imagem no tempo, transformando-a numa bela *story* em tempo real.[188] Para Salmon, uma "estratégia de Sheherazade", satírica expressão cunhada pelo jornalista Ira Chernus, da Colorado University. À la Sheherazade, uma vez condenados à morte política, Bush e Rove começaram a contar histórias – histórias tão fabulosas que o rei (ou, neste caso, o povo americano que teoricamente governa o país) esqueceria sua condenação capital.[189]

Entre o tom irônico e o sarcástico, entre a linha teórica e a jornalística, entre a perspectiva histórica e a análise contemporânea, os textos de *Le Monde Diplomatique*, tanto na França quanto na Argentina, focam críticas às políticas imperialistas, tendo as diretrizes norte-americanas como alvo preferencial. Na revista, se a crítica econômica se foca no neoliberalismo, a crítica política privilegia o imperialismo. Além de se cruzarem em diversos momentos, essas dimensões são perpassadas ainda por outra crítica, midiática, que se refere ao próprio papel do intelectual e do jornalista.

Em agosto de 1999, *El Dipló* traduziu um artigo do intelectual palestino Edward Said, crítico da Aliança Atlântica nos bombardeios de Kosovo. Um lapso moral elementar, na visão do escritor: se se quer intervir para aliviar a injustiça – segundo a ideia de intervenção humanitárias que, ressalva, diversos progressistas e liberais invocaram para justificar os bombardeios –, seria preciso antes assegurar não agravar a situação. Nesse contexto, o status dos Estados Unidos lhe lembrava o de "um tirano um pouco estúpido", mas com força *bruta* capaz de infligir mais estragos que qualquer outra potência na história.[190] Para Said, a mídia contribuiu para agravar uma situação já delicada, dando voz a testemunhos parciais de atores *submergidos* na crueldade da guerra, apenas aclarando as posições da OTAN e ig-

---

188 SALMON, dezembro de 2007, p. 22-23.
189 SALMON, dezembro de 2007.
190 SAID, agosto de 1999, p. 10.

norando movimentos de oposição nos Estados Unidos, Grécia, Itália. Nessa linha, critica o autor, editores e intelectuais "progressistas" fecharam os olhos diante da destruição da Iugoslávia.

> Após a Guerra Fria, continua a pergunta: os EUA e sua política econômica-militar, conduzida para o benefício e o oportunismo, continuarão dirigindo o mundo, ou podemos ainda ver uma poderosa resistência, tanto intelectual como moral, a essa hegemonia? Para nós que vivemos nos EUA ou somos seus cidadãos, a primeira obrigação é desmistificar a linguagem e as imagens utilizadas para justificar as práticas assimétricas de Washington, estabelecer um nexo entre a política seguida na Birmânia, Indonésia, Irã e Israel, e a aplicada na Europa, demonstrar que remetem a uma mesma estratégia, ainda quando se tenta apresentá-las como diferentes. Não pode haver resistência sem memória e sem universalismo. Se a limpeza étnica é um mal na Iugoslávia – quem poderá duvidar? –, então também é um mal na Turquia, Palestina, África, qualquer outro lugar. As crises não terminam quando a CNN para de cobri-las.[191]

O antiimperialismo de *Le Monde Diplomatique*, às vezes versado como antiamericanismo, abriga assim uma outra crítica, no campo midiático, onde certas mitologias, mentiras e distorções seriam reverberadas. Nessa perspectiva, tanto imperialismo quanto neoliberalismo seriam ideologias dominantes do "pensamento único", que encontraria eco nas principais mídias *mainstream*.

Questões midiáticas

Claude Julien dizia um *devoir d'irrespect*. Ignacio Ramonet, um baluarte contra a *pensée unique*. Serge Halimi, um ofício intelectual *singular*. Além das posições já expressadas noutras linhas por Bernard Cassen, Ignacio Ramonet e Serge Halimi na redação francesa, e por Carlos Gabetta no bureau argentino, muitas críticas e metadiscursos sobre o jornalismo ocuparam as páginas da revista. Três pontos-chaves permitem estruturar essas críticas: as pressões do jogo jornalístico, a liberdade de imprensa e as alternativas editoriais possíveis. Por último, na convergência desse tripé, a proposta de *Le Monde Diplomatique*.

---

191 SAID, agosto de 1999, p. 10.

O jogo jornalístico

Digo *jogo* para simbolizar o campo de tensões para a atividade jornalística, com regras próprias, obstáculos e adversários, árbitros e suas arbitrariedades. Campo de tensões internas (pressões do deadline e do editor, interesses do diretor e do *big boss*, conflitos de ordem ética, pessoal e profissional) e externas (lobbies, publicidade, poderes políticos e econômicos, muitas vezes ameaças materiais e imateriais de diversas artilharias inimigas – milícias e militares, mas, por que não?, hackers e espiões), muitas vezes um simples repórter lida com o jornalismo menos como um ofício de dimensões cívicas, de matiz democrático, e mais como pauta pautada, jogo jogado. Assim, efeito colateral de um sistema político e midiático em que se esfumaçam as fronteiras entre interesse público e interesses particulares.

No front da história política, a mídia é um dos celeiros privilegiados para se estudar a movimentação das ideias pois, como certa vez postulou o historiador Jean-Nöel Jeanneney, na dimensão cotidiana de um jornal, de uma rádio, de uma revista, se reflete constantemente a vida política de um país – e, com todos astigmatismos que se queira, "vê-se aí reunido, com relevos acentuados, o jogo que é jogado no mundo político".[192]

Dizia Said que o intelectual deveria ser um perturbador do *status quo*. Difícil imaginar esse papel na imprensa contemporânea, quando o jornalista passa, ao contrário, a legitimar o *status quo*. No *Monde Diplomatique*, o sociólogo francês Alain Accardo questionou as razões para o discurso midiático convergir "espontaneamente" à legitimação da ordem. Instiga, no fundo, o que fazem os jornalistas – e o que *deveriam* fazer. À diferença de teóricos apocalípticos, Accardo teve o mérito de considerar que o observador do sistema midiático deve partir do princípio que, majoritariamente, os jornalistas não estão "maquiavelicamente" focados em manipular seus públicos-alvo para o maior aproveitamento, quer seja o lucro quer seja o político, dos acionistas da mídia particular ou dos investidores capitalistas. Se por ventura os jornalistas se comportam como *condicionadores* não é tanto porque pretendem, de fato e propositalmente, condicionar a opinião pública à direita ou à esquerda, ao norte ou ao sul, a Flamengo ou Fluminense, mas porque estão eles mesmos *condicionados* para tal.[193]

---

192 JEANNENEY, 2003, p. 224-225.
193 ACCARDO, outubro de 2000, p. 34-35.

Ser jornalista requer se equilibrar, às vezes fazer malabarismos, num campo de tensões. Ser intelectual também. Isso vale para as mais diversas publicações, no colorido leque da extrema esquerda à extrema direita. O sociólogo não lhes faz *mea culpa*, mas indica as limitações dos jornalistas, uma vez inseridos numa determinada *media*. Diz Accardo:

> Os financistas e os mercadores que se apoderaram da parte essencial das mídias, salvo contadas exceções, geralmente não precisam indicar aos jornalistas o que precisam dizer ou divulgar. Não precisam lhes violentar a consciência nem transformá-los em propagandistas. O sentido da dignidade jornalística não o aceitaria. Para que a informação de imprensa esteja garantida o melhor possível no melhor dos mundos capitalistas, é preferível deixar que o *personal* jornalístico faça livremente seu trabalho (salvo circunstâncias e casos particulares), ou mais exatamente, dar-lhe a sensação de que seu trabalho não obedece a outras exigências, a outras limitações que impõem as regras específicas do jogo jornalístico, aceitadas por todos. É preciso se remeter à consciência profissional.[194]

Assim, Accardo observa operar um mecanismo de cooptação, aberta ou velada, que garante um recrutamento que impede, na maioria dos casos, a entrada de *zorros* no galinheiro ou hereges na missa[195] – ou, noutras palavras, as ovelhas negras das redações. Mas Accardo lembra que, se o microcosmo jornalístico é um espaço privilegiado para a observação *in vivo* do que acontece nos campos da produção e da difusão dos bens simbólicos, o sucesso de tal mecanismo se ancora basalmente na "espontaneidade" dos que se entregam livremente ao sistema, voluntariamente fechando os olhos e as mentes à ideologia dominante e ao *pensamento único*.[196]

*

Autor de *D'une guerre l'autre* (Flammarion, 1998) e *Imperium* (Czytelnik, 1993), o jornalista polonês Ryszard Kapuscinki (1932-2007) também lembra as pressões propulsadas com as novas tecnologias, que atraíram e arquitetaram conglomerados midiáticos com ambições planetárias, pautados pela instantaneidade e o tempo real, subvertendo as condições da investigação jornalística. "Os jornalistas idealistas, es-

---

194 ACCARDO, outubro de 2000, p. 34.
195 ACCARDO, outubro de 2000, p. 34-35.
196 ACCARDO, outubro de 2000, p. 35.

ses doces sonhadores em busca da verdade que antes dirigiam as mídias, foram substituídos por homens de negócios nas direções das empresas de imprensa".[197] Assim, critérios de autenticidade e valores de verdade ficaram sob a égide das leis de mercado, e tal metamorfose midiática traz agora uma pergunta fundamental: como compreender o mundo? Se a mídia reflete o mundo de maneira superficial e fragmentada – não realmente reflete, do verbo refletir, ponderar, pensar.

Para Kapuscinki[198], porém, ainda há alternativas jornalísticas, resistentes nas trincheiras do ofício – mas às vezes é difícil dispor do tempo necessário para assimilá-los, tão letárgicas estão as sociedades. E, diz, "ninguém ignora que nas redações dos diários, dos estúdios de rádio e TV, há jornalistas sensíveis e talentosos, gente que estima a seus contemporâneos, que considera que nosso planeta é um lugar apaixonante, que vale a pena conhecer, compreender e salvar".[199]

Ryszard Kapuscinki morreu no dia 22 de janeiro de 2007. Para lembrar o primeiro aniversário de sua morte, *El Dipló* publicou um tributo do romancista chileno Luis Sepúlveda, que conhecera o repórter polonês no inverno alemão de 1986, em Bonn. Trocaram correspondências por fax por um tempo e depois voltaram a se reencontrar em Turim, como jurados do Prêmio Grinzane Cavour de 2002. No ano seguinte, Kapuscinki foi laureado com o Prêmio Príncipe das Astúrias, em Oviedo. Nos três encontros, um trago tranquilo e um diálogo nostálgico sobre os rumos do jornalismo.

De Turim, o romancista lembra dos testemunhos de empobrecimento da profissão jornalística e de suas prostituições galopantes, da estupidez de acreditar num jornalismo investigativo no Google, do amadorismo dos jovens jornalistas após a universidade. De Oviedo, narra a não tão surpreendente investida, infelizmente, de uma jovem repórter que improvisadamente pedira para entrevistar o jornalista veterano:

– Nunca li nada seu, me explica de que falam seus livros? – perguntou a jornalista, e Ryszard Kapuscinki, esse homem que falava perfeitamente espanhol, francês, português, italiano, inglês, russo, que tinha

---

197 KAPUSCINKI, setembro de 1999, p. 26-27.
198 Apesar de aclamado por seu trabalho jornalístico de estilo literário, Ryszard Kapuscinki foi alvo de críticas e suspeitas sobre a veracidade de seus escritos. Segundo a biografia *Kapuscinki Non--Fiction*, de Artur Domoslawski, publicada após sua morte, o jornalista inventou declarações, fontes e personagens.
199 KAPUSCINKI, setembro de 1999, p. 27.

sobrevivido a 30 revoluções e em quatro ocasiões esteve a ponto de perder a vida, e que ademais era autor de uns vinte livros de leitura obrigatória para qualquer um que se sinta digno de ser um jornalista, simplesmente respondeu: "Meus livros não falam".[200]

A resposta marca assim o tom melancólico de um *outro* tempo do jornalismo, que um dia talvez tenha sido um mister mais "nobre", mais "iluminado" – ou, no mínimo, mais "iluminador". No entanto, nas críticas de Le Monde Diplomatique, esse tempo passou.

A liberdade de imprensa

Em agosto de 2001, Serge Halimi publicou mais uma crítica ao jornalismo "adulador" dos poderes. O argumento do autor: se caíram muros da censura do Estado, outros se erigiram, mas menos visíveis. Os muros agora são abertos, dando a ilusão de uma liberdade relativa. Nos diários, rádios e TVs, mais se pretende pronunciar as palavras "marca" e "produto" para definir o que antes os jornalistas preferiam designar "informação". "Esqueceram, é certo, que o capitalismo se expandiu com a 'liberdade de imprensa', que numa economia liberal a 'informação' ia servir, em primeiro lugar, para vender e se vender: ao leitor, ao anunciante, ao acionista", critica.[201]

Halimi critica convescotes industriais – nas linhas cruzadas como Silvio Berlusconi e Rupert Murdoch, com François Pinault e TF1, acionistas da TV Breizh; Lagardère Média e Vivendi Universal, sócios na TV Satellite; Hachette Filipacchi Médias e Pinault, *Le Monde* e *Le Figaro*, sócios para uma TV parisiense – que nos levam a tropeçar nos mesmos nomes e nos mesmos interesses de classes, sem poder distinguir o que é publico e o que é mercado – ou, noutros termos, o que é interesse público e o que é interesse *do* público. Assim, Halimi critica que exaltar a liberdade de imprensa serve, muitas vezes, para mascarar a tirania das mídias e de seus proprietários sobre a vida política e sociocultural.[202]

Também Ignacio Ramonet, em dezembro de 2002, mencionou diversos exemplos de concentração de interesses nos conglomerados midiáticos – AOL adquiriu Nestcape, CNN a revista *Time* e a produtora Warner Bross; General Electric se apoderou da NBC; News Corporation, de Rupert Murdoch, a produtora Fox e os

---

200 SEPÚLVEDA, janeiro de 2008.
201 HALIMI, agosto de 2001, p. 26.
202 HALIMI, agosto de 2001, p. 26-27.

diários *The Times* e *New York Post*; Serge Dassault, dono de *Le Figaro*, arrematou *L'Express*, *L'Expansion* e outras 14 publicações; Jean-Luc Lagardère, dono de diários como *Nice-Matin* e *La Provence*, dominou as revistas *Elle*, *Pariscope*, *Paris Match*, e o polo editorial da Vivendi Universal, com Larousse, Laffont, Bordas.[203] Para Ramonet, a concentração midiática conspira contra a liberdade de imprensa e de informação, pois privilegia a lógica do lucro às últimas consequências, o que *per se* seria incompatível com as sociedades democráticas.

Ramonet voltaria à questão em outubro de 2003, ao introduzir as propostas do Observatório Internacional de Mídias como *quinto poder*, contrapondo-se aos "excessos" do poder midiático, que passou a expressar apenas os interesses de gigantes midiáticos que, por sua vez, se espelham nos interesses do *establishment* econômico.[204]

Lembra o autor que, por muito tempo, a imprensa foi, no marco democrático, um baluarte da liberdade contra os abusos dos três poderes tradicionais, inclusive dentro das regras do jogo democrático, com condenações de inocentes nos tribunais e leis discriminatórias ratificadas nos parlamentos. O papel do jornalista era revelar essas violações aos direitos, um papel que muitas vezes lhes custou muito, com atentados e assassinatos em diversos países, do México às Filipinas. Entretanto, esse *quarto poder*, imbuído de vocação cívica e valentia, viu se perderem suas diretrizes, diante dos conglomerados contemporâneos – gigantes como AOL Time Warner, News Corps e General Electric, na trilha do capital financeiro e das invenções tecnológicas – que se tornaram, por seu peso econômico e sua importância ideológica, atores, cúmplices ou difusores da globalização neoliberal. Ao propor, portanto, um *quinto poder* – uma expressão do movimento mundial reunido em Porto Alegre, sublinha o sociólogo –, Ramonet espera, podemos dizer, um Davi diante de Golias. Alega que o observatório não pretende, porém, restringir liberdades:

> Um dos direitos mais preciosos do ser humano é o de comunicar livremente seu pensamento e suas opiniões. Nenhuma lei deve restringir arbitrariamente a liberdade de expressão ou de imprensa. Entretanto, as empresas midiáticas não podem exercê-las a não ser sob a condição de não infringir outros direitos tão sagrados como o de que todo cidadão possa acessar uma informação não contaminada. Ao abrigo da liberdade de expressão, as empresas midiáticas não devem

---

203 RAMONET, dezembro de 2002, p. 40.
204 RAMONET, outubro de 2003, p. 34-35.

poder difundir informações falsas, nem realizar campanhas de propaganda ideológica ou outras manipulações.[205]

No livro L'explosion du journalisme (Galilée, 2011), Ramonet relembra a proposta do observatório, num contexto de *guerra midiática*:

> Nós propusemos criar um *quinto poder* cuja função seria denunciar o superpoder de quaisquer grandes grupos midiáticos que, em algumas circunstâncias, pararam de defender os cidadãos e agiram contra eles. Isso se constata, atualmente, em diversos países. Na Venezuela, no Equador, na Bolívia, na Argentina e em outros Estados onde a oposição conservadora foi derrotada nas eleições democráticas, os principais grupos de imprensa, de rádio e de televisão engatilharam uma verdadeira *guerra midiática* contra a legitimidade dos novos presidentes, respectivamente Hugo Chávez, Rafael Correa, Evo Morales, Cristina Fernández.[206]

É interessante a escolha do editor para ilustrar seu argumento, com casos latino-americanos. De fato, é extremamente delicada a questão da liberdade de imprensa no contexto democrático, pois a censura se camufla em armadilhas mais sutis, em ciladas cotidianas. Mas também são delicadas as propostas para se regular a mídia, como se viu nas discussões recentes na Venezuela e na Argentina.

Um caso ilustrativo da complexidade da censura em tempos democráticos: *El Dipló* dedicou uma página para discutir o caso do jornalista Julio Nudler, que revelaria censuras no periódico portenho *Página/12* no dia 24 de outubro de 2004. Nudler afirmava que sua habitual coluna fora barrada por Ernesto Tiffenberg, diretor do diário, pois continha fortes críticas e graves denúncias a integrantes do governo argentino – à época, liderado pelo presidente Néstor Kirchner. Os jornalistas de *Página/12* se solidarizaram com Nudler, assim como a Unión de Trabajadores de Prensa de Buenos Aires (UTPBA).

Nudler, nas palavras de Carlos Gabetta, era um jornalista prestigiado e de larga trajetória. Nesse gancho, o editor d'*El Dipló* lembrava que, nas sociedades democráticas, a censura pode se mascarar mediante mecanismos mais sutis, como situações cotidianas em que um editor recusa um texto de um repórter alegando imprecisão ou falta de clareza, falta de páginas, pautas mais urgentes e uma série de eteceteras.

---

205 RAMONET, outubro de 2003, p. 40.
206 RAMONET, 2011, p. 53.

Página/12 imprimiu suas primeiras páginas no dia 26 de maio de 1987, dirigido por Jorge Lanata e, inicialmente, Adriana Schettini, Ricardo Ibarlucía e Sylvina Wagner. Tinha a proposta de desviar-se do bombardeamento informativo dos principais matuninos, compartilhando da filosofia jornalística de privilegiar bom jornalismo – e não superinformação [207] – com nomes como Tomas Eloy Martínez, Osvaldo Soriano e Horacio Verbitsky. Ali, segundo Carlos Ulanovsky, Osvaldo Soriano introduziu ideias da imprensa francesa, como o bom nível do texto do *Libération*, os títulos mais coloquiais e a inserção social, tal como se dedicara durante seu exílio europeu. Ex-Montonero, o escritor Horacio Verbitsky propôs que o diário poderia conquistar importância como viga do sistema democrático.[208] Ex-*Página/12*, a repórter Graciela Mochkofsky considera que a casa investiu em jornalismo interpretativo e fomentou um estilo literário no texto jornalístico, definindo-se como um diário independente politicamente, crítico do poder.[209]

Diante do ruidoso caso de Julio Nudler, esperava-se um pronunciamento da associação PERIODISTAS, fundada em 1995, por um grupo de profissionais de distintas mídias e de diversas orientações político-ideológicas, para defender a liberdade de expressão – entre os fundadores estavam Andrew Graham-Yooll, Ariel Delgado, Atilio Cadorín, Hermenegildo Sabat, Horacio Verbitsky, Jacobo Timerman, James Neilson, Joaquín Morales Solá, Jorge Lanata, José Ignacio López, Magdalena Ruiz Guiñazú, Mariano Grondona, Nelson Castro, Oscar Serrat, Osvaldo Soriano, Roberto Guareschi, Rogelio García Lupo, Rosendo Fraga, Santo Biasatti, Tomás Eloy Martínez, além de Carlos Gabetta e Ernesto Tiffenberg.

PERIODISTAS, oficialmente grafado assim, com letras maiúsculas, foi uma associação atuante na defesa da liberdade de imprensa e no direito à informação na Argentina. A jornalista Gabriela Esquivada lembra que Ernesto Tiffenberg, diretor de *Página/12* e integrante de PERIODISTAS, justificou a decisão de não publicar a nota de Julio Nudler – e que muitos independentes viram censura no caso, enquanto outros editores preferiram não participar da discussão.[210] Horacio Verbitsky pedira, na nota *"Títeres y titireteros"*, publicada no *Página/12* de 14 de novembro de 2004, que publicassem a história de Nudler. Destacou, porém, que a denúncia contra o

---
207 ULANOVSKY, 2011, p. 181-182.
208 ULANOVSKY, 2011, p. 182-183.
209 MOCHKOFSKY, 2013, p. 427.
210 ESQUIVADA, 2010, p. 127.

político Claudio Moroni se fundamentava primeiramente no "memorável" livro *Saqueo asegurado*, do economista Roberto Guzmán. Segundo Esquivada, Verbitsky investigou os cargos e ultimou: "Teria sido melhor se *Página/12* tivesse publicado a nota, mas sua sustentação parca não a habilita para considerá-la censurada".[211]

Após assembleia extraordinária, *PERIODISTAS* publicou uma nota em que dizia se comprometer a se envolver em casos em que poderes públicos, direta ou indiretamente, afetassem a liberdade de expressão de um jornalista – e que considerava o caso relatado por Julio Nudler como dinâmica habitual nas relações entre um jornalista e seu editor, nada mais. Carlos Gabetta e outros discordavam: nos seus juízos, era censura. No dia 5 de novembro, em desacordo com o pronunciamento, onze integrantes renunciaram – Ana Barón, Carlos Gabetta, Claudia Acuña, Claudia Selser, Jorge Lanata, María Laura Avignolo, María Moreno, Norma Morandini, Silvia Naishtat, Tomás Eloy Martínez, Uki Goñi – o que abriu uma crise dentro da associação, dissolvida definitivamente no dia 10 de novembro.[212]

As alternativas editoriais

Entre as alternativas editoriais, destaco três exemplos encontrados nos arquivos d'*El Dipló*: uma editora, uma produtora e uma rádio.

Em setembro de 1999, Eric Hobsbawm (1917-2012) teve o prólogo francês de seu livro *Era dos extremos: o breve século XX (1914-1991)* publicado nas edições, francesa e argentina, entre outras, do *Le Monde Diplomatique*. Da primeira edição de 1994, na Inglaterra, o livro foi logo difundido em diversos idiomas, salvo o francês – o universo francófono, diz, só o descobriria por iniciativa do magazine francês *Le Monde Diplomatique* e da editora belga Complexe.[213]

Hobsbawm ficou surpreso com a resistência dos editores franceses, afinal, tivera diversos livros anteriores traduzidos na França. Dificilmente provocaria prejuízo, considerando o desempenho noutros mercados editoriais. Tampouco o desinteresse do leitor francês seria uma justificativa plausível. Entretanto, todos os editores franceses recusaram o livro. Investigando as razões para tal desdém, o historiador britânico cita a revista universitária americana *Lingua Franca*, especializada em discussões e *escândalos* intelectuais, na voz de Tony Judt, que questionava o que

---

211 ESQUIVADA, 2010, p. 127.
212 GABETTA, dezembro de 2004, p. 34.
213 HOBSBAWM, setembro de 1999, p. 32-33.

poderia ter acontecido com o livro. Para Judt, três forças se conjugaram para amarrar o calhamaço de Hobsbawm: um antimarxismo agressivo entre os intelectuais franceses e as restrições no campo das edições de ciências humanas, mas, sobretudo o rechaço ou o medo da comunidade editorial para se opor a essas tendências.

Cita o autor ainda Pierre Nora, da Gallimard, que, como editor francês *lui-même*, dissera que todos os editores, querendo ou não, estão obrigados a considerar a conjuntura intelectual e ideológica em que se inscreve sua produção. Trocando em miúdos, o novo livro de Hobsbawm despontara numa atmosfera inóspita, daí a falta de entusiasmo para apostar nas suas possibilidades – e, na França, no momento ainda custava digeri-lo. Por fim, Hobsbawm agradece à editora Complexe,[214] que tornou possível a edição francesa e "aos amigos parisienses que, nos últimos anos, demonstraram que nem todos os intelectuais franceses viam com maus olhos que seus compatriotas lessem obras de autores que não gozavam dos favores das modas *bienpensantes* da década de 1990".[215]

Em outubro de 2007, o jornalista Christian Christensen, professor da Stockholm University, destacou a produtora Brave News no contexto da revitalização do documentário político, impulsionados por sucessos como *Fahrenheit 9/11* (2004) e *Bowling for Columbine* (2002) de Michael Moore; *The corporation* (2003) de Mark Achbar & Jennifer Abbot; *The fog of war*, de Errol Morris; *Central Al-Jazeera* (2004) de Jehane Noujaim; *Super size me* (2004) de Morgan Spurlock e *An inconvenient truth* (2006) de Davis Guggenheim – se a linha permitir atualizações, adicionaria *Inside job* (2010), de Charles Ferguson. Os documentários ativistas/políticos estariam conquistando mais espaço, com a Brave New Films e a Brave News Theater, criadas em 2004 pelo cineasta Robert Greenwald, produtor/diretor de *Irak for sale*

---

214 Ainda no mercado editorial, *El Dipló* publicou na edição de outubro de 2002 um artigo da literata Celina Manzoni, citando as experiências de editoras independentes argentinas como Adriana Hidalgo, Beatriz Viterbo, Biblos, Ediciones de la Flor e La Rosa Blindada, dedicadas a estratégias diferentes das multinacionais e um "voluntarismo militante", contribuindo à resistência no âmbito cultural. Às vezes designadas "alternativas" ou "pequenas", as editoras independentes argentinas atuariam com audácia e persistência, apesar das crises, inundações e incêndios, pressões e prisões no passado. Celina aborda, em linhas muitos gerais, como dedicados a antropologia, filosofia e história, muitos editores constituem um fundo de divulgação acadêmica, de alto nível e acessibilidade. Para esses editores, a ideia de sucesso está relacionada à possibilidade de realizar uma atividade vocacional da que, ademais, garantam pagar as contas no fim do mês: uma vocação convertida em ofício.

215 HOBSBAWM, setembro de 1999, p. 33.

(2006), *The big buy: Tom Delay's stolen congress* (2006), *Outfoxed: Rupert Murdoch's war on journalism* (2004), *Uncovered: the war on Iraq* (2004), entre outros.

Greenwald criou a produtora Brave News Films em 2004. A ideia era realizar documentários *instantâneos* sobre temas políticos "quentes", rodados a baixo custo, mas de alta qualidade, difundidos rapidamente num marco militante mais dilatado possível. Assim, abordou a indústria da guerra, a corrupção política, o poder das corporações. A ideia era relativamente simples, apesar da logística complexa: obter financiamento com a contribuição de cidadãos comuns via internet (o que se popularizou atualmente como *crowdfunding*) para realizar documentários de baixo orçamento sobre questões políticas e socioeconômicas atuais, distribuindo diretamente as produções na internet (rompendo o círculo e o crivo das oligopólicas estruturas de distribuição e difusão cinematográfica). Para Christensen, os documentários formam parte de uma estratégia política maior, pois, na sua sinopse, "o filme não é um fim em si mesmo, mas o ponto de partida de um debate e de uma ação política".[216]

Em janeiro de 2008, Danielle Follett e Thomas Boothe narraram a história do *Democracy Now*, um programa de informação progressista que pretendia romper com as emissões difundidas nas rádios particulares. Um pequeno punhado de militantes organizou uma petição, de 70 signatários, para convencer a rádio de uma comunidade rural do noroeste do Tennessee, majoritariamente republicana, mineira e agrícola, a passar o programa. Foi uma pequena vitória, simbólica mas importante para *Democracy Now*, idealizado por Amy Goodman e a Pacifica Radio em 1996, atualmente difundido em rádios universitárias, rádios digitais e cooperativas – de 30 a 700 estações. A pequena casa se mantinha com doações, direitos autorais e, curiosamente, camisetas personalizadas. Ainda marginal, o programa independente era alvo de críticas por "tomar partido", num contexto jornalístico em que, criticam Boothe e Follett, os oligopólios da informação tentam preservar uma ilusória neutralidade em suas programações. Nas transmissões, *Democracy Now* já entrevistou personalidades como Evo Morales, Hugo Chávez, Edward Said, Naomi Klein, Noam Chomsky e Robert Fisk. O trunfo, aos ouvidos dos autores, é que "se *Democracy Now* é popular num rincão tão republicano como o noroeste do Tennessee, é provavelmente porque muitos americanos, de esquerda ou de direita, suportam cada vez menos o poder das grandes empresas e dos governos sobre a comunicação".[217]

---

216 CHRISTENSEN, outubro de 2007.
217 FOLLETT, BOOTHE, janeiro de 2008.

Fora das páginas platinas, destaco duas outras alternativas editoriais empreendidas pela revista francesa. Uma, datada de 1986, quando os intelectuais de *Le Monde Diplomatique* passaram a gravar uma "cassete" intitulada *Dossiers Internationaux* com a Radio Zinzine, uma rádio livre fundada por integrantes da comunidade Longo Maï, cooperativa agrícola autogerida, de ideologia rural alternativa.[218] Outra, desde 1989, com a parceria da revista com o programa *Là-bas si j'y suis*, produzido pelo jornalista Daniel Mermet e atualmente no ar na *France Inter*. Todo mês, os jornalistas do *Monde Diplomatique* participam da emissão, comentando os assuntos abordados na edição impressa[219] – o que também se tornou uma interessante tribuna para promover a revista.[220]

À propos

Em janeiro de 2005, Ignacio Ramonet voltou à questão da concentração midiática, num contexto marcado pelo *fabuloso* desenvolvimento tecnológico, que dispõe a informação a um alcance internacional imenso e veloz. Ao mesmo tempo, porém, o jornalismo minguava.

O editor registra que, pela primeira vez desde 1990, a matriz francesa de *Le Monde Diplomatique* foi tragada pela crise do jornalismo impresso, com uma queda de 12% na difusão. O editorial atribui o impacto negativo a uma combinação de causas externas (a expansão dos domínios da internet e da cultura web, com informação *gratuita* mesclando fatos verificados e rumores, análises documentadas e impressões *fantasiosas*) e causas internas (a galopante perda de credibilidade do jornalismo impresso, entre erros, manipulações e mentiras). Nas sociedades hipermediatizadas, Ramonet vê paradoxalmente um estado de *insegurança informativa*, pois a informação prolifera, mas sem garantias de confiabilidade. Diante disso, a proposta de *Le Monde Diplomatique* era continuar melhorando seu conteúdo editorial, convidando a mobilização e a solidariedade de seus leitores para defender a independência da revista, que se define:

> Somos o jornal da sociedade em movimento, dos que querem que o mundo mude. E estamos dispostos a nos mantermos fiéis a princípios fundamentais que caracterizam nossa maneira de informar. Moderan-

---

218 HOLZINGER, 2013, p. 108.
219 HOLZINGER, 2013, p. 108.
220 HARVEY, 2011, p. 147.

do a aceleração midiática; apostando num jornalismo das luzes para dissipar as sombras da atualidade; interessando-nos por situações que não estão sob os refletores da atualidade, mas que ajudam a compreender melhor o contexto internacional; propondo dossiês cada vez mais completos, mais profundos e melhor documentados sobre os grandes temas contemporâneos; indo ao fundo dos problemas, com método, rigor e seriedade; apresentando informações e análises inéditas que muitas vezes permaneciam ocultos e atrevendo-nos a ir na contracorrente das mídias dominantes. Estamos convencidos de que a qualidade da informação depende do debate cívico. A índole desse debate determina em última instância a riqueza da democracia.[221]

Em janeiro de 2007, Ignacio Ramonet voltou à crise do jornalismo impresso, com impacto na França e no mundo. Voltou aos argumentos propostos nos editoriais anteriores: o jornalismo *espetáculo*, a internet *fascinante*, os conglomerados contemporâneos e os poderes econômicos e políticos a orquestrá-los. Lembrou que a publicidade se limita a 5% das páginas da revista francesa, o que seria um ato simbólico para preservar sua independência diante dos interesses do mercado.[222] Voltou a convocar os leitores, contando com sua solidariedade, mostrando ainda novidades: inovações temáticas, novas seções, novo layout, mas mantendo o estilo e o conteúdo.[223]

Tempos extremamente diferentes de 1954, quando Le Monde Diplomatique nasceu na França. Também diferentes de 1999, quando El Dipló surgiu na Argentina. A informação digital agora transcorre como um *fluido vital* nas veias da sociedade,[224] nas redes eletrônicas, nos smartphones, nas telas diminutas. É o ápice do que Ignacio Ramonet designava a *tirania* da informação. Nesse *looping* informativo nas sinuosidades das redes eletrônicas, seria o fim do jornalismo de papel?

No *Monde Diplomatique*, a jornalista Marie Benilde lembra que um banqueiro do BNP-Paribas, convidado de um congresso da imprensa francesa em Estrasburgo, em 2006, causou furor ao dizer que os jornalistas se encontravam na mesma situação que os operários da indústria siderúrgica da década de 1970: fadados a desaparecer, mas sem saber disso ainda.[225] Os anos seguintes mostraram contextos desola-

---

221 RAMONET, janeiro de 2005, p. 40.
222 HOLZINGER, 2013, p. 39.
223 RAMONET, janeiro de 2007, p. 40.
224 LE CROSNIER, agosto de 2008.
225 BENILDE, fevereiro de 2010.

dores: em 2009, *The Washington Post* fechou escritórios fora da capital, *Los Angeles Times* e *Chicago Tribune* quase faliram; mais de 2.300 jornalistas foram demitidos na França, 24.500 nos Estados Unidos – em bom português, no jargão jornalístico isso é "passaralho".[226] Na linha da autora, cito outro exemplo, mais atual: se em 2000 *The New York Times*, prestigiado internacionalmente, faturou 3,5 bilhões de dólares, em 2012 as cifras caíram para 1,9 bilhão de dólares.

Em dez anos, a internet saltou na participação nos faturamentos das indústrias culturais de 4% a 22%, enquanto a imprensa despencou de 40% para 14%. Além da *gratuidade* da internet, a jornalista vê um desinteresse evidente do público diante do conteúdo pago oferecido por uma elite jornalística com pouca credibilidade, sobretudo por suas propensões ideológicas. Por outro lado, a web 2.0 atraiu muitos, muitos leitores, a se tornarem também produtores de conteúdos – vídeos no YouTube, fotos no Facebook, comentários e até análises da atualidade nas diversas redes digitais. Atrás do "tempo perdido", os jornais e revistas não singularizaram seus conteúdos, mas apostaram na rapidez: estar presente em todo lugar, em todo momento, em todas as mídias. Quanto aos jornalistas, diz Benilde, foram intimados a mostrar mais serviço. Os tais jornalistas multimídias passaram a se pautar por um ritmo insano, desviando-se do que deveria ser sua prioridade absoluta: a busca de informações inéditas e verídicas, com ângulos de abordagens originais.[227]

Desde fins do século XX, outros atores conquistaram espaço e ciberespaço: novas empresas de telecomunicações, poderosos buscadores (Google) e infinitos portais, novos produtores de software (Oracle, Microsoft) e arrojados gadgets (smartphones, tablets), além das onipresentes redes sociais (Facebook, Foursquare, Instagram, Twitter, YouTube). A internet virou um território disputado – um estudo do Boston Consulting Group, por exemplo, destacou que a maior fatia da economia digital (mais de 50%) é engolida por operadoras de telecomunicações, seguidas por companhias como Google e Facebook (22%) e por fabricantes de gadgets (14%). As empresas jornalísticas ficam na lanterna, com apenas 7% do faturamento do negócio digital no mundo inteiro. Esse é o jogo jornalístico no século XXI.

*

---

226 No Brasil, a expressão "passaralho" se refere às demissões em massa nas redações. Remete a pássaros, revoada que destrói tudo por onde passa. Desde 2010, no eixo Rio-São Paulo, passaram sobre redações grandes como Editora Abril, Editora Globo, *Folha de S.Paulo, O Estado de S. Paulo, Valor Econômico*, além de atingirem redações menores, como *Caros Amigos*.

227 BENILDE, fevereiro de 2010.

Vista como efeito *catastrófico* para o jornalismo impresso por Dominique Vidal,[228] assolado como "terra de ninguém" na expressão Carlos Alfieri,[229] a internet teve impacto inegável para o papel. Alfieri destaca que quase todos os diários internacionais tiveram impressionante queda no papel, salvo uma exceção de um jornal alemão, mas não se lembrava para citá-lo.

Ignacio Ramonet lembra esse ponto fora da curva no livro *L'explosion du journalisme* (2011): a revista alemã *Die Zeit*, com mais de 500 mil exemplares. Segundo Ramonet, o diretor Giovanni di Lorenzo fez algo "muito simples": após estudar detalhadamente as expectativas dos leitores, decidiu ignorar os conselhos dos experts de mídia, recusar os modismos e continuar apostando em artigos longos e documentados, sérios e até "difíceis" de ler. Convencido de que era preciso remar contra a corrente das tendências midiáticas atuais – a brevidade, a frivolidade e a simplicidade, além do caráter veloz e urgente no *timing* imposto às notícias –, Di Lorenzo considerou que os leitores queriam informações *estampillées*, isto é, carimbadas, confiáveis, legitimadas.[230] Familiar o argumento, não?

Diz o editor: "*Die Zeit* e todos os jornais que não traíram seus leitores, que preservaram sua credibilidade e que mantêm sua exigência de qualidade, não estão nada ameaçados de extinção. Eles não desaparecerão".[231] O editor não diz, mas não seria difícil imaginar que Ramonet considera *Le Monde Diplomatique* ao lado de *Die Zeit* como exemplos emblemáticos de tal resistência no papel.

Todavia, na França, *Le Monde Diplomatique* enfrentou dificuldades desde 2004 (a primeira vez desde 1999), mas conta com um capital e uma armação administrativa mais sólida que as demais edições internacionais. Na Argentina, *El Dipló* enfrentou dificuldades entre 1999 e 2001 (os 30 meses do *business plan* da Capital Intelectual até conquistarem relativo equilíbrio econômico) e depois, com a crise do jornalismo impresso no mundo todo. Apesar das diferenças, ficam lado a lado nas críticas partilhadas sobre a mídia. Críticas que descompõem os *outros* (de um jornalismo adulador, espetacular, implicado por interesses políticos e lobbies econômicos) e, ao mesmo tempo, compõem sua pretendida identidade (de um jor-

---

228 Dominique Vidal em entrevista à autora, no dia 6 de outubro de 2014.
229 Carlos Alfieri em entrevista à autora, no dia 1º de setembro de 2014.
230 RAMONET, 2011, p. 130-131.
231 RAMONET, 2001, p. 131.

nalismo sério, documentado e crítico, comprometido com ideais e valores como liberdade e justiça).

No jogo jornalístico, por exemplo, ao criticar a atuação de jornalistas diante das pressões cotidianas, *Le Monde Diplomatique*, e logo *El Dipló*, enumera diversos fatores estruturais – mas se esquece, vale dizer, que seus próprios jornalistas mui raramente vão a campo. Que seus jornalistas e intelectuais escrevem de dentro das redações e das universidades, num *timing* privilegiado, mas que nos bastidores da imprensa *mainstream* há, sim, talentosos e jovens repórteres que fazem malabarismos para conciliar suas convicções éticas às diretrizes do editor e, principalmente, do diretor da casa. Friso, pois muito frequentemente aos jornalistas, peões num tabuleiro muito maior, são atribuídas as tais manipulações midiáticas. Por isso é novamente bem-vinda a frase de Ryszard Kapuscinki: "Ninguém ignora que nas redações dos diários, dos estúdios de rádio e TV, há jornalistas sensíveis e talentosos, gente que estima a seus contemporâneos, que considera que nosso planeta é um lugar apaixonante, que vale a pena conhecer, compreender e salvar".[232]

Na liberdade de imprensa, por sua vez, *Le Monde Diplomatique* critica os conglomerados midiáticos que, por seus vínculos políticos e econômicos, representariam uma ameaça à liberdade de expressão. Ao indicar os vícios dos outros, transversalmente elogia as próprias virtudes – a tal *singularidade* que pretende garantir sua independência. Nesse ponto, é interessante ver edições internacionais reimprimirem tais críticas dos editoriais franceses de *Le Monde Diplomatique*, o que é compreensível na versão argentina na editora Capital Intelectual, mas é muito diverso o contexto de produção das edições internacionais, do comunista italiano *Il Manifesto* ao *mainstream* grego *Eleftherotypia*.

Nas alternativas editoriais, por fim, *Le Monde Diplomatique* destaca experiências alternativas, modestas, pequenas, como exemplos de Davi contra Golias nas batalhas midiáticas. No episódio do historiador Eric Hobsbawm, não deixou de capitalizar o fato de que muitos leitores só descobririam *Era dos extremos* graças a amigos franceses do autor no *Monde Diplomatique* e à editora belga Complexe.[233]

Le Monde Diplomatique, já se disse, se vale de um metadiscurso elogioso para definir sua identidade – às vezes, *avec arrogance*. Claude Julien pedia, ainda na década de 1980, silêncio, ponderação e crítica: "É preciso descobrir uma nova ma-

---

232 KAPUSCINKI, setembro de 1999, p. 27.
233 HOBSBAWM, setembro de 1999, p. 32-33.

neira de ver, e sem dúvida uma nova maneira de dizer. *Le Monde Diplomatique* certamente não tem a pretensão de realizá-la, mas tem a ambição de tentar alcançá-la".²³⁴ Não faltam adjetivos auto-elogiosos e auto-atribuídos às edições de *Le Monde Diplomatique*, tanto nas vozes de seus jornalistas e intelectuais quanto nas letras de seus editoriais, como "sério", "documentado", "crítico", "influente", "prestigioso", "prestigiado", "respeitado", "singular". Num folheto institucional de 2010/2011, *Le Monde Diplomatique* se declara "rigoroso", "independente", "crítico", ancorando-se nos pilares: cultura/ideias, geopolítica, mídias, ciência, economia e transformações sociais.²³⁵ Destaco *culture/idées*, palavras-chaves nas quais a revista diz pretender participar dos grandes debates intelectuais, dando a palavra aos autores e decifrando os *enjeux* políticos. ²³⁶ Entre redação de jornalistas, tribuna de intelectuais e QG de ativistas, *Le Monde Diplomatique* se tornou, aos olhos de seus produtores e de seus leitores mais fiéis, uma "instituição".

Há duas contradições, entretanto, a destacar. Primeiro, *Le Monde Diplomatique* confronta um paradoxo entre a proposta de que "informar-se cansa",²³⁷ do editorial francês de Ignacio Ramonet de outubro de 1993, desengavetado por Carlos Gabetta para expressar a filosofia jornalística da edição estreante argentina de julho de 1999, e os tempos atuais, de uma sociedade hipermediatizada e extremamente veloz. Se a proposta das edições de *Le Monde Diplomatique* é informar, vale questionar: a quem? Se informar-se cansa, quem atualmente irá dispor de tempo e de energia para ler seus longos artigos de mais de 20 mil caracteres, minutar e conferir suas referências bibliográficas?²³⁸

---

234 JULIEN, novembro de 1987, p. 4.
235 A partir de informações de 2010, este folheto institucional indica ainda os números de difusão de *Le Monde Diplomatique*: 158.051 exemplares vendidos na França, sendo 50% de assinantes; 34.298 exemplares vendidos no exterior; 1.342.000 leitores e 723.000 leitores/mês no site.
236 Além de "cultura/ideias", vale identificar os outros pilares. Por "geopolítica", *Le Monde Diplomatique* destaca o interesse sobre conflitos internacionais. Por "mídias", propõe a ideia de "informar sobre a informação", isto é, abordar questões relacionadas ao jornalismo. Por "ciência", propõe abordar inovações científicas e ecológicas. Por "economia", defende uma concepção econômica diferente da "ordem dominante". Por "transformações sociais", por fim, abrange grandes reportagens, dossiês e análises que exploram questões da sociedade, do trabalho à cultura.
237 RAMONET, julho de 1999, p. 4.
238 É interessante notar as referências bibliográficas presentes no *Monde Diplomatique*. Apenas para ilustrar a diversidade de fontes, destaco dois editoriais. No "*Lumpenpolítica*", Carlos Gabetta cita mais uma vez Marx para embasar seu argumento a partir da ideia de *lumpenproletariado*, e ao longo do editorial, cita informações da rádio *La Tribu*, da Organização Internacional do Trabalho (OIT) e da Unesco, além de declarações publicadas nos diários *Clarín*, *La Nación* e *Le Monde Diplomatique* (GABETTA, janeiro de 2000). Ignacio Ramonet, por sua vez, ao firmar sua "*Besoin*

Mas é preciso tentar, dirão, pois muitos leitores valorizam justamente esses diferenciais da revista. Sim, é preciso insistir, uma vez dedicados a essa proposta de compreender e de mudar o mundo. Entretanto, se tiverem tais ambições, é preciso instigar, convidar, atrair realmente o leitor, diante de uma sociedade tal superinformada e a um só tempo desinformada, diante de uma atualidade veloz de metrópoles convulsionadas, onde de manhã acordamos já grudados no celular, "zapeamos" notícias e *fait divers* no tablet, conferimos o trânsito na rádio dentro dos carros já engarrafados no trânsito, à tarde "ziguezagueamos" no trabalho entre abas e abas repletas de imagens e hiperlinks, à noite assistimos à TV para pensar na vida, ou para não pensar, marcamos um café com os amigos no Facebook, narramos o evento no Twitter e mostramos o quão divertido está o encontro no Instagram. Socializamos o tempo todo, compartilhamos o tempo todo.

Nesse ritmo vertiginoso, quem cogitará parar num quiosque, desembolsar 4,50 euros, ou 25 pesos, ou 15 reais,[239] para adquirir uma revista de cerca de 40 páginas, com milhares de letras pequenas, belas ilustrações[240] mas raras fotografias, que afirma oferecer uma visão crítica sobre um mundo em estado crítico? Como seduzir o leitor *real* para esboçar reações diferentes de um bocejo diante das abstrações analógicas, dos pensamentos ritmados por outro compasso? Como convencer o leitor *ideal* a embarcar na ideia de que se informar cansa, de que se informar requer uma atividade produtiva, uma mobilização intelectual do leitor real? Como tentar mudar as regras do jogo jornalístico?

---

d'utopie", parte do *Manifesto Comunista* de Marx e Engels, costurando ideias de Pierre Bourdieu e Victor Hugo, além de citar a revista *Forbes* (RAMONET, maio de 1998).

239 Para se ter ideia dos preços de *Le Monde Diplomatique*, conferidos em novembro de 2014: 74 euros anuais para a assinatura da edição francesa (o equivalente a cerca de 230 reais); 320 pesos anuais para a assinatura da edição argentina (no instável câmbio atual, corresponderia por volta de 93 reais). A assinatura da edição *Le Monde Diplomatique Brasil*, por sua vez, custa 150 reais.

240 A dimensão imagética e iconográfica de *Le Monde Diplomatique* mereceria um estudo à parte. Com poucas fotografias, mas ótimas e interessantes ilustrações, a revista privilegiou as artes clássica e contemporânea e apostou em ilustradores considerados *avant-garde*, com cartoons, quadrinhos, tirinhas etc. No seu 50º aniversário, em maio de 2004, o *mensuel* publicou *Les 50 ans du Monde Diplomatique*, com as Éditions Cercle d'Art, um belo livro de arte, destacando a iconografia que ilustrou textos de Ignacio Ramonet, John Berger, Alain Jouffroy, entre outros. Em outubro de 2010, publicou o livro *Le Monde Diplomatique en bande dessinée*, com a Homecooking Books, com os melhores quadrinhos, de artistas como Jochen Gerner, Grégory Jarry e Victor Gurrey, entre outros. Além das ilustrações, a cartografia tem um peso importante nas páginas da revista, ilustrando o que o texto não pode expressar e explicar isoladamente – destaque para as cartas do jornalista e geógrafo Philippe Rekacewicz. Desde 2003, passou a publicar séries geopolíticas ou temáticas como *Atlas*.

A resposta, se há, evidentemente não é simples. Se mesmo poderosos diários, como os americanos *The New York Times* e *The Washington Post*, tremulam para conseguir manter seu papel de papel, *Le Monde Diplomatique* também está tentando encontrar essas respostas. Diferentemente de outros veículos que mergulharam fundo na web, porém, as revistas francesa e argentina ainda preservam uma vocação internacional e uma vocação impressa, que não é engolida como as pílulas de notícias e flashes midiáticos. Pede, por outro lado, para ser digerida linha a linha, página a página.

É bem-vinda, nessa tônica, a provocação de Robert Darton n'*O beijo de Lamourette*: "Será que os editores de jornais, os diretores de cinema, os produtores de televisão e os editores de livros colaboram inadvertidamente num esforço geral de tornar a cultura digerível, transformando-a num *mingau sensacionalista*? As próprias indústrias culturais estarão organizadas para tornar seus produtos de fácil consumo?"[241] Fugir a essas fórmulas inevitavelmente levaria um produto mais sólido, mais sisudo, como se pretende *Le Monde Diplomatique*, a ficar de fora do menu midiático atual?

Disse dois descompassos. O segundo está entre o pretendido discurso de originalidade de *Le Monde Diplomatique* (uma *manière de voir* francesa, uma *voz clara* argentina) que o diferenciaria das demais publicações, e a reprise notável de argumentos, tanto nas questões midiáticas quanto nas questões políticas e econômicas. No fundo, *Le Monde Diplomatique* opõe-se à lógica da dominação: das deliberações econômicas dos ricos a explorar os pobres, das intervenções imperialistas dos poderosos a oprimir os fracos. Das críticas furiosas marteladas contra o imperialismo, sobretudo simbolizado por diretrizes políticas norte-americanas, abriram-se brechas, entretanto, às perspectivas esperançosas sobre alternativas, rebeldias e resistências possíveis, sobretudo latino-americanas.

Uma vez acorde original, outras vezes reiteradas variações de uma mesma valsa, um passo antineoliberal, outro antiimperialista. Assim, ao abordar essas questões, foram destacadas as continuidades editoriais de *Le Monde Diplomatique*. Entretanto, é possível enfatizar ainda rupturas, quando a essa marselhesa se mescla o tango d'*El Dipló*.

---

241 DARNTON, 2010, p. 14, grifo meu.

Encontros
e desencontros

Muitos encontros marcaram *Le Monde Diplomatique* e suas edições internacionais. Entretanto, presentes foram ainda desencontros, editoriais e políticos – entre certos conflitos resolvidos *diplomaticamente* fora das páginas do *Diplomatique*, e outros que culminariam, por exemplo, para além das páginas da edição argentina.

Carlos Gabetta se despediu d'*El Dipló* em fevereiro de 2011. Oficialmente, no editorial simplesmente intitulado "*Le Monde Diplomatique*", o editor revisitou a trajetória da *madre* parisiense para destacar a relevância editorial da revista. Lembrou os primeiros tempos de Claude Julien, na década de 1970, expressos por *Le devoir d'irrespect* que sintetiza, na leitura do editor, a ideia de que o jornalista não deve tornar suas as verdades do poder – e que, citando o livro, "não tem outra alternativa a não ser revelar o que todo poder se esforça por ocultar; que meter o dedo nas contradições e nas imposturas; que atrair os olhares sobre o que é difícil perceber; que escutar a quem não tem meios para se fazer escutar".[1]

---

1   JULIEN *apud* GABETTA, fevereiro de 2011, p. 2-3.

A Julien, Gabetta atribuiu a transformação do "esclerosado" especial diplomático a uma "prestigiosa publicação progressista" de política internacional, que saltou de 40 mil a 200 mil exemplares de difusão na língua francesa, além de suas 75 edições internacionais, à época, correspondentes a 41 impressas e 34 eletrônicas. Para Gabetta, *Diplô* oferece aos leitores uma interpretação dos principais acontecimentos mundiais contextualizados nas suas dimensões econômica, política, social. O editor fez uma interessante ressalva: "*El Dipló* não espera que todo mundo esteja de acordo, mas que o debate seja intelectualmente honesto, profissionalmente sério e formalmente respeitoso".[2]

Definiu a linha editorial de *Le Monde Diplomatique* como um *republicanismo de izquierda*, que quer dizer, novamente na sua interpretação, uma perspectiva histórica, ética e moral que propõe um mundo mais livre e mais justo[3] – nessa linha estariam as diretrizes de Claude Julien, preservadas por Ignacio Ramonet e Serge Halimi, na edição francesa. Após a revisão histórica, Carlos Gabetta finalmente revelou que esse seria seu último editorial na *Edición Cono Sur*, após quase doze anos na direção argentina:

> Toca aos leitores julgar se nesse tempo fomos fiéis a esses critérios profissionais, a essa ética e a essa moral. Da minha gestão, apenas posso dizer que tentei honestamente, apoiado em todos os momentos por um secretariado eficiente, uma equipe de jornalistas profissionais, tradutores e revisores valiosos, e jovens muito bem formados que deram seus primeiros passos aqui e hoje, digo com orgulho, são profissionais de primeiro escalão. Quanto aos colaboradores externos de todos esses anos, a lista de nomes fala por si mesma: o que se diz "um luxo"; sem dúvidas, uma honra. Por fim, queria expressar meu agradecimento profundo aos leitores por sua fidelidade, adesões e discrepâncias, por terem sabido distinguir nossa "voz clara em meio ao ruído" durante todos esses anos. Por último, dar as boas-vindas a José Natanson, na certeza de que, apoiado por uma equipe de profissionais experientes e, sobretudo, fiéis aderentes à "linha" e aos critérios do *Dipló*, saberá dar continuidade a essa filosofia jornalística.[4]

---

2 GABETTA, fevereiro de 2011, p. 2-3.
3 GABETTA, fevereiro de 2011, p. 2-3.
4 GABETTA, fevereiro de 2011, p. 2-3.

Esta foi a despedida oficial. Extraoficialmente, há mais. O editor decidiu sair do *Monde Diplomatique* após desentendimentos com Hugo Sigman, proprietário da editora Capital Intelectual e, portanto, detentor do contrato com a matriz francesa.

Nascido em 1944, em Buenos Aires, Hugo Sigman estudou medicina na Universidad de Buenos Aires (UBA). Tornou-se um rico empresário argentino, com atividades nas áreas farmacêuticas e veterinárias, nos Laboratorios Elea e Biogénesis-Bagó. Na área cultural, fundou a editora Capital Intelectual e a produtora K&S Films, com o amigo Oscar Kramer (1937-2010).

Sigman se casou com a bioquímica Silvia Gold, com quem fundou a companhia farmacêutica Chemo, em 1977, em Barcelona. Lado a lado, o casal agora dirige a fundação Mundo Sano, iniciada pelo pai de Silvia, Roberto Gold, em 1993, em Buenos Aires. Todas as empresas "familiares" estão reunidas sob a rubrica Grupo Insud.

Vindo do Partido Comunista Argentino (PCA), Sigman, nas palavras de Gabetta, seria dono de uma das maiores fortunas do país. No nosso primeiro encontro, no dia 11 de setembro de 2012, assim o jornalista narrou o desentendimento com o empresário:

> Por um lado, ele vem do Partido Comunista Argentino, que é ultra--kirchnerista. Por outro lado, passou a fazer negócios com o governo de Cristina Kirchner. No *Monde Diplomatique*, eu tinha a mesma relação com esse governo que sempre tive por toda a minha vida, isto é, apoiava os pontos positivos e criticava os pontos negativos. E, quando o governo de Cristina Kirchner passou a dar sintomas do que se tornaria agora, autoritário e corrupto, passei a ter problemas com Hugo Sigman. Não problemas diretos, pois nunca me disse nada. Fez como fariam os empresários habituais, quer dizer, começou a me complicar a vida. Por exemplo, com o atraso nos salários. Outro exemplo: em 2009, quando completamos dez anos da edição argentina, fiz um acordo com a embaixada francesa para fazer uma grande festa. E ele decidiu cancelar essa festa, o que me constrangeu diante da embaixada. *Bueno*, enfim, um diretor de jornal não pode estar brigado com o patrão.[5]

No desentendimento entre Hugo Sigman e Carlos Gabetta, a corda arrebentou para o lado mais fraco. Assim, Gabetta decidiu sair de *Le Monde Diplomatique*, sem ocultar certa mágoa, pois os franceses não o apoiaram absolutamente. "Eles prefe-

---

5   Carlos Gabetta em entrevista à autora, no dia 11 de setembro de 2012.

riram o negócio. Nunca pedi que eles interviessem, mas... Assim desapareci de *Le Monde Diplomatique*, como se nunca tivesse participado dessa história".[6]

O fator Kirchner

El Dipló estreou na Argentina do presidente Carlos Menem, do Partido Justicialista, que ficou no poder entre 8 de julho de 1989 e 10 de dezembro de 1999. É interessante reler a história argentina nos editoriais da revista, nos instáveis e breves governos de Fernando de la Rúa (1999-2001), Ramón Puerta (2001), Adolfo Rodríguez Saá (2001), Eduardo Camaño (2001-2002) e Eduardo Alberto Duhalde (2002-2003), até a ascensão de Néstor Kirchner (2003-2007). Essa será a trilha percorrida *en passant*, a fim de compreender o contexto que levou à despedida de Gabetta.

Em outubro de 1999, o editor publicou o editorial "*República, o país mafioso*" (1) – que viria a ser o primeiro de muitos artigos nesse tom. Era tempo eleitoral, o quarto geral desde o fim da ditadura, diante de uma sociedade "cética" e desencantada com a crise econômica, a corrupção nos três poderes, a desigualdade galopante e o desmantelamento da estrutura social. Carlos Gabetta cita, como costume, eventos extraordinários recentes para tentar revelar a realidade argentina: em setembro de 1999, por exemplo, um Boeing 737 provocara uma catástrofe ao sair da pista no aeroporto de Buenos Aires, atravessando em chamas uma avenida abarrotada de carros e parando nas instalações de um campo de golfe; saldo: mais de 70 mortos. Na raiz da tragédia, o editor lembra as declarações do piloto Enrique Piñeyro, que relevara anos antes que os aeroportos argentinos eram muito perigosos, com radares antigos, informações meteorológicas imprecisas e aviões decolando apesar do excesso de peso. Cita ainda o poeta César Fernandez Moreno (1919-1985), que resumira as décadas de golpes de Estado, frustrações e ruínas nacionais com um aforismo cruel: "ser argentino é como ter uma mãe idiota".[7]

Tal epígrafe de Moreno foi impressa novamente nas páginas d'*El Dipló*, acompanhada por outro *chiste* crítico, presente nas rodas intelectuais internacionais de economistas e sociólogos: "Todos os casos são compreensíveis e explicáveis", diz Gabetta, "menos o sucesso do Japão e o fracasso da Argentina... Uma *boutade*, sem dúvida, pois o primeiro se explica, no mínimo desde o pós-guerra, por ra-

---

6 Carlos Gabetta em entrevista à autora, no dia 11 de setembro de 2012.
7 GABETTA, outubro de 1999, p. 1-20.

cionalidade, trabalho, investigação, perseverança e institucionalidade; o segundo por todo o contrário".[8]

Primeiro pessimismo: jovens sem futuro, velhos sem presente, trabalhadores pobres mais empobrecidos, marginalidade e corrupção. Para Gabetta, a decadência argentina não reflete apenas o fenômeno da globalização neoliberal e suas questões sociais, mas a sua própria lógica interna: instituições, dos três poderes do Estado aos sindicatos, partidos políticos, tragadas por uma espiral de corrupção, clientelismo e todo tipo de delitos de uma desfaçatez tal que poderiam render uma novela ou uma ópera. Na análise do autor, a degradação política do país leva à corrupção colossal, à impunidade total e à violência, onde passa a imperar o comportamento das máfias.[9]

Em outubro de 2000, o jornalista republicou o editorial "*República, o país mafioso*" (2), com a justificativa de que, um ano após sua primeira publicação, a situação só se agravara no país, com imobilismo total no governo, desesperança total na sociedade.[10]

Outro pessimismo: enquanto os vizinhos latino-americanos, como Brasil, Chile e Venezuela, buscavam seu próprio caminho, a Argentina diminuía como *piel de zapa*, degradada, com legisladores e juízes corruptos, políticos suspeitos, províncias devastadas e mais de três milhões de miseráveis. Um país, afirma o autor, entre a tragédia e o absurdo.[11] Um país mafioso, paralisado, quebrado,[12] uma *republiqueta*,[13] uma *república bananera*,[14] uma sociedade no marasmo e à deriva.[15]

Em julho de 2002, o editor abordou a decomposição do país mafioso. Partiu de outro episódio: a repressão policial brutal sobre uma marcha de *piqueteros* em Avellaneda, no mês anterior, que provocou duas mortes, dezenas de feridos e de presos, e a invasão de diversas casas e de um endereço da Izquierda Unida. Para Gabetta, foi um salto qualitativo na decomposição política e institucional do país, donde não se poderia esperar *nada civilizado*.[16]

---

8 GABETTA, julho de 2008, p. 3.
9 GABETTA, outubro de 1999, p. 1-20.
10 GABETTA, outubro de 2000, p. 1.
11 GABETA, outubro de 2000, p. 4.
12 GABETTA, julho de 2001.
13 GABETTA, outubro de 2002.
14 GABETTA, julho de 2002.
15 GABETTA, maio de 2001.
16 GABETTA, julho de 2002.

Às vésperas das eleições presidenciais de 2003, Carlos Gabetta via o fantasma peronista de Carlos Menem rondar a Argentina – um arquétipo de uma sociedade que, na análise do autor, nos últimos 25 anos, abandonou o terreno do simplesmente simbólico e se assumiu na realidade como o país *de las mafias y la farandula* no poder.[17] Num discurso furioso, criticou:

> Se em 1973, o general Perón tinha consentido à Triple A que se metralhasse a juventude peronista, Menem encontrou esse caminho aberto pelos crimes da ditadura e pela esperança dos sobreviventes na democracia. Tudo que precisou fazer – e o fez – foi caminhar decidido pelo pavimento econômico inaugurado por José Alfredo Martínez de Hoz. E que fez majoritariamente a sociedade argentina? Festejou, adulou, especulou e repartiu as migalhas da orgia financeira e as gastou em Miami, Búzios ou Punta del Este, enquanto os trabalhadores consentiam a entrega de suas obras sociais e caixas de aposentadoria a especuladores particulares e se esqueciam dos desempregados e de sua militância sindical. Se durante a ditadura essa maioria tinha olhado para outro lado quando se cometiam crimes e aceitado o circo mundial do futebol (somos direitos e humanos, se dizia), agora fingiu não se inteirar do endividamento do país, da catástrofe industrial, educativa e sanitária e de que filões inteiros da sociedade se afogavam na pobreza ou na miséria: estava demasiadamente ocupada se masturbando com o sexo e as riquezas fulgurantes que mostravam as capas das revistas *Gente* e *Caras*. No último quarto de século, a Argentina pareceu dar razão a quem pensa que os países que carecem de aristocracia estão condenados a ser governados por tiranos ou por mafiosos. O resto é história recente. Uma esquerda oportunista que se empoleira sobre as expectativas de liberdade, igualdade, decência e soberania dessa outra sociedade, minoritária mas numerosa, que encarna as aspirações de conformar uma república e uma nação dignas desse nome, e acaba entregando essa conta à direita do partido radical, o mais rançoso, casposo e *estólido* da política nacional.[18]

Em maio de 2003, Carlos Gabetta dizia que, após tropeços no tormentoso século XX, a política argentina finalmente entrava no século XXI. Ficaram para trás o partido militar (depois dos crimes e da aventura das Malvinas), o partido radical (após

---

17 GABETTA, abril de 2003, p. 3.
18 GABETTA, abril de 2003, p. 3.

a "arrasadora" vitória de Raúl Alfonsín, a "absurda" administração de Fernando de la Rúa, a frustrada tentativa de Leopoldo Moreau).[19]

O que restou? O peronismo, mas obrigado a definir seu perfil ideológico – não, esmiúça o editor, o peronismo do ministro José López Rega (1916-1989), da ex--presidente María Estela Martínez, *a.k.a* Isabelita Perón, do metalúrgico Lorenzo Miguel (1927-2002) e do ex-presidente Carlos Menem. Teria restado um peronismo totalmente oposto, do advogado Néstor Kirchner, que, para o jornalista, se instalaria no centro do espectro político, com um discurso soberanista e ligeiramente à esquerda. À espera do domingo dia 18, as eleições poderiam marcar um recomeço, uma nova institucionalidade para salvar o país, ou um retorno ao tempos tormentosos.[20] Foi o primeiro sopro de otimismo nos editoriais argentinos d'*El Dipló* – e Néstor Kirchner (1950-2010), da Frente para la Victoria, foi eleito.

Gabetta voltou à política nacional em março de 2004. Via a renegociação da dívida como ponto crucial para Kirchner, tal como a rebelião dos *carapintadas*, de militares de extrema direita, na Semana Santa de 1987 fora para Alfonsín. O desenlace, define o editor, é uma lembrança triste para os argentinos, que viram, na Plaza de Mayo, Alfonsín ceder aos rebeldes, assinando sua sentença de morte política na frase: "A casa está em ordem... Feliz Páscoa".[21] Na memória, ficou:

> Semana Santa de 1987 foi um momento único, concentrado e dramático, um Aleph, uma oportunidade perdida por pequenez intelectual e covardia política, ao fim do qual a sociedade e seus dirigentes tomaram rumos distintos. Seu desenlace explica o que viria depois: a revanche do *establishment* especulador, o menemismo, a *farandulización* da política, a corrupção desbocada, o Pacto de Olivos, a ruína do país... Não poderia ser de outro modo, porque desapontando a sociedade, Alfonsín e seu governo tinham escolhido voltar ao clientelismo, ao *pasteleo comiteril*, ao compromisso com o mundo dos negócios e os dirigentes sindicais e a utilização das forças de segurança e militares como espiões da política. O país mafioso existe desde sempre, mas nunca tinha se instalado em todos os setores do poder como pôde fazê-lo depois da interrupção da Semana Santa de 1987.[22]

---

19 GABETTA, maio de 2003, p. 3.
20 GABETTA, maio de 2003, p. 3.
21 GABETTA, março de 2004, p. 3.
22 GABETTA, março de 2004, p. 3.

Similar sinuca se encontrava Kirchner, eleito legal e legitimamente, mas num impasse entre honrar ou as expectativas da sociedade ou o compromisso com o FMI. Era a "hora da verdade" para o presidente.[23]

Em novembro de 2004, o editor já se questionava se o presidente simulava regredir, quando na realidade avança; ou avançar, quando na realidade regressa. Via pontos positivos como a "vigorosa" renovação da Corte Suprema, a "audaz" política de direitos humanos, a atitude firme diante de pressões de certas alas das forças armadas. Mas via a continuidade de pontos negativos, o tal país mafioso.[24] Para Gabetta, o inimigo interno do kirchnerismo era o peronismo – e o fogo amigo viria do Partido Justicialista, "nervo e motor" da confraria financeira, política e sindical que saqueara o país.[25]

Na lógica do editor, que considera "neoliberalismo e máfias" como sinônimos, restaria ao presidente uma alternativa possível: romper com o *establishment* para tornar a Argentina, como dizia seu mote, um país "sério".[26] Diante, porém, das instituições ainda mais fragilizadas,[27] Gabetta critica Kirchner por ter escolhido outro caminho, não se opondo ao *establishment* econômico, político, midiático. Ao longo do primeiro governo kirchnerista, o editor fez suas críticas, mas moderadamente, sempre lembrando os feitos mais progressistas do presidente – a leitura de seus editoriais não oculta certa impressão de *déjà vu*.[28] Para Gabetta, Kirchner teve seu estilo e até seus erros *justificados* pela gravidade da crise.[29]

Tempos depois, outro Kirchner despontou na política nacional: Cristina Fernández, senadora elogiada pelo editor na sua campanha presidencial, pois representaria um desejo de mudança da sociedade argentina, tendo *claridad y franqueza* nas suas propostas "lúcidas", na pretendida reconstrução do Estado democrático, com um "pacto institucional" entre o capital e o trabalho, para um modelo de cons-

---

23 GABETTA, maio de 2004, p. 3.
24 GABETTA, novembro de 2004, p. 3.
25 GABETTA, novembro de 2004, p. 3.
26 GABETTA, março de 2005, p. 3.
27 GABETTA, outubro de 2005, p. 3; GABETTA, novembro de 2006, p. 3.
28 No editorial "*Nada nuevo que decir*", de dezembro de 2005, Carlos Gabetta compõe um editorial de cerca de 12 mil caracteres a partir de textos não inéditos, amarrando anotações aleatórias de seu caro diário (de 30 de julho de 1995, 5 de maio de 1996 e 12 de maio de 1996), trechos de um artigo antigo da revista *3Puntos* (de 14 de novembro de 1997) e informações argentinas mais "atuais", de 25 de novembro de 2005 (GABETTA, dezembro de 2005, p. 3).
29 GABETTA, maio de 2008, p. 3.

trução econômica e social. A principal promessa: não haveria retorno ao neoliberalismo. Assim, Gabetta festejou Cristina, que teria descartado a "liturgia peronista", tal como Néstor já tinha esboçado.[30]

Num contexto argentino marcado por um definhamento dos partidos que monopolizaram o século XX – o militar, o peronista e o radical –, onde os socialismos e os liberalismos se fragmentam e se entrecruzam, o editor via Cristina Fernández como promessa socialdemocrata, num kirchnerismo de matriz peronista. Para Gabetta, Cristina prometera com *meridiana claridad y franqueza*: instituições sólidas e republicanas, integração e desenvolvimento social.[31]

Às vésperas do pleito presidencial, em outubro de 2007, na 100ª edição de *Le Monde Diplomatique Edición Cono Sur* – "uma tribuna jornalística internacional que não só pretende informar a sociedade, mas contribuir para transformá-la e participar de sua evolução", lembrava seu editor –,[32] era ponderado o tom do editorial. Repassou a conversibilidade de 1999, a crise deflagrada de 2000, a revolta e o grito *que se vayan todos* de 2001, e a ascensão de Néstor Kirchner para marcar que, num contexto muito diferente, o novo governo não seria uma transição entre o caos e um mínimo de equilíbrio. Não herdaria uma crise, mas uma situação relativamente equilibrada, com boas perspectivas e muitos *perigos* à vista.[33]

Uma vez vitoriosa, Cristina Fernández ainda foi elogiada por Carlos Gabetta, que apostava que a presidente eleita seria menos peronista e mais *kirchnerista*, sob a sigla da Frente para la Victoria, uma fórmula mista com um setor do radicalismo, apoiada por forças da esquerda – e, destaca o editor, "oposta a seus tradicionais rivais liberais... e a um setor do peronismo".[34] A presidente teria despontando no momento justo das aspirações da sociedade por mudança, mas o editor questionava se poderia romper o círculo de frustrações nacionais, de oportunidades perdidas. Questionava se iria querer romper, se tentaria e se a sociedade a acompanharia nesse trajeto. E brincou a sério: "Dá vontade de escrever 'não perca os próximos capítulos' para disfarçar os nervos, porque a verdade é que se abriu um período apaixonante da história deste país".[35]

---

30 GABETTA, agosto de 2007, p. 3.
31 GABETTA, setembro de 2007, p. 3.
32 GABETTA, outubro de 2007, p. 3.
33 GABETTA, outubro de 2007.
34 GABETTA, novembro de 2007, p. 3.
35 GABETTA, novembro de 2007, p. 3.

A novela estava longe do fim. Diante da crise do campo, de 2008, Gabetta iniciou suas primeiras críticas a Cristina, que teria escolhido dar de ombros às suas propostas iniciais, privilegiando o "pior peronismo" no seu mandato presidencial.³⁶ Assim, Gabetta reiterou diversas vezes a questão da *república* Argentina, diante uma sociedade "tradicionalmente" individualista, frívola e violenta, que não se identifica com o Estado, este, por sua vez, suspeitamente envolvido com empresários, na energia e nos jogos de azar.³⁷ Voltando a citar acontecimentos recentes a revelar a realidade argentina, tal como a tragédia do Boeing 737, lembrou o incêndio da discoteca portenha Cromagnon, em dezembro de 2004, que provocou a morte de quase 200 jovens – e nas investigações se revelaram diversas corrupções, entre bombeiros, inspetores, policiais, etc. Além disso, pais de jovens mortos instalaram um "santuário" obstruindo a rua, interrompendo o cotidiano – não tiveram, critica o editor, a mínima consideração de espaço público, pois poderiam perfeitamente abrigar o pequeno templo *dentro* da antiga discoteca. Esses sintomas sinalizariam uma sociedade alucinada, com instituições fragilizadas, entre heranças ditatoriais, pequenez intelectual e niilismo nacional. Para Gabetta, a tragédia simbolizava o país: Argentina Cromagnon.³⁸

A certo ponto, o editor até apostou na ideia do kirchnerismo, como novo momento do peronismo, com economia mais forte e um impulso transformador inicial de Néstor Kirchner. Entretanto, considera que o kirchnerismo não demorou para confrontar os limites de sua proposta progressista, logo marchando ao esquecimento e à traição de suas ideias iniciais.³⁹

Gabetta critica intensamente o peronismo, nas suas diferentes vertentes:

> [...] o peronismo, que nos últimos 40 anos ofereceu primeiro o trágico *pintorequismo* do último Perón (o massacre de Ezeiza, a Triple A, o "bruxo" López Rega, a *esperpéntica* Isabel Perón); logo o menemismo, uma tentativa bem-sucedida de juntar a Bíblia e o califado (a grande burguesia liberal e seus sócios internacionais com os setores populares, os sindicatos e a classe média), que acabou na maior catástrofe econômica e financeira da história do país. E agora o kirchnerismo, a "esquerda" peronista, da que ainda não se sabe se se trata de um grupo de

---

36 GABETTA, maio de 2008, p. 3.
37 GABETTA, agosto de 2008, p. 3.
38 GABETTA, dezembro de 2008, p. 3.
39 GABETTA, maio de 2009, p. 3.

homens de negócios mais ou menos legais que tratou de se ordenar, ou de um grupo de bravos ex-militantes progressistas que encontrou sua oportunidade, mas a quem os anos, a realidade das coisas e uma vaga ideologia acabaram por torná-lo mais do mesmo.[40]

Se por um minuto um certo otimismo palpitou nas páginas d'*El Dipló*, o pessimismo voltou a marcá-las veementemente. O editor lembra, diversas vezes nos editoriais, que, sim, elogiou Cristina Fernández durante a campanha presidencial, mas a acusa de esquecer suas *lúcidas* propostas eleitorais, cedendo, apesar do discurso progressista, às regras do jogo político de sempre e à *maraña populista*. Ilustra seu argumento, desta vez, com as Aerolíneas Argentinas, companhia cuja renacionalização virou trunfo de outra ordem, pois o governo ali construíra um séquito de *favoritos* de competência questionável, que se tornariam alvos de graves acusações e passariam a fretar aviões para assistir a jogos de futebol.[41] Assim, Gabetta acusa Cristina de suscitar esperanças falsas, por "desperonizar" sua campanha e mais tarde "peronizar" seu governo.[42]

Para Gabetta, diferentes momentos marcaram o populismo argentino, a partir de Perón: 1945-1951, de estilo democrático-revolucionário; 1951-1955, tirânico e caótico; 1973-1976, social-democrático e fascio-caótico; 1989-1999, democrático-neoliberal; e, no presente kirchnerismo, puro clientelismo.[43]

Em novembro de 2010, assim o editor definiria o peronismo: uma cultura explícita da imoralidade política.[44] Em dezembro de 2010, expôs no editorial sete cartas de leitores, respostas às suas críticas ao peronismo. Revelou que um dos leitores o insultou, rude e vulgarmente. Num contexto argentino polarizado, branco e preto, sem entretons, o editor se disse alvo de acusações de "trair" a causa progressista, passando para o "outro lado", isto é, fazendo o jogo da direita. Os sete leitores informavam sua decisão de não ler mais *El Dipló*.[45]

Ao revisitar seus argumentos, respondendo aos leitores, o editor lembra que a questão peronista não é apenas um debate entre intelectuais, mas uma discussão sócio-política de primeira ordem. Dá pistas do desconforto dentro de *Le Monde Di-*

---

40 GABETTA, dezembro de 2009.
41 GABETTA, fevereiro de 2010.
42 GABETTA, março de 2010.
43 GABETTA, 2013, p. 377.
44 GABETTA, novembro de 2010, p. 2-3.
45 GABETTA, dezembro de 2010, p. 2-3.

plomatique, ao dizer: "O espírito do editorial questionado por esses e talvez outros leitores *(inclusive no bojo da nossa redação)*, é esse: tratar de extrair o melhor de cada momento histórico nacional, de cada experiência, e incorporá-lo ao melhor de outras experiências, de outros momentos históricos. Aprender com os erros do passado; detectar velhas taras nos fenômenos novos; algo que, diga-se de passagem, é muito perceptível no governo atual".[46] Justificaria assim o editorial, diante da ausência sensível de autocrítica argentina.

Em janeiro de 2011, Carlos Gabetta martelou o último prego, com o editorial "*República o país mafioso (y 3)*". Ali, pede *reiteradas disculpas por reiterar lo ya reiterado*, citando a crônica cotidiana do desmantelamento do país, com as ocupações de Formosa e Villa Soldati, a máfia dos táxis de Buenos Aires, os pesos falsos alastrados nas ruas e nas casas de câmbio, o crime organizado, seus *barra bravas* e suas malas de cocaína despachadas desacompanhadas a destinos internacionais, a indústria paralela do sexo e seus *puticlubes*, e assim por diante.[47] Diante de outra disputa eleitoral, relembra a Argentina como uma grotesca runfla de políticos inaptos e desalmados, enredada na trama mafiosa nas províncias, cidades e bairros, dominada por narcotraficantes e cafetões, onde cada *puntero* político se revela sócio do escalão superior, aos líderes dos partidos, aos parlamentares e à presidência.

Em fevereiro de 2011, o editorial de despedida. Vale reler as passagens:

> [...] Queria expressar meu agradecimento profundo aos leitores por sua fidelidade, adesões e discrepâncias, por terem sabido distinguir nossa "voz clara em meio ao ruído" durante todos esses anos. Por último, dar as boas-vindas a José Natanson, na certeza de que, apoiado por uma equipe de profissionais experientes e, sobretudo, fiéis aderentes à "linha" e aos critérios do *Dipló*, saberá dar continuidade a essa filosofia jornalística.[48]

No editorial de despedida, ao revisitar a trajetória de *Le Monde Diplomatique*, na França e na Argentina, Carlos Gabetta instiga diversos questionamentos sobre os rumos da revista. Diria ironicamente a "certeza" de que José Natanson daria continuidade à filosofia jornalística d'*El Dipló*?

*

---

46 GABETTA, dezembro de 2010, p. 2-3, grifo meu.
47 GABETTA, janeiro de 2011, p. 203.
48 GABETTA, fevereiro de 2011, p. 2-3.

Em setembro de 2012, Carlos Gabetta me recebeu no seu apartamento no bairro de San Telmo, Buenos Aires. Lembrou com carinho seus tempos d'*El Dipló* e sua determinação, talvez teimosia, para fazer vingar o projeto, primeiro em Barcelona, depois em Buenos Aires. Questionei como o jornalista analisava a edição argentina atual, após sua saída. O ex-diretor respondeu: "Continua sendo uma ótima publicação. Os 70% continuam sendo traduções literais dos artigos franceses – isto é, o mesmo que fazíamos na minha época como diretor. E os artigos argentinos são bons".[49] No entanto, ponderou: "Muitas vezes publicam notas interessantes, mas que não refletem a realidade do país. Principalmente as notas mais alinhadas ao kirchnerismo, que perderam a perspectiva crítica. Não estou dizendo por ressentimento, mas com franqueza".[50]

Em setembro de 2014, voltei a Buenos Aires, onde reencontrei Carlos Gabetta no café El Hipopótamo, na Avenida Brasil. Entre espressos e *medialunas*, o jornalista se declarou radicalmente oposto ao peronismo. Disse ainda não considerar o kirchnerismo à esquerda e, tal como a crítica presente nos seus editoriais, relevou a presidência de Néstor Kirchner, que teria atuado com certo "realismo" e uma perspectiva "progressista", pois a realidade lhe empurrava a isso. Cristina Fernández, por sua vez, teria se revelado "arbitrária", envolvendo-se com políticos corruptos. Questionei novamente sua análise sobre a edição argentina de Le Monde Diplomatique – e sua resposta foi muito mais severa:

> Leio a edição francesa, pois, francamente, o que se publica na edição argentina não me interessa. É sociologia vulgar. [...]. O que acontece é o seguinte: *Le Monde Diplomatique*, tanto o francês quanto o argentino, embarcou em apoiar movimentos populistas. A Cristina Kirchner na Argentina, a Hugo Chávez na Venezuela, a Rafael Correa no Equador. Ressalvo: são *[governos e líderes]* distintos, certamente. *[Mas]* saí de Le Monde Diplomatique por isso. Hugo Sigman, o proprietário da empresa *[a editora Capital Intelectual]* e da franquia, passou a me provocar problemas, pois eu criticava muito o governo. Em outro momento, eu tinha elogiado muitíssimo, tinha escrito notas muito elogiosas sobre Cristina Fernández durante sua primeira campanha. Mas depois o governo mudou. Isso complicou meu papel de jornalista. Nós podemos errar. Mas é preciso dizer que está bem o que está bem, que está mal o que está mal. Se erramos, admitimos e pedimos desculpas. O diretor

---

49 Carlos Gabetta em entrevista à autora, no dia 11 de setembro de 2012.
50 Carlos Gabetta em entrevista à autora, no dia 11 de setembro de 2012.

> não queria de nenhuma maneira que eu criticasse Cristina Fernández. Nem o governo espanhol, pois ele mantém negócios com Felipe Gonzalez e o rei espanhol. Eu disse "não". E precisei ir embora. Os franceses o apoiaram, pois também estão nessa posição. Na França, eles apoiam a Jean-Luc Mélenchon, que tem como heróis Hugo Chávez e Cristina Fernández. Não concordo com esse tipo de populismo. Em vez de continuar estudando os acontecimentos, criticando o que é preciso criticar e apoiando o que é preciso apoiar...[51]

A saída do diretor argentino teve impactos diferentes em Paris e em Buenos Aires. Anne-Cécile Robert lamentou sua saída, atribuindo a Gabetta um papel muito importante na expansão do *Monde Diplomatique* na América do Sul. À época, para estreitar relações com a nova direção, o editor Renaud Lambert visitou Buenos Aires para discutir os rumos da edição, e José Natanson foi convidado para visitar Paris para conhecer a matriz.[52]

Dominique Vidal, por sua vez, imagino que por má informação e não por má-fé, comentou que Gabetta não pediu demissão, mas se aposentou.[53] Imaginou que o jornalista, na casa dos 68 anos à época, estava exausto – e que jovens jornalistas poderiam assumir a edição. Entretanto, Vidal adicionou:

> Sempre houve ricas discussões com os latino-americanos, mas não acredito que essas discussões foram ao ponto de forçá-lo a pedir demissão. [...] Havia muitas discussões, especialmente sobre o caso venezuelano. Em certo momento, Carlos Gabetta esteve muito favorável à experiência de Chávez, como todo mundo na época na América Latina. Mas, ao mesmo tempo, ele foi muito sensível, como argentino e com a experiência de Perón, à dimensão populista de Chávez. O que não foi o caso aqui, em Paris. Mesmo eu, que não conheço muito sobre América Latina, estava sensível, e não positivamente, sobre a dimensão populista de Chávez.[54]

Amigo de longa data de Carlos Gabetta, Bernard Cassen à época julgou que não era papel do *Monde Diplomatique* francês interferir ou se posicionar diante do conflito no bureau argentino. Das raízes do conflito, Cassen respondeu sucintamen-

---

51 Carlos Gabetta em entrevista à autora, no dia 1º de setembro de 2014.
52 Anne-Cécile Robert em entrevista à autora, no dia 4 de fevereiro de 2013.
53 Dominique Vidal em entrevista à autora, no dia 6 de outubro de 2014.
54 Dominique Vidal em entrevista à autora, no dia 6 de outubro de 2014.

te: "Hugo é muito pró-Cristina, Carlos é muito anti-Cristina. Eram desacordos de fundo. Além do mais, Hugo é amigo pessoal de Cristina".[55]

Maurice Lemoine, um compadre e um companheiro, mas não um amigo íntimo de Gabetta, saiu do *Monde Diplomatique* francês na mesma época do argentino, mas por razões diferentes: Gabetta se demitiu por questões políticas em janeiro de 2011, Lemoine se aposentou em outubro de 2010. Lemoine não acompanhou proximamente o *affaire* Gabetta, mas arriscou duas interpretações interessantes.

Primeiro, uma *singularidade* argentina: "Diferentemente de outros latinos, os argentinos não gostam muito de ver europeus escrevendo sobre a Argentina. E eles consideram que conhecem a América Latina melhor que os outros".[56] Segundo, as discussões dentro do *Monde Diplomatique* francês, possivelmente tão fortes como no argentino: "Uma redação não é um partido político. Há discussões fortes, debates", ilustrados por determinadas desavenças na revista francesa, como acerca das Forças Armadas Revolucionárias da Colômbia (FARC) e do véu islâmico.[57]

Na redação portenha, as impressões foram diferentes. Entre as jovens jornalistas, predomina a ideia de não ruptura. Creusa Muñoz caracterizou como uma saída *pacífica*.[58] Luciana Rabinovich, como uma transição *tranquila*.[59] É instigante, porém, o discurso do editor Carlos Alfieri – instigante, pois revela tensões ocultas na história oficial. Em setembro de 2012, não quis contar os bastidores da saída de Gabetta, mas disse:

> Tivemos mudanças, como a mudança de diretor. Posso dizer que, dentro dessa tendência progressista e de esquerda de *Le Monde Diplomatique* no mundo, cada diretor imprime um matiz pessoal. Há diferenças de estilo. [...] Não posso contar *[os bastidores da saída de Carlos Gabetta]*. Só posso dizer em linhas gerais: há uma tensão dialética no jornalismo entre o diretor de redação e o proprietário do jornal. Às vezes, há sintonia entre os dois "chefes". Outras vezes, há curtos-circuitos. E prevalece o proprietário do jornal. Isso vale para toda a imprensa, de todas as ideologias e de todos os países. Só posso dizer isso.[60]

---

55 Bernard Cassen em entrevista à autora, no dia 10 de novembro de 2014.
56 Maurice Lemoine em entrevista à autora, no dia 27 de novembro de 2014.
57 Maurice Lemoine em entrevista à autora, no dia 27 de novembro de 2014.
58 Creusa Muñoz em entrevista à autora, no dia 11 de setembro de 2012.
59 Luciana Rabinovich em entrevista à autora, no dia 11 de setembro de 2012.
60 Carlos Alfieri em entrevista à autora, no dia 12 de setembro de 2012.

Alfieri nunca foi peronista, mas nunca se definiu anti-peronista, por considerar a dualidade *simplista*. Tampouco quis responder, em setembro de 2014, sobre o que francamente pensa sobre o posicionamento de Le Monde Diplomatique diante do governo de Cristina Kirchner – seu silêncio, porém, diz muito:

> *[Silêncio]* Não quero responder sobre isso. A linha editorial é do diretor, não a fixo eu. Sou editor, não diretor. O que é evidente é que, na época anterior, de Carlos Gabetta como diretor, havia uma oposição muito frontal a esse governo. E, na atual gestão, de José Natanson, essa oposição foi moderada, numa linha de apoio levemente crítico ao governo, com uma maior expectativa positiva ao governo. Destaco que não é uma posição de apoio incondicional. Não é assim. Só que, observando as duas publicações, pode-se dizer que antes era uma oposição às vezes muito dura, com a qual eu tampouco estava frequentemente de acordo. Às vezes me parecia talvez excessivo esse enfrentamento. Tanto antes quanto agora, defendo uma crítica vigorosa, mas cautelosa. Quero dizer, estar muito ligado aos fatos e esfriar as posições mais belicosas. [...] Mudou apenas na cobertura de política nacional. Na política internacional não, afinal é a linha de *Le Monde Diplomatique* da França. A personalidade de *Le Monde Diplomatique* segue tal e qual, salvo essa "moderação" frente ao governo. Não digo eu, basta ler os editoriais e os artigos sobre política nacional para notar que é assim. Não é nenhuma descoberta. É *[observação]* objetiva. Continuamos trabalhando com absoluta liberdade na maioria dos assuntos. *[Silêncio]*.[61]

Digo que o silêncio de Carlos Alfieri diz muito pois o editor não quis responder sobre o posicionamento d'*El Dipló* diante do governo de Cristina Kirchner, entretanto, diz, ainda "na maioria dos assuntos", considera que os jornalistas podem trabalhar com liberdade.

*

Na Argentina, a discussão sobre o papel dos jornalistas se intensificou com a ascensão dos Kirchner, declaradamente "inimigos" de diários como *Perfil*, temporariamente "amigos" de outros como *Clarín*. Na imprensa argentina se instalou um discurso polarizador, contrapondo duas posições: de um lado, o jornalismo "militante", oficialista, que sustentava – uns com sincera convicção política, outros com claro oportunismo, critica a repórter Graciela Mochkofsky – que a única alternativa

---

61 Carlos Alfieri em entrevista à autora, no dia 1º de setembro de 2014.

possível para os jornalistas era apoiar as causas, isto é, o governo e suas políticas; de outro, o jornalismo "independente", crítico, que pretendia opor-se ao governo, acastelando investigações contra corrupção e outros discursos. Entre os dois lados, os desiludidos – uns amargariam o cinismo no jornalismo, outros migrariam para campos diferentes e áreas afins.[62]

Arriscado dizer que *El Dipló* possa simbolizar uma virada drástica dos dois polos, o estilo "independente" de Carlos Gabetta *versus* o "oficialista" de José Natanson, principalmente pois nada é tão simples. Entretanto, sim, uma chispa flamejou da brusca guinada na direção.

*

Visitei a redação portenha de *Le Monde Diplomatique* pela primeira vez em 2010, um charmoso prédio antigo na movimentada Avenida Córdoba. Era uma pequena redação, com mesas de madeira maciça compartilhadas pelos integrantes do *staff*, onde privilegiavam o diálogo e as discussões sobre temas cotidianos e políticos. Na visita seguinte, em 2012, já num pretensioso prédio novo na Calle Paraguay, QG do Grupo Insud, muitos jornalistas pediram para realizar as entrevistas no fragoroso Café La Esquina, a poucos metros do número 1535. O perfil físico da redação mudou, com curiosas divisórias e mesas isoladas – o bureau assumiu um estilo mais burocrático e, *off the record*, jornalistas lamentaram a agora ausência de diálogo com a mudança física e hierárquica.

Fora das gravações, um integrante argentino criticou as vezes em que *Le Monde Diplomatique* se versa como uma revista de escritório, distante da rua e da realidade – e que *Le Monde Diplomatique*, mais interessado historicamente pela própria França, pelo Oriente Médio ou por seus antigos quintais coloniais, como a África, teria ainda uma visão mais romântica da América Latina. Diz a fonte, advertindo que não é anticastrista ou antichavista, que talvez a questão geracional tenha transformado esse quadro: Maurice Lemoine, Ignacio Ramonet e Bernard Cassen, mais velhos, viveram os tempos da Revolução Cubana e o frisson intelectual ao redor de Che Guevara, e teriam uma certa visão sobre a América Latina; Serge Halimi e Renaud Lambert, mais jovens, já teriam outros olhos, mais críticos a Fidel Castro e Hugo Chávez, por exemplo. Outra crítica feita sob a condição de anonimato foi a ausência de assuntos argentinos no *Monde Diplomatique* francês, pois, na interpre-

---

62 MOCHKOFSKY, 2013, p. 21-22.

tação da fonte, a Argentina não se enquadraria especialmente no esquema "simplista" que valorizava a ascensão da esquerda progressista ao poder na América Latina.

A partir de março de 2011, José Natanson assumiu as rédeas d'*El Dipló*. Nascido na Argentina, em 1977, Natanson foi redator e colunista do diário *Página/12*, desde 2007, e depois diretor paralelamente da revista *Nueva Sociedad*. No nosso breve encontro na redação portenha, no dia 12 de setembro de 2012, o diretor foi extremamente esquivo, para não dizer rude, com respostas ríspidas e sem sinal de crítica ou autocrítica. Focou-se mais no papel de diretor de *Le Monde Diplomatique* enquanto empreendimento – e menos como uma revista com propostas editoriais e políticas. O acordo editorial com os franceses? "Não posso revelar nossa contabilidade".[63] As heranças da matriz parisiense presentes na revista portenha? "Não é uma herança. São traduções".[64] O espaço ocupado por *Le Monde Diplomatique* na imprensa argentina? "Atualmente imprimimos 25.700 exemplares. Quantos assinantes? Não posso dizer. Não queremos que os concorrentes se inteirem disso".[65]

Ao assumir a direção, José Natanson renovou a identidade gráfica da revista, com o redesenho do layout, a inclusão de novas seções e a inauguração de uma nova página web, com notas especiais e o arquivo histórico d'*El Dipló*. Publicou *La explosión del periodismo*, de Ignacio Ramonet, traduzido para o castelhano, sob o selo da Capital Intelectual, e editou o *Anuário 2011*, uma retrospectiva de um *ano turbulento*, mas *apaixonante*. Por fora da revista, um ano marcado por acontecimentos como os levantes da Primavera Árabe e movimentos como o Occupy Wall Street – e um paralelo possível entre a crise na Europa de 2011 e a crise na Argentina de 2001.[66] Por dentro, ainda que nenhuma linha o cite, um tempo também turbulento, marcado pela despedida de Carlos Gabetta.

Além de questões respondidas a partir de um viés de estrutura empresarial, o diretor tampouco quis discorrer sobre questões políticas. Questionei, por exemplo, sua análise sobre a política argentina atual. "Eu? Desde 2000? Não sei. Não posso nem resumir nem analisar agora os últimos dez anos". E o que pensa sobre a liberdade de imprensa no país? "Eu? Não sei. Penso que há liberdade de imprensa. Há uma discussão sobre a Lei da Mídia, mas é isso. Não sei".[67]

---

63 José Natanson em entrevista à autora, no dia 12 de setembro de 2012.
64 José Natanson em entrevista à autora, no dia 12 de setembro de 2012.
65 José Natanson em entrevista à autora, no dia 12 de setembro de 2012.
66 NATANSON, dezembro de 2011.
67 José Natanson em entrevista à autora, no dia 12 de setembro de 2012.

Politólogo e autor de *El presidente inesperado. El gobierno de Kirchner según los intelectuales argentinos* (2004), *Buenos muchachos. Vida y obra de los economistas del establishment* (2005) e *La nueva izquierda* (Random House, 2007), Natanson poderia perfeitamente responder às questões. Poderia, mas, *qué sé yo*, expressão diversas vezes dita pelo jornalista, não quis.

Assim, apenas para se ter uma ideia da atual perspectiva d'*El Dipló* sobre política nacional, cito o editorial publicado a outubro de 2014, que aborda o kirchnerismo como "cultura política". Diz Natanson que, ao contrário dos mais críticos, os que defendem a ideia de que o atual ciclo político foi uma sucessão de impulsos destrutivos atrás de uma máscara de falso progressismo, o *kirchnerismo sunita* tem uma visão mais simples: o kirchnerismo se transformará num "épico da resistência". Diz-se distante, porém, do apocalipse e da idealização, sustentando a tese de que, a despeito das eleições presidenciais previstas para 2015, o kirchnerismo sobreviverá como "cultura política".[68] Natanson vê um governo radicalmente diferente de Gabetta, ao afirmar que, com o apoio *entusiasta* de um setor significativo da sociedade, o domínio das principais chaves institucionais e uma liderança talentosa, o governo de Cristina Kirchner conta com todos os elementos para pilotar uma transição serena e inaugurar um "novo tempo político".[69]

*

Desde abril de 2010, o jornalista Renaud Lambert é o editor responsável por questões latino-americanas no *Monde Diplomatique* francês, posto antes ocupado pelo veterano Maurice Lemoine. Nascido na França, em 1974, Lambert foi repórter no programa *Là-bas si j'y suis*, da rádio *France Inter*, e participou da produção do documentário *Les nouveaux chiens de garde* (2012).

Arisco, Lambert não quis comentar muito sobre sua trajetória jornalística e intelectual, no nosso *rendez-vous* no bureau francês do *Monde Diplomatique*, na tarde de 2 de outubro de 2014 – ressabiado, disse, da *mise-en-scène* do jornalismo por jornalistas e para jornalistas.[70] Lambert considera *Le Monde Diplomatique* uma *esquerda da esquerda*, na expressão do sociólogo Pierre Bourdieu, mas pensa que a revista se afasta do *esquerdismo*: *Le Monde Diplomatique* não julgaria *a priori*, diz,

---

68 NATANSON, outubro de 2014.
69 NATANSON, outubro de 2014.
70 Renaud Lambert em entrevista à autora, no dia 2 de outubro de 2014.

uma esquerda que queira ascender ao poder para mudar o mundo. Assim, o editor vê com bons olhos as experiências latino-americanas, iniciadas a partir das vitória de Hugo Chávez de 1998 – um momento histórico, diz o editor, que verteria a América Latina em "fonte de esperança".[71]

Entretanto, Lambert admite não dominar muito a história da Argentina – e, como muitos intelectuais franceses, nas palavras do editor, não dominar o peronismo, fenômeno singular e extremamente diferente de quaisquer experiências europeias. Destaca que, tal como os outros latino-americanistas presentes no *Monde Diplomatique*, também tem suas predileções: enquanto Ignacio Ramonet se interessa mais por Cuba e Maurice Lemoine por Venezuela, Lambert foca seu olhar no Brasil. O editor sublinha que, paradoxalmente, a revista francesa tende a *deixar de lado* a Argentina, recorrendo à própria edição argentina para tratar *desse país tão específico*.[72]

Renaud Lambert e Maurice Lemoine concordam neste ponto – o que corrobora a hipótese de que *Le Monde Diplomatique* não dedique ênfase à Argentina devido ao "enigma" peronista. Para Lemoine, um europeu no território latino-americano pode identificar a direita, a esquerda, a história de um partido, a linha de outro. Entretanto, diz, é difícil identificar o que é o "mistério" do peronismo, um fenômeno argentino que transborda no espectro político da ultradireita à ultraesquerda. Se *Le Monde Diplomatique* tende a, de fato, *deixar de lado* a Argentina, Lemoine justifica com sinceridade: os franceses não compreendem os argentinos.[73] Por sua vez, Bernard Cassen não ocultou, sinceramente, certa irritação ao ser questionado sobre o assunto argentino: "É muito complicado. Não posso comentar o peronismo em dois minutos. Há um mistério do peronismo".[74]

Entre maio de 1954 e dezembro de 2011, cerca de 255 notas francesas foram escritas sobre a Argentina. Entre os autores da casa, destacam-se Bernard Cassen, Carlos Gabetta e Maurice Lemoine. Também intelectuais convidados assinaram textos, entre uma crítica histórica do sociólogo francês Alain Labrousse, um trecho

---

71 Renaud Lambert em entrevista à autora, no dia 2 de outubro de 2014.
72 Renaud Lambert em entrevista à autora, no dia 2 de outubro de 2014.
73 Maurice Lemoine em entrevista à autora, no dia 27 de novembro de 2014.
74 Bernard Cassen em entrevista à autora, no dia 10 de novembro de 2014.

do livro *Cauchemars* do escritor argentino Julio Cortazar [75] e um artigo do senador argentino Hipolito Solari Irigoyen.[76]

Em setembro de 1975, Bernard Cassen resenhou o livro *Argentine: révolution et contre-révolution* (Seuil, 1975), de François Gèze e Alain Labrousse – Labrousse que, nas páginas 12 e 13 de novembro de 1973, lembrava o peronismo como um fenômeno complexo, diante do qual os europeus ficam singularmente intrincados para julgá-lo, pois lhes parece particularmente contraditório aproximar as dimensões peronista e revolucionária.[77]

Assim, a fim de compreender o que é a Argentina – ou melhor, como os intelectuais de *Le Monde Diplomatique*, dos dois lados do Atlântico, compreendem a Argentina –, é preciso voltar a um fator antes de Kirchner: Perón.

O fator Perón

Nos editoriais d'*El Dipló*, Carlos Gabetta criticou diversas vezes o peronismo. Certa vez de setembro de 2005, a 50 anos do golpe militar contra Juan Domingo Perón (1895-1974), lembrou o peronismo como uma palavra que poderia expressar o zero e o infinito, considerando o contraditório e "quase sempre delirante", expressões do editor, acúmulo de interpretações feitas por historiadores e por fãs do movimento e de seu líder.[78] De fato, diversos autores assinalam a singularidade do peronismo, ainda muito presente na memória argentina. Tanto no poder quanto na oposição, há décadas o peronismo ocupa o centro das discussões da política argentina. Para compreender as contraditórias interpretações do fenômeno, é preciso lembrar o amplo espectro peronista, com alas de direita e de esquerda.

Se o peronismo se manifestou primeiramente como um movimento social avassalador, como em 1945 ou em 1973, outras vezes se mostrou como uma estrutura de poder quase *autista*, uma força política a viver de suas tradições, como o governo de Isabel Perón às vésperas do golpe de 1976.[79] Mas se miramos a questão a partir da perspectiva do sociólogo argentino Torcuato di Tella, farto "de ouvir que o peronismo pode ser qualquer coisa, populista autoritário de orientação naciona-

---

75 CORTAZAR, outubro de 1983.
76 IRIGOYEN, dezembro de 1978.
77 LABROUSSE, novembro de 1973.
78 GABETTA, setembro de 2005, p. 3.
79 JOZAMI, 2009, p. 169.

lista primeiro, depois neoliberal e mais tarde pragmático inclinado à esquerda, tudo devido às extravagantes decisões de seus líderes",[80] é preciso considerar os diferentes momentos e contextos sócio-políticos a engendrar tais contradições – e desviar da visão maniqueísta, de que o peronismo simbolizaria simplesmente ou o bem ou o mal, sem claros-escuros.

Di Tella considera dois elementos essenciais ao populismo: a presença de elites frustradas, antagônicas ao *status quo*, e massas mobilizadas.[81] De um populismo autoritário a uma linha ideológica socialdemocrata, se o último episódio *evolutivo* do peronismo foi a "transversalidade" com Néstor Kirchner a partir de 2003, ancorado por apenas um setor peronista e por movimentos independentes, principalmente da esquerda, moderada ou não tão moderada,[82] vale voltar à sua gênese: quem foi Perón?

Se a Argentina prosperou até a crise de 1929, após o golpe do tenente J. F. Uriburu, a 6 de setembro de 1930, derrubando o governo de Hipólito Yrigoyen (1852-1933), da União Cívica Radical, o país viveria logo a *década infame*, simbolizada primeiramente pelo Pacto Roca-Runciman (1933), entre Argentina e Inglaterra. Viveria sucessões de fraudes eleitorais e arbitrariedades contra oposicionistas, até outro golpe de Estado, a 4 de junho de 1943, impetrado contra o presidente-juiz Ramon Castillo (1873-1944) por outra força-motriz – uma ala das Forças Armadas, nacionalista, o Grupo de Oficiales Unidos (GOU), do qual fazia parte o coronel Perón. Após a renúncia do general Pedro Pablo Ramírez (1884-1962) e a ascensão de E. J. Farrell (1887-1980), no início de 1944, Perón se tornaria vice-presidente de seu país, além de acumular os postos de ministro da Guerra e Secretário do Trabalho e Segurança Social.

Dos pampas de Lobos, o coronel Juan Domingo Perón foi designado Secretário do Trabalho e Segurança Social em dezembro de 1943. Com apoio do movimentos sindical e dos *descamisados*, passou a desenvolver uma política voltada aos direitos dos trabalhadores, conquistando notoriedade, popularidade e autoridade. Em outubro de 1945, foi destituído e preso por militares, por pressões de grupos conservadores e de adversários dentro do próprio grupo. Foi libertado graças a uma mobilização histórica de trabalhadores, aglomerados na Praça de Maio no dia 17 de

---

80 DI TELLA, 2009, p. 149.
81 DI TELLA, 2009, p. 151.
82 DI TELLA, 2009, p. 161.

outubro de 1945. A partir dessa "vitória política", o coronel despontou como candidato *natural* para disputar a presidência.[83]

Livre, Perón prometeu construir uma nação forte e justa. Dias depois, o militar se casou com a atriz Eva Duarte, que se tornaria Evita. Perón, no Partido Laborista (PL), foi eleito no dia 4 de junho de 1946.

Entre 1946 e 1952, o primeiro período presidencial de Perón foi muito favorecido pela situação argentina no contexto internacional pois, enquanto se desenrolou a guerra, o país acumulou divisas no exterior – só com a Inglaterra, a Argentina tinha crédito de 1 bilhão e 700 milhões de dólares.[84] No primeiro mandato, Perón impulsionou o crescimento econômico, ao mesmo tempo em que oferecia aumentos salariais e outros benefícios sociais aos trabalhadores. Do ponto de vista político, porém, a centralização do poder e o crescente autoritarismo do Executivo já davam nítidos sinais e, assim, o Partido Laborista, antes sustentáculo da candidatura peronista, foi dissolvido logo após a posse do coronel, dando lugar ao Partido Único da Revolução Nacional, depois ao Partido Justicialista, lembrado finalmente apenas como Partido Peronista.

Símbolo dessas duas dimensões – um olho nos trabalhadores, outro no poder – está a Constituição Justicialista, jurada no dia 1º de maio de 1949, que instaurava a possibilidade de reeleições. Assim, a 11 de novembro de 1951, Perón foi reeleito, mas diante de outro contexto, com a economia agravada e a política assolada por arbitrariedades perpetradas contra opositores antiperonistas. Em 1955, Perón renunciou e se exilou no Paraguai de Alfredo Stroessner (1912-2006), depois na República Dominicana de Rafael Trujillo (1891-1961), depois na Espanha de Francisco Franco (1892-1975) – interessante itinerário no exílio, a julgar pelas presentes ditaduras nesses países.

Perón retornou à Argentina no dia 20 de junho de 1973, época em que se evidenciou a disputa dentro do peronismo, entre a ala revolucionária e a ala ortodoxa.[85] Perón infartou no dia 1º de julho de 1974. Ainda apesar de sua morte e da perseguição ao justicialismo logo do golpe de 1976 contra Isabelita Perón, sua viúva, o peronismo continuou com uma vitalidade política singular.[86] Nas pala-

---

83 CAPELATO, 2009, p. 49; NEIBURG, 1997, p. 107-108.
84 PRADO, 1981, p. 49.
85 OLLIER, 2009, p. 76.
86 OLLIER, 2009, p. 76.

vras da historiadora Maria Ligia Coelho Prado, "Perón caiu, Perón morreu, mas o peronismo permaneceu e permanece como forte corrente político-ideológica até hoje, abrigando homens da direita e da esquerda".[87]

Entre a direita, uma vertente nacionalista e conservadora. Entre a esquerda, uma aliança das massas e dos movimentos, animados com o tom peronista antiimperialista e a apostar na possibilidade de um salto revolucionário que caminhe para o socialismo. Para Prado, "a ambiguidade do peronismo como fenômeno histórico, principalmente depois da queda de Perón, se traduz na composição interna do movimento, em que lutam, dentro de suas próprias fileiras, uma ala direitista, conservadora e outra esquerdista, progressista".[88]

Nos tempos de Perón, o comunismo foi um catalisador de sentimentos e de temores de desintegração da sociedade e da instauração do caos. À época, o "inimigo" era visto no comunismo (com o fantasma das revoluções no México e na Rússia), no imperialismo (simbolizado, por exemplo, com o acordo anglo-argentino Roca-Runciman) e nas corruptas oligarquias políticas.[89] Entretanto, o imaginário peronista assumiu um caráter muito singular na indicação dos adversários, de tal sorte que, pouco a pouco, a propaganda política foi compondo um bloco único de "inimigos": os antiperonistas. Ao explorar a expressiva propaganda política peronista, tendo a justiça social como sua *prima donna*,[90] a historiadora Maria Helena Rolim Capelato evidencia como a propaganda pôde firmar na memória argentina a ideia de peronistas como sinônimo de argentinos, patrióticos – e, na outra face, antiperonistas como inimigos da pátria.[91]

Muitos intelectuais argentinos, a partir dessa linha de partilha, se confrontariam com o peronismo. Perón, afinal, justificava a submissão dos intelectuais e dos artistas à dimensão nacional, alegando que, apesar do talento e da inteligência, eles deveriam esquecer seus interesses individuais e se subordinar ao módulo nacional – o que fraturou uma disputa a partir do momento em que os intelectuais passaram a defender a arte engajada na questão nacional.[92] Fratura que polarizou peronistas de um lado; comunistas, independentes e liberais, de outro. Assim, muitos intelectuais

---

87 PRADO, 1981, p. 59.
88 PRADO, 1981, p. 71-72.
89 CAPELATO, 2009, p. 56.
90 CAPELATO, 2009, p. 206.
91 CAPELATO, 2009, p. 58.
92 CAPELATO, 2009, p. 124.

argentinos não se identificaram com o peronismo – e muitos se opuseram frontalmente, por ali ver refletido um fenômeno fascista, tais como os letrados reunidos nas universidades e nas revistas como *Sur* e *Imago Mundi*, *Centro* e *Contorno*.

A irrupção do peronismo, a partir de 1945, foi um ponto de inflexão na história da esquerda argentina. Nas tradições políticas e historiográficas, muitos autores identificaram o Partido Comunista Argentino (PCA) como um bloco monolítico de orientação antiperonista. Apesar do predomínio dessa orientação, o rechaço ao peronismo estava muito distante de uma unanimidade entre os comunistas – na verdade, foi controverso e às vezes versado como estratégia para reforçar o verticalismo de seus principais líderes.[93]

A ascensão do peronismo em 1946 traçara uma linha divisória entre a esquerda "tradicional" e os intelectuais nacionalistas. Entre 1946 e 1955, nos primeiros governos de Perón predominou uma visão clássica antiperonista entre os intelectuais. Após o golpe de 1955, a declarada Revolução Libertadora marcou outra periodização da história argentina, momento que impôs aos intelectuais uma revisão de suas críticas – um período de intensa atividade intelectual, pululando diversos livros e revistas, modernização teórica e científica nas universidades.[94] Na *ola* da Revolução Cubana e da incorporação de novas correntes de pensamento, inspiradas em autores como Jean-Paul Sartre e Maurice Merleau-Ponty, despontaria uma *nova* esquerda argentina, que não se identificava mais com a esquerda "tradicional" sob a tutela do Partido Comunista e do Partido Socialista. Assim, principalmente após o outro golpe militar, de 1966, a esquerda argentina se radicalizou, inebriada ainda com a morte de Che Guevara em 1967, o Maio de 1968, o *Cordobazo* de 1969[95] e a morte do general Pedro Aramburu por guerrilheiros Montoneros em 1970.[96]

No campo intelectual da esquerda radicalizada, a questão não era mais a revolução – mas o imperativo da revolução e *como* realizá-la: com a construção de um partido revolucionário?, com a guerrilha?, com a transformação do peronismo *por dentro*?[97]

---

93 JÁUREGUI, 2009.
94 DIEGO, 2010, p. 395.
95 "Cordobazo" foi um importante movimento de protesto em maio de 1969 em Córdoba, uma das cidades industriais mais importantes da Argentina, cuja consequência mais imediata foi a queda do governo do militar Juan Carlos Onganía, deposto por um novo golpe de estado, do general Alejandro Agustín Lanusse.
96 DIEGO, 2010, p. 406.
97 DIEGO, 2010, p. 407.

A partir de 1973, no retorno definitivo de Perón à Argentina, muitos intelectuais passaram a flertar com o peronismo, um flerte relacionado à radicalização ideológica de certas alas e ao fortalecimento das vertentes revolucionárias do peronismo – uma força política de centro-esquerda, que mais tarde veria frustrada sua possibilidade de se tornar uma alternativa. Assim, o conglomerado de intelectuais peronistas era tão *variopinto*, expressão do jornalista argentino Eduardo Jozami, que reunia endosso de certos católicos, esquerdistas da União Democrática e intelectuais nacionalistas.[98] Muito embora a convocatória peronista entre os intelectuais tenha continuado restrita desde 1983, seria apressado dizer que o apaixonamento dos intelectuais sobre a questão peronista ficou para trás, não só por se manifestar na discussão sobre os últimos anos, mas por usualmente voltar a se expressar no debate político e cultural atual.[99]

Entre 1974 e 1975, o enfrentamento entre intelectuais revolucionários e direitas peronistas passaria a marcar a ferro as desilusões revolucionárias. Outro golpe, de 1976, selaria o destino das esquerdas – muitos intelectuais foram assassinados, como Haroldo Conti (1925-1976), Francisco Urondo (1930-1976) e Rodolfo Walsh (1927-1977), outros resistiram, outros tantos se exilaram.[100] A repressão arou as utopias revolucionárias com tal agressividade que, na memória da historiadora Beatriz Sarlo, passaram do *esplendor final* ao *desmoronamento fulminante*: viraram "pó".[101]

A historiadora evoca Ezequiel Martínez Estrada e Ernesto Sabato, que um dia se questionaram: "Como um líder com um perfil tão autoritário e um movimento de massas dirigido verticalmente, com todas as contrassenhas de um carnaval político, pôde arrebatar seguidores de uma lealdade absolutamente inquebrantável?"[102] O questionamento evidenciava o enigma que levaria a um conflito de interpretações e às discussões sobre o peronismo, que ocupou um longo capítulo da ensaística argentina: o enigma peronista, considerado chave-mestra para compreender a Argentina.

*

---

98 JOZAMI, 2009, p. 173.
99 JOZAMI, 2009, p. 186-187.
100 DIEGO, 2010, p. 415.
101 SARLO, 2005, p. 207-209.
102 SARLO, 2005, p. 37.

Volto à ambiguidade do peronismo como palavra-chave para compreender como degringolaram as discussões n'*El Dipló*. Palavra que, para o antropólogo Federico Neiburg:

> [...] serve para nomear o movimento político nascido em meados da década de 1940, identificado com a figura do coronel Juan Perón; para qualificar o período da história da Argentina que se inicia em 1945 e termina em 1955, abraçando os dez anos de seus dois primeiros governos; para designar o partido político criado por Perón logo após sua vitória nas eleições de 1946 e que sobrevive até hoje com outras denominações; para fazer referência à identidade política dos que, desde aquela época, invocam sua figura e a recordação de seus governos para legitimar diferentes posições no campo da política. O adjetivo *peronista* também serviu, e até hoje ainda serve, para descrever uma doutrina política, um tipo de governo, uma forma de discurso.[103]

Os intelectuais argentinos não ficaram alheios à construção do mito peronista, mas muitos participaram ativamente de suas discussões e sua invenção. O peronismo buscou se apresentar como movimento político marcado por uma radical descontinuidade em relação às tradições políticas anteriores – e se dedicou a transformar o "novo" em seu principal capital político, donde o sucesso para laurear essa representação sobre sua própria constituição foi uma de suas mais duradouras vitórias. Para Neiburg, isso provocou entre esse *fenômeno novo* e as *novas perspectivas* e inovações no campo intelectual.[104]

Invocando Pierre Bourdieu, Federico Neiburg lembra como as representações construídas simbolicamente se imbricam num campo de disputa. Assim, as interpretações do peronismo evidenciam, todavia mais acirradamente, o que vale para quaisquer representações que tomem a questão nacional como referente. Entre diferentes interpretações do fenômeno, quer como a crítica a uma anomalia de um *gênio maligno* ou a uma forma de *totalitarismo*, quer como a reivindicação de uma experiência *nacionalista* ou *nacional-popular* ou como uma "autêntica" revolução, os intérpretes se escoravam em argumentos essencialistas, em definições sobre a "verdade" do peronismo, buscando legitimar suas ideias num movimento *peronizador* ou *desperonizador*.[105]

---

103 NEIBURG, 1997, p. 15.
104 NEIBURG, 1997, p. 176.
105 NEIBURG, 1997, p. 217.

Ao lado de Neiburg, não se pretende destrinchar a "verdade" do peronismo versado nas páginas de *Le Monde Diplomatique*, mas discutir seus argumentos a fim de compreender – e não justificar – as visões, críticas e ações desses intelectuais sobre a questão.

No dossiê 75, de setembro de 2005, diversos intelectuais abordaram a questão. No editorial, Carlos Gabetta interrogou o que era o peronismo *hoy*, a 70 anos do 17 de outubro que catapultou Juan Perón e a 50 anos do golpe da Revolução Libertadora. Lembrou que, quando Perón dizia "peronistas somos todos", imprimia um matiz muito profundo na identidade argentina. O editor postula que tanto Yrigoyen quanto Perón, um radical outro peronista, representaram, em momentos distintos, uma sociedade que precisava mudar. A partir de 1945, a ascensão do peronismo *forçara* a integração socioeconômica de imensas massas de trabalhadores, rurais e urbanos, mas nunca teria tentado realmente conciliar classes. Nesse ponto, o editor considera que o movimento peronista se marcou mais por um amorfismo pouco democrático, que por uma diversidade diante de fins comuns. Vê um laço entre peronistas e liberais, unidos diante do temor de uma revolução de esquerda, coincidindo nos métodos antidemocráticos e terroristas – o assassinato de inocentes por militares na Plaza de Mayo em junho de 1955, o massacre do movimento esquerdista nos campos de Ezeiza em junho de 1973. De sua logo esquizofrênica identidade, a Argentina assim ficaria marcada por uma patologia social, nos grifos do editor, com *misticismo agudo, mitomania* e *cleptomania* num largo etecetera.[106]

Escritor e ex-guerrilheiro dos Montoneros, Miguel Bonasso também contribuiu para a discussão. Militante do justicialismo, Bonasso se debruça sobre o *pecado original* do peronismo, dos vícios estruturais que o levaram à derrocada de 1955. Cita o silêncio do presidente, diante do padre Hernán Benítez, admirador fanático de Evita, que observara como a conspiração oligárquica conquistava terreno com os erros do governo popular. Antes, Arturo Jauretche, um dos intelectuais nacionalistas endossadores do peronismo desde seus primórdios, alertara para o peso do personalismo, que veria aflorar uma burocracia cortesã que dizia "amém", mas que paulatinamente isolaria o líder do âmbito sócio-político. Questiona Bonasso a partir das anedotas expressivas e religiosas se estaria aí a raiz dos males passados pelo peronismo nas décadas de 1970 e 1990, até a crise de representatividade de 2001, a

---

106 GABETTA, setembro de 2005, p. 3.

disputa de 2003 e o confronto dentro do Partido Justicialista, entre Néstor Kirchner e Eduardo Duhalde.[107]

Bonasso destaca que, apesar de tais males, o peronismo continua ocupando o mapa político argentino, até quase tornar realidade a ironia de seu fundador: "peronistas somos todos". Ressalva que essa condição totalizadora e transversal (convocando anarquistas, católicos, conservadores nacionalistas, radicais yrigoyenistas, socialistas – e oportunistas), que ao mesmo tempo garante sua continuidade temporal, revela sua fragilidade – e, como John William Cooke, da esquerda peronista, descrevia como um *gigante míope e invertebrado*. Mas, para Bonasso:

> A verdade é muito mais complexa e a certos dirigentes honestos do justicialismo, como Héctor Cámpora, lhes levaram anos para compreendê-la e assumí-la. Em grande medida porque o revanchismo classista dos vencedores, o regresso do país a um status neocolonial com sua sequela de injustiça social e crescente subdesenvolvimento, a instabilidade política e um autoritarismo militar cada vez mais impiedoso, foram borrando as contradições, debilidades e misérias do primeiro peronismo. Do mesmo modo que a necessidade de unificar as crescentes lutas populares elevou a níveis míticos as virtudes do líder, omitindo totalmente seus vícios.[108]

No dossiê, Marta Vassallo, jornalista d'*El Dipló*, abordou o papel da Juventude Peronista (JP), germinada a partir de 1957 como resistência peronista clandestina contra a ditadura da Revolução Libertadora de 1955. Vassallo define a JP como um fenômeno massivo, de crescimento meteórico, mas de breve vida (1972-1974), como um braço popular de duas organizações político-militares peronistas, as Forças Armadas Revolucionárias (FAR) e os Montoneros. Vassallo ressalta que a juventude politizada não peronista buscava alternativas de mudança social por fora das estruturas da esquerda tradicional – o Partido Comunista e o Partido Socialista – que, movidas por seu antiperonismo, se aliaram aos *libertadores* de 1955 – e o Cordobazo de 1969 marcaria o apogeu dessa confluência de forças.

Inspirado no Maio de 1968 francês e na contracultura americana, o *juvenilismo* argentino via crescer drasticamente o caráter heterodoxo e heterogêneo da JP, proliferando JP Regionales, que postulavam a libertação dos presos políticos, a

---

107 BONASSO, setembro de 2005, p. 4-5.
108 BONASSO, setembro de 2005, p. 4-5.

revogação das leis repressivas da ditadura e a realização de eleições livres. Vassallo lembra que a JP resgatava o peronismo histórico como projeto de desenvolvimento nacional, admirando e assumindo a oposição imperialismo *versus* nação como contradição principal a enfrentar. Entre a juventude, os Montoneros talvez teriam a melhor definição para o relacionamento com o coronel: "filhos ilegítimos" de Perón. Filhos, lamenta a autora, que o coronel não quis – e que foram castigados pela Triple A, principalmente após a morte de Perón.[109]

Por fim, Alfredo e Eric Calcagno abordaram a economia ambígua do peronismo, que marcaria dois momentos argentinos no século XX. Ilustram, a partir da referência literária das personalidades do médico (Dr. Jekyll) e do monstro (Sr. Hyde), do romance do escritor escocês Robert Louis Stevenson (1850-1894), o movimento que mudou "duas vezes" a realidade do país: a política econômica na versão nacional popular, com orientação de justiça social (entre 1946-1955 e 1973-1974) e o neoliberalismo ortodoxo (1989-1999). Assim, o primeiro *coquetel* vertido pelo primeiro peronismo incluía ingredientes como uma Argentina industrial, com pilares políticos e econômicos para um governo democrático e popular. Por dentro, trabalhadores organizados, forças armadas e empresários argentinos articulados. Por fora, o pós-guerra, com movimentos políticos a pedir maior justiça social enquanto fervilhavam as descolonizações. A partir de 1976, porém, findou a Argentina industrial, dominada por dimensões financeiras – e, ao retornar ao poder em 1989, com Carlos Menem, o peronismo teria imposto um neoliberalismo *ortodoxo*, com âncoras cambiais naufragando com a abertura irrestrita a importações, a dívida externa, a desarticulação do Estado. Por fora, o "pensamento único" içava seu auge, com o FMI impondo as políticas econômicas. Para os Calcagno, todavia, ainda era uma incógnita qual seria, entre Jekyll e Hyde, o papel escolhido por Kirchner.[110]

Entre o Dr. Jekyll e o Sr. Hyde, entre Perón, Menem e Kirchner, as inquietações identitárias perpassam as páginas da edição argentina de *Le Monde Diplomatique*, entre um farol francês e uma luz latino-americana.

Inquietações identitárias

Ao discutir os intelectuais e a invenção do peronismo, Federico Neiburg critica os dilemas sobre a identidade argentina, que seriam construções sociais a legitimar

---

109 VASSALLO, setembro de 2005.
110 CALCAGNO, CALCAGNO, setembro de 2005, p. 8-9.

o discurso de seus intérpretes. A partir de 1955, cada intérprete procurou fazer valer sua interpretação sobre o peronismo e, assim, sobre a Argentina – como se o peronismo fosse, a um só tempo, a manifestação de um *enigma* e a revelação de um *fenômeno inédito*.[111] Na crítica de Neiburg, todos concordavam que *explicar* o peronismo equivalia a *explicar* a Argentina. No fundo, as interpretações abrigavam projetos para as duas Argentinas, uma visível, urbana, moderna e cosmopolita; outra oculta, rural e provinciana.[112]

Na década de 1930 se impôs uma discussão sobre a argentinidade, contrapondo duas Argentinas: uma do interior, resistente à modernização – uma Argentina exótica, explorada e autêntica, onde viveria a alma profunda da pátria; outra, moderna, culta e cosmopolita, simbolizada pela capital Buenos Aires.[113] O fantasma das duas Argentinas retornou e encarnou o espírito do primeiro peronismo, entre 1946 e 1955 e, diante da oposição de muitos intelectuais, Perón aliás dizia existir duas forças no país: o povo e o antipovo.[114]

O questionamento "*por qué somos como somos…*"[115] reflete essa inquietação identitária, não só argentina, mas latino-americana. Ou, nas palavras da historiadora argentina Patricia Funes: "As perguntas 'como somos?' ou 'por que não somos como…?', quer dizer, a sempre congelante análise sobre as identidades se refere imediatamente a um jogo de espelhos que a ensaística latino-americana recorreu com peculiar fruição".[116] Ou ainda, na indagação do intelectual chileno Carlos Altamirano: "Já não se trata de responder apenas à pergunta 'quem somos?', mas também porque não somos de determinado modo: por que nossas repúblicas nominais não são repúblicas verdadeiras?"[117]

---

111 NEIBURG, 1997, p. 87-88.
112 NEIBURG, 1997, p. 88.
113 TERÁN, 2004, p. 56.
114 TERÁN, 2004, p. 64.
115 A questão "*por qué somos como somos…*" fica literalmente impressa no *Monde Diplomatique*, por exemplo, com a elogiosa crítica de Adolfo Coronato sobre o livro compilado pela socióloga argentina Susana Torrado, que reúne estudos de 40 intelectuais sobre o desenvolvimento demográfico, econômico e sócio-cultural da Argentina no século XX. Na edição de maio de 2008, Coronato diz que, graças ao livro *monumental*, a antiga indação sobre *quem somos* e *donde viemos* poderia entrar, no século XX, na dimensão mais comprometida às voltas do *como somos* e *por que somos como somos*, uma premissa para a construção do futuro.
116 FUNES, 2006, p. 11.
117 ALTAMIRANO, 2010, p. 16.

Há tempos a questão marca o discurso intelectual latino-americano – do *Facundo* de Domingo Sarmiento ao *Ariel* de Rodó, passando por Martí, Martínez Estrada e Octavio Paz. No labirinto argentino, é flagrante o questionamento de Carlos Gabetta num jogo de espelhos em que brilha um certo reflexo francês: república ou país mafioso?

Esse questionamento deu o tom para diversos editoriais do argentino, que cita na primeira linha o jornalista francês Georges Clemenceau (1841-1929), redator-chefe do literário *L'Aurore* nos tempos da carta "*J'accuse!*" de Zola, sobre a Argentina aniversariante, no centenário de sua independência (1910):

> É difícil subscrever agora a afirmação que alguma vez os argentinos inspiraram a Georges Clemenceau: "Um povo capaz de alinhar desenvolvimentos de pensamento e de caráter como aqueles cuja manifestação me fisgou às vezes a atenção durante minha viagem, pude abordar com plena esperança os problemas do futuro". Nada nas instituições nem na política, quase nada na sociedade, autoriza hoje aquele otimismo. [...] Jovens sem futuro, idosos desamparados, trabalhadores empobrecidos, classe média se descompondo, marginalidade, insegurança, corrupção, desnacionalização... Onde ficou o "granadeiro do mundo", o país de futuro que vislumbrou Clemenceau?[118]

Talvez sem querer, Carlos Gabetta reúne aí diversos elementos extremamente simbólicos para esta tese: cita um jornalista francês, que teve papel determinante no *affaire* Dreyfus, que por sua vez impulsionou o surgimento dos intelectuais, que no território latino-americano abraçaram a questão identitária há tempos. Outros paralelos: quem questiona o caráter argentino republicano é um intelectual que se exilou em Paris e que quis levar *Le Monde Diplomatique* a Buenos Aires, uma revista politizada cuja linha seria, nas suas palavras, um *republicanismo de izquierda*, que teria raízes, na sua mirada, nos ideias revolucionários franceses. Assim, ao frisar "a República Argentina não é tal",[119] isto é, não é republicana, mas mafiosa, nos tempos do bicentenário de sua independência, o editor reativa discussões sobre a Argentina passada e presente.

Em maio de 2007, Gabetta também traçava paralelos entre Argentina e França.[120] Para Gabetta, tanto França quanto Argentina consolidam alianças políticas

---

118 GABETTA, outubro de 2000.
119 GABETTA, 2013, p. 14.
120 No já mencionado editorial "*París/Buenos Aires*", de novembro de 2010, Carlos Gabetta com-

fortes, à direita e à esquerda, mas que disputam na realidade o que se pode compreender como o centro, um magma de ideologias e de interesses de setor altamente *volátil*.[121] Nos dois países, o editor vê fortes contradições políticas, de interesses e de lideranças, assim como frequentes movimentações e vaivéns no selar e romper alianças. Na França, vê desemprego estrutural e pressões imigratórias, conflitos sociais, insegurança urbana, declive econômico e industrial, descontento e desesperança. Na Argentina, vê um declive mais grave, após décadas de violência e irresponsabilidade, marcada por miséria e retrocesso econômico, científico, institucional. "Poderia adicionar que nos dois países é visível o afã cidadão de manter e consolidar o sistema democrático, mas isso seria forçar a barra, porque o que na França é um exercício da vida toda, entre nós ainda é uma acrobacia difícil, algo que praticamos com dificuldade, ainda que agora com dedicação. Os franceses ainda confiam em suas instituições; os argentinos não têm razões para tal".[122]

Ponto primordial para tal, na perspectiva de Gabetta, é o surgimento do peronismo, que teria suscitado ódios liberais e populistas. E o movimento social, nesse momento argentino atual, transbordaria o "populismo" e o liberalismo, querendo outro tipo de participação democrática e pedindo perdidos níveis de igualdade. Mas tanto populistas quanto liberais estariam compartilhando os mesmos métodos, disputando os mesmos alvos sociais.[123]

Ignacio Ramonet, à época diretor do *Monde Diplomatique* na França, escreveu nessa edição sobre o "populismo" francês, enganchado no triunfo de Nicolas Sarkozy – uma direita agressiva, *brilhante* e *orgulhosa* – a 6 de maio de 2007, contra a socialista Ségolène Royal. Para Ramonet, Sarkozy mesclaria voluntarismo e autoridade, personalização e provocação, nacionalismo e liberalismo, conjugados talento, retórica e um domínio temível das mídias – arenas em que, sem timidez, arbitrou a discussão sobre as linhas limítrofes entre direita e esquerda. Na composição de seu primeiro gabinete, destaca o editor, o perímetro da direita incluiria agora parte do Partido Socialista, na sua ala "social-liberal", numa paradoxal direitização da esquerda francesa. Seria o fim do gaullismo, dando lugar ao sarkozismo, "um popu-

---

parava situações políticas de França e Argentina diante da crise financeira internacional. No editorial "*Populistas, liberales y sociedad*", de maio de 2007, volta a compará-las, desta vez, relacionando-as à ideia de populismo.
121 GABETTA, maio de 2007, p. 3.
122 GABETTA, maio de 2007, p. 3.
123 GABETTA, maio de 2007, p. 3.

lismo francês que se propõe a reunir no bojo a todas as direitas, dos lepenistas aos sociais-liberais, sem esquecer os centristas, cativando-as mediante uma ilusão de movimento e de abertura qualificados como 'modernos' e ainda 'progressistas'".[124]

Ramonet interpreta o fracasso da esquerda francesa como uma derrota intelectual, por não ter produzido, por imobilismo ou por incompetência, uma nova teoria política. A esquerda teria perdido essa batalha das ideias, após, uma vez no poder, tolher salários e fechar fábricas, liquidar setores industriais e leiloar serviços públicos. O sociólogo critica ainda os que atribuem a culpa do fracasso à mídia – o que seria, nas suas impressões, um tipo de lamentação infantil e incompetência – pois antes da mídia *mercenária*, quem dita as regras é o poder dos mercados. Para Ramonet, por fim, as esquerdas se veriam diante de uma derrota decisiva, um fim de época. Se quiserem voltar aos trilhos da história, será preciso repensar e refundar suas ideias a fim de construir, "como se diz nesses tempos na América Latina", friso, nas palavra do editor, um *socialismo do século XXI*.[125]

Nas primeiras e na última página de *Le Monde Diplomatique Edición Cono Sur* de maio de 2007, portanto, se veem refletidos os dois lados do espelho. Para Gabetta, a Argentina com as sequelas do peronismo, incapaz de confiar nas suas instituições – bem diferentes dos franceses, tão politizados, tão cívicos, num ideal de republicanismo revolucionário do século XVIII. Para Ramonet, a França iludida com a lábia do sarkozismo, uma direita a ofuscar uma esquerda fracassada – bem diferente dos latino-americanos, tão críticos e *avant-garde*, num socialismo revolucionário do século XXI. Dos dois lados do Atlântico bradariam vitória os populistas?

Yo, populista?

Desde a década de 1950, o populismo latino-americano se tornou alvo de estudos, especialmente por sociólogos, historiadores e cientistas políticos. Ponto controverso e complexo, o populismo recebeu diversas interpretações. Convém lembrar, como propõe a historiadora Maria Ligia Coelho Prado, que fenômenos históricos muito diferentes foram denominados "populistas" na América Latina, assim como movimentos sociais e políticos na África, na Ásia, nos Estados Unidos, no Leste Europeu e na Rússia.[126]

---

124 RAMONET, maio de 2007, p. 40.
125 RAMONET, maio de 2007, p. 40, grifo meu.
126 PRADO, 1981, p. 7.

Prado destaca que, na América Latina, o populismo se referiu a situações históricas diferentes, em vários países – em certos territórios, seus líderes ascenderam ao poder; em outros, almejaram, mas jamais o conquistaram. Em linhas gerais, consideraram-se populistas os governos de Getúlio Vargas (1930-1945/1951-1954) e de João Goulart (1961-1964) no Brasil; de Juan Domingo Perón (1946-1955) na Argentina; de Victor Paz Esternsoro (1952-1956/1960-1964) e de Hernán Siles Zuazo (1956-1960) na Bolívia; de José Maria Velasco Ibarra (1934-1935/1944-1947/1952-1956/1961 e 1968-1972) no Equador; de Lázaro Cárdenas (1934-1940) no México; além dos movimentos políticos apristas (liderado por Victor Raul Haya de la Torre no Peru) e do gaitanismo (liderado por Jorge E. Gaitán na Colômbia).[127]

Enquanto os sociólogos argentinos Gino Germani e Torcuato di Tella partiam do pressuposto do populismo como "transição", nas passagens de uma sociedade "tradicional" (agrária, atrasada, pré-capitalista) para a "moderna" (capitalista, industrial, urbana), o politólogo Francisco Weffort e a historiadora Maria Ligia Coelho Prado consideraram o populismo marcado pela manifestação das classes populares nas lutas sócio-políticas. Nessa linha, o populismo corresponderia a uma manipulação das massas por parte do líder, mas também a uma satisfação de aspirações longamente acalentadas por parte das massas.[128]

Entretanto, é preciso historicizar e contemporizar. No Brasil, na década de 1950, a palavra "populismo" brotou primeiro como ideia desmerecedora, negativa, pejorativa do adversário político – e só depois como parâmetro de âmbito acadêmico.[129] De lá para cá, a ideia "populismo" tornou-se elástica e a-histórica, tal qual, ilustra Jorge Ferreira, uma etiqueta que poderia ser afixada a tudo – e, ao mesmo tempo, atida a nada. Ou, na bela expressão da historiadora Angela de Castro Gomes, o populismo se revelaria "um gato de sete vidas".

Angela de Castro Gomes analisou a trajetória do "populismo" nas ciências sociais no Brasil. Na primeira linha, logo observou: escrever sobre o populismo sempre será um risco, por incompletude ou por má compreensão, pois trata-se de um conceito com um dos mais altos graus de elasticidade, plasticidade e solidificação, tanto na arena acadêmica quanto na imprensa, oscilando entre uma retóri-

---

127 PRADO, 1981, p. 9.
128 WEFFORT, 1978; PRADO, 1981, p. 75.
129 FERREIRA, 2013, p. 9-13.

ca sociológica erudita e uma retórica política popular.¹³⁰ A historiadora considera o "populismo" estigmatizador de políticos e da política – e não está sozinha ao considerar imprecisos o conceito e as tipologias construídas para a compreensão do fenômeno, sendo acompanhada por muitos historiadores contemporâneos ao questionar as premissas teóricas do "populismo". "O populista, portanto, é o adversário, o concorrente, o desafeto. O populista é o outro", criticou Jorge Ferreira.¹³¹ Atualmente, a expressão carrega alta carga ideológica, que eletriza apenas o campo magnético do outro: o populista é o outro.

Ao investigar a propaganda política no "populismo latino-americano", a historiadora Maria Helena Rolim Capelato lembra que o termo é tão eclético a ponto de caracterizar uma longa lista de políticas, abrigando diferentes periodizações temporais e uma pluralidade de governos, perpassando Yrigoyen na Argentina e Alessandri no Chile, Collor no Brasil e Cárdenas no México, Haya de la Torre e Belaunde Terry no Peru e assim por diante. Expressões do populismo "clássico" se encontrariam nos governos de Vargas, Perón e Cardenas – mas tampouco nesses casos as interpretações intelectuais foram consensuais ou alinhadas. A historiadora alerta que o termo transitou da arena acadêmica ao vocabulário político, passando a designar um "estilo", um tipo de discurso ou um aglomerado de táticas de propaganda política. Capelato destaca que, na América Latina, o termo "populismo" provoca polêmicas, *grosso modo*, ao redor de duas visões opostas: de um lado, a crítica ao autoritarismo (tido como característica capital dos fenômenos populistas); de outro, a valorização de um certo caráter democrático (de inclusão, principalmente dos trabalhadores, na vida política).¹³²

Diferentes interpretações, portanto, marcaram a trajetória do "populismo". Historiadores como Angela de Castro Gomes, Jorge Ferreira e Maria Helena Rolim Capelato, entre outros, reviraram a história do conceito. Assim, antes de trancá-lo na gaveta, vale lembrar certos marcos.

Nas décadas de 1960 e 1970, a teoria da modernização de Gino Germani foi o primeiro passo na teorização do "populismo", que foi definido como um fenômeno típico de países subdesenvolvidos, como na América Latina, que não seguiram os passos da democracia liberal europeia, na transição de uma sociedade tradicional

---

130 GOMES, 2013, p. 18-20.
131 FERREIRA, 2013, p. 124.
132 CAPELATO, 2013.

para uma sociedade moderna num rápido processo de urbanização e industrialização, mobilizando massas populares. Impacientes, tais massas exigiram participação política – e uma das chaves a essa impaciência esteve, segundo a teoria, no "populismo".[133] Torcuato di Tella, por sua vez, foi além: o boom demográfico e as aspirações participativas das massas populares teriam forçado alterações no sistema político e, a certo ponto, as massas se aliaram às camadas médias, ressentidas estas por não se tornarem camadas dominantes – e diante desse quadro despontaram líderes oriundos das camadas médias, prontos para manipular massas. Ainda de acordo com a teoria da modernização, após a transição, o capitalismo se consolidaria nesses países, e a sociedade atrasada e oligárquica abriria caminho para uma sociedade desenvolvida e democrática.

Muitas críticas foram feitas a tal teoria. Octavio Ianni, por exemplo, criticou a ideia, sugerida pelos teóricos da modernização, de docilidade das massas diante das manipulações populistas – e Maria Helena Rolim Capelato, por seu turno, relativizou o poder da propaganda política, cujo sucesso dependeria dos códigos de afetividade e elementos histórico-culturais de sua sociedade-alvo, uma vez que, sem tais elementos, uma máquina propagandística, ainda que poderosa e sofisticada, cairia no vazio. Outra crítica se voltou à clivagem entre atraso x desenvolvimento, tradição x modernidade, que revelava um prisma evolucionista da história.

No Brasil, o mais importante teórico foi Francisco Weffort, que enfatizou a ideia de Estado de compromisso modernizante, com o argumento principal: o populismo impôs-se nos nós da repressão com a manipulação política, embora a chave de seu sucesso tenha sido a satisfação de algumas demandas dos trabalhadores – um equilíbrio instável entre mobilização e dominação das classes populares.

Na década de 1980, principalmente, as análises sobre o "populismo" foram revistas radicalmente na América Latina, muitas por autores argentinos.[134] Entre outros fatores, destacou-se o papel dos movimentos sociais, cuja participação no processo de redemocratização, no Brasil, na Argentina e alhures, incitou mudanças de foco diante dos trabalhadores – não mais compreendidos como atores "inconscientes" ou "passivos", mas, ao contrário, ativos e certamente capazes de realizar suas próprias escolhas a partir de um espectro de possibilidades políticas, o que

---

133 FERREIRA, 2013, p. 124.
134 CAPELATO, 2013, p. 131.

respingou nas interpretações sobre o "populismo" como simples manipulação dos trabalhadores pelo Estado personificado por um líder carismático e demagogo.

No fim da década de 1990, diversos cientistas contribuíram para desacreditar tais premissas do "populismo". Nos dias atuais, todavia, o "populismo" continua na ponta de línguas afiadas. Muitos autores insinuam o ressurgimento do "populismo" na América Latina, um "neopopulismo" marcado pela assunção de lideranças carismáticas através da mídia e escoltado por benesses cedidas mediante políticas públicas. Para muitos historiadores, a questão teórica resvala para o território do jogo político, onde a expressão "populista", pejorativa, foi pregada a líderes como Hugo Chávez ou Néstor Kirchner, isto é, como arma para tachar adversários.

*

Feitas essas ponderações, diversas vezes *Le Monde Diplomatique* mergulhou na areia movediça da discussão sobre o "populismo" de certos governos e fenômenos latino-americanos – já fora dos marcos temporais de Perón, palpita o questionamento mais contemporâneo sobre o potencial populista de certos governos, tais como Evo Morales na Bolívia, Hugo Chávez na Venezuela e Néstor Kirchner na Argentina. A ilustrar a discussão: Carlos Gabetta certa vez focou seu editorial no populismo, uma discussão na "ordem do dia". Alvejado por críticas da direita (pois suas ações impactariam nos interesses econômicos nacionais ou internacionais) e da esquerda socialdemocrata (por seu estilo e seu desapego institucional) e da esquerda revolucionária (por não ir até o "fim", fazendo jogo da direita), o populismo sustentaria todas essas críticas, na medida em que não ancoram seu estilo político, nem sua ética nem sua estética, nem seus critérios morais em posições como a direita (que quereria manter as diferenças) ou como a esquerda (que quereria abolir as diferenças). "Ao contrário, o populismo aspira harmonizá-las", aclara o ex-editor, "respondendo segundo as circunstâncias históricas ou as necessidades e exigências de umas e outras, pois definitivamente não é um projeto de transformação social ou de consolidação de um sistema, mas uma pura dinâmica de poder".[135] Assim, Gabetta compreende a ausência de uma "teoria" populista e o *passe-partout* dos programas de governo populistas, entre a direita, o centro e a esquerda de acordo com as circunstâncias – e, no mapa-múndi contemporâneo, fortes correntes populistas "pipocariam" em diversos países, como na América Latina:

---

135 GABETTA, junho de 2006, p. 3.

> [...] Desse ponto de vista, os populismos de direita, os tirânico revolucionários e os democrático progressistas (os latino-americanos atuais, por exemplo), expressam o populismo global em todas as suas variantes. Na medida em que são ideologicamente distintos, mas se apoiam nos mesmos setores sociais, esses populismos não podem menos que formular uma proposta contraditória e inaplicável por definição, mas ao mesmo tempo expressam cabalmente a dinâmica política do momento; são a expressão política da crise, sua força mais ativa. São a crise, definitivamente, dirimindo no poder político a luta que acontece nas entranhas do sistema.[136]

Daí Gabetta assinala o kirchnerismo, o "populismo" indígena boliviano e o "populismo" revolucionário venezuelano, com um só ponto de partida: a crise global, de tal sorte que todos caminhariam na mesma direção, mas com rotas e velocidades diferentes. E "todos" atravessariam árduas disputas internas.[137]

*

Diversas declarações dos intelectuais integrantes do *Monde Diplomatique* se destacam a partir desse ponto. Primeiro, vale lembrar a crítica de Dominique Vidal, na sua expressão, sem *langue de bois [conversa fiada]*:

> Há dois tipos de intelectuais que não podem compreender os fenômenos latino-americanos, como o peronismo e o bolivarianismo. O primeiro tipo corresponde a intelectuais anticomunistas, cujo anticomunismo é tal que é incompreensível, por exemplo, ao correspondente do *Monde* o que acontece na Venezuela. O segundo tipo corresponde aos que sempre precisam de um ídolo. Foi Mao Tse Tung durante a revolução cultural, Che Guevara durante "um, dois, três Vietnãs". Os que tiveram uma certa adoração por Gorbachev ou por Ho Chi Mihn. Todos que, na minha opinião, têm um "pró-comunismo" tão forte não podem compreender, pois têm uma visão acrítica. [...] Por muito tempo, o que se escreveu nos jornais e no *Monde Diplomatique* sobre Venezuela ou sobre Cuba...[138]

Intervi após as reticências de Vidal, citando os artigos elogiosos a Cuba e Venezuela publicados no *Monde Diplomatique*. Vidal retrucou: "Sim, houve uma espécie

---

136 GABETTA, junho de 2006, p. 3.
137 GABETTA, junho de 2006, p. 3.
138 Dominique Vidal em entrevista à autora, no dia 6 de outubro de 2014.

de moda intelectual por Hugo Chávez – a qual Ignacio Ramonet não escapou. E ainda não é o pior. Quando Bernard Cassen comenta Chávez, tem-se a impressão de que ele é Chávez. [...] É uma moda mundial, mas é uma moda *très française*".[139]

Noutro contexto e inadvertidamente, Bernard Cassen fez justamente o que prevera Dominique Vidal:

> Em 2006, no Fórum de Caracas, após o fim do fórum, Chávez fez uma reunião com 100, 150 representantes de movimentos sociais, numa grande sala militar. Pediu para algumas pessoas fazerem um balanço das proposições presentes no fórum, a respeito de uns quatro setores. Enquanto os representantes falavam, Chávez anotava – com a esquerda, canhoto. No fim, Chávez disse: "Escutei atentamente a vocês. Anotei. Mas tudo o que vocês pedem, nós já fazemos. E vocês o que fazem?" Ninguém pôde responder. A ascensão de governos progressistas ao poder na América Latina teve um significado histórico enorme. Em dez anos, Chávez, Lula, Correa, Evo. Foi formidável. [...] Chávez sempre admirou o Brasil. Toda vez que o vi, ele estava obcecado pelo Brasil. Era fundamental. *Moi, je dit, c'est Chávez qui parle*: "Eu disse a Lula: ouça, Lula, é você é o chefe. É você o mais importante".[140]

Questionei Maurice Lemoine se identificaria, no amplo arco de Chávez a Kirchner, governos latino-americanos populistas – e o que compreendia por populistas.

> A segunda pergunta é a mais importante. Isso já não quer dizer nada. Suponho que historicamente a palavra "populista" tinha um sentido, agora a usam para desqualificar qualquer governo a incomodar. Logo, já não quer dizer nada. Se por "populista" se quer explicar que está apoiado pelo povo, a mim me parece bem. A mim me parece bem. Talvez fosse mais fácil escrever isso, estou trabalhando num livro sobre os golpes *light*, os golpes modernos. Historicamente ao dizer populismo se quer dizer também demagogia. Para mim, demagogia seria fazer promessas e não cumpri-las. Mas se você pega a Venezuela, realmente houve progressos sociais. Logo não é demagogia. Se isso é populismo, sou populista. Esta é uma grande discussão. Para se ter uma ideia, na França, "populismo" pode se referir a Marine Le Pen, da ultradireita, a Jean-Luc Mélenchon, da esquerda. Querem deslegitimar os dois [...].[141]

---

139 Dominique Vidal em entrevista à autora, no dia 6 de outubro de 2014.
140 Bernard Cassen em entrevista à autora, no dia 10 de novembro de 2014.
141 Maurice Lemoine em entrevista à autora, no dia 27 de novembro de 2014.

Carlos Gabetta, por sua vez, não vê com bons olhos a possível dimensão populista de determinados governos. Lembro também aspas suas já referidas: "O que acontece é o seguinte: *Le Monde Diplomatique*, tanto o francês quanto o argentino, embarcou em apoiar movimentos populistas. A Cristina Kirchner na Argentina, a Hugo Chávez na Venezuela, a Rafael Correa no Equador. [...] Saí de *Le Monde Diplomatique* por isso".[142]

Na França, a fragilidade, tanto da direita quanto da esquerda, teria aberto brechas para Jean-Luc Mélenchon e Marine Le Pen. "Um, populismo que se diz de esquerda. Outro, populismo de extrema direita".[143] Na Argentina, Juan Domingo Perón teria encontrado brechas num contexto de golpe militar e da década infame. "Nem a esquerda nem a direita tinham resposta para isso – e surgiu um líder que dizia tê-la".[144]

Para Gabetta, os intelectuais europeus, especialmente franceses, encontraram fontes de esperança nos territórios latino-americanos, diante das desilusões da esquerda europeia. Era o *giro a la izquierda* a marcar a efervescência da América Latina "rebelde".

América Latina rebelde

Um *giro a la izquierda*, na expressão do historiador Carlos Aguirre. Uma década, diversas ascensões de governos progressistas, com movimentos e líderes identificados com posições antineoliberais e tom antiimperialista, que reivindicam (parcialmente, no mínimo) as pautas políticas e sociais das tradições socialistas e socialdemocratas na América Latina. Que rumam à descolonização cultural, econômica e política dos povos latino-americanos. Que simbolizam uma mudança em relação às décadas anteriores em que predominaram ditaduras, isto é, governos burocráticos e autoritários, e modelos democráticos restritos, pautados pela economia neoliberal.[145] Que, com o militar Hugo Chávez na Venezuela (1998), o metalúrgico Luiz Inácio Lula da Silva no Brasil (2002), o advogado Néstor Kirchner na Argentina (2003), o líder cocaleiro Evo Morales na Bolívia (2005), a médica Michelle Bachelet no Chile (2005), o economista Rafael Correa no Equador (2006), o

---

142 Carlos Gabettta em entrevista à autora, no dia 1º de setembro de 2014.
143 Carlos Gabettta em entrevista à autora, no dia 1º de setembro de 2014.
144 Carlos Gabettta em entrevista à autora, no dia 1º de setembro de 2014.
145 AGUIRRE, 2013, p. 1.

médico Tabaré Vázquez e o agricultor José Pepe Mujica no Uruguai (2004 e 2009), apesar das diferenças de estilos e trajetórias, inclinaram à esquerda seus mandatos presidenciais, distanciando-se do consenso de Washington. Que, assim, lideraram uma revisão da ortodoxia neoliberal na economia, articularam políticas de direitos humanos, amenizaram a miséria com políticas sociais. Que, apesar dos pesares, se propõem alternativas radicalmente distintas à hegemonia do capital, ainda são alvo para discussões, considerando as perguntas pendentes que só o tempo poderá responder – e, por trás dessas interrogações, levam um questionamento capital: o que é ser de esquerda na América Latina do século XXI.[146]

Para Aguirre, partindo das tradições marxistas revolucionárias, as agendas atuais das esquerdas abrigariam um antiimperialismo militante (às vezes mais retórico que real), um nacionalismo (presente na defesa dos recursos naturais e das soberanias nacionais), um esforço na redistribuição da riqueza e propostas de organização independente dos setores populares – e, assim, se distanciaram dos antigos modelos políticos e econômicos centralistas e autoritários identificados com os partidos comunistas.[147]

Sociólogo italiano e latino-americanista, Massimo Modonesi marca a mudança de *época*, paradoxalmente, diz, justificada pelo tal *fim da história*[148] – que, como lenda, atrás da euforia triunfalista a inspirá-la, contém certo fundo de verdade. Na ótica de Modonesi, entre fins da década de 1970 e princípios da década de 1990, findaria um ciclo histórico iniciado nos primeiros atos do século XX: um ciclo de lutas políticas e sociais de inspiração anticapitalista, antiimperialista e socialista, que disputavam o poder em diversas dimensões. Um ciclo, diz Modonesi, que incluía momentos de crise e de equilíbrio da estrutura de dominação.[149] Assim, a dé-

---

146 AGUIRRE, 2013, p. 1.
147 AGUIRRE, 2013, p. 4.
148 Para o filósofo nipo-americano Francis Fukuyama, o capitalismo liberal seria o *nec plus ultra* da vida política e econômica da história. No seu ensaio de 1989, o fim da história não teria no capitalismo um sistema "perfeito", mas eliminaria quaisquer alternativas melhores a esse sistema. A partir do ensaio *The end of history?*, que tomaria corpo no livro *The end of history and the last man* (1992), o filósofo afirma que, com o desenvolvimento científico, técnico e tecnológico, os tempos modernos obrigariam a todos os Estados a se modernizar, se quisessem sobreviver às pressões das potências mais avançadas, abrindo horizontes ilimitados de desenvolvimento econômico para satisfazer necessidades materiais – e o capitalismo, nesse ínterim, seria o único sistema "possível". Ver, entre outras, a crítica do historiador marxista Perry Anderson, *O fim da história: de Hegel a Fukuyama* (1992).
149 MODONESI, 2013, p. 152.

cada de 1980 assistiria à dissipação de um *modelo* de conflito – e os vencedores se apressariam a declarar o fim de todo conflito, por convicção ou por intenções de injetar um quê psicossocial que intoxicaria o imaginário coletivo e marcaria uma visão de época. Na América Latina, isso se intensificaria a partir de três fatores: o militarismo, o eleitoralismo e o neoliberalismo.

Por militarismo, o sociólogo italiano se refere certamente aos golpes e ditaduras latino-americanas – Argentina, Brasil, Chile, Paraguai, Uruguai. Por eleitoralismo, o autor se refere aos rumos das transições democráticas, que consolidaram a ideia da democracia eleitoral como o "melhor" dos mundos possíveis. E, no marco da *alternância* sem *alternativa*, o neoliberalismo pôde se firmar como consenso inevitável com a impressão de pluralismo político. "Foram os anos do 'pensamento único' nos quais a alternância política confirmava a ausência de alternativa socioeconômica" –[150] interessante escolha de expressão do autor, citando a ideia já referida de Ignacio Ramonet.

Identificar o modelo neoliberal foi o primeiro passo para desmantelar o sistema –modelo que passou a ocupar o centro de diversas discussões de partidos e movimentos de oposições, de intelectuais latino-americanos. Por volta de 1994, com o levante zapatista de Chiapas, essa visibilidade política conquistaria contornos mais nítidos, com as primeiras movimentações de uma resistência declaradamente antineoliberal – de Chiapas ao MST no Brasil, os *cocaleros* na Bolívia, os *piqueteros* na Argentina, que desembocaria nas manifestações de Seattle no amanhecer do movimento altermundialista[151] e nos fóruns de Porto Alegre. Na interpretação do teórico, isso marcaria um novo ciclo de mobilização, fator que mudaria a ordem real e simbólica, provocando um horizonte de crise hegemônica – o que impactaria nas urnas, ocasião oportuna para o protagonismo de políticos antineoliberais ou, no mínimo, não tão identificados com o neoliberalismo.

Entre épocas, arrematado o momento hegemônico do neoliberalismo, ainda resiste a dominação neoliberal. Nessa arena conflitiva, as crises econômicas e políticas descortinam um palco potencial para o *antagonismo* como fenômeno a transcender suas balizas estruturais e protagonizar processos de transformação. Nesse capítulo efervescente da história do tempo presente, Massimo Modonesi indica a incerteza dos desenlaces, a partir de interrogações de inspiração gramsciana:

---

150 MODONESI, 2013, p. 157.
151 MODONESI, 2013, p. 158-161.

"Como soldar o presente ao futuro, satisfazendo as necessidades urgentes do presente e trabalhando utilmente para criar e 'antecipar' o futuro? Como projetar o presente ao futuro? Como prefigurar nas lutas de hoje a sociedade de amanhã?"[152]

Tempos diferentes, épocas diferentes. A fim de compreender esse *giro a la izquierda* na América Latina, seus símbolos, seus movimentos e suas possibilidades, vale folhear e destrinchar as páginas, argentinas e francesas, de *Le Monde Diplomatique*.

*

Três edições da revista bimestral *Manière de voir*, especialmente compilando artigos antigos de *Le Monde Diplomatique* presentes na matriz francesa, focaram questões latino-americanas: em novembro/dezembro de 1997, *Amérique Latine, du 'Che' à Marcos* (n. 36); em junho/julho de 2003, *L'Amérique Latine en effervescence* (n. 69); e em dezembro de 2006/janeiro de 2007, *Amérique Latine rebelle* (n. 90).

Na revista de fins de 1997, Régis Debray e Jorge Castañeda revisitam a história nicaraguense, Maurice Lemoine a equatoriana, Bernard Cassen a argentina e a chilena. A edição ainda conta com escritos de Eduardo Galeano, Mariano Aguirre e Marcos, o subcomandante do Exército Zapatista de Libertação Nacional (EZLN).

Escritor e ex-vice-presidente nicaraguense, entre 1986 e 1990, Sergio Ramirez via no fim de século um território latino-americano inédito e paradoxal, pós-ditaduras e pós-possíveis revoluções. Introduzindo a edição de *Manière de voir*, Ramirez assinala um paradoxo semelhante ao da Revolução Sandinista: "Nós tínhamos conquistado o que não estávamos buscando – a democracia – e não conquistamos o que nós aspirávamos – a justiça e o bem-estar da população".[153] Lembra o escritor que após o triunfo da Revolução Cubana, a esquerda se inspirou na vitória via armas para garantir tais fins – mas sublinha a "democracia" como a principal lição histórica, de tal sorte que nenhum paradigma econômico dedicado à justiça social poderia partir de um regime autoritário.

Ramirez define "democracia" como consenso, uma *novidade* de fins do século XX. Na América Latina, onde a esquerda se rebelou e onde a direita teve ao lado as forças armadas tradicionais, o jogo democrático marcaria uma partilha do poder através de eleições: "Qualquer violação substancial das regras do jogo significaria

---

152 MODONESI, 2013, p. 177.
153 RAMIREZ, dezembro de 1997, p. 2.

um retorno à violência, ao autoritarismo, uma transgressão ao processo de paz e, assim, a qualquer possibilidade de estabilização econômica. Um risco para todos. Para refletir".[154]

Pós-revoluções, portanto, o escritor nicaraguense destaca outra *novidade*: o discurso zapatista, ao propor não a conquista do poder simplesmente, mas o diálogo nos espaços democráticos de participação. Pós-revoluções, por fim, Ramirez espera que as esquerdas possam contribuir com ideias novas, mais que com ideologias.

Após a transição Che – Marcos, a efervescência: no verão europeu de 2003, a revista reuniria artigos assinados por Jorge Beinstein, Emir Sader e Carlos Gabetta, Ignacio Ramonet e Maurice Lemoine.

Viva Brasil! Assim Ignacio Ramonet dá o tom para tal efervescência. O editorial de janeiro de 2003 revisitado é um dos principais pilares para compreender esta *Manière de voir*. Diante da vitória lulista de outubro de 2002, o editor celebrou, eufórico: "Pela primeira vez, o imenso Brasil – 170 milhões de habitantes, décima potência industrial do mundo – está prestes a ser governado, sob condições democráticas, por um líder da esquerda radical que recusa a globalização neoliberal. É um acontecimento de primeira grandeza. Num contexto muito diferente, lembra o que significou, em 1970, a vitória de Salvador Allende à presidência do Chile... Este 1º de janeiro de 2003 marca assim o início de um novo ciclo histórico na América Latina".[155] É preciso sublinhar o otimismo extremo de Ramonet referente a um Lula "esquerda radical"?, enquanto no Brasil assistíamos a uma versão Lulinha "paz e amor"? Assim como a questão altermundialista, marcada por uma literatura militante, a alta expectativa mostra como às vezes o otimismo cega a militância.

Hipérboles à parte, na perspectiva de Ramonet, o ciclo anterior durou cerca de duas décadas, entre 1983 e 2002, marcadas por tiranias militares, repressões e revoltas armadas. E marcadas por três fenômenos principais: o aniquilamento das guerrilhas (fora as FARCs colombianas e o EZLN mexicano), a consolidação de regimes democráticos e a experimentação sistemática de políticas neoliberais.[156] O jogo virou a partir no fim da década de 1990 e, para Ramonet, um xeque-mate viria a partir de 2003, com a posse de Lula como indicador *mais manifesto* das mudanças esperadas, como indicador de que os povos latino-americanos poderiam ainda es-

---

154 RAMIREZ, dezembro de 1997, p. 2.
155 RAMONET, janeiro de 2003, p. 1.
156 RAMONET, janeiro de 2003, p. 1.

colher seus destinos e seus modelos, recusando o projeto neoliberal por um outro paradigma econômico, mais humano e mais solidário. Nisto, concordo, que as vitórias do *giro a la izquierda* traduziram uma busca por outras possibilidades – mas não seria demasiado cinismo, espero, admitir que muitas de tais potencialidades não se concretizaram na realidade.

É interessante minutar 1997, 2003 e 2007 como linha do tempo, quer dizer, como marcos de observações do *Monde Diplomatique* francês à América Latina – 1997, após o levante zapatista de Chiapas e os primeiros passos para reconstruir resistências e investigar alternativas diante de Washington; 2003, Chávez, Lula e logo Kirchner; 2007, outro momento latino-americano *de ouro*.

No editorial de *Manière de voir* n.º 90, na virada para 2007, Ignacio Ramonet definia o momento latino-americano com a hiperbólica expressão *age d'or*. Parte da hipótese de que, ao longo de sua *trágica* história desde o século XIX, a América Latina viveria agora um marcante tempo de paz, prosperidade e, principalmente, consolidação democrática. Elenca, novamente, as vitórias, entre eleições e reeleições, de candidatos de esquerda ou centro-esquerda na região: Hugo Chávez na Venezuela, Lula no Brasil, Néstor Kirchner na Argentina, Tabaré Vázquez no Uruguai, Evo Morales na Bolívia, Martín Torrijos no Panamá, Michelle Bachelet no Chile – e inclui Alan García no Peru, justificando pois seu partido, a Aliança Popular Revolucionária Americana (APRA), integra a Internacional Socialista.[157]

Vitórias inéditas, mantidas dentro das regras do jogo democrático. Ramonet lembra que, sob pretextos diversos, projetos progressistas foram interrompidos por golpes militares ou intervenções diretas dos Estados Unidos na região. Ilustra o argumento com as situações de Jacobo Arbenz na Guatemala, João Goulart no Brasil, Juán Bosch na República Dominicana e Salvador Allende no Chile – derrubados em 1954, 1964, 1965 e 1973, por golpes militares endossados pelos Estados Unidos no contexto da Guerra Fria. Contexto em que uma única experiência se manteria: Cuba, mas ao alto custo de um embargo comercial *devastador* e de diversas querelas, como a crise dos mísseis de outubro de 1962. Ramonet questiona por que projetos progressistas, que por décadas foram minados, agora voltam a marcar a América Latina – e "por que uma voga rosa e vermelha pode cobrir tantos Estados sem ser interrompida como antes?"[158] O que mudou?

---

157 RAMONET, dezembro de 2006/janeiro de 2007, p. 4.
158 RAMONET, dezembro de 2006/janeiro de 2007, p. 4.

Primeiro, o fracasso das experiências neoliberais latino-americanas na década de 1990 – que, na interpretação do autor, teriam saqueado esses países, arrastando suas sociedades à pobreza e suas indústrias nacionais à bancarrota, levando, finalmente, seus povos à revolta. Aí, uma interessante escolha de exemplo do editor espanhol: a revolta popular na Argentina, de 21 de dezembro de 2001, que provocou a renúncia do presidente Fernando de la Rúa, e principalmente o colapso das políticas neoliberais de Carlos Menem entre 1989 e 1999 – revolta na América Latina que corresponderia na Europa ao simbolismo da queda do muro de Berlim, de 9 de novembro de 1989, isto é, a recusa de um modelo *dogmático*.[159]

Na perspectiva do sociólogo, outra chave para compreender a questão é o contemporâneo contexto internacional: pós-11 de setembro de 2001, os Estados Unidos passaram a focar suas preocupações geopolíticas no Oriente Médio, onde está o petróleo e onde estão seus principais *inimigos* atuais. Nesse novo xadrez geopolítico, a "distração" favoreceu a eclosão, na América Latina, de muitas experiências de esquerda que, para Ramonet, devem ser aproveitadas por seus líderes a fim de acelerar reformas esperadas há muito tempo.[160]

Entre reformas e revolução. Em dezembro de 2007, Carlos Gabetta surfou nessa onda latino-americana: "Nunca, desde as revoltas e guerras de independência, a América Latina viveu um clima social e político como o atual".[161] Destaca a agitação dos movimentos sociais, formulando demandas e elaborando propostas emancipatórias e igualitaristas. Assim como Ramonet, Gabetta argumenta que as décadas de políticas neoliberais bastaram para acabar com a *ilusão* dos benefícios do desenvolvimento capitalista ancorado nos investimentos internacionais e nas *buenas intenciones* das multinacionais – e que a pobreza, a marginalidade massiva e a desigualdade extrema, provocadas pelo neoliberalismo, despertaram a consciência de milhões de latino-americanos para o imperativo de explorar outras vias.[162] E, assim como Ramonet, Gabetta comenta o contexto internacional favorável a essa explosão, com o tom imperial dos Estados Unidos, cujo vigor estaria menor militar e economicamente, restringindo suas possibilidades de intervenção.

---

159 RAMONET, dezembro de 2006/janeiro de 2007, p. 5.
160 RAMONET, dezembro de 2006/janeiro de 2007, p. 5.
161 GABETTA, dezembro de 2007, p. 2.
162 GABETTA, dezembro de 2007, p. 2.

Mas Gabetta tem um olhar mais crítico sobre a realidade latino-americana – na sua expressão, longe de ser *idílica*.[163] Há oportunidade, mas há mais: para o jornalista, o inimigo não estaria só fora dos territórios latino-americanos, mas dentro. Estaria presente entre fortes contradições internas, mesclando hábitos culturais e políticos de transgressão "muito arraigados", profundo desapego à lei, intensa corrupção, violência, negativa influência de mitos, utopismo, messianismo, caudilhismo e clientelismo político.[164] Na visão do editor, esse tanque de contradições deveria ser vertido por um processo emancipatório e igualitarista.

No duo duelo contra um inimigo externo e um inimigo íntimo, múltiplo, esses processos teriam até agora cunhado três métodos, tipificados pelo editor: o tumultuoso e arrebatador, próprio dos populismos (peronismo argentino e outros); o democrático reformista (Chile, de Salvador Allende); e o revolucionário ditatorial (Cuba, de Fidel Castro). Três métodos que, apesar de proporem progressos importantes, teriam tentado e fracassado em diversos modos e diferentes circunstâncias. Três modelos que agora coexistem e se superpõem, cujas diferenças, contudo, arriscariam o equilíbrio da região, o que se expressaria nos atritos entre Argentina e Uruguai, Chile e Bolívia, Colômbia e Venezuela, nas rusgas verbais entre os diferentes presidentes.[165]

Da herança peronista, já se disse diversas vezes o que pensa Gabetta. Já Allende, para o argentino, teria protagonizado a mais democrática, *generosa* e moderna tentativa reformista da história latino-americana – mas a experiência chilena evidenciaria infelizmente que nada valeram a legitimidade institucional e o respeito democrático diante de um império inexorável. A Revolução Cubana, por sua vez, resistira a diversas agressões, mas ao preço de se subjugar a partilhar o sistema político e econômico do *gran fracaso revolucionario* do século XX: a União Soviética.[166]

Assim, Gabetta vê diversos impasses nas atuais experiências latino-americanas, com fragmentações e enfrentamentos. Vê nos governos ditos progressistas não uma *revolução*, mas uma pilha de *reformas* "anunciadas". Diz "anunciadas", pois os governos não teriam realizado reais mudanças, como reformas agrárias, leis contra monopólios, impostos ao mercado financeiro e um real Estado de bem-estar social,

---

163 GABETTA, dezembro de 2007, p. 2-3.
164 GABETTA, dezembro de 2007.
165 GABETTA, dezembro de 2007.
166 GABETTA, dezembro de 2007.

tal como propuseram. Por fim, Gabetta se volta mais uma vez ao farol francês, um *respeitável* marco institucional republicano,[167] ao dizer:

> Enfim, que a complexidade do processo latino-americano atual excede esse espaço e, certamente, a capacidade de qualquer analista. Seria pretensioso oferecer receitas que, por outro lado, podem ser desordenadas a qualquer momento pela situação internacional ou pela evolução dos movimentos sociais. O tempo dirá quem cumpriu com seus mandatos; que método foi o mais eficaz. Sobretudo, dirá se desta vez a América Latina pôde finalizar o processo emancipatório e igualitário que o século das luzes e as revoluções francesa e americana inspiraram a suas sociedades e líderes há 200 anos.[168]

Entre reformas *versus* revolução. Em janeiro de 2008, Carlos Gabeta voltou à questão no editorial d'*El Dipló*. Considera a oposição *bizantina* e inútil, pois diante da realidade latino-americana, qualquer política simpática simplesmente ao bom republicanismo, à igualdade de oportunidades e à distribuição mais igualitária de renda – o "ABC" de um país *moderno* – seria considerada *revolucionária*, pois transformaria radicalmente a realidade.[169]

Gabetta desengaveta a história mais uma vez: vê situações variadas nos países latino-americanos, mas considera que o capitalismo não está agora no auge, como no fim do século XIX, época que esbravejaram as lutas impulsionadas por anarquistas, comunistas e socialistas, ou como no século XX, momento de *glória* dos populismos latino-americanos. Diante de um capitalismo colapsado no século XXI, marcado por uma crise histórica, maiores desigualdades e marginalização massiva, o editor pondera que fazer frente a essa realidade também seria *revolucionário*.[170]

O então editor d'*El Dipló* tem uma interessante leitura do tempo e da história. Em setembro de 2003, a 30 anos do golpe no Chile, lembrou assim a década de 1970: enquanto os americanos se embrenhavam no Vietnã, a Revolução Cubana continuava a inspirar movimentos guerrilheiros determinados a assaltar o poder e instaurar o socialismo; além-mar, a África se libertava; a América Latina via católicos se aliando com revolucionários laicos – e o padre Camilo Torres morria na Colômbia empunhando uma metralhadora. Depois do Maio de 1968 francês,

---

167 GABETTA, 2013, p. 18.
168 GABETTA, dezembro de 2007, p. 3.
169 GABETTA, janeiro de 2008, p. 3.
170 GABETTA, janeiro de 2008, p. 3.

"proibido proibir", "paz e amor", a penicilina e a pílula, a liberação sexual, as revoltas contra Stalin...

> Nesse contexto, a experiência chilena e a cubana eram micro-laboratórios onde se incubaram as duas vias possíveis de uma revolução que, ao menos assim parecia, a maioria dos cidadãos do mundo desejava. Ainda que a revolução cubana tivesse a auréola do mito e até um ícone, Che Guevara, a que despertava unanimidade mundial era a chilena: ali parecia confluir a um jorro luminoso, festivo e final de todas as correntes da fonte da modernidade, desde o humanismo, o panteísmo, o iluminismo e a ilustração ao marxismo. *Liberté, égalité, fraternité*, por fim.[171]

Nas lembranças de Carlos Gabetta, a queda de Salvador Allende provocou uma frustração universal. Foi um ponto de inflexão para as esquerdas. Ainda na sua leitura do tempo, relembrou as décadas de 1980 e 1990: no breve período da *perestroika* e da *glasnost* de Mikhail Gorbatchov na URSS, muitos, inclusive o editor, imaginaram que era a hora da social democracia, do socialismo na liberdade. Mas viriam outros desencantamentos, com Felipe González, François Mitterand e Bettino Craxi, que não puderam afrontar o capitalismo neoliberal. Após as ditaduras, as redemocratizações na América Latina brindaram de um lado a democracia, de outro o capitalismo.

2003, por sua vez, novo século, novo milênio, novo momento: três décadas após a queda de Allende, a resposta ao rumos do capital se daria nas ruas (Buenos Aires, Caracas, Porto Alegre) e nas urnas (Kirchner, Chávez, Lula), como expressão política do fracasso do modelo neoliberal. Assim, entre passado e presente, o intelectual joga sua visão histórica ao futuro: "Capitalismo tardio? Nova ilusão reformista? As discussões sobre isso podem se prolongar ao infinito, mas aí está a História para aprender. [...] É só um momento de um processo histórico de transição", afirma. "Não contemplar essa complexidade, não considerar a necessidade do tecido social para recuperar sua fortaleza e coerência, não acompanhar – de maneira crítica e vigilante, mas ativa – o desenvolvimento do processo, significa ignorar as lições da História", arremata.[172]

---

171 GABETTA, setembro de 2003, p. 2-3.
172 GABETTA, setembro de 2003, p. 3.

Assim, Gabetta considera o mapa-múndi contemporâneo mais "perigoso" que nos tempos da Guerra Fria que, diante do temor de uma calamidade nuclear, permitiu décadas de certa "racionalidade internacional, prosperidade econômica e desenvolvimento democrático", com avanços consideráveis nas liberdades políticas e na igualdade socioeconômica. Enquanto isso, os territórios terceiro-mundistas também teriam seus avanços: a relativa prosperidade na América Latina, as independências na Ásia e na África. Ressalva o intelectual que não pretende idealizar essa época, mas admitir que se avançava, aos tropeços, mas se avançava.[173]

Após a implosão soviética em 1991, os Estados Unidos se incumbiriam dum caráter imperial, liderando duas décadas de neoliberalismo – aí adiciono uma ideia do sociólogo brasileiro Emir Sader no *Dipló*: a América Latina pagaria um preço muito alto por ter sido laboratório privilegiado dos experimentos neoliberais, tornando-se uma das zonas mais instáveis do mundo, em termos socioeconômicos e políticos.[174] Nesse tabuleiro internacional intrincado, dois xeques: por um lado, a crise financeira internacional; por outro, a guerra ao terror. De tal sorte que a paz mundial e as democracias estariam à mercê de diversos "perigos". Gabetta veria assim um momento crucial para a América latina, entre o autoritarismo e o destino colonial, ou a democracia e a integração independente.[175]

Das críticas d'*El Dipló* ao imperialismo norte-americano, *prepotente, irresponsável* e de *ambições hegemônicas* nas palavras de Gabetta, uma aposta nas possibilidades das jovens democracias sul-americanas. Para o então editor, duas seriam as possibilidades: ou Bolívar, ou Monroe. De um lado, a independência e integração sul-americana, cuja primeira manifestação se simbolizaria pelo congresso do Panamá, convocado por Simón Bolívar em 1826. De outro, a órbita dos Estados Unidos, cujas tentativas se encontrariam na Doutrina Monroe e na primeira conferência da União Panamericana de 1899.[176]

*

"É um Quixote, mas não está louco". Carlos Gabetta cita a frase de Bonaparte, a respeito do general-libertador venezuelano Francisco de Miranda, para marcar suas impressões sobre diferentes líderes latino-americanos: Chávez, Fidel, Lula e

---

173 GABETTA, setembro de 2002, p. 3.
174 SADER, fevereiro de 2003, p. 6-7.
175 GABETTA, setembro de 2002, p. 3.
176 GABETTA, setembro de 2000, p. 3.

Kirchner. Justifica que a mídia, os intelectuais de direita e certos intelectuais da esquerda socialdemocrata costumam caracterizar como *quixotadas*, isto é, como delírios, iniciativas desses governantes: Venezuela, a soberania diante dos Estados Unidos, que ambiciona seu petróleo; Cuba, a soberania, também a *tiro de piedra* dos Estados Unidos, que ainda não teria engolido a perda de sua *isla-cabaret*; Brasil, rebelde que ousou tirar 50 milhões da fome; Argentina, maré mafiosa que pretende se tornar um país "sério".[177]

Crítico, porém, das possíveis ilusões suscitadas por esses governantes, Gabetta considera que, na realidade, o único razoável seria pensar uma *modesta utopia*. Que as sociedades latino-americanas ainda lutam por sua independência política *real*. Que diante do pessimismo atual, diagnosticado com desigualdades crônicas, desemprego agudo, especulação febril, Estados desorientados, conflitos armados, desordens climáticas e pandemias, esses *pujos* revolucionários corresponderiam a uma nova onda independentista. Nesse viés, Chávez, Fidel, Lula e Kirchner lembrariam quixotes, mas não estariam loucos. Deveriam honrar os valores de *libertad*, *igualdad* e *solidariedad* – e, mais uma vez, é revelante a escolha de expressões do editor, invocando os ideais franceses tão simbólicos de *liberté, egalité e fraternité*.[178]

Eis a América Latina do século XXI: vibrante, mas carregada de contradições. E, num viés marxista, a esquerda teria virado "a página do livro" do momento em que o capitalismo teria dado tudo de si.[179] E a atual esquerda encontraria na América Latina um terreno fértil para cultivar outras experiências: um eixo Bolívia-Cuba-Venezuela com propostas socialistas, outro de Argentina, Brasil, Chile, Equador, Paraguai e Uruguai com alternativas dentro do capitalismo, mais distributivo e mais harmônico. Todos com altas possibilidades, mas limites imediatos. Entre otimismos e pessimismos, entre oportunidades e colapsos, entre alternativas vibrantes e vias contraditórias, um "fim de época":

> A muitos, a muitíssimos, esse ponto de vista continua parecendo uma ingenuidade, um *wishfull thinking* sofisticado, mas não sentem vocês, simplesmente lendo atentamente os bons jornais, que estamos vivendo um tormentoso, violento, confuso, imprevisível e apaixonante fim de época? [...] A América Latina tem todas os ativos para sair adiante. Riquezas, território e unidade cultural; campesinos, metalúrgicos,

---

177 GABETTA, junho de 2004, p. 3.
178 GABETTA, junho de 2004, p. 3.
179 GABETTA, junho de 2004, p. 3.

classes médias, cientistas e intelectuais produto de um trânsito marginal e caótico, mas trânsito por fim, para a modernidade. Tempos duros e apaixonantes, que pedem por estadistas e visionários da história antes que políticos que podem deixar passar a oportunidade.[180]

Para Gabetta, a ascensão das esquerdas latino-americanas nos processos democráticos atuais muito diferem das décadas de 1960 e 1970, pois quase inexistem movimentos armados importantes a pedir a destruição da ordem burguesa e o socialismo revolucionário. Eleitos democraticamente, esses governos pretenderiam aprofundar e consolidar a democracia, erradicando desigualdades – e isso, sim, seria revolucionário. Logo, nessas *democracias revolucionárias*, expressão do editor, as forças armadas e as intervenções militares não seriam mais o fator de desequilíbrio, mas as pressões dos lobbies políticos, da especulação financeira e da difamação midiática.[181] A fim de empreender transformações revolucionárias, essas democracias precisariam enfrentar, ou no mínimo contornar, tais pressões – uma tarefa hercúlea, mas promissora e *apaixonante*: "Em todo caso, algo pelo qual nos próximos anos valerá viver e lutar na América Latina".[182]

Nem tudo são flores no terreno latino-americano, obviamente. Nas páginas platinas de Le Monde Diplomatique, Carlos Gabetta e Ignacio Ramonet escreveram diversos textos sobre as atuais possibilidades da América Latina. Todavia, duas questões mais sensíveis se destacam por evidenciar contradições e discordâncias entre seus intelectuais: Cuba e Venezuela,[183] com seus controversos comandantes, Fidel Castro e Hugo Chávez.

Cuba

Cinquenta anos após a vitória da Revolução Cubana, a imprensa internacional descortinou distintas visões sobre os ecos da revolução e, principalmente, sobre o destino político de Cuba. Em 1º de janeiro de 1959, os guerrilheiros castristas triunfavam na ilha caribenha. Em 1º de janeiro de 2009, diversos intelectuais e jornalistas

---

180 GABETTA, junho de 2004, p. 3.
181 GABETTA, janeiro de 2006, p. 2-3.
182 GABETTA, janeiro de 2006, p. 3.
183 Questões que destrincho, não por acaso, pois Cuba e Venezuela estão entre os regimes mais repressivos em termos de liberdade de expressão. Segundo o *Press Freedom Index* de 2015, organizado pela liga internacional Reporters Sans Frontières, Cuba está em 169º e Venezuela em 137º entre os 180 países investigados.

se voltaram às memórias revolucionárias, evidenciando antigas e novas perspectivas para a ilha. *El Dipló* também embarcou nessas discussões.

A importância de Cuba como marco da primeira revolução que se tornou socialista na América Latina, no contexto internacional marcado pelo acirramento da Guerra Fria, suscitou e suscita até hoje interpretações diferentes, polarizadas ou na defesa incondicional do castrismo ou na crítica cruel às diretrizes revolucionárias. Entretanto, há uma visão crítica de esquerda que admite as conquistas sociais da revolução e seus esforços para a construção socialista, mas assume uma posição crítica em relação aos limites das liberdades democráticas na ilha caribenha.[184]

Do Institut des Hautes Études de l'Amérique Latine (IHEAL), a politóloga francesa Janette Habel assinou no *Monde Diplomatique* um artigo interessante sobre o *dilema* cubano no 50º aniversário da revolução. Dilema que se expressaria na citação do sociólogo cubano Aurelio Alonso: "Sair do caos sem cair na lei da selva".[185]

Habel privilegia a pluralidade de vozes na análise, citando como fontes a historiadora norte-americana Michelle Chase, a socióloga cubana Mayra Espina, o politólogo cubano Juan Valdés Paz, o diretor da revista *Temas* Rafael Hernández e o diretor da revista *Criterios* Desiderio Navarro, entre outros. A autora costura ideias das fontes, tecendo discussões acerca do tema. Marcante também é a presença de interrogações ao longo do artigo: "O que se discute? Em que consistem as diferenças? Militantes, investigadores, intelectuais e alguns círculos estudantis estão em busca de um socialismo alternativo. Essa busca vem acompanhada por um retorno crítico sobre o socialismo real e o balanço da queda da URSS [...]. É preciso mudar. Mas o que, quando e como?"[186] Questões vibrantes, pois Habel não mira apenas a revolução no retrovisor, mas questiona o destino cubano após o afastamento de Fidel desde 2008, passando o poder para o irmão, Raúl Castro.

Além da linha sucessória a lembrar a importância da questão geracional, Habel destaca que nunca foi tão expressiva a distância entre os jovens e os velhos revolucionários. As novas gerações veem a ditadura de Fulgencio Batista como uma história longínqua, que nada teria a ver com seu presente. E, pensando no seu futuro, questionam, por exemplo, por que é preciso pedir autorização para viajar?, por que a internet é restrita?

---

184 MISKULIN, 2003, p. 26.
185 HABEL, janeiro de 2009.
186 HABEL, janeiro de 2009.

A sucessão colidiu com uma concomitância imprevista de dificuldades de diversas ordens, como a crise financeira internacional, a hipercentralidade burocrática, três ciclones consecutivos, a prosperidade da economia informal e do mercado negro. Assim, ao admitir publicamente que o modelo não está no rumo certo, e que era preciso empreender mudanças estruturais, Raúl gerou muitas esperanças. Duas questões assim se impuseram nas discussões: a economia e a liberdade de expressão/participação popular. No fundo, tais questões contêm outro interrogante: quem lidera Cuba? Se há correntes internas, se há *raulistas* e *fidelistas*, se há discussões sobre o socialismo e a democracia? Assim, para Habel, é preciso discutir esses pontos para compreender como avançar, como mudar.[187]

Uma chave para compreender as discussões sobre Cuba é a ideia de "transição" – se haverá ou não; se sim, se haverá antes ou após a morte de Fidel Castro. Na crítica de Carlos Gabetta, os adversários da Revolução Cubana consideram que a transição levará ao capitalismo, puro e duro. Gabetta, pró-revolução, espera que o tempo do capitalismo já tenha passado – e que ofereceu o que tinha para oferecer, mas agora só contribui para conflitos e opressões – mas que o momento do socialismo ainda não se deflagrou. Considera assim que, fora da linha soviética, o socialismo ainda não se concretizou.[188]

No campo soviético vê o editor três entraves essenciais: 1. a progressiva composição de uma classe dirigente, *enquistada* no poder, cada vez mais distante da sociedade, que se pretenderia sem classes; 2. a onipresença do partido e seus principais líderes, com a pretensa infalibilidade de suas teorias e formulações dogmáticas, a reprimir toda dissidência e a ferir a liberdade de imprensa, abolindo a crítica; 3. a produtividade, pois o socialismo não pôde migrar o estímulo do progresso individual próprio do capitalismo para outro modelo capaz de igualar suas performances e suas implicações positivas. Para Gabetta, Cuba padece desses três males, por ser um regime de partido único que centraliza a economia, sem pluralismo político nem liberdade de expressão.[189]

Gabetta modera suas críticas, argumentando que uma abertura de Cuba seria possível para ultrapassar esses obstáculos, num contexto latino-americano favorá-

---

187 HABEL, janeiro de 2009.
188 GABETTA, abril de 2007, p. 30-31.
189 GABETTA, abril de 2007, p. 30-31.

vel, com os governos progressistas e projetos de integração.[190] Uma abertura *audaz*, capaz de combinar maior democracia política e transformações econômicas de inspiração socialista.

Ideias semelhantes, mas de diferente tom palpitam nas palavras de Ignacio Ramonet. Biógrafo de Fidel Castro, o sociólogo reuniu uma série de entrevistas, que duraram mais de 100 horas, com as memórias do comandante cubano num livro de mais de 600 páginas, intitulado *Fidel Castro: biografia a dos voces* (2006).

Até 2011, Ignacio Ramonet não publicou textos folhosos relacionados a Cuba no *Monde Diplomatique*. Um deles, traduzido n'*El Dipló*, de abril de 2002. Ali Ramonet narrou um mal-estar na mídia francesa acerca do Salón del Libro de La Habana. A França foi uma das nações convidadas para a festa literária. Muitos criticaram especialmente o sociólogo, que publicizara seu último livro no Teatro Karl Marx, diante de milhares de espectadores – entre eles, Fidel Castro, Joseph Stiglitz e Robert Mundell. Os críticos diziam que sua participação equivalia à França avalizar Cuba.

Ramonet argumenta que há 40 anos os americanos impõem um embargo comercial *devastador*, com consequências trágicas para os habitantes da ilha, além de uma guerra ideológica e midiática contra Cuba. Que, contudo, o pequeno país soberano teve conquistas *excepcionais* no desenvolvimento humano: fim do racismo, emancipação feminina, erradicação do analfabetismo, elevação do nível cultural, redução drástica da mortalidade infantil, índices admiráveis nas questões de saúde e de educação. Entretanto, o autor ressalva que, no âmbito das liberdades, a situação está longe de ser satisfatória. Nesse campo, há duas referências interessantes: primeiro, o editor se refere às críticas presentes no próprio *Le Monde Diplomatique*, citando artigos de Françoise Barthélemy, Janette Habel e Lisandro Otero; segundo, cita um informe da Anistia Internacional, que indicaria 13 presos políticos (de *opinión*) no fim de 2000. Ramonet cita, mas critica o informe, que não menciona torturas, sequestros ou assassinatos, mas dá a impressão de *gulag* na ilha – e faz um *mea culpa* ao mencionar que as "democracias" vizinhas, entre aspas do autor, como

---

[190] A respeito dos projetos de integração, Carlos Gabetta expressou noutro editorial suas críticas. Apesar de simpático ao fervilhar de ideias da Unasur, do Mercosul, da Aliança Bolivariana para as Américas (Alba) – como alternativa à Área de Livre Comércio das Américas (Alca), dos distintos movimentos políticos e econômicos, vê aí um mosaico de instituições regionais que expressa, ao mesmo tempo, desconcerto, confusão e busca de um rumo. Vê, de um lado, a inexistência de concretização de propostas; de outro, discursos e disposições para atuar politicamente, com independência frente aos Estados Unidos, pedindo vez e voto nas reuniões de cúpulas internacionais (GABETTA, janeiro de 2009).

Honduras e Haiti, México e Brasil, ainda teriam sindicalistas, opositores e jornalistas assassinados impunemente, além de violação dos direitos culturais, econômicos e sociais, o analfabetismo, a mortalidade infantil e assim por diante.[191]

Ramonet lamenta a posição de certos politólogos de *pacotilla*, que se apressaram a declarar a queda iminente de Cuba após a dissolução da URSS: "É não compreender a verdadeira índole desse regime".[192] Para o sociólogo, o regime mudou muito, deixando para trás pontos importantes da "velha ortodoxia socialista", mudando leis de agricultura, abrindo o turismo e dinamizando a vida cultural – e, nesse prisma, o país seria *infinitamente* mais aberto que há dez anos. Esses politólogos, uma roda de "nostálgicos inconsoláveis do anticomunismo" e amargos "ex-combatentes" da Guerra Fria, na definição do autor, criticaram a participação de personalidades francesas no Salón, especialmente a de Ramonet – que lançaria o livro *Propagandas silenciosas*, inspirado, novamente na definição do autor, no espírito subversivos dos mestres frankfurtianos, Adorno, Benjamin e Marcuse.[193]

No Salón, Ramonet citou a derrota da URSS, derrota flagrante que deveria passar uma lição histórica: "Um regime sem democracia e uma economia sem mercado levam à catástrofe".[194] Com a palavra, Fidel confirmaria já não existir um "modelo" na política – e que ninguém compreenderia muito bem a ideia atual de socialismo. No fim, o saldo: mais de um milhão de visitantes no Salón, com a difusão de 5 milhões de livros e diversas discussões intelectuais. "Os editores franceses puderam apresentar livremente os livros de autores críticos do regime, como Cabrera Infante, Reinaldo Arenas, Jesús Díaz, José Triana, Raúl Rivero, etc. As autoridades não censuraram nenhum livro. O que confirma mais uma vez que o anticastrismo primário é o liberalismo dos imbecis".[195]

A partir desses três textos, de Carlos Gabetta, Ignacio Ramonet e Janette Habel, é possível notar certas tendências analíticas. Habel vê o imperativo de mudança na ilha e interroga muito sobre como realizá-la. Gabetta concorda com a necessidade de mudança, mas é muito mais incisivo nas suas críticas, principalmente relacionadas ao tom autoritário de Havana. Já Ramonet admite as fragilidades insulares caribenhas, mas elogia festivamente as conquistas do regime, que precisa mudar,

---

191 RAMONET, abril de 2002, p. 18.
192 RAMONET, abril de 2002, p. 18-19.
193 RAMONET, abril de 2002, p. 18-19.
194 RAMONET, abril de 2002, p. 18-19.
195 RAMONET, abril de 2002, p. 19.

mas que já teria mudado "muito". Assim, e apesar da talvez semelhança das linhas de pensamento, os tons são diferentes.

Em março de 2008, após a renúncia de Fidel Castro, Gabetta lhe diria um homem, simplesmente um homem diante de uma das oportunidades únicas da História, que teria se tornado um *gran hombre* no século XX.[196] Já Ramonet o perfilaria como um combatente, com trajetória única, liderança e imensa influência. Não economizou nos adjetivos: respeitoso, modesto e discreto, defensor de sentido ético e moral muito elevados, princípios rigorosos. "Não é nem o monstro que descrevem algumas mídias ocidentais, nem o Superman que apresentam às vezes as mídias cubanas", diz Ramonet. "Fidel Castro é uma curiosa mescla de idealismo e pragmatismo. Sonha com uma sociedade perfeita sabendo que as condições materiais são extremamente difíceis de transformar. Abandona seu cargo presidencial, convencido da estabilidade do sistema político cubano".[197]

Entretanto, na edição de outubro de 2010, a primeira página d'*El Dipló* estampava em letras garrafais: Cuba assume o fracasso do "socialismo real". Para Gabetta, o último grande sonho do século XX encontrava o fim – e o despertar cubano, nas palavras do argentino, ainda deveria procurar respostas no presente século XXI.[198]

Venezuela

Em outubro de 1999, Ignacio Ramonet publicou seu primeiro editorial dedicado a Hugo Chávez. Um retrato às avessas de seus detratores, para quem o presidente venezuelano se revelaria *carapintada*, ditatorial, golpista, jacobino autoritário, aliado de Fidel, reencarnação de Perón ou de Torrijos.[199]

Comandante que protagonizou uma tentativa de golpe em 1992, eleito em 1998, Chávez encontraria apoio nas forças de esquerda e nos desprivilegiados, iniciando uma revolução "pacífica e democrática" que inquietou os propagandistas da globalização. Diante das desigualdades e da miséria do país, Ramonet não se surpreende com os 88% de venezuelanos favoráveis à proposta de convocar uma constituinte para redigir uma nova Constituição e pôr um ponto final no regime

---

196 GABETTA, março de 2008, p. 3.
197 RAMONET, março de 2008.
198 GABETTA, outubro de 2010, p. 3.
199 RAMONET, outubro de 1999, p. 48.

corrupto dos partidos tradicionais. Tampouco se surpreende com a campanha de "demonização" midiática contra o presidente e sua revolução.

Ramonet cita Chávez, que cita Gramsci: "Estamos vivendo ao mesmo tempo uma morte e um nascimento. A morte de um modelo esgotado, detestado; e o nascimento de um novo rumo político, diferente, que leva a esperança de um povo... O velho demora a morrer, e o novo ainda não ocupou suas marcas, mas essa crise ilumina uma revolução".[200] Segundo Ramonet, Chávez compreendia que a democracia não é uma questão apenas de igualdade política, mas de igualdade social, econômica e cultural – e seriam esses os fins da revolução bolivariana.[201]

Após o golpe de 11 de abril de 2002 contra Chávez, Ramonet definiria a situação como um "crime perfeito", perpetrado por uma coalizão dos poderosos, entre a Opus Dei, a oligarquia financeira, a burguesia branca e um sindicalismo corrompido – que se declararia a "sociedade civil", reverberada pela mídia. Destacou a quase ausência de alvoroço internacional diante do golpe contra um governo que, respeitando as liberdades, lideraria um programa "moderado" de transformações sociais e incorporaria a "única experiência atual de socialismo democrático na América Latina".[202]

Do golpe frustrado, Carlos Gabetta destacaria duas lições. Primeiro, as convicções democráticas a respeito do resto do mundo a partir dos Estados Unidos e da União Europeia. Dos americanos, o editor não se surpreende com o apoio ao governo golpista. Dos europeus, já se admira com a justificativa do golpe por democratas como Felipe González. Segundo, a reiteração das dificuldades e a ferocidades dos inimigos aos governos democráticos dedicados a reformas progressistas na América Latina. O argentino faz uma ressalva interessante: "Mais além das opiniões que cada qual sustente sobre o estilo do presidente Chávez, é inquestionável que é um governo legítimo, referendado por várias eleições limpas em que obteve uma maioria absoluta".[203] Friso, pois Gabetta expressa noutros editoriais opiniões e críticas a Chávez – para citar um exemplo, considera incompreensível a *hermandad* declarada com o Irã, pois, argumenta, a Venezuela não precisaria nem de petróleo nem de aliança fraternal com uma *teocracia medieval* que nega o Holocausto e quer riscar Israel do mapa.[204]

---

200 RAMONET, outubro de 1999, p. 48.
201 RAMONET, outubro de 1999, p. 48.
202 RAMONET, junho de 2002, p. 40.
203 GABETTA, maio de 2002, p. 3.
204 GABETTA, dezembro de 2007, p. 3.

Outra *lição* venezuelana, porém, elogiada pelo editor: a linha chavista teria mostrado que, se realmente se tenta adotar uma política soberana, desenvolver o país e atender as expectativas dos mais necessitados, ainda as mais mínimas e elementares, é preciso acabar com os privilégios das elites.[205] À época, em setembro de 2004, Chávez vencia sua oitava disputa eleitoral, com mais de 59%, convocatória com participação recorde. Gabetta ironizou a surpresa dos críticos diante do fenômeno chavista:

> E os especialistas internacionais em democracia formal começavam a dar sinais de desconcerto: por acaso a Venezuela não foi por décadas um modelo exemplar de alternância democrática? Por acaso não tinha evitado o populismo, essa falha que conduzia países riquíssimos, como a Argentina, a uma decadência sem fim? De fato, a democracia cristã, apoiada pelo Vaticano e pelas direitas liberais do mundo desenvolvido, e a socialdemocrata Acción Democrática, apoiada pela bem-pensante Internacional Socialista, o Partido Democrata americano e a esquerda caviar europeia, tinham se alternado democraticamente no poder todos esses anos.[206]

Para Gabetta, compreender a ascensão de Chávez requer compreender que, após as consequências drásticas do neoliberalismo na América Latina, diversos presidentes foram destituídos ou obrigados a renunciar, outros foram julgados, outros se tornaram fugitivos da justiça – e enquanto esses atores saíam de cena, outros elementos surpresa passaram a protagonizar o palco, como o zapatismo mexicano, os piqueteros argentinos, os indígenas bolivianos, equatorianos e peruanos, os sem-terra no Brasil. Dessa mirada da evolução política latino-americana se poderia compreender as *formidáveis* mudanças políticas atuais, entre as quais o processo venezuelano seria o mais determinado e *espetacular*.[207]

Se Gabetta transparece certo otimismo a Chávez, não há palavra mais forte para expressar o ânimo de Ramonet. Além de *Fidel Castro: biografía a dos voces* (2006), Ramonet publicou *Hugo Chávez: mi primera vida* (2013), também a partir de mais de 100 horas de entrevistas gravadas com o comandante. Após a morte de Chávez em março de 2013, Ramonet ocupou duas páginas do *Monde Diplomatique* francês, rememorando o itinerário do revolucionário, que estaria ao lado de Che

---

205 GABETTA, setembro de 2004, p. 3.
206 GABETTA, setembro de 2004, p. 3.
207 GABETTA, setembro de 2004, p. 3.

Guevara, Emiliano Zapata e Salvador Allende no "imaginário dos humildes da América Latina".[208] Um iluminado incumbido de reinventar a esquerda latino-americana.

Perpassando sua infância e juventude, Ramonet retrata o caudilho como um estudante brilhante, depois um militar dedicado, que lera tudo de Simon Bolívar, Simón Rodríguez e Ezequiel Zamora, fontes para suas ideias de independência e soberania, igualdade e justiça social, inclusão e integração latino-americana.[209]

> Ingressante à academia militar sem cultura política, Chávez ressurgiu quatro anos depois, em 1975, aos 21 anos, com uma única ideia em mente: acabar com um regime corrupto e refundar a república. Ele precisaria esperar ainda 25 anos. 25 anos de conspirações silenciosas dentro das forças armadas. E o encontro de quatro acontecimentos decisivos: a grande revolta – o *Caracazo*[210] – contra a terapia de choque neoliberal em 1989; o fracasso da rebelião militar de 1992; a experiência fecunda de dois anos na prisão; e o encontro com Fidel Castro em 1994. A partir daí, sua vitória eleitoral é certa. Viria em 1998. Porque, ele dizia citando Victor Hugo, "nada é mais poderoso no mundo do que uma ideia cujo tempo chegou".[211]

Veio o tempo – e Chávez chegou ao poder. Ali, Ramonet via o venezuelano como líder de uma política consistente de apropriação dos recursos naturais do país pelo Estado, priorizando as demandas de saúde e de educação num balanço bolivariano *espetacular* para os mais pobres e, assim, desagradando os mais poderosos interesses nacionais e internacionais.

No *Diplô* de agosto de 2007, impressiona o elogio às conquistas chavistas: o presidente teria "refundado" a nação, legitimada por uma nova Constituição, respeitando a democracia e as liberdades; devolvendo a dignidade a milhões de marginalizados, resgatando a PDVSA, a principal empresa de telecomunicações e a empresa de eletricidade, nacionalizando campos petrolíferos, distribuindo milhões de hectares entre os campesinos, alfabetizando milhões de *niños* e adultos – entre 1999

---

208 RAMONET, abril de 2013, p. 22-23.
209 RAMONET, abril de 2013, p. 22-23.
210 "Caracazo" foi um movimento de protesto em fevereiro de 1989 em Caracas, em repúdio ao pacote de medidas econômicas imposto pelo governo do presidente Carlos Andrés Pérez. Levantes populares dividiram as ruas com ônibus apedrejados, invasões e gangues urbanas – manifestações massacradas por militares.
211 RAMONET, abril de 2013, p. 23.

e 2005, a pobreza caiu de 42,8% para 33,9%. Assim, diante desses feitos, Ramonet questiona se realmente surpreende que Chávez tenha se tornado um alvo na mira dos *dueños del mundo*. Ao ver do editor, isso desengatilharia uma virulenta campanha midiática internacional contra o comandante, alvo de miseráveis calúnias que, com inestimáveis fundos financeiros, orquestrariam uma difamação tanto nos diários quanto nas organizações de direitos humanos, "enroladas" ao serviço de desígnios *tenebrosos*.[212]

> Por que tanto ódio? Porque em momentos em que a socialdemocracia passa na Europa por uma crise de identidade, as circunstâncias históricas parecem ter confiado a Chávez a responsabilidade de assumir a liderança, em escala internacional, de reinvenção da esquerda. Enquanto que no velho continente a construção europeia teve como efeito tornar praticamente impossível toda alternativa ao neoliberalismo, no Brasil, Argentina, Bolívia e Equador, inspirados no exemplo venezuelano, se sucedem experiências que mantêm viva a esperança de realizar a emancipação dos mais humildes.[213]

Enlaço desse trecho outro questionamento: diante, pois, de novos momentos emblemáticos latino-americanos, quais são os rumos da esquerda europeia?

Esquerdas europeias

Foram diversas derrotas para a esquerda europeia em junho de 2007. Derrota dos socialistas franceses, dos socialistas espanhóis, tremenda fragilidade do governo italiano e iminente regresso da direita berlusconiana, avanços da direita na Bélgica, na Holanda, na Polônia e na península escandinava. Além das derrotas eleitorais, Carlos Gabetta palpitava crises internas e dissoluções. O motivo para tal horizonte desolador seria a impossibilidade de impor políticas de esquerda (como a distribuição da renda para reduzir desigualdades e melhores serviços sociais para a maioria, mediante maiores impostos para os mais ricos) num contexto de capitalismo globalizado. Na Europa, Gabetta via uma esquerda reformista acostumada a administrar com maior sensibilidade social os excedentes do capitalismo na reconstrução do pós-guerra. Nos tempos atuais, porém, o reformismo, tanto liberal quanto socialdemocrata, teria se esgotado. Diante desse cenário complexo, a

---

212 RAMONET, agosto de 2007, p. 48.
213 RAMONET, agosto de 2007, p. 48.

esquerda europeia estaria perdida, sem propostas.²¹⁴ O impasse para as esquerdas seria reformular de vez sua visão do capitalismo, suas propostas alternativas e os atores sociais que deveriam realizá-las. Traçando paralelos entre a América Latina e a Europa, diz o editor:

> Ainda que a situação política se mostre invertida e a situação econômica seja conjunturalmente favorável, essas novas regras do jogo também valem para a América Latina, onde governos populistas ou de centro-esquerda governam vários países importantes, enquanto o resto se debate em conflitos políticos internos graves, como é o caso da Colômbia e do México. [...] De qualquer maneira, aos governos progressistas de América Latina chegará a hora de enfrentar os limites do capitalismo atual, com a dimensão agregada que têm os problemas no subdesenvolvimento. É por isso que uma definição precisa da conjuntura global é o verdadeiro problema das esquerdas e do progressismo.²¹⁵

Um *labirinto*. Assim a editora Anne-Cécile Robert definiria a desorientação da esquerda europeia. A atual fragilidade seria desdobramento da progressiva conversão ao liberalismo econômico na década de 1980 e, ao mesmo tempo, da profunda perda de pontos políticos de referência, que transformou a Europa num terreno ideal para uma esquerda sem projeto próprio.²¹⁶

Para Robert, a esquerda sofreu diversos *electroshocks* no século XX e, desorientada, tornou-se permeável a confusões intelectuais e verbais: a degradação ditatorial e o fracasso econômico da URSS, o cinismo político de certas figuras emblemáticas da socialdemocracia, a dissolução da efervescência libertária da década de 1970. Choques que provocaram, nas palavras da editora, uma profunda crise de identidade e uma depressão coletiva na Europa. "Toda uma cultura política foi se decompondo progressivamente, facilitando a aceitação da Europa tal como se está construindo. Confunde-se a integração continental com o internacionalismo trabalhista de outrora, quando na realidade a União Europeia parece mais uma sociedade anônima que uma expressão da solidariedade transfronteiriça dos dominados".²¹⁷

No silêncio das discussões ideológicas, o continente se despolitizou: não seria nem de direita nem de esquerda. Esse vazio ideológico asfixiou os espaços para

---

214 GABETTA, junho de 2007, p. 3.
215 GABETTA, junho de 2007, p. 3.
216 ROBERT, maio de 2005, p. 18.
217 ROBERT, maio de 2005, p. 18.

a argumentação e a racionalidade política, impedindo imaginar outra concepção para a integração continental. Assim, critica Robert, "entre fracasso ideológico, conivência social e incultura histórica, a Europa se tornou o Triângulo das Bermudas da esquerda. Suas forças e seus representantes desaparecem em corpo e alma de seu território, um atrás do outro".[218]

Outra interessante interpretação para os rumos das esquerdas europeias no *Monde Diplomatique* está no filósofo belga Jean Bricmont, para quem a esquerda adormecida ficou quase muda quando o discurso dominante dos direitos humanos destaca os direitos políticos e ignora os direitos econômicos e sociais.[219] Bricmont considera que, enquanto existiu, o comunismo forçou tanto aliados quanto adversários a refletir politicamente, propondo programas e prioridades. Fim do comunismo, fim das discussões, fim da história?

Para Bricmont, a ênfase das esquerdas atuais aos direitos políticos, diminuindo a importância dos direitos econômicos e sociais, reflete talvez o mal-estar de muitos "ex" – ex-comunistas, ex-trotskistas, ex-maoístas – devido à remissão dos direitos individuais no período leninista. O filósofo ilustra essa debilidade da esquerda com a ideologia do "nem-nem" nos conflitos atuais: nem Slobodan Milosevic nem a OTAN, nem Bush nem Saddam, nem Sharon nem Hamas. Para o autor, seriam falsas simetrias, pois nesses conflitos há um lado agressor e um lado agredido – e equalizar ambos seria abandonar a ideia de soberania nacional.[220] Considera que o século XX não foi o século do socialismo, mas da descolonização, que permitiu a milhões escapar de uma forma extrema de opressão. Assim, pensa que o século XXI seria o fim da hegemonia norte-americana – donde "outro mundo" voltará a ser possível e talvez se volte a discutir realmente o socialismo.[221]

*

Diante do labirinto europeu, uma luz latino-americana. Diante do mosaico latino-americano, um farol francês. Nesses caminhos cruzados, entrelaçados, tropeçados, vale destacar os nós entre *Le Monde Diplomatique* e sua América Latina *rebelle*.

De sua herança terceiro-mundista, *Le Monde Diplomatique* acompanhou a realidade latino-americana desde as ditaduras. Lembrando o passado, a editora

---

218 ROBERT, maio de 2005, p. 19.
219 BRICMONT, agosto de 2006, p. 52.
220 BRICMONT, agosto de 2006, p. 52.
221 BRICMONT, agosto de 2006, p. 52.

Anne-Cécile Robert destaca o interesse francês pela teologia da libertação, pelos movimentos fervilhantes ao redor de Che Guevara e Fidel Castro, e por "escritores de envergadura universal, com uma relação à justiça social muito forte nos povos latino-americanos".[222] Pensando o presente, diz:

> Atualmente nós estamos muito admirados da luta excepcional dos povos latino-americanos para se libertar do ultra-liberalismo e da dominação americana dos Estados Unidos. Isso é um exemplo, nós consideramos, para o mundo inteiro – mesmo se somos críticos de algumas derivações e alguns erros de alguns regimes. A América Latina é muito interessante e muito importante para nós, pois é um laboratório da liberdade.[223]

Na visão de Anne-Cécile Robert, a América Latina suscitou e suscita muito interesse para *Le Monde Diplomatique*, como uma "fonte de ensinamento" que *seduziu* os intelectuais franceses, que viram ali uma busca de transformação social por esquerdas ancoradas na democracia. Uma lupa nesta visão: as expressões da editora, "fonte de ensinamento" e *seduziu*. Para Robert, a Europa viveria tempos muitos diferentes da América Latina – estaria *congelada* dentro da UE, a possibilidade para buscar alternativas e transformação social seria muito mais complicada. Para Robert, vale lembrar, a Europa configuraria um tipo de "Triângulo das Bermudas" para as esquerdas.

Bernard Cassen, por sua vez, adiciona um fator paralelo: após três décadas, a ideologia liberal teria convencido os intelectuais europeus, especialmente franceses, de que não era possível mudar. "*No alternative*, é assim como é, é preciso se ajustar à mundialização, ao mercado. Essa visão liberal assolou as consciências e os espíritos".[224] Assim, mirar a América Latina lhes teria permitido ver o mundo por outro prisma: a partir de Hugo Chávez, os governos progressistas mostrariam que é possível dizer "não" – ao imperialismo e ao neoliberalismo, isto é, aos Estados Unidos, ao Banco Mundial, ao FMI. E "é revolucionário dizer 'não'".[225] Por linhas paralelas às de Robert, Cassen diz: "Se, em geral, é a América Latina

---

222 Anne-Cécile Robert em entrevista à autora no dia 14 de outubro de 2014.
223 Anne-Cécile Robert em entrevista à autora no dia 14 de outubro de 2014.
224 Bernard Cassen em entrevista à autora, no dia 10 de novembro de 2014.
225 Bernard Cassen em entrevista à autora, no dia 10 de novembro de 2014.

que imita a Europa, lá nós vimos que havia ensinamentos a tirar das experiências latino-americanas".[226]

Renaud Lambert se afina a tais ideias, mas com tons diferentes. O editor compreende a importância da América Latina para *Le Monde Diplomatique* a partir de elos externos e internos. Quanto aos internos, destaca a presença de notáveis latino-americanistas na revista: Bernard Cassen, Ignacio Ramonet, Maurice Lemoine. Além deles, Claude Julien, que transformaria *Le Monde Diplomatique* a partir de 1973, na época em que Augusto Pinochet tomava o poder no Chile, gatilho para a contrarrevolução neoliberal – e assim se poderia compreender por que o magazine, ancorado na defesa do Terceiro Mundo e dos povos oprimidos do hemisfério sul, se virou para a América Latina.[227] Logo, nos elos externos, isto é, a própria realidade latino-americana, a maré de ideias progressistas teria tornado esses territórios uma "zona rica de esperança", "um contraponto importante frente à lógica imposta na Europa de que não há alternativa ao modelo neoliberal".[228] Mas,

> É preciso precisar. Quando digo que a América Latina se tornou uma fonte de esperança, penso na América Latina no período que se inicia com a eleição de Hugo Chávez na Venezuela [em 1998] e que penso que se encerre neste momento [atual, em 2014/2015]. A América Latina encontra dificuldades agora, que não conhecia em 2005 ou em 2000. O cenário latino-americano parece mudar, mas quando digo que se tornou uma fonte de esperança, refiro-me à América Latina entre os anos 2000 e 2010 principalmente. Uma época que, na França e outros lugares, o Partido Socialista nos explicava que o Estado não pode tudo. Na mesma época, na Venezuela, por exemplo, Hugo Chávez mostrava que o Estado, mesmo se não podia tudo, podia muito. E podia sobretudo ajudar a esquerda a mudar o mundo. Para responder à sua questão: sim, parece-me que houve uma alternância. E que as ideias outrora fundadas pela esquerda, no governo – no caso da França, do Partido Socialista – foram esquecidas. E essas ideias foram defendidas em outra parte do mundo, que reivindicavam uma *história comum*, da Revolução Francesa, da Comuna de Paris, da Revolução Cubana no caso do combate latino-americano.[229]

---

226 Bernard Cassen em entrevista à autora, no dia 10 de novembro de 2014.
227 Renaud Lambert em entrevista à autora, no dia 2 de outubro de 2014.
228 Renaud Lambert em entrevista à autora, no dia 2 de outubro de 2014.
229 Renaud Lambert em entrevista à autora, no dia 2 de outubro de 2014, grifo meu.

É importante destacar a resposta de Lambert, um intelectual mais jovem, mas talvez mais ponderado que seus companheiros Cassen e Ramonet. Apesar de ver na América Latina uma "fonte de esperança" para as esquerdas, o editor observa os limites de suas possibilidades. Entretanto, é interessante marcar outro ponto de seu contraponto: as ideias da esquerda, se esquecidas por socialistas francesas, reverberaram, frutificaram, brotaram em outra parte do mundo, no território latino-americano que reivindicaria uma *história comum*: da Revolução Francesa, da Comuna de Paris, da Revolução Cubana.

Serge Halimi destaca o interesse antigo do *Monde Diplomatique* pela América Latina, desde os movimentos revolucionários, a vitória de Cuba, os movimentos contrarrevolucionários, o golpe no Chile. Agora, justifica o interesse presente pelas experiências latino-americanas *positivas*, consideradas *tentativas*, maiores ou menores, de fugir do modelo neoliberal.[230] "É por isso que observamos a América Latina. Nós não procuramos os modelos lá fora, mas nós sabemos que os modelos não são necessariamente os exemplos de regressão social dos Estados Unidos e da Europa".[231]

Dominique Vidal, já destaquei noutros momentos, assinala criticamente uma moda intelectual *très française* diante da América Latina – relacionada a Chávez, especialmente.[232] Vidal critica seus amigos, Cassen e Ramonet, que não teriam escapado a essa adoração de ídolos. "Isso mudou no *Monde Diplomatique*, após as saídas de Maurice Lemoine e Ignacio Ramonet, ambos aposentados. Um jornalista mais jovem, Renaud Lambert, é tipicamente o caso: teve seu momento de adoração por Chávez, mas agora tem uma visão mais crítica".[233]

Deste lado do Atlântico, Carlos Gabetta também viu essa faísca de esperança, mas com outros olhos:

> […] uma esperança que nasceu justamente da desorientação da esquerda europeia. Isso vale para a ala de esquerda que representa Le *Monde Diplomatique*. Eles não sabem o que fazer com sua própria realidade e por isso miram as experiências latino-americanas, porque consideram que esses governos têm apoio popular, mas não têm. Esses governos,

---

230 Serge Halimi em entrevista à autora, no dia 28 de novembro de 2014, grifo meu.
231 Serge Halimi em entrevista à autora, no dia 28 de novembro de 2014.
232 Dominique Vidal em entrevista à autora, no dia 6 de outubro de 2014.
233 Dominique Vidal em entrevista à autora, no dia 6 de outubro de 2014.

autoritários e corruptos, abandonaram a ideia de esquerda. Gostaria que *Le Monde Diplomatique* recuperasse sua atitude crítica.[234]

*

Outubro, 1991. Mais de 40 mil indígenas ocupam as ruas guatemaltecas de Quetzaltenango, bradando entre tambores, flautas e acordeões: "*Se ve, se siente, el pueblo está presente*" – "*Ça se voit, ça se sent, le peuple est bien présent*". Aos ouvidos franceses, um grito dos *oprimidos* e dos *revolucionários latinos todos*.[235]

Junho, 1994. Indígenas equatorianos se rebelam contra uma lei agrária, bufando alternativas possíveis ao modelo neoliberal. E camponeses bolivianos. E manifestantes mexicanos. "Está por todo lado um retrato, o de Che Guevara. Apesar do 'fim da história', são eles incuráveis 'comunistas' todos esses incríveis latinos? Ou marxistas? Marxólogos? Marxianos?"[236]

Quem questiona é Maurice Lemoine, que revisita:

> É na Argentina, com a vinda dos imigrantes e dos refugiados políticos, notavelmente após o aniquilamento da Comuna de Paris (1871), que é implantando o ideal socialista. O primeiro partido comunista latino-americano aflora em 1918. A maior parte dos outros partidos comunistas do continente são fundados entre 1920 e 1930. Mas as grandes correntes populares que vão arar essas terras ferozmente independentes de espírito – a Aliança Popular Revolucionária Americana (APRA) no Peru, o Movimento Nacionalista Revolucionário (MNR) na Bolívia, o peronismo na Argentina – escapam a seu controle.[237]

Lemoine resgata a revolução vitoriosa de Fidel Castro que, diante das agressões americanas, se proclamara "oficialmente" marxista-leninista. Da ilha para a cordilheira, assinala outro "triunfo" das teses do Kremlin: o encontro de comunistas, cristãos progressistas, socialistas, sociais-democratas e radicais na Unidad Popular, que levaria pela primeira vez um marxista ao poder: Salvador Allende. Após o golpe, aliás, os golpes latino-americanos, muitos partidos comunistas migraram para a clandestinidade e a luta armada. "As lutas revolucionárias, vitoriosas ou não, logo

---

234 Carlos Gabetta em entrevista à autora, no dia 1º de setembro de 2014.
235 LEMOINE, maio de 1998, p. 13.
236 LEMOINE, maio de 1998, p. 13.
237 LEMOINE, maio de 1998, p. 13.

devem pouco ao Partido Comunista. Ao contrário, as teorias de 'San Carlos' – Saint Charles (Karl Marx) como se referia maliciosamente Che Guevara na sua juventude – lhes impregnaram, assim como animaram diversos dissidentes dos diferentes Partidos Comunistas".[238]

Diante do fim da URSS, do fim das guerrilhas e do minguante poder dos partidos comunistas na América Latina, que lutas restaram? Para Lemoine, muitas, sob novos matizes, novos protestos, novos partidos: lutas sociais, lutas indígenas, lutas agrárias. Símbolo de tantas lutas, antigas, novas e renovadas, estaria o "triplo signo" de Marx (na persona do subcomandante Marcos), dos zapatistas e do admirável mundo novo www, a internet. Admirador latino-americano, Lemoine costura Allende, Fidel e Zapata, Chiapas, Buenos Aires e Paris, num novelo cuja linha principal seria o pensamento marxista: "Nós podemos discordar de tal ou tal método. Mas não da própria causa. E não é 'San Carlos' que irá desmenti-los".[239]

Editor responsável por questões latino-americanas no *Monde Diplomatique* francês antes de Renaud Lambert, Maurice Lemoine foi citado *passim* nestas páginas. Nascido na França, em 1944, Lemoine atuou na revista *Autrement*, na rádio *France Culture* e liderou *La Chronique d'Amnesty Internacional*, entre 1993 e 1996. É escritor viajante – ou viajante escritor. Diferentemente de seus companheiros midiáticos, não se graduou ou pós-graduou. Vindo de uma família humilde sem formação política, aprendeu o ofício jornalístico na própria prática. Abriu, porém, o faro jornalístico a partir de suas viagens: viveu na África e num kibutz de Israel, viajou a América Latina e, de volta à França, passou a escrever. Assim, considera-se um *periodista de terreno*.

Na década de 1980, Lemoine passou a colaborar com *Le Monde Diplomatique*, "uma mescla de jornalistas de campo e de intelectuais", na sua definição. A partir de 1996, tornou-se subchefe de redação e, por volta de 2006, chefe de redação – após o narrado episódio Attac-France.[240]

---

238 LEMOINE, maio de 1998, p. 13.
239 LEMOINE, maio de 1998, p. 13.
240 Conforme citado no primeiro capítulo, as acusações de fraude na Attac -France provocaram tensões na redação, que culminaram no pedido de demissão do redator-chefe Alain Gresh e do redator-chefe adjunto Dominique Vidal, de suas funções hierárquicas, para marcar a contrariedade às intervenções de Ignacio Ramonet e Bernard Cassen sobre a disputa pela direção do movimento. Maurice Lemoine assumiu como redator-chefe, Anne-Cécile Robert e Serge Halimi como redatores-chefes adjuntos.

Lemoine claramente se identifica com a linha do *Monde Diplomatique*, como leitor e como jornalista. Uma revista de *esquerda*, expressão do ex-editor:

> Na realidade, os jornais e os jornalistas dizem: "Estamos produzindo informação". Nunca vão dizer: "Somos de direita". Nunca vão dizê-lo ou aceitá-lo. Bom, assim é visto *Le Monde Diplomatique* como um misto de dinossauros arcaicos de esquerda dos anos não sei quantos de Karl Marx. Na verdade, não é assim. *Le Monde Diplomatique* é um jornal muito razoável. Não está nem no delírio nem no extremismo, mas... Tem uns, como dizer, pilares.[241]

Por pilares, Lemoine pretende destacar uma visão política, social e humana do mundo. Se questionado o que é a esquerda contemporânea, o ex-editor responde: "Na França? Bom, nós no *Monde Diplomatique* consideramos que, atualmente, a esquerda está na América Latina. Com seus defeitos e seus erros, mas, sim, a esquerda está por lá".[242] Para Lemoine, a França atual passa pelo que passou a América Latina na década de 1990, desesperançosa e encurralada. No retrovisor do jornalista, após o levante zapatista de 1994, viriam à baila líderes não tão "clássicos": Lula, ex-sindicalista; Chávez, ex-militar; Evo, cocalero; Mujica, ex-guerrilheiro.

Lemoine lembra que por muito tempo não gostou da ideia de líderes – por defender, como a esquerda francesa, justifica, que era preciso protagonismo do povo. Viria a mudar de ideia, ao considerar imperativa uma voz de liderança, para cristalizar as ideias, levá-las e teorizá-las. À importância dos líderes, acrescenta outro fator: o papel da mídia. Se, como pensa, os jornalistas devem ser os observadores do presente, devem ainda recordar páginas do passado para compreender os rumos políticos. Assim, os holofotes no Leste Europeu e na União Soviética teriam eclipsado a América Latina no panorama midiático, principalmente após o fim das ditaduras militares. "A América Latina desapareceu. E reapareceu com Chávez, Lula, Kirchner e tudo isso".[243]

A fim de compreender a complexidade da dimensão latino-americana e seus desdobramentos dentro do *Monde Diplomatique*, vale destacar a posição de Maurice Lemoine a respeito de determinadas questões.

---

[241] Maurice Lemoine em entrevista à autora, no dia 27 de novembro de 2014.
[242] Maurice Lemoine em entrevista à autora, no dia 27 de novembro de 2014.
[243] Maurice Lemoine em entrevista à autora, no dia 27 de novembro de 2014.

Primeiro, Cuba: o editor considera a transição imprescindível, mas difícil, devido às pressões norte-americanas na ilha, onde tentariam entrar como um cavalo de Troia. Lemoine defende Cuba ativamente, apesar de dizer que o regime não corresponde ao que se espera da esquerda. No nosso encontro na manhã de 27 de novembro de 2014, num café ao pé da Basílica de Sacré Coeur, 18º *arrondissement*, lembro o argumento da politóloga francesa Janette Habel, referindo-se aos jovens cubanos que não viveram a revolução e que não compreendem a restrição de certas liberdades individuais – e Lemoine interrompeu:

> Sorrio, pois Janette Habel é uma amiga, mas há dez anos escreve o mesmo artigo: para onde vai Cuba? *[risos]*. O que ela diz é certo. Certamente os jovens não podem entender, mas... [...] Certamente os jovens cubanos têm dificuldade para entender o que está acontecendo, pois apesar do que ouvem lá dentro, ouvem muito lá de fora. Isso é interessante. Paris, por exemplo. Posso dar duas imagens sobre a cidade. Ou vamos nesse café simpático e tal *[ao lado da Basílica de Sacré-Couer]*, e assim é Paris, uma cidade linda. Ou vamos ao lado onde eu vivo, um bairro de merda, e assim é Paris. Então, para os jovens cubanos, há uma imagem *[sobre o mundo]* de fora: "Oh, é uma maravilha!" Mas quando vão descobrem uma visão diferente [...].[244]

Segundo, Venezuela: o editor valoriza as conquistas chavistas, com os programas sociais e as missões. Lemoine defende o regime, a seu ver alvejado por críticas midiáticas, por ponderar um impasse: se a imprensa internacional destina críticas, muitas injustas, à Venezuela, é preciso escolher um lado da trincheira. Num jogo midiático desequilibrado, o jornalista não confia na possibilidade de defender os méritos do regime e, ao mesmo tempo, criticar o que deve ser criticado, o que daria artilharia aos *inimigos*. Para Lemoine, criticar o que deve ser criticado seria cair na *armadilha*.[245]

Entre tantos intelectuais e jornalistas, Maurice Lemoine foi o único a claramente demarcar a discussão interna do *Monde Diplomatique* a respeito de tais questões. Além das amigáveis linhas paralelas entre diferentes opiniões a respeito de outras questões, é possível identificar uma linha divisória clara a respeito de Cuba e Venezuela:

---

244 Maurice Lemoine em entrevista à autora, no dia 27 de novembro de 2014.
245 Maurice Lemoine em entrevista à autora, no dia 27 de novembro de 2014.

> No *Monde Diplomatique* há duas correntes. Pertenço a uma, a de Ignacio Ramonet e Bernard Cassen. Estamos na briga. Não somos militantes. Somos capazes de fazer críticas, mas estamos na briga *[destaca punhos cerrados]*. Outra corrente pretende ouvir e observar desde cima, mas não se envolver demais. No *Monde Diplomatique* há duas visões. A de Claude Julien estava envolvida com o terceiro-mundismo. A de Ignacio Ramonet, Bernard Cassen e eu, está envolvida na briga contra o capitalismo – ou o neoliberalismo, como dizemos, talvez para não soar marxista e bláblábla. Mas, no fim, é contra o capitalismo. Estamos na briga. Então se atacam a Chávez, vamos defendê-lo. Se atacam a Evo, vamos defendê-lo. Mas também com boas razões: nesse outro lado do mundo saíram milhões da pobreza. Enquanto nesse lado do mundo, cada vez temos mais pobreza. Por que vou me envergonhar de defender governos, onde sei que há erros, mas que conquistaram isso? O mecanismo da mídia é muito interessante. De 2002 a 2012, o Brasil era o "exemplo" – não tinha nenhuma crítica ao Brasil, fora *Le Monde Diplomatique*, que dera apoio crítico ao país. Para *Le Monde* e *Libération* etc., não tinha crítica ao Brasil, pois tinham inventado uma boa esquerda e uma má esquerda. No lado mau estava Chávez; no lado bom, Lula. De repente sumiu Chávez – e vieram as críticas ao Brasil. Portanto, na realidade, não há um maestro da orquestra. Por que disse apoio crítico ao Brasil? Pois certamente a política interna, a reforma agrária e tudo o mais, foi decepcionante para muitos. Entretanto, na dinâmica regional, o Brasil é muito importante. E a política de Lula certamente é diferente da política de Cardoso e de Collor. Não dá para tirar tudo. É como o apoio de João Stédile. Estamos decepcionados, mas não vamos dizer: "Viva a direita!" *[risos]*.[246]

Se há duas visões dentro do *Monde Diplomatique*, vale identificá-las. De um lado, poderíamos destacar Maurice Lemoine, Ignacio Ramonet e Bernard Cassen, que estariam "na briga". De outro, poderíamos indicar certamente Dominique Vidal, talvez Renaud Lambert e Serge Halimi.

Para Nicolas Harvey, a cobertura de Cuba e de Venezuela, esta última como experiência do neobolivarianismo na América Latina, constitui uma *major* clivagem editorial no *Monde Diplomatique*.[247] De um lado, o historiador polarizaria os republicanos de esquerda (Bernard Cassen, Ignacio Ramonet, Maurice Lemoine),

---

[246] Maurice Lemoine em entrevista à autora, no dia 27 de novembro de 2014.
[247] Além da América Latina, destaquei anteriormente, para o historiador Nicolas Harvey, as discussões sobre o Islã, a fratura pós-colonial e o conflito israelo-palestino são pontos sensíveis discutidos dentro da redação do *Monde Diplomatique*.

mais favoráveis à defesa dos regimes de Cuba e de Venezuela. De outro, os antigos comunistas (Dominique Vidal, Alain Gresh), mais declaradamente críticos ao matiz autoritário de tais regimes, em prol da defesa das liberdades individuais.[248]

"*Le Monde Diplomatique* é um organismo humano, com suas brigas humanas, brigas políticas", meditou Lemoine. Apesar de vibrantes, as discussões travadas na redação francesa de *Le Monde Diplomatique* não provocaram graves tremores fora do QG parisiense na Avenue Stephen-Pichon. Entretanto, no QG portenho, na Calle Paraguay, os desencontros pesaram mais que os encontros.

*

Buenos Aires, 30 de agosto de 2014. Desembarco no aeroporto internacional de Ezeiza por volta das 23:00. Literalmente aliciada por taxistas, entro num possante azulado, com destino a um hotel simples no moderno bairro Puerto Madero. No caminho, diversos *flashes* flagrantes do país mafioso que tanto martelara Carlos Gabetta: pesos falsos, *puticlubes* e ocupações irregulares.[249] Aliás, a máfia do táxi não é imaginária: nessa noite tive 600 pesos furtados num golpe do motorista malandro, um (simpático) senhor branco e grisalho, na casa dos 60.

Paris, 28 de novembro de 2014. Espero no metrô Château-Rouge, 18º *arrondissement*, às 13:00. Por dentro, uma algazarra colossal de passageiros, corrompendo catracas sem timidez – famílias inteiras, idosos e jovens, entre esfarrapados e engomados. Por fora, ofertas de documentos (falsos talvez?) aos passantes. Ali encontro Maurice Lemoine, que define o metrô como fronteira entre a turística basílica de Sacré-Coeur e o esquecido bairro de Château-Rouge, onde predominam imigrantes africanos. Assim, Lemoine diz duas imagens possíveis da cidade-luz – uma da basílica, outra de seu *barrio de mierda*.[250]

Narro tais episódios para ilustrar as imagens refletidas cá e lá: como Carlos Gabetta vê Buenos Aires; como Maurice Lemoine vê Paris. Um, desiludido com os rumos argentinos, admirador da cultura francesa e dos ideias republicanos. Outro, desiludido com a esquerda europeia, aficionado da cultura latino-americana e suas possibilidades revolucionárias. Assim, vale destacar como tais imagens

---

248 HARVEY, 2011, p. 192.
249 Carlos Gabetta em entrevista à autora, no dia 1º de setembro de 2014.
250 Maurice Lemoine em entrevista à autora, no dia 27 de novembro de 2014.

podem colidir e explodir, justapor-se e opor-se – e como é preciso, pois, olhar-se no espelho do outro.

Páginas atrás, destaquei as continuidades editoriais de *Le Monde Diplomatique*, nos seus posicionamentos sobre questões econômicas, políticas e midiáticas – um acorde original, sintonizado no tempo presente, afinado nas inquietações de seus intelectuais contra a *virtuose* de duas notas só: o neoliberalismo e o imperialismo. Se agora se pretende enfatizar rupturas, é preciso ouvir as vozes dissonantes dentro do *Monde Diplomatique* muito além de intrigas mesquinhas de seus intelectuais. Evidenciar os encontros e os desencontros desses jornalistas e intelectuais permite fotografar uma movimentação de ideias interessante, que por sua vez permite compreender impasses do próprio tempo presente.

Se os encontros – isto é, as críticas ao neoliberalismo e ao imperialismo – suscitaram olhares otimistas a uma América Latina *rebelde*, que se reerguia após as ditaduras e transições democráticas, que se erguia contra o "pensamento único" neoliberal e o império americano, ao mesmo tempo essa América Latina *rebelde*, uma vez observada por prismas diferentes, evidencia desencontros entre os intelectuais do *Monde Diplomatique*.

Ali Anne-Cécile Robert observa um "laboratório da liberdade", em contraposição a uma Europa congelada.[251] Bernard Cassen ouve o eco de um "'não' revolucionário", em resposta a quem lamentava ou festejava a ausência de alternativas.[252] Renaud Lambert radiografa uma "zona rica de esperança" para uma esquerda europeia, francamente francesa, que esquecera seus ideais.[253]

Vale um parágrafo, porém: apesar de darem breves lembretes de que é preciso considerar os contextos diferentes dos países latino-americanos, as singularidades de suas situações políticas atuais e suas histórias, muitas vezes certos intelectuais deslizam num discurso *homogeneizador* da América Latina, como se fosse um continente harmônico e harmonizado. Assim, é arriscado depositar esperanças fervorosas na geopolítica latino-americana, com condições de temperatura e de pressão muito diferentes a cada país.

A Argentina é um bom exemplo para compreender a complexidade da excitação enérgica de muitos intelectuais pela América Latina. Situar Néstor Kirchner no

---

251 Anne-Cécile Robert em entrevista à autora no dia 14 de outubro de 2014.
252 Bernard Cassen em entrevista à autora, no dia 10 de novembro de 2014.
253 Renaud Lambert em entrevista à autora, no dia 2 de outubro de 2014.

mesmo barco que Hugo Chávez ou Evo Morales é esquecer um leme primordial que marcou a memória do país: Juan Domingo Perón. Assim, é muito delicado situar simplesmente o kirchnerismo no *giro a la izquerda* latino-americano sem considerar a história argentina. E, dentro do *Monde Diplomatique*, é preciso lembrar dois pontos: entre os argentinos, apesar de elogiar o governo de Néstor Kirchner como "honesto" diante das circunstâncias e de endossar a primeira campanha de Cristina Fernández, Carlos Gabetta escreveu diversas críticas ao kirchnerismo, principalmente nos seus últimos meses à frente d'*El Dipló*; entre os franceses, Renaud Lambert declarou que, paradoxalmente, a edição europeia tende a *deixar de lado* a Argentina, voltando-se à edição argentina para tratar *desse país tão específico*.[254]

Cuba e Venezuela simbolizam outros desencontros entre os intelectuais. As discussões sobre o destino incerto da ilha pós-Fidel Castro, ou sobre o próprio Fidel Castro, mostram diferentes linhas de pensamento. Enquanto Carlos Gabetta, sem esquecer de frisar sua simpatia à Revolução Cubana, considera a mudança de modelo imperativa, criticando o tom autoritário de Havana, Ignacio Ramonet admite fragilidades, mas festeja as conquistas do regime, que precisa mudar, mas que já teria mudado "muito" – se o diabo está no detalhe, a diferença está no tom.

Quanto à Venezuela e ao próprio Hugo Chávez, o tom também foi diferente entre Gabetta e Ramonet – a quem destaco, entre outros autores, pois eram à época diretores das edições argentina e francesa, respectivamente. Em nenhum momento, Gabetta versa críticas a Chávez a partir de um viés de direita, isto é, acusando-o alucinadamente – entretanto, faz críticas muito pontuais, como a aliança com o Irã.[255] Em nenhum momento, por sua vez, Ramonet versa críticas a Chávez – ponto.

A provocativa crítica de Dominique Vidal de uma "adoração de ídolos" latino-americanos por intelectuais franceses[256] pode ser discutível, mas está longe de ser um delírio. Não é nulo quando Bernard Cassen diz: "Se tivemos dois líderes no século XX foram Chávez e Fidel".[257] Ou quando Ramonet, autor de *Fidel Castro: biografía a dos voces* (2006) e *Hugo Chávez: mi primera vida* (2013), se "despede" dos dois líderes: em março de 2008, na renúncia de Fidel, lembrando-o como um combatente, com trajetória única, liderança e imensa influência, uma mescla de

---

254 Renaud Lambert em entrevista à autora, no dia 2 de outubro de 2014.
255 GABETTA, dezembro de 2007, p. 3.
256 Dominique Vidal em entrevista à autora, no dia 6 de outubro de 2014.
257 Bernard Cassen em entrevista à autora, no dia 10 de novembro de 2014.

idealismo e de pragmatismo – "não é nem o monstro que descrevem algumas mídias ocidentais, nem o Superman que apresentam às vezes as mídias cubanas";[258] e em março de 2013, na morte de Chávez, rememorando o itinerário do revolucionário, que estaria ao lado de Che Guevara, Emiliano Zapata e Salvador Allende no *panteón* do "imaginário dos humildes da América Latina".[259] Ou quando Ramonet, enquanto editor do *Monde Diplomatique*, refuta críticas relacionadas a agressões a direitos humanos nos governos dos dois comandantes: o informe da Anistia Internacional, que indicaria 13 presos políticos em Cuba;[260] e organizações de direitos humanos "enroladas" na campanha de difamação midiática da Venezuela.[261]

Entretanto, a perspectiva de Maurice Lemoine tampouco é diminuta para compreender tais posições de Cassen e Ramonet. Lemoine admite que, principalmente em casos-chave como Cuba e Venezuela, certos jornalistas de *Le Monde Diplomatique* se veem compelidos a escolher um lado. Se é certo dizer que, apesar das sensibilidades e afinidades diferentes, os jornalistas do *Monde Diplomatique* estão à esquerda, também é certo dizer que uns preferem entrar "na briga", outros não. Para Lemoine, diante de uma batalha midiática díspar, dominada pela mídia *mainstream* mais favorável à direita, uma revista como *Le Monde Diplomatique* não poderia ficar no muro, ao mesmo tempo defendendo os pontos positivos e criticando os pontos negativos de governos como os de Fidel Castro e de Hugo Chávez. Admitir as críticas, mesmo minimamente, significaria cair na *armadilha*.[262]

Maurice Lemoine, entretanto, pondera que jornalistas como Ignacio Ramonet e Bernard Cassen não são considerados *militantes*, de tal sorte que poderiam, sim, lançar críticas a tais governos: se quisessem, mas não querem, pois a *briga* é maior. Avistando a *bigger picture*, valeria abrir mão de determinadas críticas em prol da *luta* contra o capitalismo. Valeria, assim, defender "líderes", na palavra de Lemoine, como Chávez, Correa, Evo, Fidel, Kirchner, sem os quais esse novo momento latino-americano não existiria. Ao lado da voz popular, Lemoine valoriza assim a importância de vozes de liderança, como destacara, a fim de cristalizar as ideias, le-

---

258 RAMONET, março de 2008.
259 RAMONET, abril de 2013, p. 22-23.
260 RAMONET, abril de 2002, p. 18.
261 RAMONET, agosto de 2007, p. 48.
262 Maurice Lemoine em entrevista à autora, no dia 27 de novembro de 2014.

vá-las e teorizá-las.²⁶³ Vozes que, para o ex-editor, encontrariam ressonância no território latino-americano, mas seriam inaudíveis atualmente na esquerda francesa.

Ao lado dos "ídolos", na expressão de Vidal, Gabetta voltaria suas críticas a outro léxico: "populistas". E, nessa tônica, não estaria disposto a endossar o kirchnerismo, o "populismo" indígena boliviano e o "populismo" revolucionário venezuelano.²⁶⁴

Ao longo dessas páginas, saltaram diversas referências do argentino Gabetta à cultura e aos ideais franceses: a ideia de república, a politização e, para abreviar, *liberté, égalité, fraternité, por fin*.²⁶⁵ Ao mesmo tempo, ao longo dessas páginas, autores europeus ressaltaram a admiração diante das alternativas experimentadas no território latino-americano, polo oposto de uma realidade europeia engessada para as esquerdas – o espanhol Ramonet, os franceses Cassen, Lambert, Lemoine, Robert e Vidal. Palpita, entre os franceses, um encantamento com o "novo": o laboratório latino-americano como uma nova utopia, um cadinho de elementos de modelos. Se no século XX retumbaram o hino da Internacional e os versos da Marselhesa nas cidades argentinas letradas e politizadas,²⁶⁶ agora os sons ribombariam de volta ao velho continente?

Por um lado, intelectuais latino-americanos dedicariam, como dedicaram noutros momentos históricos, prestígio à intelectualidade francesa – o que se concretizaria, por exemplo, com *Le Monde Diplomatique*, uma revista francesa "importada" na América Latina. Por outro lado, intelectuais europeus também dedicariam certo fascínio sobre a realidade latino-americana, diante da ascensão de novos governos "progressistas". Entre o prestígio e o fascínio, estaria nessa esperança um matiz de romantismo?²⁶⁷ Esses espelhos, coloridos e fragmentados, mas não oxidados, revelam, no fundo, uma incógnita ainda maior: entre ideias e ilusões, o que é ser de esquerda no século XXI?

---

263 Maurice Lemoine em entrevista à autora, no dia 27 de novembro de 2014.
264 GABETTA, junho de 2006, p. 3.
265 GABETTA, setembro de 2003, p. 2-3.
266 CATTARUZZA, 2013, p. 376.
267 LÖWY, SAYRE, 1993; LÖWY, SAYRE, 2008; LÖWY, SAYRE, 2015.

Entre ideias e ilusões

No fim do século XX, muitas certezas desmoronaram com o desenlace de um mundo antes bipolarizado e a ascensão de uma nova ordem mundial, a ponto de nos deslizarem ao "fim da história"[1] com a derrocada do socialismo "real" e o "triunfo" do capitalismo.

Entre batalhas ideológicas e revoluções, o *breve* século XX marcou o tempo do engajamento político dos intelectuais, cujo momento glorioso se escreveu entre o fim da Segunda Guerra Mundial e o colapso do comunismo.[2] Se, como provocou Tony Judt, para o intelectual do século XX, desencantado com as promessas fracassadas do século XIX, o comunismo oferecia a única e última perspectiva de reencantamento do mundo,[3] para o intelectual do século XXI, desencantado com as ilusões passadas, que ideias restam?

---

1 Cf. ANDERSON, 1992.
2 HOBSBAWM, 2013, p. 229.
3 JUDT, 2007, p. 230.

Nesses *tempos fraturados*, Eric Hobsbawm lamenta o papel dos intelectuais relegado às lembranças do passado. Onde estariam os intelectuais no presente? Para Hobsbawm, ou estão silenciosos ou estão mortos. Num livro póstumo, mas atualíssimo, o historiador marxista cita interações vibrantes entre intelectuais e a mídia, como os levantes da Primavera Árabe e o movimento Occupy, mas critica o quadro contemporâneo de uma sociedade tragada por um incessante entretenimento midiático, em que muitos ativistas agora se esquecem dos filósofos, preferindo como fontes inspiradoras mais astros e roqueiros como Bono Vox.[4] Uma sociedade despolitizada num período de crescimento econômico e consumo, de irracionalidade política e alta tecnologia. Na crítica do historiador, este seria o dilema do século XXI: como poderia a antiga e independente tradição crítica dos intelectuais dos séculox XIX e XX sobreviver agora, num tempo paradoxalmente marcado pela irracionalidade ideológica e política, mas compassada por avanços incríveis na ciência e na tecnologia?[5] Como interpretar o mundo agora? E como transformá-lo?

*

O que é escrever? Por que se escreve? Para quem se escreve?[6] Nas breves linhas de *Que é a literatura?*, de 1948, Jean-Paul Sartre destrincha o dever do escritor "engajado". Responder a tais interrogações filosóficas poderá revelar como *Le Monde Diplomatique* compreende o papel dos intelectuais. Resposta esta que, entre outras passagens, se destacaria nas palavras de Claude Julien:

> No fim das contas, a escolha de quem escreve depende de seu temperamento mais do que de suas análises. E, muitas vezes, precede-os. Isso proporciona uma grande oportunidade de se indignar! Pois, se é assim, a reflexão não teria nenhum outro papel a não ser servir paixões obscuras disfarçadas por argumentos suficientemente elaborados para fornecer-lhes um essencial adorno de respeitabilidade? Mas, para afirmar o contrário, seria preciso avançar numa reivindicação insustentável: tudo, a cultura adquirida, a soma do conhecimento, o poder do discernimento, a habilidade de triar, pesar, medir, avaliar, a sutil combinação de inteligência e de sensibilidade, todos esses ingredientes que nutrem o pensamento e que contribuem para a escrita iriam funcionar com a precisão implacável de uma máquina, o rigor de uma ciência a

---

4 HOBSBAWM, 2013, p. 230-231.
5 HOBSBAWM, 2013, p. 234.
6 SARTRE, 2004, p. 7.

excluir qualquer risco de erro, mas também, e sobretudo, ignorando toda ética – assim, a razão racional que seria a única garantia de toda a sabedoria, toda a verdade, toda a virtude. As escolhas de quem escreve são tanto mais complexas e mais simples. E muito limitadas as opções para ele. Fugindo das especulações e de todos carreirismos, dedicado exclusivamente à sua arte, ele pode optar por se afastar do barulho e da fúria que muitas vezes perturba a vista, borra a compreensão, paralisando o pensamento. Esse mundo acelerado, intoxicado por sua própria excitação, logo cedo condenou tal renúncia: querer assim se abstrair dos redemoinhos e das tempestades, diz-se, seria trair a solidariedade fraterna dos homens, abandonar à própria sorte trágica suas vítimas das crises que afligem o planeta, talvez empurrando-as mais profundamente nos seus dramas de fome, humilhação e sangue.[7]

Resposta que ainda se encontraria nas posições de Serge Halimi:

Para que serve um jornal? Para aprender e compreender. Para dar alguma coerência à colisão do mundo, onde outras informações se empilham. Para pensar tranquilamente seus combates, identificar e divulgar quem os leva. Para nunca ficar amarrado a um poder ao nome das referências que aparecem assim que suas ações lhes desmentem. Para recusar a prisão identitária de um "choque de civilizações" esquecendo que o legado do "Ocidente" é o saque do Summer Palace, a destruição ecológica, mas também o sindicalismo, a ecologia, o feminismo – a Guerra da Argélia e os "carregadores de malas". E que o "Sul", os países emergentes que desfizeram a ordem colonial, engloba forças religiosas medievais, oligarquias predatórias, e movimentos que os combatem – a gigante taiwanesa Foxconn e trabalhadores de Shenzhen. Para que serve um jornal? Em tempos de recuo e de resignação, para resgatar as trilhas das novas relações sociais, econômicas, ecológicas. Para combater as políticas de austeridade, para estimular ou repreender as sociais-democracias sem fôlego nem seiva. É, por exemplo, nestas colunas que foi popularizada a ideia de uma taxa sobre as transações financeiras, depois de um teto de rendas. Às vezes, um jornal pode, portanto, também lembrar que a imprensa nem sempre esteve ligada com os industriais e os *marchands* contra aqueles que pretendem salvar o planeta e mudar o mundo.[8]

Entre ideias e ilusões, altas apostas e ambições – pretender salvar o planeta e mudar o mundo –, *Le Monde Diplomatique* abre atualmente uma arena interessante

---

7   JULIEN, outubro/novembro de 2014, p. 61.
8   HALIMI, outubro de 2012, p. 21.

para se discutir o papel dos intelectuais, dos jornalistas e dos militantes na virada do século XX, na aurora do século XXI. Lembrando palavras primordiais de Ignacio Ramonet: "*Le Monde Diplomatique* é mais que um jornal, é uma causa... A causa da justiça, da paz, dos povos que procuram sair de sua dependência".[9]

Entre alternativo, revista científica e revista intelectual,[10] *Le Monde Diplomatique*, já se frisou noutras páginas, se destaca por um caráter híbrido, como cruzamento de diferentes campos, que fortalecem a autoridade, o prestígio e o relevo da revista mundo afora mas, ao mesmo tempo, fragilizam determinadas discussões, fontes de conflitos pessoais e profissionais. Se na França a justaposição dessas diferentes lógicas deriva uma revista original,[11] na Argentina tal originalidade ainda amalgama elementos europeus e fenômenos latino-americanos. Entre Paris e Buenos Aires, portanto, germinam outros labirintos, outras pontes, outros questionamentos.

Este capítulo quer compreender quem são os intelectuais, os jornalistas e os revolucionários possíveis presentes no *Monde Diplomatique* dos dois lados do Atlântico: o que compreendem por seus compromissos e seus papéis na sociedade, o que compreendem por "esquerda" e por "revoluções" e, por fim, após o breve século XX, que ideias restam aos intelectuais no século XXI?

Papéis dos intelectuais

É possível discutir o papel dos intelectuais nas páginas de *Le Monde Diplomatique* e d'*El Dipló*. No encontro entre franceses e argentinos, vale destacar o dossiê divulgado em maio de 2006 – lá batizado *guerre des idées*, cá *guerra de las ideas*. Na página 28, uma nota interessante nesse diálogo: "*Nota de la redacción Cono Sur: el dossier que sigue fue concebido en Francia para el mundo francófono, pero a nuestros lectores no se les escapará que cambiando los nombres y alguna circunstancia, lo que se expresa es válido para Argentina y en general para América Latina*".

No primeiro artigo, o cientista político Laurent Bonelli e o historiador Hervé Fayat radiografam o papel dos intelectuais franceses, dos *compañeros* ao mundo dos *empresários*. Tidos como uma "espécie rara", a julgar pelo *Dictionnaire des intellectuels français* de Jacques Julliard e Michel Winock, que identificava apenas 140 intelectuais vivos em 2002 – ou não tão "rara", se forem considerados os 12.000

---

9 RAMONET *apud* SZCZEPANSKI-HUILLERY, 2005, p. 163.
10 HARVEY, 2011, p. 300.
11 HARVEY, 2011, p. 10.

investigadores do Centre National de la Recherche Scientifique (CNRS) ou 50.000 docentes universitários, além de artistas, escritores e jornalistas –, os intelectuais compõem uma categoria imprecisa cujas definições dependem de suas proezas e sua *fuerza*, pois, segundo os autores:

> De suas proezas porque, salvo que se admita o fato de que trabalhar principalmente com o intelecto e despontar com essa qualidade no debate público possa ser um denominador suficiente, é difícil notar que princípio de classificação permitiria reunir a um analista de mídia, um prêmio Nobel de Física, um cineasta, um assessor do governo, um geneticista, um antropólogo e um poeta. E de sua força, já que do caso Dreyfus às greves de novembro/dezembro de 1995, passando pela Guerra da Argélia, esse grupo deve sua existência pública às sucessivas mobilizações que esboçaram suas modalidades e traçaram suas linhas divisórias. Isso significa que sua definição depende diretamente do trabalho daqueles que têm um interesse prático de sua existência, do que o dicionário antes mencionado constitui um exemplo particularmente emblemático.[12]

Laurent Bonelli e Hervé Fayat assim destacam diferentes papeis atribuídos aos intelectuais franceses ao longo da história, partindo de Émile Zola no *affaire* Dreyfus, ato inaugural para o intelectual como *pleonasmo* para a esquerda.[13] Mais tarde, grifam, viriam representações contraditórias mas não estanques, como "intelectuais revolucionários", "intelectuais específicos" e "intelectuais políticos" – que evidenciam que sua legitimidade incide no campo erudito, mas sua definição advém de outras arenas: o político, o poder, o partido. Além disso, avultam outras representações como *compañero de ruta*, popularizado por Jean-Paul Sartre; "intelectual específico", invocado por Michel Foucault; ou "intelectual coletivo", proposto por Pierre Bourdieu.[14]

El Dipló destacou trechos de livros de Edward Said, Gilles Deleuze, Jean-Paul Sartre, Michel Foucault, Paul Nizan, Pierre Bourdieu a respeito do papel dos intelectuais. De Foucault, um trecho destacado de *Estrategias de poder* sobre o "intelectual específico" (Paidós, 1999):

---

12 BONELLI, FAYAT, maio de 2006, p. 28.
13 BONELLI, FAYAT, maio de 2006, p. 28.
14 BONELLI, FAYAT, maio de 2006, p. 28-30.

> Durante muito tempo, o intelectual chamado "de esquerda" tomou a palavra e experimentou o reconhecimento de seu direito para falar como dono da verdade e da justiça. Era ouvido – ou ele pretendia se fazer ouvir – como representante do universal. Ser intelectual era ser um pouco a consciência de todos. (....) Há já uns anos que não se pede ao intelectual que cumpra esse papel. [...] Os intelectuais se acostumaram a não trabalhar no universal, no exemplar, no justo e verdadeiro para todos, mas em setores determinados, certos pontos precisos onde lhes situavam suas condições de trabalho, ou melhor suas condições de vida (a casa, o hospital, o asilo, o laboratório, a universidade, os vínculos familiares ou sexuais). Assim ganharam indubitavelmente uma consciência muito mais concreta e imediata das lutas. E nelas encontraram problemas que não eram universais, mas específicos, distintos às vezes dos do proletariado ou das massas. E, entretanto, aproximaram-se deles, acredito que por dois motivos: porque se tratavam de lutas reais, concretas, cotidianas, e porque costumavam se encontrar, ainda que de outra maneira, com o mesmo adversário que o proletariado, o campesinato ou as massas (as multinacionais, o aparato judicial e policial, a especulação imobiliária); a isto denominarei o intelectual específico, por oposição ao intelectual universal.

De Bourdieu, por sua vez, um fragmento de *Contrafuegos 2* (2001), sobre a ideia de "intelectual coletivo":

> Numerosos estudos históricos mostraram o papel que desempenharam os *think tanks* na produção e imposição da ideologia neoliberal que hoje governa o mundo; à produção desses *think tanks* conservadores, grupos de expertos pagos pelos poderosos, devemos opor as produções de redes críticas, que reúnem "intelectuais específicos" (no sentido de Michel Foucault) num verdadeiro intelectual coletivo capaz de definir por si mesmo os objetos e fins de sua reflexão e ação, isto é, autônoma. Esse intelectual coletivo pode e deve cumprir primeiramente funções negativas, críticas, trabalhando na produção e difusão das ferramentas de defesa contra o poder simbólico, perpetrado frequentemente com autoridade científica; com a força que dá a competência e a autoridade do coletivo reunido, pode submeter o discurso dominante a uma crítica lógica que aponta particularmente ao léxico ("globalização", "flexibilidade", etc.), mas também à argumentação [...]; pode submetê-lo a uma crítica sociológica, prolongação da primeira, evidenciando os determinantes que pesam sobre os produtores do discurso dominante (começando pelos jornalistas, em particular de economia) e suas produções; pode, finalmente, opor uma crítica propriamente científica à autoridade pretensamente científica dos expertos, sobretudo em economia. Mas também pode

cumprir uma função positiva, contribuindo a um trabalho coletivo de invenção política. A queda dos regimes de tipo soviético e o debilitamento dos partidos comunistas na maioria dos países [...] libertou o pensamento crítico. Mas a *doxa* neoliberal ocupou todo o espaço então vazio e o pensamento crítico se refugiou no "pequeno mundo" acadêmico, onde se complace de si mesmo, sem estar em condições de inquietar a ninguém sobre nada. De modo que se deve reconstruir todo o pensamento político crítico, o que não pode ser obra de um só maestro do pensamento libertado unicamente aos recursos de seu pensamento singular, ou porta-voz autorizado por um grupo ou uma instituição para transmitir a suposta palavra dos que não a têm. É aí onde o intelectual coletivo pode cumprir seu papel, insubstituível, contribuindo para criar as condições sociais de uma produção coletiva de utopias realistas.

De Deleuze, uma breve declaração de suas conversações com Foucault, no livro Microfísica do poder (1979). De Nizan, um parágrafo de Les chiens de garde – na versão castelhana, Los perros guardiones (1932). De Sartre, uma justificativa do dito "intelectual burguês" ao aceitar assumir a direção do diário maoísta La cause du peuple (1972). De Said, por fim, um fragmento memorável de suas conferências de Reith (1993):

A política está em toda parte. Não podemos escapar a ela refugiando-nos no reino da arte pela arte e do pensamento puro, como tampouco no reino da objetividade desinteressada ou da teoria transcendental. Os intelectuais pertencem a seu tempo, pertencem ao rebanho dos homens conduzidos pela política de representação massiva encarnada pela indústria da informação ou das mídias; não podem resistir senão impugnando as imagens e os informes oficiais, assim como as justificativas emanadas do poder e difundidas por mídias cada vez mais poderosas (e não só por mídias, mas por correntes inteiras de pensamento que alimentam e mantêm o consenso sobre a atualidade dentro de uma perspectiva aceitável). Para realizá-lo, o intelectual deve proporcionar o que Wright Mills chama de "desmascaramentos", ou inclusive versões alternativas, através das quais se esforçará, tanto quanto suas capacidades permitirem, para dizer a verdade. [...] O intelectual, no sentido que compreendo, não é um pacificador, nem um construtor de consenso, mas alguém que compromete e arrisca todo seu ser sobre a base de um sentido crítico constante, alguém que rechaça a qualquer preço as fórmulas fáceis, as ideias preconcebidas, as confirmações complacentes das opiniões e atos dos poderosos e outras mentalidades convencionais. Alguém que não só as rechaça passivamente, mas que se compromete de forma ativa a dizê-lo em público. [...] A decisão primordial que enfrenta o intelectual é a seguinte: ou se alia com a estabilidade dos vencedores e dos dominadores, ou – e este é o caminho mais difícil – considera alarmante essa estabilidade, como uma situação de ameaça de extinção total aos fracos e aos perdedores, e considera a experiência de sua subordinação assim como a lembrança das vozes e das pessoas esquecidas.

Para Laurent Bonelli e Hervé Fayat, paralelamente a tais representações, porém, estariam verdadeiros empresários que dominam as instâncias de difusão, divulgação e vulgarização nos círculos editoriais, midiáticos e políticos, como uma ponte entre diferentes universos sociais. É ilustrativa, por exemplo, a ponte de Jacques Julliard e Michel Winock, os autores do *Dicionnaire*: Julliard, no cruzamento entre os campos editorial, universitário, sindical, por suas posições altas na revista *Esprit* e no *Le Nouvel Observateur*, na École des Hautes Études en Sciences Sociales (EHESS) e na Confédération Française Démocratique du Travail (CFDT); Winock, por sua vez, por suas atuações no Science-Po, na editora *Le Seuil*, na revista *L'Histoire* e no *Le Figaro Littéraire*.[15] Julliard e Winock que, na crítica de Bonelli e Fayat, negam a legitimidade de determinados autores e criticam militâncias partidárias, mas ao mesmo tempo se envolvem em comissões governamentais e em *think tanks* liberais como a Fondation Saint-Simon.[16]

Na crítica de Bonelli e Fayat, por dependerem do reconhecimento da mídia e do empresariado, dos governantes e dos altos escalões políticos, esses intelectuais ficam amarrados, limitados ao aperfeiçoamento apenas das ideias dominantes e suas derivações, num giro conservador inédito. Entretanto, respiram e ressalvam os autores, intervenções intelectuais como o apoio às paradas de fins de 1995, o compromisso concreto de sociólogos e juristas com os *sans-papiers*, os estudos sobre os efeitos negativos das políticas de mercado ou da concentração da mídia, demonstram que muitos intelectuais continuam recusando o mundo tal como é. E "utilizando as armas do saber para apoiar a resistência e participar na criação de

---

15 BONELLI, FAYAT, maio de 2006, p. 28-30.

16 A Fundação Saint-Simon foi uma das instituições mais representativas da aliança entre intelectuais e industriais – aliança controversa que visava reformas na sociedade através de análises do mundo contemporâneo. Liderada pelo historiador François Furet, ao lado do empresário Roger Faroux, a Fundação Saint-Simon se revelou um projeto político ambicioso, propondo um enlace mais efetivo entre o liberalismo e a esquerda francesa. Os integrantes da fundação eram majoritariamente liberais, alguns anticomunistas e vinculados a institutos americanos, destacando-se Pierre Rosanvallon, Alain Minc, Emmanuel Le Roy Ladurie, Pierre Nora e Simon Nora (CORREA, 2008).

alternativas políticas, indicam que mais além das celebrações interessadas do grupo, outra história dos intelectuais é possível. E pode se escrever".[17]

Além do retrato da intelectualidade francesa traçado por Bonelli e Fayat, o dossiê inclui dois outros textos interessantes – Antoine Schwartz e María Pía López discutem, na França e na Argentina, o campo cultural dos livros.

O cientista político francês Antoine Schwartz lembra a França das décadas de 1960 e 1970, época de diversas edições entusiastas das ciências humanas, com expoentes editoriais como Claude Lévi-Strauss, Fernand Braudel, Jean-Paul Sartre e Pierre Bourdieu, num momento de efervescência científica e política em que ilustres intelectuais impuseram sua marca no debate público e contribuíram para o prestígio da cultura francesa. Lembra, mas lamenta as transformações posteriores no mercado editorial francês, que se tornou um mercado estreito com modesto crescimento. De um lado, a própria produção intelectual justificaria tais mudanças, com a tendência academicista, especializada e técnica, que dificilmente desperta interesse a um público maior. De outro, a nova relação com os livros, diante de um filão de leitores ávidos por informações acessíveis e abreviadas. Nesse contexto, Schwartz critica a indústria editorial atual, encurralada numa sucessão de obras "descartáveis", de livros ruins e pseudolivros de "ensaístas medíocres e mediáticos" nas estantes das livrarias e dos hipermercados.[18]

Pessimismo paralelo marca a crítica de María Pía López, diretora do Museo del Libro, Buenos Aires. López lembra também momentos produtivos e intensos do campo cultural argentino, em que intelectuais se faziam ouvir, em que livros se faziam ler. Momentos distantes de uma atualidade em que muitos *fossos* foram escavados entre escritores, livros e leitores. Assim como o politólogo francês, a autora argentina atribui à universidade, "tradicional usina" de conhecimento, uma certa responsabilidade nesse abismo: cada vez mais academicista, a universidade teria se isolado a partir das predominantes regulamentações burocráticas e valorações produtivistas, que a distanciaram das discussões culturais e intelectuais. Ao lado das universidades enclausuradas, López indica um mundo cultural atravessado por lógicas *facciosas*, isto é, fragmentárias: pequenas panelinhas e confrarias, que revelam como as omissões e as presenças nas citações são ditadas por afinidades, amistosas ou institucionais.[19]

---

17 BONELLI, FAYAT, maio de 2006, p. 30.
18 SCHWARTZ, maio de 2006, p. 32-33.
19 LÓPEZ, maio de 2006, p. 33.

Última peça do dossiê, um artigo de Serge Halimi aborda a animosidade norte-americana contra os "intelectuais". Diagnostica o editor que, desde fins do século XVIII, nos Estados Unidos a "elite" é considerada condescendente, artificial, afeminada, manipuladora e mais intelectual, pouco prática. Esperta, a direita sobretudo soube se aproveitar desse arquétipo cultural, acastelando o interesses dos ricos e dos poderosos ao dirigir sua ira contra essa elite "instruída e amoral".[20] Nos tempos mais presentes, tal antiintelectualismo se versou através de políticos republicanos como Joseph McCarthy, Richard Nixon, Ronald Reagan e George W. Bush, cada qual a seu estilo se expondo como um porta-voz da maioria "silenciosa", insultada pelas decisões dos intelectuais, num discurso simplista ao opor o erudito/cosmopolita contra o simples/tradicional. Mas que intelectuais americanos resistiriam atualmente? Para Halimi, poucos, pois, "de seu lado, a imprensa e as mídias veiculam os modelos mais acabados da ideologia mercantil e do individualismo, enquanto a universidade entrou nos moldes da *business school*".[21] Na crítica do editor, muitos dos melhores professores agora agem como se fossem administradores de empresa, ocupando-se primordialmente de seu próprio bolso, com melhores salários, mais bônus e menos horas de cátedra – às vezes blefando, tal qual um jogo de truco, abandonar a universidade e/ou a editora para procurar melhores condições noutros cantos.

Em maio de 2006, o editorial francês de Ignacio Ramonet questionava: "Ainda há intelectuais que são referência? Como a explosão midiática tumultuou seu magistério? Por que o ódio tipicamente fascista (cf. Goebbels) do 'intelectual' ou a aversão que lhe dedica a direita americana se justapõe a uma espécie de autodestruição pelo excesso de exibição (cf. Bernard-Henri Lévy)? Sem esquecer uma interrogação central sobre a maneira que agora, no mercado editorial e na universidade, que os interesses privados alistam pensadores prestigiados".[22]

Tempos antes desse dossiê, em abril de 2001, o sociólogo francês Alain Accardo e o cientista político Philippe Corcuff revisitam a ideia de Julien Benda para abordar uma nova traição dos intelectuais franceses: uma mudança cultural que corrói as instituições universitárias por dentro, como efeito das políticas liberais impulsionadas desde a década de 1980 e de uma lógica de servidão voluntária entre os docentes-

---

20 HALIMI, maio de 2006, p. 34.
21 HALIMI, maio de 2006, p. 34.
22 RAMONET, maio de 2006, p. 1)

-investigadores. Tal como Halimi, Accardo e Corcuff criticam o atual quadro das universidades, administradas como empresas, cujo produto é o diploma. Nessa lógica privatizada, as universidades abririam portas para "clientes" desejosos de uma formação rápida, mirando o "perfil" pedido pelo mercado de trabalho.[23] Esse novo modelo mina por dentro a condição dos intelectuais nas arenas acadêmicas, e:

> A amargura de muitos universitários se vê agravada pelo contexto político e os sucessivos desencantos a respeito dos diversos componentes da esquerda. Depois de acariciar muitos sonhos intelectuais, pedagógicos e/ou políticos, nosso *homo academicus* viu como se reduziram progressivamente seus horizontes e terminou por escutar, às vezes de má vontade, às vezes complacente, os cantos da sirene do "realismo", que o convidam a se acomodar às transformações decretadas como inelutáveis do mundo tal como é.[24]

Em outubro de 2002, o jornalista Maurice T. Maschino ocupou três páginas da edição francesa de *Le Monde Diplomatique* para destilar sua crítica aos intelectuais *novos reacionários*. Autor de *Oubliez les philosophes* (2001) e *L'école de la lâcheté* (2007), entre outros, Maschino questiona:

> Uma vez na linha de frente para defender corajosamente , contra os poderes e a opinião pública, causas desesperadas (caso Calas, caso Dreyfus, independência da Argélia, paz no Vietña etc.), muitos intelectuais franceses – de Alain Finkielkraut a Jacques Julliard, de Philippe Sollers a André Glucksmann, de Luc Ferry a Pascal Bruckner e tantos outros – agora parecem se alinhar com as teses dominantes mais temerosas e mais conservadoras. Arautos da globalização liberal, *génuflecteurs* dos Estados Unidos, adeptos incondicionais do general Sharon, obsequiosos compartes dos grandes patrões, bajuladores de todos os poderes e principalmente das principais mídias, esses "intelectuais" não usurpam sua função e não traem Voltaire, Hugo, Zola, Gide, Sartre, Foucault e Bourdieu?[25]

Os tempos mudaram. Para Maschino, se o Maio de 1968 ainda teve ares revolucionários, a descoberta do *gulag* e do "socialismo real", assim como a independência dos países da África e da Ásia, provocou um traumatismo entre intelectuais

---

23 ACCARDO, CORCUFF, abril de 2001, p. 29-30.
24 ACCARDO, CORCUFF, abril de 2001, p. 29-30.
25 MASCHINO, outubro de 2002, p. 28-29.

franceses. "A perda de suas ilusões, ou de suas esperanças, os levaram muito, nas décadas de 1970 e 1980, a se refugiar num silêncio constrangido e a renegar os engajamentos de suas juventudes".[26]

Entre os exemplos, Maschino acusa Bernard-Henry Lévy, Jean-Paul Dollé e Pierre Nora (este último um intelectual, diz, de um desprezo quase aristocrático ao não hesitar, eventual e esquizofrenicamente, a "dissociar o que pensa e o que escreve").[27] O autor critica ferozmente os intelectuais midiáticos, que não se dedicam mais a escrever livros substanciais para compartilhar o *conhecimento*, mas que buscam o *reconhecimento* como intelectuais, o mais visíveis possíveis, o mais presentes nas telas e nas páginas.[28]

Por quê? Para Maschino, pois os intelectuais se aburguesaram. Engolidos pela economia de mercado, os mestres teriam se rendido às conferências pagas de 10.000 euros, os filósofos teriam se integrado ao *brain-trust* das empresas e aos comitês diretivos – entre eles, Alain Minc, André Glucksmann, André Comte-Sponville, Luc Ferry, Pascal Bruckner, Philippe Sollers. Maschino não hesita ao escolher palavras fortes para criticá-los: "politicamente submissos", "ideologicamente servis", "aduladores dos grandes" e "bajuladores cortesãos".[29] Apesar da fúria, o autor dedica suas últimas linhas a um rastro de esperança, ainda que bruta:

> Ao contrário desses descontentes, que, tomando seus desejos como realidade, expressam regularmente o "fim dos intelectuais", os intelectuais – os verdadeiros – são mais do que nunca necessários: diante de uma sociedade onde a escola está se deteriorando, onde a TV derrama altas doses de seus disparates sobre milhões de cidadãos, onde os jornais se degradam e, muito frequentemente, cultivam o *fait divers* mais do que o fato verdadeiro, só os intelectuais podem estimular a reflexão. Para se distanciar do acontecimento bruto. Para ver, ler e compreender de outra forma. Para tirar alguma distância em relação ao evento cru. "O papel do intelectual é agora o mesmo que antes", diz Michel Onfray, "no princípio de Diógenes (ou de Bourdieu), ser a má consciência do seu tempo, da sua época. O inseto, o mosquito, o rebelde com o qual não se reproduz o sistema social. O intelectual pode pensar e dar ideias para a política, pouco dotadas para o pensa-

---

26 MASCHINO, outubro de 2002.
27 MASCHINO, outubro de 2002.
28 MASCHINO, outubro de 2002.
29 MASCHINO, outubro de 2002.

mento e a reflexão. Deve denunciar as injustiças, os erros do sistema, as mecânicas alienantes..." Sem concessão.[30]

*

Le Monde Diplomatique pretende ensaiar, historicizar, manifestar, posicionar, provocar, refletir sobre a atualidade – assim o magazine compreende o papel dos intelectuais. Muitos intelectuais se tornaram *habitués* nessas páginas "diplomáticas", revisitados, elogiados e criticados, quer como autores, quer como fontes e referências. Entre 1999 e 2011, nas páginas platinas foram revisitados itinerários de intelectuais como Daniel Barenboïm por Edward Said (n.º 28), Guy Debord por Guy Scarpetta (n.º 86), Günter Grass e Juan Goytisolo (n.º 5), Noam Chomsky (n.º 28 e n.º 98), Pierre Bourdieu (n.º 32),[31] Stéphane Hessel por Ignacio Ramonet (n.º 140).[32] Para *El Dipló*, Osvaldo Gallone escreveu sobre o escritor "extraordinário" e "rebelde" Albert Camus (n.º 128), a literatura "triunfante" de Franz Kafka (n.º 113 e n.º 129), o "dandy" Lucio Mansilla (n.º 119), o "doutor" Marcos Aguinis (n.º 122), um ilustre "desconhecido" Marco Denevi (n.º 115), outro "desconhecido" escritor espanhol Juan Marsé (n.º 127) e o cronista Roberto Arlt (n.º 123). Entre os argentinos, destacam-se ainda Héctor Agosti por Néstor Kohan (n.º 61) e Oscar Terán (n.º 115).[33]

---

30 MASCHINO, outubro de 2002.
31 Pierre Bourdieu morreu no dia 23 de janeiro de 2002, em Paris. A tempo, *Le Monde Diplomatique* publicou e *El Dipló* traduziu o último discurso do sociólogo, realizado num encontro com militantes e intelectuais gregos em Atenas, entre 3 e 6 de maio de 2001. Na ocasião, Bourdieu argumentou o imperativo do diálogo entre intelectuais e os movimentos sociais na Europa. Recusou a oposição funesta, segundo seu julgamento, entre *scholarship* e *commitment* – isto é, entre intelectuais inteiramente dedicados à ciência e intelectuais comprometidos. Recusou assim o acastelamento intelectual nas suas torres de marfim. Recusou, enfim, o distanciamento entre intelectuais e a realidade, investigadores e os movimentos sociais. Intelectuais estes que deveriam inventar um novo papel: ouvir, investigar, inventar, contribuir para engendrar um projeto político novo e coletivo.
32 Foram retratados intelectuais de diferentes expertises e nacionalidades, tais como André Malraux (n.º 3), Armand Gatti (n.º 19), César Vallejo (n.º 108), Julio Cortázar (n.º 56), Giangiacomo Feltrinelli (n.º 25), Gonzalo Torrente Ballester (n.º 135), Isadora Aguirre (n.º 118), Isidoro Gilbert (n.º 124), Italo Svevo (n.º 111), John Maxwell Coetzee (n.º 61), Richard Wright (n.º 50) e Vasili Grossman (n.º 113). Além de políticos, literatos e acadêmicos, destacam-se cineastas como o franco-suíço Jean-Luc Godard (n.º 98), o espanhol Pedro Almodóvar (n.º 10 e 11), o britânico Peter Watkins (n.º 9) e o americano Woody Allen (n.º 12). Entre os alvos de críticas, o escritor franco-argelino Bernard Henri-Lévy (n.º 10), o argentino Marcos Aguinis (n.º 121) e o peruano Mario Vargas Llosa (n.º 137).
33 Oscar Terán morreu no dia 21 de março de 2008, em Buenos Aires. Escrevera anos antes n'*El Dipló* uma breve retrospectiva sobre a relação entre intelectuais e a política na Argentina. Lembrou

Além das linhas dedicadas a diversos intelectuais, como autores ou como referências, vale destrinchar o que os próprios intelectuais e jornalistas nas edições francesa e argentina de *Le Monde Diplomatique* compreendem como seus papéis de intelectuais e jornalistas.

Na Argentina, o ex-diretor Carlos Gabetta, na casa dos 70 anos, responde à questão provocada a partir do livro *Todos somos subversivos*, escrito na sua juventude entre a ditadura argentina e o exílio europeu, como destaquei noutro momento:

> Todo intelectual crítico é subversivo, pois ataca ou questiona a ordem estabelecida. Se está mal, é preciso criticar o que está mal. Se está bem é preciso ver o que se pode melhorar mais. Sempre cito uma frase de Marx, quando escreveu *La cuestión judia [de 1844]*, um livro muito crítico sobre a questão sendo o próprio autor judeu e neto de rabino. Saiu o livro e a comunidade judaica não sabia o que fazer. Disseram que ele se deixou levar por seu "temperamento passional". E Marx respondeu: a crítica não é uma paixão da mente, mas a mente da paixão. Para mim, essa consideração deveria valer para todos os intelectuais. É preciso apaixonar-se por uma causa, por uma ideia, mas ao mesmo tempo é preciso estar pronto para ver o que está mal. O que está incorreto. A ideia é melhorar [o mundo].[34]

Considera o ex-editor que o espírito crítico marcava *Le Monde Diplomatique* – um espírito crítico que corresponde ao próprio papel do jornalista e do intelectual. "A crítica não é uma paixão da mente, mas uma mente da paixão. Penso que essa é a chave para um intelectual. Defender apaixonadamente uma causa, mas com perspectiva crítica. Não há nada perfeito nesse mundo".[35]

Mais jovem, o editor Pablo Stancanelli, de 40 anos atuais, traça trilha semelhante: "Mais além do jornalismo militante, o papel do intelectual é sempre ser crítico a respeito de tudo", define.[36] "Um intelectual sempre deve ir além – de um projeto político e de um partido. Deve se adiantar e participar da vida pública a fim

---

o marco inaugural da intelectualidade argentina com Bartolomé Mitre, Domingo Sarmiento, Juan B. Alberdi, as discussões da *argentinidad* com Ernesto Quesada, Leopoldo Lugones, Ricardo Rojas. Perpassou a relação entre intelectuais e o peronismo, entre opositores e simpatizantes do coronel Juan Domingo Perón, o entusiasmo eletrizante entre intelectuais e a revolução. Após sua morte, o escritor Mario Goloboff resenhou *Historia de las ideas en la Argentina: diez lecciones iniciales*, último livro de Oscar Terán, impresso postumamente.

34 Carlos Gabetta em entrevista à autora, no dia 1º de setembro de 2014.
35 Carlos Gabetta em entrevista à autora, no dia 11 de setembro de 2012.
36 Pablo Stancanelli em entrevista à autora, no dia 12 de setembro de 2012.

de melhorá-la. E para melhorar as discussões, trazendo uma visão mais profunda sobre a vida cotidiana".[37]

O veterano editor Carlos Alfieri, de 73 anos, não discorda: "Penso que o único papel, útil, é ser crítico. Não vejo outro papel. É preciso tomar posições a partir de uma perspectiva inteligente e crítica".[38] Entretanto, acrescenta um comentário importante, que vincula o papel dos intelectuais e dos jornalistas: "Muitas vezes, os escritores, historiadores e professores universitários têm conhecimento profundo dos assuntos abordados, mas não têm as ferramentas jornalísticas para expressar esse conhecimento", diagnostica. "Na redação, nosso trabalho é dar essa metodologia jornalística. Para serem lidos como textos jornalísticos e não como artigos acadêmicos. Todos os textos são editados e revisados. Isso também provoca uma certa tensão, pois a relação entre jornalistas e intelectuais é complexa", acrescenta.[39] Alfieri assim posiciona *Le Monde Diplomatique* como "veículo" para os intelectuais.

Na França, o ex-editor Dominique Vidal, 65, também destaca a importância da transmissão das ideias:

> É muito complicado ser um intelectual atualmente. Antes de falar sobre a busca de alternativas, o papel é a transmissão do saber e da experiência dos movimentos trabalhistas, independentistas, altermundialistas. Na minha visão, o primeiro papel dos intelectuais é a transmissão. Estamos vivendo uma crise da transmissão – para parte do ensino secundário e superior. E uma crise de partidos políticos, que também não fazem essa transmissão. Posso dizer, por exemplo, que nas décadas de 1960 e 1970 eu estava no Partido Comunista Francês – e tinha escolas em cada "célula", depois escolas em cada área geográfica, depois escolas em cada seção e, enfim, tinha uma escola central no nível nacional. Isso não existe mais. Há realmente uma crise de transmissão pelos partidos e uma crise de transmissão pela mídia. Além da transmissão, o segundo papel dos intelectuais é evidentemente a busca de pistas novas – científica, cultural, econômica, literária, política, social – e é tão difícil que é preciso que os intelectuais se organizem por si mesmos, formando grupos e associações para garantir seu trabalho, que, como disse, não é garantido na área da educação, da mídia ou dos partidos.[40]

---

37 Pablo Stancanelli em entrevista à autora, no dia 12 de setembro de 2012.
38 Carlos Alfieri em entrevista à autora, no dia 12 de setembro de 2012.
39 Carlos Alfieri em entrevista à autora, no dia 12 de setembro de 2012.
40 Dominique Vidal em entrevista à autora, no dia 6 de outubro de 2014.

A editora Anne-Cécile Robert, 48, concorda com a complexidade para atuar como intelectual atualmente, mas parte de outro argumento: "É complicada pois atualmente há muitos *falsos* intelectuais, como Bernard Henri-Lévy, por exemplo".[41] A editora define um intelectual como alguém capaz de pensar, um trabalhador ou um *instituteur*, um investigador ou um escritor. Assim, também é complexa a relação entre intelectuais e a mídia:

> É mais o papel do intelecto na sociedade que é interessante. Isto é, nossa sociedade é sempre capaz de refletir? Atualmente temos a impressão de que embarcamos numa máquina, cada vez mais rápida. É preciso reabilitar o tempo longo, a reflexão, a duração. Infelizmente os intelectuais, no sentido clássico do termo, não desempenham esse papel atualmente. Especialmente os intelectuais midiáticos têm a tendência a ficar no atual, na rapidez, na escrita rápida, seguindo as modas. Não como os intelectuais, no sentido clássico, como Émile Zola ou Pierre Bourdieu mais recentemente, que são capazes de pôr seu pensamento a serviço do interesse geral. No *Monde Diplomatique* desejamos continuar a portar isso, as exigências do pensamento num mundo muito preso ao cotidiano e a urgência. No *Monde Diplomatique*, nós reivindicamos um certo longo prazo, nós recusamos seguir o fluxo dos acontecimentos.[42]

A editora posiciona *Le Monde Diplomatique* como uma ponte entre um jornal e uma *review*, um jornalismo *exigente*, na sua expressão, distante do *événementiel*, com mais tempo e mais reflexão. "Uma de nossas preocupações é trazer para o público leitor (leigo) as ideias do mundo acadêmico. E trazer para os intelectuais um pouco do mundo real".[43]

Nas relações entre intelectuais e jornalistas, um dos relatos mais abertos é o do ex-editor Maurice Lemoine, 71, a única fonte que definitivamente não se declara ou não se identifica como um intelectual – e não conjuga, explícita ou implicitamente, como muitos outros companheiros, a fórmula "nós, os intelectuais". Assim, Lemoine se define como um jornalista, apesar de outros lhe atribuírem a insígnia intelectual. À questão sobre o papel dos intelectuais, uma resposta coloquial, mas franca:

---

41 Anne-Cécile Robert em entrevista à autora, no dia 14 de outubro de 2014, grifo meu.
42 Anne-Cécile Robert em entrevista à autora, no dia 14 de outubro de 2014.
43 Anne-Cécile Robert em entrevista à autora, no dia 4 de fevereiro de 2013.

> Não sei, isso você precisa perguntar a Ignacio [Ramonet]... [risos]. Digo muito sinceramente, não me considero um intelectual. Ademais, o interessante de minha história é que, por vir de uma família muito humilde, eu tinha uma ideia dos intelectuais – descobri esse mundo dos intelectuais, e isso diminuiu um pouco a admiração que eu tinha por esse mundo. Não vou dizer nomes, mas vou contar: me convidaram na Venezuela para um tal grande encontro de intelectuais – desta vez não poderei ir, mas enfim. Quando somos convidados para atos assim, descobrimos que há um monte de intelectuais assim: que passam de hotéis de luxo a hotéis de luxo, discutindo o progressismo na América Latina, e que nunca vão à gente, ao campo, aos bairros. Respeito, mas me incomoda um pouco. Ao ouvi-los, talvez concordamos com uns 75% do que esses intelectuais dizem, mas há 25% totalmente fora da realidade. Além disso, há intelectuais de esquerda, de direita, de tudo. Para mim, acredito que acontece com os intelectuais o mesmo que com os jornalistas: cada um busca um lugar que corresponda a seus sentimentos. Mas, enfim, não sou o melhor para analisar isso...[44]

Lemoine se identifica com o papel dos jornalistas que, entretanto, também lhe desperta questionamentos, principalmente em tempos marcados por manipulações midiáticas, *neoliberais* e *atlantistas*, nas suas expressões. Questionamentos que lhe impõem um dilema, um "sentimento de ser um jornalista em guerra com o jornalismo".[45]

O editor Renaud Lambert, 41, por outro lado, se identifica com o papel dos intelectuais, relacionando-o intimamente à esquerda:

> Por função, penso que os intelectuais devem vivificar as ideias, dar força política para que elas se organizem. Não penso que os intelectuais mudam o mundo. Não penso que as ideias mudam o mundo. Mas penso que as ideias dos intelectuais podem participar para mudar o mundo quando as forças sociais se aproveitam delas. Minha ambição, enquanto intelectual... Aliás, nossa ambição no *Monde Diplomatique*, enquanto intelectuais, é disponibilizar, de maneira organizada, as análises e as ideias, relacionadas às soluções, para as forças de esquerda. Susan Watkins, diretora da *New Left Review*, assim descreve o papel da revista – e me parece uma boa definição: dar à esquerda as ideias que a esquerda precisa, se ela existir. Atualmente as forças de esquerdas existem, mas é uma esquerda difusa, não organizada. Não

---

44 Maurice Lemoine em entrevista à autora, no dia 27 de novembro de 2014.
45 Maurice Lemoine em entrevista à autora, no dia 27 de novembro de 2014.

> se constituem como força social. Mas espero que elas virão. E quando vierem, espero que elas usem essas ideias à sua disposição. De um lado, esse é o papel dos intelectuais. De outro lado, é atacar o poder, de todas as suas maneiras. Atualmente, o poder é principalmente econômico, que controla o poder político, a justiça e a mídia. E poucas pessoas podem lutar contra esse poder, sem serem ameaçadas. É difícil para um sindicalista, para um assalariado. Um intelectual tem uma posição específica – e pode lutar contra esse poder. Mas, infelizmente, uma grande parte dos intelectuais serve a esse poder.[46]

O diretor Serge Halimi, 60, também traça um paralelo entre intelectuais e jornalistas. Halimi aceitou o pedido de entrevista para este estudo, mas marcada para a manhã de 28 de novembro de 2014, na sua sala no *Monde Diplomatique*, com certas condições: uma conversa de 40 minutos no máximo, com cerca de sete questões. A certo ponto, questionei-o sobre o papel de um jornal. O editor resgatou uma expressão enfatizada páginas atrás: "compreender e fazer compreender". E adicionou:

> Estamos diante uma situação internacional muito mais indecifrável que o momento da Guerra Fria, uma situação onde as alianças não são determinadas de maneira automática em função do alinhamento a tal ou tal bloco, onde os acontecimentos são assistidos de maneira muito espetacular, como na Síria e no Iraque, os Estados Unidos e o Irã que tinham tendência a colaborar e agora mesmo são inimigos. Isso exige estar muito atento ao que acontece – e consagrar o tempo e uma espécie de energia intelectual, ao que a maior parte dos jornais renunciaram, por pensarem, talvez por razões de mercado, que não são questões que interessam a muitos leitores e não são questões que interessam muito aos anunciantes. Então há muitos jornais que dedicam cada vez menos tempo para as questões internacionais, o que torna o mundo muito difícil de compreender pelos leitores. O que os leva a se dedicarem aos acontecimentos mais espetaculares, mas sem uma análise de fundo. Para nós, nosso trabalho é sobre o longo prazo, as sociedades e suas evoluções, progressivas na questão internacional. Dos países do sul e além. Em outros termos, nós temos o dever de decifrar um mundo cada vez mais indecifrável.[47]

Entretanto, Halimi não escondeu certa impaciência ao ser questionado sobre o papel dos intelectuais, por questão de tempo:

---

46 Renaud Lambert em entrevista à autora, no dia 2 de outubro de 2014.
47 Serge Halimi em entrevista à autora, no dia 28 de novembro de 2014.

> Você faz questões muito amplas: qual é o papel da esquerda, qual é o papel dos jornalistas, qual é o papel dos intelectuais... Francamente, são assuntos aos quais nós dedicamos páginas e páginas. Não gosto muito de resumir em três minutos uma questão como essa, sob o risco de lhe dizer o que me vem à mente e de esquecer coisas que são talvez mais importantes. Ainda assim... O papel dos intelectuais é um pouco o que eu disse a respeito do papel de um jornal. De compreender e fazer compreender. E de tentar promover uma sociedade mais igualitária, mais justa. E ter uma visão e um conhecimento da sociedade suficiente para saber como articular seu discurso.[48]

Entre tantas declarações e definições, há pontos comuns e incomuns a destacar em diferentes níveis. Primeiro, a atitude crítica como imperativo para os intelectuais é um ponto essencial de concordância entre os intelectuais envolvidos e envoltos por Le Monde Diplomatique, tanto na França quanto na Argentina.

Segundo ponto, a mídia como intermediário entre os intelectuais e a transmissão das ideias, um ponto que suscita diversas discussões. Por um lado, declara-se a necessidade de transmitir ideias, no caminho cruzado dos intelectuais à sociedade, da sociedade (e dos movimentos) aos intelectuais. Por outro, critica-se a mídia *mainstream* e os ditos intelectuais midiáticos – palpitaria aí a máxima, explícita ou implicitamente, "os outros, não nós", quer dizer, apenas os outros intelectuais, ancorados noutras mídias, são passíveis de críticas).

Terceiro ponto, a independência como palavra-chave para os intelectuais, o que traz diferenças sensíveis entre as definições defendidas por Le Monde Diplomatique na França e na Argentina. Carlos Gabetta, já se frisou, argumenta que os intelectuais podem se apaixonar por uma causa e por uma ideia, mas, no seu compromisso, devem estar prontos para criticá-la[49] com independência – o que nos leva de volta a seu rompimento com a editora Capital Intelectual e, por conseguinte, com El Dipló argentino, por suas críticas a Cristina Kirchner e outros governos latino-americanos, por ele considerados e interpretados como "populistas".

Maurice Lemoine não vê a questão da independência nos mesmos termos que Gabetta. Admite que há determinadas críticas a serem feitas a governos como Cuba e Venezuela, quiçá Argentina, mas, por razões conjunturais, argumenta que não é possível fazê-las, para não dar munição ao outro lado da trincheira, ao inimigo, à

---

48 Serge Halimi em entrevista à autora, no dia 28 de novembro de 2014.
49 Carlos Gabetta em entrevista à autora, no dia 1º de setembro de 2014.

direita. Assim, vê o compromisso do intelectual intrinsecamente relacionado com a esquerda, envolvida na *luta* contra o capitalismo neoliberal. Lemoine identifica claramente duas linhas no *Monde Diplomatique*: uma, comprometida com a "briga"; outra, mais distante, que pretende ouvir e observar, mas não se envolver demais com as questões contemporâneas.[50] De seu lado, lembra:

> Era o time de ouro: Ignacio Ramonet, Bernard Cassen e eu. Na realidade, cada um de nós tinha um estilo. Ignacio tinha contato com os "reis" – Fidel Castro, Hugo Chávez –, contato diretamente com a cúpula. Cassen era um ativista dos movimentos sociais, relacionado com Porto Alegre e bláblábá. E eu estava no campo. E nós três formávamos uma equipe muito completa, cada um com sua sensibilidade. E por isso eu acredito, eu digo, e talvez eu me equivoco, que para *Le Monde Diplomatique* houve um período de ouro sobre a América Latina. Estávamos muito envolvidos, sem esquecer o espírito crítico. Além disso, isso é muito importante para explicar o funcionamento de uma equipe como essa, sabendo que há uma adesão permanente do aparato ideológico sobre esses governos. Isso é muito importante. Se tirar isso do contexto, pode dizer que estávamos próximos demais desses governos. Se esquece-se o ataque, a guerra permanente contra Fidel, contra Chávez...[51]

Nos últimos anos, os veteranos Bernard Cassen, Ignacio Ramonet e Maurice Lemoine saíram de seus postos oficiais no *Monde Diplomatique* francês, abrindo espaço para intelectuais mais jovens como Serge Halimi e Renaud Lambert. As discussões sobre a relação entre intelectuais e a esquerda, porém, continuam vibrantes na revista.

Edward Said, um dos intelectuais mais valorizados por *Le Monde Diplomatique*, ao lado de Jacques Derrida, Pierre Bourdieu e Régis Debray, dizia que o papel dos intelectuais não poderia se enquadrar num *slogan*, numa linha partidária ortodoxa ou num dogma político. "Nada deforma mais o desempenho público do intelectual do que os floreados, o silêncio cauteloso, a jactância patriótica e a apostasia retrospectiva acompanhada de auto-dramatização".[52] É interessante retornar a Said para discutir as relações entre intelectuais e o poder,[53] especialmente o poder

---

50 Maurice Lemoine em entrevista à autora, no dia 27 de novembro de 2014.
51 Maurice Lemoine em entrevista à autora, no dia 27 de novembro de 2014.
52 SAID, 2000, p. 15.
53 Diferentes relações entre intelectuais e o poder foram destacadas por Lewis A. Coser: 1. os próprios intelectuais estão no poder, uma situação *rara* ilustrada historicamente pelos jacobinos; 2. os intelectuais estão fora do poder, mas querem influir e influenciar nas suas decisões; 3. os

uma vez conquistado pela esquerda. A Said, que recusava atitudes sectárias, tendo contraponto a defesa e a dedicação ao *universalismo* na cultura e na política. Dizia: trata-se da forma como se pretende entrar na história, de braços abertos ou punhos fechados –[54] expressões felizes para ilustrar as linhas presentes entre intelectuais de *Le Monde Diplomatique* que, na verdade, revelam dois posicionamentos nas relações entre intelectuais e o poder protagonizado pela esquerda: um certo distanciamento como observadores ou um compromisso mais forte, mais posicionado de um lado da trincheira na batalha de ideias. Nessa trilha, uma bifurcação: ou *Le Monde Diplomatique* não desconfia *a priori* de uma esquerda que pretende ascender ao poder nas palavras de um francês, ou desconfia dos partidos políticos todos, no *que se vayan todos* na expressão de um argentino?

O impasse evidencia a dúplice tentação que se impõe aos homens de pensamento. No fim d'*O século dos intelectuais*, Michel Winock lembra que os homens não vivem no mundo das ideias puras. "O universo político é prenhe de todos os conflitos, de todos os desejos de onipotência, de todos os ódios e de todos os apetites de poder".[55] Assim, duas tentações dominariam os intelectuais:

> Permanecer no mundo da pureza ideal – que é o da linguagem –, mas com risco de se isolar e perder o contato com o mundo; ou aceitar demasiadamente os imperativos do universo político, escolher seu lado, tornar-se partidário, saber calar ou falar sempre com critério – com risco de não passar, assim, de um auxiliar da política ou um funcionário das esperanças em suspenso – mesmo que seja de um partido de oposição. Pensar a política radicalmente é, com muita frequência, escolher o impossível; mas aceitar a política, tal como se apresenta, requer apenas a aliança entre oradores e expertos: onde ficam os homens de pensamento? [56]

Na encruzilhada entre o universo da pureza ideal e o universo político, os intelectuais por vezes preferem outro rumo: o silêncio.

---

intelectuais querem legitimar o poder, contribuindo com discursos e escritos a favor do totalitarismo, algo como a serviço do príncipe; 4. os intelectuais querem confrontar o poder, querem criticá-lo (BOBBIO, 1997, p. 112-113).
54 SAID, 2013, p. 14.
55 WINOCK, 2000, p. 786-787.
56 WINOCK, 2000, p. 786-787.

No verão francês de 1983, a discussão sobre o silêncio dos intelectuais despontou dois anos depois que a esquerda, que por muitas décadas encarnara esperanças dos intelectuais, conquistou o poder – a vitória de François Miterrand. O gatilho para tal discussão foi um artigo do historiador Max Gallo, ministro e porta-voz do governo socialista, impresso nas páginas de Le Monde.[57] Vieram as críticas aos intelectuais, calados diante do esquecimento da esquerda em relação ao programa inicial de transformação radical da sociedade francesa, um projeto socialmente audacioso e economicamente antiliberal engavetado. Aos intelectuais, que se encontravam no dilema entre participar episodicamente do poder, como conselheiros do príncipe, ou continuar criticando, a ferro e fogo, todo poder. "Pode-se, em nome do realismo político, renunciar a uma parte de suas ideias, qualificando-as de ilusões ou de utopias, ou nunca se deve ceder em nenhum princípio, nenhum valor, nenhum ideal, com o risco de perder o poder e, portanto, toda possibilidade, por menor que seja, de transformar o real?", interroga o filósofo francês Francis Wolff.[58] Em outras palavras, quem é o intelectual? Um crítico ou aliado do poder? Um idealista ou às vezes apegado ao realismo político?

No Brasil, história semelhante se desenrolou por volta de 2005, três anos após a vitória de Lula, escoltada pela esquerda por simbolizar uma "formidável esperança" no âmbito socioeconômico, uma ruptura – digo eu, como "nunca antes na história deste país", para lembrar a expressão do ex-presidente – e, diz Wolff, a vitória de um político e de um partido que um dia representaram a aliança entre intelectuais e populares. A esquerda no poder, na França e no Brasil, trilhou caminhos que não condiziam com suas ideias iniciais, mas a diretrizes conservadoras, mostrando fidelidade às instituições financeiras internacionais, realismo econômico, rigor orçamentário. Quanto a nossos intelectuais, ou romperam com o PT ou se asilaram num ensurdecedor, encastelado, encabulado silêncio.

Ao lado de Lula, outros novos governos latino-americanos luziram, também escoltados por esperanças de intelectuais de esquerda. Diante deles, muitos intelectuais (latino-americanos e franceses, entre outros) também calaram. Mas, se posso dizer, há diversos tipos de silêncio. Um silêncio omisso, face a críticas conhecidas e reconhecidas, mas jamais ditas a voz alta – um Ignacio Ramonet, por exemplo, em relação a Cuba ou a Venezuela, ou um Carlos Alfieri em relação a Argentina. Um silêncio sin-

---

57 WOLFF, 2006, p. 45.
58 WOLFF, 2006, p. 46.

gelo, surpreso diante de situações imprevistas ou imprevisíveis. Um silêncio simples, de quem desconhece condições reais dos contextos que pretende teorizar. Um silêncio constrangido, de quem apostou alto em certas cartas, mas não viu o jogo virar como o esperado – um Bernard Cassen em relação às expectativas do altermundialismo. Um silêncio arbitrário, proposital, pensado para não dar brechas para as movimentações do inimigo – um Maurice Lemoine, em relação às experiências da América Latina. Por fim, um minuto de silêncio ajuizado, ponderado, propício para refletir em tempos turbulentos, oposto à tagarelice – e os imbecis cujas vozes matracam a altos decibéis nas mídias sociais sobre o tudo e o absolutamente nada, criticados, entre outros pensadores, por Umberto Eco. Os silêncios, afinal, falam.

É imprecisa a relação dos intelectuais de Le Monde Diplomatique com a ideia de engajamento e envolvimento político. Muitos defendem o papel da revista como uma tribuna livre ou uma instituição[59] independente, apesar de simpatizante[60] das revoluções e dos movimentos progressistas, distante da militância partidária[61] ou do estilo político panfletário.[62] Para tal ala, Le Monde Diplomatique teria corrompido seu papel e perderia sua *raison d'être* se resvalasse na política partidária ou no panfleto. Mas é muito tênue a linha entre a independência e a *causa*.

Vale voltar às palavras, mais uma vez, de Ignacio Ramonet: "*Le Monde Diplomatique* é mais que um jornal, é uma causa... A causa da justiça, da paz, dos povos que procuram sair de sua dependência".[63] Ao frisar que a *causa* é maior que o magazine, o editor encontra eco entre seus companheiros: Le Monde Diplomatique estaria muito vinculado a certos valores, como a justiça e a solidariedade – e as edições internacionais herdariam o DNA do *Monde Diplomatique* francês: a crítica ao imperialismo, ao colonialismo e ao capitalismo neoliberal.[64] Seria, nas expressões de Anne-Cécile Robert,[65] ainda uma mídia hostil à dominação, dos ricos sobre os pobres, dos homens sobre as mulheres. Seria, na perspectiva de Renaud Lambert,

---

59 Anne-Cécile Robert em entrevista à autora, no dia 14 de outubro de 2014.
60 Bernard Cassen em entrevista à autora, no dia 10 de novembro de 2014.
61 Carlos Alfieri em entrevista à autora, no dia 12 de setembro de 2012.
62 Carlos Gabetta em entrevista à autora, no dia 11 de setembro de 2012.
63 RAMONET, março de 2004, p. 7.
64 Anne-Cécile Robert em entrevista à autora, no dia 4 de fevereiro de 2013.
65 Anne-Cécile Robert em entrevista à autora, no dia 14 de outubro de 2014.

por exemplo, um posicionamento, no conflito estrutural entre trabalho e capital, ao lado do trabalho.[66]

Norberto Bobbio certa vez destacou como os manifestos, nas últimas décadas, se tornaram tribunas preferenciais pelas quais os intelectuais expressaram publicamente o engajamento político. Manifestar sobre o quê? Para Bobbio, os intelectuais intervieram nos principais debates de seu tempo: a *opressão*, compreendida como as violações dos direitos humanos, e a *guerra*, na acepção mais ampla, compreendendo assim as *guerras* civis, insurrecionais, libertadoras, revolucionárias e assim por diante. Nos dois eixos, um impulso: a violência na história, diante da qual os intelectuais se levantariam como porta-vozes das reivindicações da liberdade, da razão, da verdade, da tolerância, da compreensão, do amor.[67] Uma brecha para outro questionamento de Eric Hobsbawm: após o *Manifesto Comunista* de Karl Marx e Friedrich Engels, que manifestos relevantes foram escritos?, como hão de sobreviver ao século XXI?[68]

*

"Não é fácil ser de esquerda hoje".[69] Assim a jornalista Evelyne Pieiller convida o leitor à edição especial de *Manière de voir: Penser est un sport de combat*, de fins de 2014, que faz referência ao documentário de Pierre Carles sobre Pierre Bourdieu, *La sociologie est un sport de combat* (2001):

> Ou, mais exatamente, é relativamente fácil ter uma sensibilidade de esquerda, mas não é fácil pensar à esquerda. Pensar que o combate contra a dominação do capital sob todas as suas formas não é obsoleta, apesar de sua ausência do léxico midiático e da transformação dos explorados em "desprivilegiados". Pensar que a questão da igualdade social continua sendo fundamental, apesar de sua dissolução como igualdade de acesso a oportunidades de sucesso. Tudo parece complicado e confuso, especialmente por causa da famosa "globalização" e das mutações tecnológicas. As análises de uma esquerda que se quer radical não seriam mais pertinentes: elas enfrentariam um passado... ultrapassado.[70]

---

66 Renaud Lambert em entrevista à autora, no dia 2 de outubro de 2014.
67 BOBBIO, 1997, p. 59.
68 HOBSBAWM, 2013, p. 18.
69 PIEILLER, outubro de 2014, p. 4.
70 PIEILLER, outubro de 2014, p. 4)

Neste dossiê, Evelyne Pieiller reúne escritos de Edward Said, Eric Hobsbawm, Immanuel Wallerstein, Loïc Wacquant e Pierre Bourdieu, entre outros. Para Pieiller, pensar à esquerda, no espírito do iluminismo, é difícil – e por isso é difícil perseverar. Assim, a autora considera pensar à esquerda um *sport de combat*, uma arte marcial. Diríamos uma luta, uma batalha de ideias. Ou uma briga de punhos cerrados contra a impotência melancólica e o sentimento solitário, reafirmando a possibilidade de refletir sobre os jogos de poder nos tempos de "globalização", onde a análise crítica ainda seja útil para descontruir racionalidades falaciosas e pretensas fatalidades.[71] Logo, pensar seria recusar a nostalgia, reconquistar os valores de uma esquerda livre, posicionar no ringue da *bataille des idées*.[72]

"Não é fácil ser de esquerda hoje".[73] Assim, pois, critica e lamenta, mas não lamuria Evelyne Pieiller. Resta agora questionar o que é, enfim, a esquerda contemporânea para os intelectuais de *Le Monde Diplomatique*.

Quais esquerdas

Um dia disseram que a história suspirava seu fim. Um dia no século XX, após o colapso do comunismo soviético, visto como a realização histórica mais sintonizada com o *fim* pregado pelos ideais de esquerda, disseram que a esquerda desapareceu definitivamente – e o que *fim* da história se simbolizaria como o triunfo definitivo dos ideais até agora considerados característicos da direita.[74]

Um dia disseram que o mundo ainda seria mais igual, mais justo, mais livre. Que outro mundo ainda era possível. Um dia no século XXI, varridas as ruínas da URSS e do muro de Berlim, asfixiadas as experimentações latino-americanas revolucionárias doutros tempos, amargadas as desilusões da esquerda europeia, entreolharam-se e questionaram-se: onde está a esquerda agora?

A polarização *esquerda* e *direita* ainda palpita na política. Para o filósofo italiano Norberto Bobbio, esquerda e direita são termos antitéticos, que denotam o contraste entre ideologias e movimentos a dividir o universo do pensamento e das ações políticas.[75] Não se trata de uma armadilha linguística a travar o debate políti-

---

71 PIEILLER, outubro de 2014, p. 4.
72 PIEILLER, outubro de 2014, p. 4.
73 PIEILLER, outubro de 2014, p. 4.
74 BOBBIO, 2011, p. 150.
75 BOBBIO, 2011, p. 49.

co, mas palavras cujos usos axiológicos, descritivos e históricos justificam sua ainda argumentação. As expressões, afinal, não são engessadas, mas marcham com o tempo: "Acrescento apenas uma prova: tornou-se lugar comum afirmar – com tristeza ou alegria, segundo quem afirma – que a esquerda passou a praticar a política da direita. Tal afirmação não teria nenhum sentido se 'direita' e 'esquerda' tivessem se transformado em palavras vãs e vazias".[76]

Para Bobbio, a esquerda considera mais o que une os homens, ao passo que a direita dá maior relevância política ao que diferencia os homens. A distinção reflete um posicionamento em relação à ideia de igualdade. Para a esquerda, a maior parte das desigualdades é social e alterável. Para a direita, é natural e inalterável. Para a esquerda, a igualdade é um ideal. Para a direita, não.[77] O centro, ainda que dominante, não nulifica a diferença entre os extremos, tanto nas fórmulas "ou direita, ou esquerda" e "nem direita, nem esquerda", ilustra o filósofo num degradé de diferentes ideologias: entre o preto e o branco há o cinza, mas o entretom não invalida a diferença entre o branco e o preto.[78]

Às ideologias em crise: "Pode-se tranquilamente objetar, como já foi feito, que na realidade as ideologias não deixaram de existir e estão, ao contrário, mais vivas do que nunca. As ideologias do passado foram substituídas por outras, novas ou que se pretendem novas. A árvore das ideologias está sempre verde. Além do mais, como já foi diversas vezes demonstrado, não há nada mais ideológico do que a afirmação de que as ideologias estão em crise".[79] Ademais, Bobbio argumenta, direita e esquerda não se referem apenas ao contraste de ideologias, mas de interesses e valorações a respeito da direção a ser seguida e perseguida pela sociedade.[80]

No *avant-propos* de *Espectro*, o historiador inglês Perry Anderson também conta com a distinção entre direita e esquerda como diferentes hemisférios políticos. Anderson lembra, por exemplo, como centro, direita e esquerda não investiram igualmente nos mesmos campos do conhecimento. Enquanto os legados clássicos do pensamento político e os afazeres imediatos para administrar o mundo tiveram/ têm maior interesse para a direita, as construções filosóficas normativas se tornaram a especialidade do centro. De seu lado, as investigações econômicas, sociais e

---

76 BOBBIO, 2011, p. 150.
77 BOBBIO, 2011; ANDERSON, 2012.
78 BOBBIO, 2011, p. 54.
79 BOBBIO, 2011, p. 51.
80 BOBBIO, 2011, p. 51.

culturais, do passado e do presente, dominam a arena e o ateliê da esquerda.[81] A ambição de perpassar as três perspectivas, portanto, estaria obrigada a atravessar um terreno um tanto variado.[82]

Infinitamente mais modesto, este tópico pretende explorar as compreensões de "esquerda" pelos intelectuais de *Le Monde Diplomatique* na França e na Argentina.

Na edição de *Manière de voir: Histoires des gauches au pouvoir*, de agosto/setembro de 2012, o cientista político Laurent Bonelli[83] se voltou à história do *label politique*, e voltando à indagação identitária primordial: o que é ser de "esquerda"? Para Bonelli, a questão, talvez a princípio ingênua, é complexa, pois se refere a estruturas políticas e, ao mesmo tempo, a valores de indivíduos.

Bonelli revisita o rótulo político. Lembra que no século XVIII, na França, a sociedade clivada via de um lado uma aristocracia poderosa, de outro uma burguesia circunscrita ao papel de arrendadora de recursos. Uma burguesia que conquistou certo monopólio após a Revolução Francesa, e assim mobilizou os republicanos do século XIX, que descortinaram o direito de voto. À antiga autoridade social dos aristocratas, uma nova arena: o partido político. Ao longo do tempo, as regras do jogo político se firmaram e se impuseram a todos.

Mas Bonelli não vê fixada aí ainda uma identidade de esquerda, pois no jogo político a esquerda seria mais uma posição relativa do que uma identidade fixa. As agremiações de esquerda afloraram num período marcado pela revolução industrial e pela parlamentarização política, época em que o crescimento da indústria

---

81 ANDERSON, 2012, p. 13.
82 ANDERSON, 2012, p. 13.
83 O sociólogo francês Laurent Bonelli, *maître de conférences* de ciência política na Université Paris X – Nanterre, coordenou a edição de *Manière de voir: La guerre des idées*, de abril/maio de 2009. Co-diretor da revue *Cultures & Conflits*, Bonelli escreveu diversas vezes para *Le Monde Diplomatique* – e o destaco justamente por contribuir no magazine com textos a respeito dos intelectuais, das ideologias e da esquerda, por exemplo: o já citado artigo "*Cambiante papel del intelectual francés*", com o historiador Hervé Fayat, traduzido n'*El Dipló* argentino de maio de 2006, originalmente publicado como "*De compagnon de route à conseiller du patronat*", no *Monde Diplomatique* francês; e o artigo referido neste capítulo "*Histoire d'un label politique*", editado na revista *Manière de voir* de agosto/setembro de 2012, originalmente publicado como "*La gauche, histoire d'un label politique*", no *Monde Diplomatique* francês de novembro de 2011. Destaco também a edição *La guerre des idées*, por reunir artigos já referidos, mas sob outros títulos, como: "*Définir les intellectuels?*", de Laurent Bonelli e Hervé Fayat, só para lembrar no *Monde Diplomatique* francês de maio de 2006; "*Le devoir d'irrespect*", de Claude Julien, que consta como "*A quoi servente ceux qui écrivent?*" noutra *Manière de voir*, de outubro/novembro de 2014; "*L'histoire échappe à ses censeurs*", de Eric Hobsbawm, traduzido como "*La historia del siglo XX, a pesar de sus censores*", n'*El Dipló* argentino de setembro de 1999; e "*Penser à l'ombre des chapelles...*" de Maurice T. Maschino, uma versão de "*Les nouveaux réactionnaires*" no *Monde Diplomatique* de outubro de 2002.

inquietou discussões sobre as relações entre o capital e o trabalho – e a esquerda se posicionou ao lado dos trabalhadores, por exemplo, com o Labour Party britânico, o Partido Socialista Obrebro Español (Psoe) e o Sozialistische Arbeiterpartei alemão. No século XX, a estratégia diante das instituições e do mercado variou, uns mais revolucionários, outros mais reformistas. A ascensão de movimentos de esquerda ao poder acentuou essas tensões, com trilhas diferentes, como os governos ligados à Revolução Russa e as alas mais reformistas, socialdemocratas, que tentaram amortizar o antagonismo entre capital e trabalho através de uma distribuição mais justa da riqueza. Entretanto, Bonelli lamenta, atualmente surpreende que a questão da divisão das riqueza desperte tão discretas reflexões e projetos da esquerda. "O desmoronar do bloco comunista praticamente aniquilou a ideia de uma alternativa à economia de mercado. As transformações do capitalismo (financeirização, transnacionalização) e salariais complicaram ainda mais a questão".[84]

A isso adiciona a "profissionalização" da atividade política como um fator complicador. Se os aristocratas viviam simplesmente *para* a política, com recursos abastados para tal, os "novos" políticos aprenderam a viver *da* política – e os fins se confundiram com os meios. Assim impôs-se a lógica do campo político dos partidos, que tende a excluir os políticos não "profissionais". Os militantes, mobilizados na época eleitoral. Os eleitores, espectadores do jogo político. Laurent Bonelli lembra o sociólogo Robert Michels que, analisando o Partido Socialdemocrata alemão no início do século XX, dizia que a vitória dos partidos de esquerda redundaria no poder de uma oligarquia política a governar segundo os próprios interesses – e não no poder do povo que os elegera. Bonelli cita Michels, por fim, num amargo arremate: "Contra a traição se erguerão sempre novos acusadores que, após uma era de gloriosos combates e de poder sem honra, acabam por se misturar à velha classe dominante, cedendo lugar a novos opositores que, a seu turno, os atacarão em nome da democracia".[85]

*

Em maio de 2009, às vésperas do aniversário de 220 anos da Revolução Francesa, Serge Halimi fez seu *elogio* às revoluções:

---

84 BONELLI, agosto/setembro de 2012, p. 12.
85 BONELLI, agosto/setembro de 2012, p. 13.

> Espectro tantas vezes conjurado, perspectiva amuralhada por seus próprios desvios, a revolução parecia descansar no cemitério da História. Entretanto, apesar dos exorcismos, a imensa esperança de que um dia tudo poderia mudar emana da consciência coletiva e nasce do encadeamento dos acontecimentos. De fato, esse fio vermelho que percorre os séculos e os continentes nunca se rompeu. Movimento trabalhista, emancipação das mulheres e de todos os oprimidos, libertação nacional: um novo capítulo estará esperando ser escrito neste preciso instante? As iras suscitadas pela crise econômica preocupam os analistas conservadores. Conscientes de que seu modelo ideológico cai os pedaços, analisam, agachados, os sinais de emergência: trabalhadores franceses, desempregados chineses, manifestantes letões... Um novo mundo?[86]

Nessas linhas críticas, mas poéticas, com malabares cronológicos, Halimi invoca Marx para lembrar as revoluções como expressão de uma *necessidade histórica* e Goethe para rubricar uma *nova era da história*. De Victor Hugo, cita os *magníficos miseráveis* a marchar pelo *mundo deslumbrado*. "De Rousseau a Mao, uma utopia igualitária, terrorista e virtuosa, pisoteou as liberdades individuais e deu luz ao frio monstro do Estado totalitário. Finalmente, a 'democracia' se recuperou e predominou, festiva, suave, de mercado. Também herdeira das revoluções, mas de outra ordem, ao estilo inglês ou norte-americano, mais políticas que sociais, 'descafeinadas'".[87]

Noutro salto temporal, o editor desengaveta uma frase do ex-presidente francês, François Mitterand, de 1971: "A revolução é, em primeiro lugar, uma ruptura. Quem não aceita essa ruptura com a ordem estabelecida, com a sociedade capitalista, não pode aderir ao Partido Socialista". Desengaveta, para depois, lamentando, levá-la de volta aos arquivos da memória: "Desde então, as condições para aderir ao Partido Socialista (PS) se tornaram menos draconianas, já que não recusam o diretor do Fundo Monetário Internacional (FMI), Dominique Strauss-Kahn, e o da Organização Mundial do Comércio (OMC), Pascal Lamy".[88] Assim, Halimi lastima que a ideia de *revolução* retrocedeu em diversos lugares, diversas alas, incluindo as mais radicais. E que a direita se apropriou da palavra, ainda portadora de "esperança", para transformá-la num sinônimo de *restauração*.

---

86 HALIMI, maio de 2009.
87 HALIMI, maio de 2009.
88 HALIMI, maio de 2009.

Mais saltos no tempo: o editor lembra a violência das revoluções, com o massacre dos guardas suíços em 1792, da família imperial russa em 1918, dos oficiais do exército chinês em 1949, contrapondo-os com violências do outro lado, os famintos franceses na Paris além-Versalhes antes de 1789, os manifestantes massacrados num "domingo vermelho" de 1905 em São Petersburgo, os revolucionários queimados vivos nas locomotivas de 1927 em Cantón e Shanghai. "O episódio dos revolucionários queimados vivos não só marcou aos que se interessavam pela história da China, mas ficou conhecido por milhões de leitores d'*A condição humana*, de André Malraux. Pois durante décadas, os maiores escritores, os maiores artistas se uniram ao movimento trabalhista para celebrar as revoluções e as 'manhãs que cantam'. Incluindo, é verdade, uma minimização das contradições, as tragédias, os pálidos amanheceres (polícia política, culto da personalidade, nepotismo, campos de trabalho, execuções)".[89]

De volta ao presente. À ideia de revolução impregnada de violência, Serge Halimi cita criticamente Max Gallo e François Furet. De Gallo: quem diz revolução diz irrupção da violência. E Furet: qualquer tentativa de transformação radical é totalitária ou terrorista.

Ao contrário dos autores, o editor não concorda com tal *fobia* às revoluções. Mas se por um lado recusa a revolução de tipo soviético, por outro não confia no sufrágio universal como a única alternativa, como o *alfa* e *ômega* para toda ação política. Para tanto, recorda as interrogações de Léon Blum sobre o sufrágio universal: "É uma plena realidade atualmente? Por acaso a influência do patrão e do proprietário não pesa sobre os eleitores, com a pressão da potência do dinheiro e da grande imprensa? Os eleitores são livres no voto que emitem, livres pela cultura de seu pensamento, livres pela independência de sua pessoa? E, para libertá-los, não seria precisamente necessária uma revolução?"[90]

Para Halimi, as revoluções deixaram/deixam na história uma pegada indelével, inesquecível. Não só como uma lembrança, pois o vocabulário político moderno e a metade dos sistemas jurídicos do mundo se inspiram no código inventado pela Revolução, Francesa. Assim, finalmente o editor de *Le Monde Diplomatique* ancora nos portos principais desta tese: o Terceiro Mundo e a América Latina, ao dizer:

---

89 HALIMI, maio de 2009).
90 HALIMI, maio de 2009.

E quem pensa no "terceiro-mundismo" da década de 1960 pode se perguntar se uma parte de sua popularidade não provém do sentimento de reconhecimento (no duplo sentido do termo) ao que deu origem. De fato, o ideal revolucionário, igualitário, emancipador, do século das Luzes, pareceu renascer no sul, em parte graças a vietnamitas, argelinos, chineses, chilenos que se educaram no velho continente. O Império se atolava, mas as antigas colônias tomavam o posto e a revolução continuava. A situação atual é diferente. [...] O entusiasmo internacional que provoca a América Latina é maior porque a orientação política ali é ao mesmo tempo democrática e social. Certa esquerda europeia justifica há vinte anos a prioridade que atribui às demandas das classes médias teorizando o fim do "parêntesis revolucionário" e o desaparecimento político das categorias populares. Ao contrário, os governantes da Venezuela e da Bolívia voltam a mobilizar essas categorias, provando que sua sorte é sopesada, que seu destino histórico não está selado, em suma, que a luta continua.[91]

Assim, *Le Monde Diplomatique* entrelaça a ideia de revolução, *desejável*, com outras palavras-chave simbólicas: as luzes francesas, as lutas latino-americanas, a imprensa, os intelectuais e as esquerdas. Para Halimi, a possibilidade de uma revolução não aflora espontaneamente, mas depende de uma mobilização política e uma efervescência intelectual prévias. É flagrante, porém, ao revisitar e discutir potenciais revolucionários, a escolha do editor ao lançar do outro lado do Atlântico, na América Latina, a presença das esquerdas. Senão no velho mundo, ali a luta continua?

*

No amplo arco de definições de esquerda, diferentes visões marcam a *manière de voir* proposta por *Le Monde Diplomatique*. Há discordâncias, inclusive, sobre a definição declarada de *Le Monde Diplomatique* como uma revista "de esquerda".

Entre os argentinos, Carlos Alfieri e Carlos Gabetta se afinam, afinal. Alfieri considera *El Dipló* um periódico "claramente" de esquerda, de tendência progressista e crítica.[92] Gabetta, por sua vez, define linha editorial da revista como um *republicanismo de izquierda*, "do centro-esquerda à esquerda mais radical, mas sempre

---

91 HALIMI, maio de 2009.
92 Carlos Alfieri em entrevista à autora, no dia 12 de setembro de 2012.

muito democrática".⁹³ Um *republicanismo de izquierda*, como destaquei noutro capítulo, que estaria "certamente" relacionado à Revolução Francesa.⁹⁴

Entre os franceses, Serge Halimi pondera a respeito da linha do *Monde Diplomatique*. Lembra o editor que a linha editorial não se impôs do dia para a noite, mas foi gradualmente firmada, acompanhando os acontecimentos e as evoluções ideológicas.⁹⁵ Para Halimi, *Le Monde Diplomatique* não se restringiria a um polo político: seus editores estão à esquerda, seus escritores estão à esquerda, seus leitores majoritariamente estão à esquerda, mas a revista não se reservaria à esquerda. Halimi argumenta a presença, por exemplo, de autores de direita, como o ex-premiê Dominique De Villepin, que assinou um artigo na edição de dezembro de 2014.⁹⁶ E o que é ser de esquerda atualmente?

> Bom, isso é uma outra questão... Não é uma questão que nós nos fazemos, porque nós não nos definimos como um jornal de esquerda. Ainda que a maior parte de nosso conteúdo pode ser identificado como de esquerda, os autores de esquerda, os leitores de esquerda, mas quando nós escrevemos um artigo, quando nós refletimos sobre uma questão internacional, em nenhum momento nós dizemos qual é a posição de esquerda a respeito. Mas é uma posição que corresponde aos princípios, aos valores, à história do *Monde Diplomatique*. E que é ainda a posição que nos permite compreender o que acontece.⁹⁷

Enquanto Dominique Vidal identifica *Le Monde Diplomatique* "certamente" à esquerda, como anticapitalista, altermundialista e terceiro-mundista,⁹⁸ Bernard Cassen certifica que *nunca* é versada a palavra "esquerda" para definir *Le Monde Diplomatique*.⁹⁹ Para Vidal, estar à esquerda significa ser hostil à sociedade capitalista e suas injustiças, ser hostil às políticas imperialistas e, ao mesmo tempo, buscar alternativas – isto é, arremata, significa estar relacionado às ideias de justiça e de igualdade.¹⁰⁰ Cassen, por sua vez, descarta a expressão "esquerda" por considerá-la redutora:

---

93 Carlos Gabetta em entrevista à autora, no dia 11 de setembro de 2012.
94 Carlos Gabetta em entrevista à autora, no dia 1º de setembro de 2014.
95 Serge Halimi em entrevista à autora, no dia 28 de novembro de 2014.
96 Serge Halimi em entrevista à autora, no dia 28 de novembro de 2014.
97 Serge Halimi em entrevista à autora, no dia 28 de novembro de 2014.
98 Dominique Vidal em entrevista à autora, no dia 6 de outubro de 2014.
99 Bernard Cassen em entrevista à autora, no dia 10 de novembro de 2014.
100 Dominique Vidal em entrevista à autora, no dia 6 de outubro de 2014.

> Primeiramente, as categorias "esquerda" e "direita" estão longe de estar estabilizadas, sobretudo atualmente. Se Manuel Valls se diz de esquerda... Quer dizer, se Manuel Valls é de esquerda, todo mundo pode ser *[risos]*. É um termo político parlamentar, a esquerda, o centro, a direita. Portanto, nunca usamos essa palavra para nos qualificar. Somos todos de esquerda, mas o jornal não é um jornal de esquerda. Primeiramente, é um jornal – não é um partido. Há pontos de vista que podem ser ligeiramente diferentes, não concordamos sobre tudo. Há desacordos entre nós, por exemplo, sobre o secularismo, sobre o véu *[islâmico]*. Mas são desacordos que não nos impedem de trabalhar juntos. Não é uma linha de partido, mas todos temos sensibilidade de esquerda. Mas o jornal não é de esquerda. Precisa ter essa independência para inclusive criticar a esquerda. Há muitos artigos no *Monde Diplomatique* que são muito críticos da esquerda, ainda que, como disse, não sabemos direito o que isso quer dizer.[101]

Cassen compreende a esquerda como um marco linguístico definido a partir da Revolução Francesa. Na França, considera que, por muito tempo, as polaridades eram claras com o bloco conservador e o bloco progressista, donde a esquerda era encarnada principalmente pelo Partido Socialista e pelo Partido Comunista, mas se interroga sobre a existência da esquerda sequer em tempos de fronteiras esfumaçadas:

> Após o declínio do Partido Comunista, onde está a esquerda atualmente? Se a esquerda é a social democracia, nós vemos que a social democracia está num impasse total, fazendo a política que fazia a direita e pior. E se a direita tomar o poder fará ainda pior. É um espetáculo desolador. Há um artigo no *Monde Diplomatique*, de setembro ou de outubro *[de 2014]*, de Frédéric Lordon, um autor importante, que diz que a esquerda é a resistência à hegemonia do capital. É uma definição sucinta. Se tomarmos essa definição, o Partido Socialista não é de esquerda. Para qualificar a esquerda, podemos dizer a esquerda radical ou a esquerda de esquerda, encarnada na França por Front de Gauche, o PC, o PG. Mas as fronteiras são terrivelmente esfumaçadas. Se tomarmos a definição a partir do capital, a esquerda não tem muito espaço eleitoralmente. É para mudar. Desse ponto de vista, *Le Monde Diplomatique* faz parte da esquerda da esquerda.[102]

Bernard Cassen se refere a um artigo do economista Fréderic Lordon publicado na edição de setembro de 2014, cujo escopo era: a esquerda não pode morrer.

---

101 Bernard Cassen em entrevista à autora, no dia 10 de novembro de 2014.
102 Bernard Cassen em entrevista à autora, no dia 10 de novembro de 2014.

Partindo da política francesa, Lordon critica os absurdos e as toxinas destiladas no debate público, por especialistas e editorialistas – e o mais tóxico seria a afirmação, com gravidade profética, do fim das categorias "direita" e "esquerda" e, assim, a *superação* definitiva de sua antinomia política. Critica ainda a remarcação da desconcertante proximidade no discurso "nem direita, nem esquerda" da extrema direita, e no discurso da *superação* das diferenças entre direita e esquerda, do extremo centro.[103] Diz Lordon:

> [A esquerda] é uma ideia. Igualdade e democracia real, *voilà* a ideia que é a esquerda. E é preciso estar cego, intoxicado ou depressivo para se deixar acreditar que essa ideia é passado: não só ela não parou de produzir seus efeitos, como, na verdade, ela só começou. Em suma, ela ainda está inteiramente a entrar na realidade. Restabelecer a polaridade direita-esquerda, contra o veneno da negação, supõe agora esclarecer novamente o que a esquerda significa para circunstanciar um pouco mais precisamente a ideia que ela é em tempos de capitalismo globalizado. Agora essa circunstância se inscreve numa declaração bastante simples: a igualdade e a democracia real não podem ser realizadas se a sociedade é subordinada à influência sem limites do capital – compreendido como uma lógica social e como um grupo de interesse. [...] O capital, a um só tempo compreendido como lógica geral e como grupo social, é uma potência. Mas é uma potência de impulso para prosseguir indefinidamente com sua dinâmica afirmativa se não encontra uma potência mais forte e oposta que determine o contrário – e que a imponha limites.[104]

Anne-Cécile Robert, por outro lado, questiona se a discussão direita *versus* esquerda ainda é relevante atualmente. Vê *Le Monde Diplomatique* como uma revista de *free-minders*, radicalmente opostos à toda sorte de dominação, de ricos sobre pobres, de brancos sobre negros, de homens sobre mulheres, e assim por diante. "Se isso quer dizer *left-wing*, então, sim, estamos à esquerda".[105] Na mesma linha de Cassen, Robert considera que seria redutor rotular *Le Monde Diplomatique* unicamente como uma revista de esquerda. "É, antes de tudo, um jornal social, de crítica e de liberdade de pensamento. Um jornal muito ligado a certos valores, como a justiça e a solidariedade. Que são, efetivamente, valores de esquerda. Mas que, a meu ver,

---

103 LORDON, setembro de 2014, p. 1.
104 LORDON, setembro de 2014.
105 Anne-Cécile Robert em entrevista à autora, no dia 4 de fevereiro de 2013.

são maiores que isso".[106] Lembra ainda que *Le Monde Diplomatique* não é ligado a partidos políticos. "Sempre foi um jornal independente".[107]

Já Renaud Lambert mescla argumentos de seus companheiros no *Monde Diplomatique* francês. Por um lado, dispõe a revista "indubitavelmente" à esquerda, por posicionar-se, no conflito estrutural entre trabalho e capital, ao lado do trabalho.[108] Por outro, propõe não reduzir a discussão a tais termos, pois *Le Monde Diplomatique* não seria um jornal de esquerda num horizonte midiático em que certos jornais seriam de direita, mas a maioria seria "neutra". Lambert não acredita na "neutralidade" da imprensa, pois todas as publicações teriam seus próprios *parti pris* e ideologias, defendidos mais ou menos abertamente – e, nesse contexto, *Le Monde Diplomatique* teria uma visão de mundo marcada em que a estrutura econômica pesa.

Por um lado, Lambert posiciona *Le Monde Diplomatique* à esquerda da esquerda francesa, tal como Cassen – uma questão, na realidade, que ultrapassa o simples e complexo posicionamento do *Monde Diplomatique*: "Se você considerar que o Partido Socialista é a esquerda na França, *Le Monde Diplomatique* está mais à esquerda que o Partido Socialista. Mas há quem se interrogue se o Partido Socialista é a esquerda. Pierre Bourdieu dizia que há uma esquerda da esquerda. Na minha visão, *Le Monde Diplomatique* representa uma esquerda da esquerda".[109] Lambert considera que a revista tenta se desviar de qualquer esquerdismo, não desconfiando *a priori* de "uma esquerda que queira ascender ao poder para mudar o mundo". [110] Por outro, diametralmente diferente de Bernard Cassen e Anne-Cécile Robert, Lambert considera importante a distinção entre direita e esquerda atualmente:

> Primeiro, a ideia de que não há mais diferença remete à ideia do "fim da história", do "fim das ideologias". Parece-me que quem defende que não há mais diferença entre direita e esquerda se inscreve numa tradição não de esquerda, numa visão liberal do ultrapassar das ideologias. Parece-me que ainda é uma diferença muito importante entre direita e esquerda, no plano econômico mas também no plano social. Uma segunda razão: acredito que, no vocabulário atual, é essa diferença que

---

106 Anne-Cécile Robert em entrevista à autora, no dia 4 de fevereiro de 2013.
107 Anne-Cécile Robert em entrevista à autora, no dia 4 de fevereiro de 2013.
108 Renaud Lambert em entrevista à autora, no dia 2 de outubro de 2014.
109 Renaud Lambert em entrevista à autora, no dia 2 de outubro de 2014.
110 Renaud Lambert em entrevista à autora, no dia 2 de outubro de 2014.

permite mobilizar a população – e direita e esquerda são ainda palavras carregadas de história e de sentido. São, portanto, palavras úteis.[111]

Maurice Lemoine, por fim, mira mais longe ao refletir sobre a esquerda contemporânea: "Na França? Bom, nós no *Monde Diplomatique* consideramos que, atualmente, a esquerda está na América Latina. Com seus defeitos e seus erros, mas, sim, a esquerda está por lá".[112] Uma esquerda latino-americana que, não é demais lembrar, passou por diversas transformações e momentos-chaves, como a Revolução Cubana e a vitória de Salvador Allende, até as conquistas recentes de líderes tão diferentes quanto Evo Morales e Pepe Mujica. A história da esquerda na América Latina é plural, abrigando um colorido arco de movimentos antiimperialistas, comunistas, nacionalistas, socialdemocratas, guerrilheiros, indígenas, estudantis, feministas e muitos outros.[113]

*

Se, como diz Norberto Bobbio,[114] entre o preto e o branco há o cinza, vale focar os diferentes tons presentes e possíveis num só ponto: a esquerda. Diferentes sensibilidades de esquerda se matizam entre os intelectuais e jornalistas de *Le Monde Diplomatique* na França e na Argentina. Nada, afinal, é simplesmente preto no branco.

Em tempo, um apontamento teórico. Ao longo destas páginas, fiz referência a diversos documentos impressos de *Le Monde Diplomatique*, entre editoriais e artigos que marcam posicionamentos do magazine a respeito da política. Citei ainda diversos depoimentos dos intelectuais e jornalistas de *Le Monde Diplomatique*, colhidos a partir de entrevistas e cafés amigáveis (ou não) que fazem parte tanto de meu *métier* como jornalista quanto como historiadora – depoimentos que mesclam memórias pessoais e opiniões políticas, lembranças importantes para uns e experiências singulares para outros. Vale, portanto, lembrar que a memória, como diz Maurice Halbwachs, se constrói a partir da rememoração, assim não se pode esperar ingenuamente por relatos fidedignos ou *imparciais*, pois o relato corresponde à recomposição de acontecimentos vividos por uma subjetividade, o que implica

---

111 Renaud Lambert em entrevista à autora, no dia 2 de outubro de 2014.
112 Maurice Lemoine em entrevista à autora, no dia 27 de novembro de 2014.
113 AGUIRRE, 2013, p. 2.
114 BOBBIO, 2011, p. 54.

uma perspectiva e uma interpretação.[115] Memórias pessoais, sim, mas que, numa perspectiva de grande angular, compõem uma memória coletiva. E que revelam nuances entre os intelectuais e jornalistas de *Le Monde Diplomatique*.

Destaco três ilustrações de tais nuances. Primeiro ponto, a posição como *outsiders* ou não: os sêniores Dominique Vidal e Maurice Lemoine, após décadas no *Monde Diplomatique* francês, se mostraram muito mais francos nas entrevistas. Já aposentados e afastados da redação, os jornalistas, de visões políticas distintas, discutiram diversas questões abertamente – ou, na expressão de Vidal, sem *langue de bois [conversa fiada]*.[116]

Entre os jornalistas mais jovens agora presentes na redação, como Anne-Cécile Robert e Renaud Lambert, as entrevistas foram indubitavelmente interessantes, mas mais cautelosas ao não explorar muito os conflitos internos da revista. Também fica evidente o fator estar "dentro" do *Monde Diplomatique* nas entrevistas com Carlos Gabetta e Carlos Alfieri. Gabetta, demitido, revirou a trajetória d'*El Dipló*, de suas iniciais tentativas em Barcelona e depois em Buenos Aires, para, enfim, lamentar um dia desaparecer "de *Le Monde Diplomatique*, como se nunca tivesse participado dessa história".[117] Alfieri, por sua vez, revisitou gentilmente diversas questões, mas se calou diante de uma das perguntas mais importantes: o posicionamento de *Le Monde Diplomatique* diante do governo de Cristina Kirchner, um silêncio revelador das tensões narradas pelo antigo companheiro.[118] Por fim, estar "dentro" implica uma posição mais vigilante e com palavras mais meticulosas na hora de discutir *Le Monde Diplomatique* – o que fica mais nítido com os diretores novos, Serge Halimi na França e José Natanson na Argentina. Halimi, breve, mas gentil. Natanson, lacônico e ríspido.

Segundo ponto, é interessante observar como todos os intelectuais e jornalistas ouvidos nesta tese, apesar das diferentes simpatias políticas, dos distintos interesses e dos diversos repertórios, concordam num ponto: identificam-se com a história e a linha editorial de *Le Monde Diplomatique* – e não ocultam a admiração pelo *prestigiado* periódico, primeiro como leitores e depois como jornalistas. Três declarações corroboram essa impressão, entre a deferência e o deslumbre. De Buenos Aires,

---

115 HALBWACHS, 2006.
116 Dominique Vidal em entrevista à autora, no dia 6 de outubro de 2014.
117 Carlos Gabetta em entrevista à autora, no dia 11 de setembro de 2012.
118 Carlos Alfieri em entrevista à autora, no dia 1º de setembro de 2014.

Alfieri: "[…] Eu era um leitor. Quando vivi na Espanha, lia *Le Monde Diplomatique* da França. Era um leitor aficionado – e não imaginava que ia acabar trabalhando no *Monde Diplomatique*".[119] De Paris, Maurice Lemoine: "Foi uma experiência muito rica. Acredito que nós consideramos assim: todos temos uma vinculação com o jornal pois encontramos no jornal o que estávamos procurando. […] Nós o buscamos. E em certo momento dissemos: 'Isso, sim. Isso me corresponde'. Portanto não aconteceu uma reflexão teórica. *Le Monde Diplomatique* foi meu jornal. Um *periódico mío* – como leitor e depois como jornalista".[120] Por fim, Renaud Lambert: "Tenho muita sorte de trabalhar no *Monde Diplomatique*. Muita sorte. É um dos poucos lugares onde os jornalistas fazem jornalismo, infelizmente, na França. Também tenho muitas responsabilidades. *Le Monde Diplomatique* é uma redação impressionante, que projeta uma imagem muito positiva da imprensa francesa".[121] É possível, assim, compreender como a admiração e o sentimento de *pertencer* ao selo *Le Monde Diplomatique* permite abrigar posições por vezes radicalmente diferentes de seus intelectuais, todos à esquerda.

Terceiro ponto, portanto, o posicionamento à esquerda pode ser *lido* nas páginas da revista, mas só os depoimentos de seus intelectuais permitiram descobrir e evidenciar os detalhes sobre tal posicionamento e, assim, enriquecer e entrelaçar a discussão sobre o papel dos intelectuais, o papel dos jornalistas e as esquerdas contemporâneas, na França e na América Latina.

Preciso destacar, porém, a ausência de uma voz importante, que muito lamento: a do sociólogo Ignacio Ramonet. Desde fevereiro de 2013, troquei diversas correspondências com o editor, convidando-o para uma entrevista para esta tese. Quase nos encontramos no Rio, nos primeiros dias de maio de 2014. Entre outubro e dezembro de 2014, em Paris, definimos datas possíveis para a entrevista, infelizmente irrealizada. Ramonet vive na França, mas viaja muito devido a seus compromissos como intelectual e como jornalista. No último outono francês, o editor se dividiu seu tempo entre Colômbia, Noruega, Equador, Inglaterra e Venezuela. Em Oslo, participou de uma conferência realizada pelo Latin-Amerikagruppene i Norge, um comitê norueguês de solidariedade à América Latina. Em Londres, encontrou e entrevistou Julian Assange, idealizador do WikiLeaks, refugiado na em-

---

119 Carlos Alfieri em entrevista à autora, no dia 1º de setembro de 2014.
120 Maurice Lemoine em entrevista à autora, no dia 27 de novembro de 2014.
121 Renaud Lambert em entrevista à autora, no dia 2 de outubro de 2014.

baixada equatoriana, para a edição espanhola de *Le Monde Diplomatique*. Ramonet pediu desculpas por adiar os encontros. Diante da impossibilidade incontornável de uma conversa *tête-à-tête*, considerei uma entrevista eletrônica, arquivada por e-mail – e Ramonet se dispôs gentilmente a responder as questões. Até agosto de 2015, não recebi resposta. Lamento, portanto, a ausência de sua voz literal nestas páginas, para além de suas letras impressas no *Monde Diplomatique*.

Entre palavras e páginas, os intelectuais de *Le Monde Diplomatique* defendem ideais como a justiça e a liberdade e defendem a democracia como palco para tal prélio – isto é, os fins e os meios. Mas é preciso matizar a questão sobre *onde* está a esquerda. Ou sobre como argentinos e franceses se entreolham num jogo político de espelhos. No extremo argentino, Carlos Gabetta não camufla a admiração diante dos ideais republicanos prometidos da Revolução Francesa. No polo francês, Maurice Lemoine tampouco oculta o fascínio diante das promissoras iniciativas rebeldes da América Latina. Se Gabetta olha o passado francês, Lemoine olharia o futuro latino-americano? A almejada esquerda estaria "idealizada" apenas no *outro*? Estaria "refletida" no espelho do *outro*?

Nas páginas de *Le Monde Diplomatique* e nas vozes de seus principais intelectuais, a esquerda agora se inquietaria para afastar os fantasmas soviéticos das desilusões comunistas do século XX na Europa, reiterando a necessidade de ascender ao poder por vias democráticas, donde apostaria nas ideias do século XXI simbolizadas por vitórias impressionantes nas urnas na América Latina. Vozes dissonantes, certamente, mas minimamente afinadas na clave de *Le Monde Diplomatique*.

Idealizar

É o momento de propor ideias para interpretar as dimensões complexas das relações entre intelectuais e jornalistas no *Monde Diplomatique*, na França e na América Latina. Em outras palavras, é o momento de pôr certos pingos nos is nesta tese.

As relações entre França e América Latina não são de ontem. De um lado, Paris foi laureada capital revolucionária, um farol francês a iluminar alhures os ideais republicanos. Ali se firmaram fontes inspiradoras como a Revolução Francesa, a Comuna de Paris e o Maio de 1968, para as esquerdas mundo afora. De outro lado, as lutas latino-americanas despertaram há tempos esperançosas expectativas ultramarinas, desde a Revolução Cubana de 1959, as guerrilhas e a vitória de Salvador Allende no Chile de 1970. O momento atual, entretanto, é outro: a fim de afastar anacronismos, vale lembrar, o xis da questão discutidas por tais intelectuais não é reviver a euforia revolucionária na América Latina das décadas de 1960 e 1970, mas apostar na esquerda latino-americana pensando como mudar o mundo dentro das regras do jogo democrático.

O historiador Elias Thomé Saliba lembra que flamas românticas foram acesas na época da Revolução Francesa, marcada por mudanças bruscas, medos, expectativas, tensas esperanças e torturantes frustrações. Para Saliba, como todas as utopias, o romantismo se nutriu ao mesmo tempo da *realidade* e da *possibilidade* de uma mudança radical na história.[122] Se restaram agora apenas cinzas funestas dessas flamas, muito se deve à instrumentalização perversa das utopias românticas, na linha d'os fins a justificar os meios, ao longo da história, levando a um mal-estar no mundo moderno, incapaz de pensar outras alternativas, insensível a ímpetos românticos de invenção utópica.[123]

Iluminar, portanto, as relações entre França e América Latina não se restringe apenas à singularidade de *Le Monde Diplomatique*, exemplo empírico neste estudo, pois há uma dimensão europeia e latino-americana mais ampla e mais complexa nessas relações. Logo, é possível compreender como os franceses *idealizam* as efervescentes experiências latino-americanas no século XXI, com o giro à esquerda com as ascensões de Hugo Chávez na Venezuela (1998), Luiz Inácio Lula da Silva no Brasil (2002), Néstor Kirchner na Argentina (2003), Evo Morales na Bolívia (2005), Michelle Bachelet no Chile (2005), Rafael Correa no Equador (2006), Tabaré Vázquez e José Pepe Mujica no Uruguai (2004 e 2009) que, apesar das diferenças de estilos e trajetórias, inclinaram à esquerda seus mandatos presidenciais. Também é possível compreender como os latino-americanos *idealizam* as heranças históricas revolucionárias francesas, pedras fundamentais e vigas-mestras da própria ideia de esquerda – *liberté, égalité, fraternité*, enfim.

Ao versar a expressão "idealizar", pretendo firmar um termo descritivo, não normativo. Isto é, "idealizar" como conceito para descrever um fenômeno político considerado por outrem como "ideal", como valor positivo. Tal como o "romantismo" versado por Michael Löwy e Robert Sayre,[124] a expressão "idealizar" pode despertar interpretações negativas, pejorativas, perversas, que a relacionam a certo idealismo, ingenuidade ou imaginação simples. Não é a ideia presente. Idealizar é

---

122 SALIBA, 2003, p. 15, grifos do autor.
123 SALIBA, 2003, p. 104.
124 LÖWY, SAYRE, 1993.

julgar ideal. Assim, é possível conjugar o verbo transitivo: intelectuais *idealizam* valores como igualdade, justiça e liberdade, jornalista *idealizam* diretrizes como independência, transparência e verdade. São intelectuais idealistas.

Foi preciso propor tal conceito para descrever as relações entre intelectuais franceses e latino-americanos no *Monde Diplomatique*. As ideias de Löwy e Sayre foram certamente essenciais para compreender a aversão dos intelectuais ao capitalismo a partir da dimensão do *romantismo anticapitalista*, compreendida como visão crítica, resposta e recusa às condições de vida na sociedade capitalista moderna.

A *idealização* – ou, como dizem Michael Löwy e Robert Sayre, a "utopização" – do passado é parte integrante da visão romântica.[125] Para os autores, a perspectiva romântica poderia desempenhar um papel particularmente frutífero no contexto contemporâneo, caracterizado, entre outros matizes, pelo desmoronamento do "socialismo realmente existente".[126] Agora, interrogam os intelectuais, é possível uma alternativa à modernidade "realmente existente"? E mais, lançando dados para um futuro pós-capitalista:

> Como fugir da lógica binária que nos obriga a escolher entre tradição e modernidade, volta ao passado e aceitação do presente, reação obscurantista e progresso devastador, coletivismo autoritário e individualismo possessivo, irracionalismo e racionalidade tecnoburocrática? *Tertium datur*. Existe outra perspectiva: a superação dialética dessas oposições, rumo a uma *nova cultura* [...]. Essas novas formas se distinguem radicalmente das manifestações pré-capitalistas pela integração de alguns elementos sociais da modernidade.[127]

Uma visão romântica revolucionária está presente, por exemplo, no terceiro-mundismo e na nebulosa do movimento altermundialista, nas vertentes que valorizam culturas pré-capitalistas, campesinas e indígenas. Entretanto, muito embora ali pulse uma verve anticapitalista, especialmente na versão antineoliberal, *Le Monde Diplomatique* não se enquadraria *stricto sensu* no romantismo revolucionário por um fator determinante: não espera um futuro "pré-capitalista".[128] Ao contrário, progressista, por vezes almeja e imagina um futuro "pós-capitalista", considerando

---

125 LÖWY, SAYRE, 2015, p. 263-264.
126 LÖWY, SAYRE, 2015, p. 266.
127 LÖWY, SAYRE, 2015, p. 267.
128 LÖWY, SAYRE, 2008.

tanto revoluções quanto propostas reformistas para tal. Assim, as dimensões coloridas do romantismo revolucionário foram essenciais para a compreensão do jogo de espelhos entre intelectuais franceses e latino-americanos, num certo fascínio no olhar do outro a respeito das experiências e das potencialidades revolucionárias dos dois lados do Atlântico, mas foi preciso avançar na crítica sociológica de Löwy e Sayre. Idealizar, portanto, é ver refletido no espelho do outro um ideal a realizar, um farol, uma luz, um norte, uma utopia.

Le Monde Diplomatique, ponderei páginas atrás, pode ser lido como um projeto editorial e como um projeto político. Dialoga com diversas tradições da esquerda, do terceiro-mundismo ao pós-modernismo, integrando pilares da Internacional Socialista, do marxismo e da nebulosa altermundialista. Idealiza linhas editoriais, pautadas por diretrizes como a perspectiva crítica e a independência. Idealiza linhas políticas, direcionadas por valores como justiça e liberdade, contra o imperialismo e contra o neoliberalismo. Assim pretende firmar sua singularidade ou, na dileta expressão francesa, sua *manière de voir*.

Noutro momento valeria certamente, no imenso arquivo de *Le Monde Diplomatique* e suas diversas edições internacionais, investigar como outras questões foram abordadas por seus intelectuais e jornalistas. Questões específicas como o governo de François Mitterand ou o golpe de Augusto Pinochet, movimentos indígenas ou manifestações estudantis, cultura campesina, conquistas feministas ou influência intelectual do pensamento marxista e assim por diante. Em outras palavras, o arquivo histórico desengatilha um efeito *matrioska*, em que uma só questão se desdobra em muitas mais. Valeria para estudos posteriores, pois, investigar outros casos específicos para problematizar como *Le Monde Diplomatique* compreende a história e o tempo presente. E, no limite, como *idealiza* determinadas questões vibrantes que, no fundo, se relacionam à premissa principal: como mudar o mundo.

Do tempo presente

Tempos *fraturados*, escreveu Eric Hobsbawm em 2011, aos 94 anos, um réquiem para o papel e o paradoxo dos intelectuais no século XXI.

Tempos *indignados*, propôs Stéphane Hessel em 2010, aos 93 anos, um manifesto para a indignação como impulso para a militância política contemporânea.

Entre Hobsbawm e Hessel, uma última questão: qual é o papel possível dos intelectuais no tempo presente?

*

Em fevereiro de 2011, última edição d'*El Dipló* a compor o *corpus* deste estudo, Ignacio Ramonet escreveu sobre o livro e a vida de Stéphane Hessel, esta última, na expressão do editor, um *fabuloso romance*.[129]

Filho da jornalista Helen Grund e do escritor Franz Hessel, que inspiraram personagens de *Jules et Jim* de François Truffaut, na atmosfera artística da Paris da década de 1920 e 1930, Stéphane Hessel cresceu ao lado de amigos como o filósofo Walter Benjamin e o dadaísta Marcel Duchamp. Na Segunda Guerra Mundial, Hessel se alistou na resistência e, em Londres, se uniu ao pelotão do general De Gaulle, que lhe confiou uma perigosa missão no território francês. Preso pelos nazistas, torturado e levado ao campo de concentração de Buchenwald, de onde conseguiu escapar mais de uma vez. Preso novamente, foi condenado à forca, mas conseguiu escapar roubando a identidade de um morto. Uniu-se à Libertação da França e, mais tarde, após a vitória, foi encaminhado por De Gaulle às Nações Unidas, em Nova York, onde, aos 20 e poucos anos, participou da elaboração da Declaração Universal dos Direitos Humanos. Lembrado por Ramonet como um diplomata nobre e "persistente defensor das causas justas", Hessel, de volta a Paris, dedicou seus últimos anos à defesa dos *sans-papiers*, dos imigrantes e dos ciganos. Conquistou as páginas do *Monde Diplomatique* após a publicação do pequeno livro *Indignez-vous!*, um panfleto político de 30 páginas que se tornou um "excepcional êxito editorial", graças, principalmente, à difusão nas mídias sociais.[130]

Diz Hessel no livreto: "O motivo de base da Resistência era a indignação. Nós, veteranos dos movimentos de resistência e das forças combatentes da França livre, chamamos as jovens gerações a fazer viver, transmitir, a herança da Resistência e seus ideais. Nós lhes dizemos: posicionem-se, indignem-se! Os responsáveis políticos, econômicos, intelectuais e o conjunto da sociedade não devem se abster, nem se deixar impressionar pela atual ditadura internacional dos mercados financeiros que ameaçam a paz e a democracia. Desejo a todos, a cada um de vocês, para ter seus motivos de indignação. Isso é precioso".[131]

Ramonet diz que Hessel inflou milhares com esperanças. Em questão de semanas, o livro, vendido a 3 euros, disseminou mais de 650 mil exemplares. O editor

---

129 RAMONET, fevereiro de 2011.
130 RAMONET, fevereiro de 2011.
131 HESSEL, p. 3

evoca Balzac ao dizer que o panfleto é "o sarcasmo transformado em bala de canhão". Adiciona Hessel que "a indignação é a pólvora de toda explosão social".[132] Os motivos de indignação seriam muitos, sobretudo atualmente: além da natureza do sistema econômico, a crise e a desigualdade galopante entre os despossuídos e os todos poderosos. Hessel pede para lembrar os legados de Nelson Mandela e Martin Luther King e, ao fim, defende uma "insurreição pacífica" contra a mídia amarrada ao poder do dinheiro, que advogaria apenas o consumo, a competitividade e a amnésia generalizada.[133]

De fato, o livro de Hessel se tornou um fenômeno, num marco de simultâneas, mas repentinas, diferentes e independentes explosões de movimentos, como o Occupy Wall Street, os indignados espanhóis, os estudantes chilenos e os levantes franceses, entre outros – um novo capítulo na trilha de Seattle e Porto Alegre? E se esse pequeno livro pôde traduzir a "indignação" – ou a "digna raiva" para os zapatistas, lembra Michael Löwy [134] – como o *zeitgeist*, nosso espírito de época, também nos convida a repensar as relações entre intelectuais e o mundo contemporâneo.

Os protestos populares apareceram, criticaram as contradições do sistema capitalista e desapareceram, deixando rastros, porém, na história do tempo presente. Para o historiador Perry Anderson, é preciso considerar três fatores principais para compreender tais movimentos. Primeiro, a ruptura da continuidade na cultura de esquerda com o triunfo do capitalismo pós-Guerra Fria. Segundo, o declínio, nos mais diversos países, dos partidos como forma clássica de organização política, o que agrava essa ruptura. Terceiro, o advento e a consolidação da internet, que permitiu a mobilização veloz de muitos indivíduos antes dispersos. No entanto, justamente por permitir essa explosão tão rápida nos momentos de crise, a internet acaba desencorajando o trabalho mais lento e mais difícil de criar movimentos políticos com estrutura e organização mais duradouras.[135]

Trago à baila tal discussão pois *Le Monde Diplomatique*, nas palavras de seus intelectuais e jornalistas, pretende compreender e fazer compreender. Decifrar um mundo cada vez mais indecifrável. Discussão que carrega, no fundo, um questio-

---

132 RAMONET, fevereiro de 2011.
133 RAMONET, fevereiro de 2011.
134 Michael Löwy em entrevista à autora, publicada no dia 29 de dezembro de 2013 no caderno *Aliás*, d'*O Estado de S. Paulo*.
135 Perry Anderson em entrevista à autora, publicada no dia 3 de novembro de 2013 no caderno *Aliás*, d'*O Estado de S. Paulo*.

namento de Jean-François Sirinelli, para além da história dos intelectuais: "Por que algumas 'ideologias' – ao mesmo tempo princípios de inteligibilidade e elementos de identidade para os intelectuais – se aclimatam no meio intelectual, adquirem vigor em certos terrenos e se enfraquecem em outros momentos? Quais são as causas das grandes transumâncias ideológicas? Estas perguntas são essenciais mas ultrapassam os limites da história dos intelectuais".[136] Na mesma linha, mas na direção oposta, é preciso questionar a "descida" das ideias das cúpulas da *intelligentsia* até a sociedade civil.[137] Discussão que desenlaça, na verdade, elos de uma mesma corrente: a crítica ao capitalismo neoliberal presente nas palavras de muitos intelectuais, nas páginas de *Le Monde Diplomatique* e suas edições internacionais e, ao mesmo tempo, nas ruas e nos parques ocupados por movimentos agora revigorados.

Assim, para além da história dos intelectuais de *Le Monde Diplomatique*, pulsa aí um exercício possível para a história das ideias, a história das ideologias e a história das mentalidades. Um exercício de histórias cruzadas,[138] construindo pontes entre França e Argentina, América Latina. Um exercício, principalmente, de história do tempo presente.

Quis cruzar as histórias entre França e Argentina, perpassando de um lado a outro, destacando pontos de encontro, intersecções e interações, como postulam Michael Werner e Bénédicte Zimmermann, nas reflexividades de um jogo de duplo espelho.[139] As relações, assimétricas certamente, entre intelectuais argentinos e franceses revelam, a um só tempo, um micro-universo singular de *Le Monde Diplomatique*, que se verte a uma macrodimensão europeia e latino-americana mais ampla e mais complexa nessas inextricáveis interrelações.

---

136 SIRINELLI, 2003, p. 258.
137 SIRINELLI, 2003, p. 259.
138 Nos últimos 20 anos, condições, contextos e ideias a partir das quais a análise histórica é produzida passou por profundas mudanças. Por fora: o contexto político, marcado pelo fenômeno da globalização. Por dentro: o desenvolvimento interno desse campo intelectual, que teve ênfase a virada culturalista contribuindo para refinar a compreensão de diferentes sociedades. Na família das perspectivas relacionais na história, há abordagens comparativas (agora designadas histórias conectadas) e estudos de transferência (agora histórias compartilhadas), que pretendem examinar ligações entre diferentes formações constituídas historicamente. A história cruzada, porém, pretende compreender novos fenômenos, explorando questões mas amplas e ultrapassando limites e impasses impostos pelos outros métodos. Segundo Michael Werner e Bénédicte Zimmermann, as histórias cruzadas se dedicam a pontos de intersecções em que os acontecimentos impactam, em diferentes níveis, os elementos presentes, de acordo com as resistências, permeabilidades e maleabilidades. Cf. WERNER, ZIMMERMANN, 2006.
139 WERNER, ZIMMERMANN, 2003.

Discutindo a história do tempo presente, Jean-Pierre Rioux destaca como jornalistas e historiadores ficam lado a lado na construção dessa história, mas com horizontes distintos. Para Rioux, o jornalista, nos papéis de repórter ou de redator, escreveria o efêmero, fadado ao "esquecimento"; o historiador, por sua vez, buscaria inserir o acontecimento singular dentro de um tempo significativo, tentando distinguir o perdurável no efêmero.[140] Não diria uma definição justa. Se há historiadores e historiadores, também há jornalistas e jornalistas.

É verdade que, ainda atualmente, muitos jornalistas, dentro e fora da mídia *mainstream*, se iludem com certo glamour e ares de intelectualidade da profissão. Entretanto, é preciso considerar que há, sim, experiências editoriais interessantes vigentes, que escapam aos manuais de redação e de estilo, como *Le Monde Diplomatique*. Há, ainda, jornalistas que *idealizam*, isto é, julgam ideal determinadas linhas editoriais, muito simples, como o compromisso com a verdade. Há táticas possíveis – e, quanto ao leitor, para lembrar Michel de Certeau, "é sempre bom recordar que não se devem tomar os outros por idiotas".[141]

Nunca foi fácil, mas talvez nunca foi tão difícil fazer jornalismo. Nessas artes de fazer, porém, é verdade que, dentro e fora dos moldes da grande imprensa, às vezes as ideias se encontram imersas nas ilusões perdidas com a crise do jornalismo e os tristes "passaralhos" redações adentro. Num tempo em que cartas deram lugar a e-mails. Num tempo em que sabatinas, rodas culturais, cafés filosóficos deram lugar a reuniões oficiais e oficiosas e fechamentos burocráticos em redações minguadas. Num tempo em que muitas manifestações só se *realizam* como manifestos marcados no Facebook, palco protagonizado por pretensos ases da política e paladinos do jornalismo. Num tempo em que os intelectuais, onde estão? À ideia de intelectual engajado e altruísta só restou a gaveta do passado, como arquétipo de intelectual ingênuo e quixotesco? Vale agora apenas o *scholar* contemporâneo, de all star ou de paletó com cotoveleira de camurça, desvinculado de quaisquer compromissos sociais ou, ainda, do mundo real? Num tempo estilhaçado que abre brechas para suspirar momentaneamente certo otimismo com multidões nas ruas reivindicando mudanças, minorias antes silenciadas bradando a plenos pulmões, jornalistas e intelectuais no *front*, hábeis para se livrar das pressões arteriais do sistema e fazer pulsar ali um jornalismo diferente, mas a um só tempo, um tempo cujo pessimismo

---

140 RIOUX, 1999, p. 120-121.
141 CERTEAU, 2012, p. 248.

asfixia as ideias, amarra as palavras e às vezes corrompe o próprio ofício dos jornalistas, desanima a inteligência e a imaginação dos intelectuais, entretém, aliás, anestesia multidões com uma tempestade torrencial de imagens e mais imagens. Nessa ampulheta alucinada, qual é o papel dos jornalistas? E qual é o papel possível dos intelectuais? Estas são questões prementes do tempo presente. Às quais não posso responder inteiramente, mas sinto que é meu dever formulá-las.

Considerações finais

Do lado de lá, Paris: *Le Monde Diplomatique* foi fundado em maio de 1954, buscando preencher um espaço editorial especialmente dedicado à política internacional. De simples suplemento diplomático do diário *Le Monde*, *Le Monde Diplomatique* conquistou sua independência editorial a partir de 1973 e sua independência econômica a partir de 1990, consolidou suas diretrizes políticas declaradamente antiimperialistas e antineoliberais – graças às direções do jornalista francês Claude Julien e do sociólogo espanhol Ignacio Ramonet. Nos 2000, o magazine alastrou suas ideias críticas contra o "pensamento único" sob a égide do capital, firmando-se no painel da imprensa internacional e estimulando a fundação de diversas edições estrangeiras, muitas na América Latina.

Do lado de cá, Buenos Aires: *Le Monde Diplomatique* ali aportou em julho de 1999, graças à insistente iniciativa do jornalista argentino Carlos Gabetta, ex-militante do Ejército Revolucionario del Pueblo exilado na capital francesa na década de 1970, que dirigiu *El Dipló* até 2011. As páginas platinas se tornaram referência importante durante as convulsões sociopolíticas que estremeceram a realidade argentina atrapada por uma severa crise econômica, com uma dívida externa estratosférica e uma política interna instável e implosiva. Na época, diferentes avatares irromperam no território latino-americano, entre brados bolivarianos, marchas (neo)zapatistas e um antigo tango versado na clave kirchnerista, que um dia se afinaram no afã de "outro mundo possível" na cidade de Porto Alegre.

Nesta tese, quis explorar essas trilhas, buscando compreender historicamente as relações dos intelectuais franceses e argentinos imbricados nas prestigiadas páginas de Le Monde Diplomatique e na sua versão latino-americana cardinal, El Dipló. Explorar, como disse diversas vezes, um jogo de espelhos, um reflexo de ideias, um colorido caleidoscópio, enfim, uma *rayuela* de Cortázar.[1] Cruzei referências teóricas, posicionamentos de Le Monde Diplomatique (expressos nas páginas e nas palavras de seus principais intelectuais, num arsenal de argumentos e arcabouços teóricos diversos) e intervenções minhas para compreender tal vaivém: de um lado, jornalistas argentinos, admiradores da intelectualidade francesa simbolizada por Le Monde Diplomatique; de outro, intelectuais franceses, entre entusiasmo e encantamento endereçado à política latino-americana, principalmente neste início de século XXI. Diria que, num apontamento antropológico simples, talvez contrariando a sátira sartriana d'o inferno são os outros, nas tais relações de alteridade entre intelectuais argentinos e franceses, a grama do vizinho é, sim, mais verde.

Entre magazine de atualidades e *revue* acadêmica, entre jornal alternativo e revista intelectual, Le Monde Diplomatique é um impresso de muitas letras miúdas, belas ilustrações e raras fotografias, ocupando cerca de 40 páginas com artigos e ensaios longos, marcados por muitas notas, cronologias, dossiês, glossários, índices e referências bibliográficas, com um discurso intelectual e, poderia dizer, intelectualizante. Enquanto campo intelectual, além do núcleo duro na redação, ao redor de Le Monde Diplomatique orbitam diversos satélites independentes, como políticos, militantes, jornalistas, ativistas, acadêmicos – nessas constelações, certas *estrelas* intelectuais independentes, como Eric Hobsbwam e Pierre Bourdieu, entre outros. Le Monde Diplomatique endereça suas críticas sobretudo ao imperialismo e

---

[1] Um dos maiores romances do *boom* latino-americano, o livro *Rayuela*, do escritor Júlio Cortázar (1914-1984), entrelaça duas dimensões: do lado de lá, Paris; do lado de cá, Buenos Aires. Nascido em Bruxelas, Cortázar viveu em Buenos Aires e morreu em Paris. Além de seus diversos méritos literários, *Rayuela* é um livro que desperta – e por isso a breve citação nesta tese – uma sensibilidade ao outro, de uma busca que não nasce na consciência da plenitude, mas no sentimento de dolorosa ausência: *yo soy otro*, ou *je suis autre* – ou, em bom português, eu sou outro.

ao capitalismo neoliberal. Entre linhas editoriais e políticas, a revista molda um espaço privilegiado para discussões intelectuais e questões do tempo presente. Neste prisma, há certas considerações a assinalar.

Primeiro, a dimensão desse magazine *très français*. Além de sua gênese "*diplomatique*", à revista é atribuída, por seus próprios intelectuais franceses, como Anne-Cécile Robert, Dominique Vidal e Serge Halimi, uma vocação internacional, compreendida como expressão da cultura francesa da universalidade, uma vez atenta ao que acontece nos países "esquecidos" pela imprensa *mainstream*. Tal universalidade conferiria status de seriedade e de prestígio ao magazine, que assim atrairia jornalistas e intelectuais de diferentes países para assinar a edição francesa, mas talvez também para iniciar uma edição própria *chez-eux*. Ou, como poetizaria Dominique Vidal, o desejo de ter uma edição própria da revista partiria dos "herdeiros" do Maio de 1968 espalhados pelo mundo, desejosos por participar da difusão de suas ideias e de sua visão de mundo: uma *manière de voir* singular, como frisei noutras passagens.

Segundo ponto, o papel dos jornalistas. Intelectuais presentes no *Monde Diplomatique* mundo afora atribuem ao jornalista o dever de informar criticamente – e informar-se implica, na interpretação forjada por Ignacio Ramonet, uma atividade produtiva, impossível de se realizar sem esforço ou sem mobilização intelectual: informar-se *cansa*. Assim, a matriz francesa justifica as pensatas longas, a fim de abarcar contextos históricos mais longínquos, tramas socioculturais, políticas e econômicas para compreender a complexidade de um acontecimento contemporâneo – e se assim define o papel da imprensa, também lança diversas críticas à mídia *maisntream* por não cumprir tais prerrogativas. Esta é a linha-mestra, a singularidade pretendida pela matriz francesa, a qual as edições estrangeiras, como a argentina, pretendem perseguir.

Terceiro, os encontros e os desencontros entre intelectuais de *Le Monde Diplomatique* na França e na Argentina. Os encontros, mais evidentes: o posicionamento crítico diante de um contexto contemporâneo emoldurado pelo imperialismo e pelo capitalismo neoliberal, que encontram expressão, por exemplo, nas intervenções norte-americanas após 11 de Setembro e nos impactos da crise financeira internacional que se deflagrou a partir de 2008 – um posicionamento crítico que, vale lembrar, se traduziu em certos momentos em superotimismo em relação aos novos movimentos sociais e, principalmente, à nebulosa altermundialista. Os desencontros, por sua vez, mais latentes: os distintos olhares diante da ascensão de novos governos latino-americanos na virada para o presente século – e, no *affaire* argentino, atravessados por dois eixos, Néstor Kirchner e Juan Domingo Perón, isto é, a discussão sobre a dimensão política populista de certos governantes. De um lado, jornalistas franceses, como Dominique Vidal, Maurice Lemoine e Renaud Lambert, admitem que a gazeta francesa não dedica tanta ênfase à realidade argentina justamente por não compreender o "enigma" peronista. De outro, Carlos Gabetta, crítico à herança peronista e às diretrizes políticas da presidente Cristina Kirchner, se despediu d'*El Dipló* após desentendimentos com o empresário kirchnerista Hugo Sigman, da editora Capital Intelectual, que detém os direitos autorais de *Le Monde Diplomatique* na Argentina – e se despediu, lamentou, sem expressões de solidariedade de seus amigos franceses. Tal ruptura marca uma questão maior.

Quarto ponto, portanto, o papel dos intelectuais. No mundo das palavras ideais, intelectuais de *Le Monde Diplomatique* na França e na Argentina arrogam ao intelectual o dever da crítica à realidade, independente ou, como postulava Claude Julien, irreverente ao poder. No mundo da práxis, porém, é possível destacar discordâncias sobre os limites do engajamento e do envolvimento político, o que fica evidente com questões delicadas como o endosso enérgico de certos jornalistas franceses como Bernard Cassen, Ignacio Ramonet e Maurice Lemoine a líderes latino-americanos como Hugo Chávez e Fidel Castro. A partir daí se polarizam diferentes posicionamentos dentro de *Le Monde Diplomatique* a respeito das relações entre os intelectuais e o poder protagonizado pela esquerda: ou um certo distanciamento dos intelectuais, como observadores do presente; ou um compromisso mais forte, marcando posição de um lado da trincheira na batalha de ideias, ainda que às custas de um silêncio diante de críticas possíveis, necessárias ou, no mínimo, esperadas.

Quinto, por fim, as esquerdas. Diversas são as sensibilidades de esquerda dentro de *Le Monde Diplomatique* na França e na Argentina. Há divergências entre os jornalistas e intelectuais, inclusive, sobre a definição declarada de *Le Monde Diplomatique* como uma revista "de esquerda" e sobre a legitimidade da distinção entre esquerda e direita na atualidade. Entretanto, apesar das dissensões, para os intelectuais de *Le Monde Diplomatique*, a esquerda defende ideais como justiça e liberdade, devendo ter a democracia como palco político – e estaria buscando afastar o fantasma do passado soviético e, neste contexto, apostaria no presente latino-americano.

Abre-se com a chave sobre *onde* está a esquerda o *coeur* desta tese: as relações espelhadas entre intelectuais franceses e argentinos de *Le Monde Diplomatique*.

Do lado de lá, Paris: intelectuais não ocultam certo fascínio, entre êxtase e esperança, diante do laboratório latino-americano, onde eferverceria uma experiência da esquerda no poder que lança dados para o futuro. Do lado de cá, Buenos Aires: outros intelectuais dedicam certo prestígio à herança histórica francesa, alvitrando os ideais revolucionários, *liberté, égalité, fraternité*, enfim, de uma esquerda que invoca ecos do passado.

Questionei, noutras passagens, se assim a esquerda estaria "idealizada" somente no *outro*? Teria reflexo apenas no espelho do *outro*? Para responder tais questões, cunhei a expressão "idealizar" para descrever as relações entre intelectuais franceses e argentinos no *Monde Diplomatique*, isto é, para descrever um fenômeno político considerado por outrem como "ideal".

Um jogo de espelhos estilhaçados, com reflexos incontornavelmente imperfeitos. E *Le Monde Diplomatique*, se é preciso lembrar, está longe de ser um periódico perfeito. É, aliás, incontornavelmente imperfeito, um campo intelectual com suas tensões, sensibilidades, simpatias de ordem ideológica, filosófica e política, itinerários de diferentes dimensões, amizades e animosidades. Apesar de seus intelectuais penderem à esquerda, quais esquerdas almejam são outros quinhentos. Assim, entre Paris e Buenos Aires, *Le Monde Diplomatique*. Entre o preto e o branco, o cinza. Entre o passado e o futuro, pois, o presente.

Últimas palavras

Li *Le Monde Diplomatique* pela primeira vez em Porto Alegre, num contexto que não poderia ser mais "romântico": ao pôr do sol no acampamento internacional da juventude, diante do filme *Diários de Motocicleta* – Gael García Bernal incorporando a ternura de Ernesto Che Guevara –, ao lado de milhares de jovens cujas aspirações não mais se enquadrariam nas páginas de um caderno do terceiro mundo, mas de outro mundo, isto é, num desejo romântico (*lato sensu*) e revolucionário de escrever uma história possível. Tempos depois, li *Le Monde Diplomatique* em Buenos Aires, Paris e São Paulo, com outros olhos. Vi, sobretudo, o desafio delicado de trazer as páginas da revista, tão palpitantes, para o ateliê do historiador. Como compreender um presente tão fugaz, mas tão arraigado na história? É preciso distância, dirão, para garantir independência científica – e que distanciamento é possível? Não pertence o historiador ao presente, mas escrevendo sobre o passado?

Nestas linhas finais, uma pequena consideração como jornalista e como historiadora. Do *métier* jornalístico, alvo de diversas críticas, umas justas, outras não, só queria dizer que é preciso resistir. Que, sim, é possível realizar um jornalismo diferente, digno, livre, que perdure nesses tempos fragmentados. Do mister historiográfico: sim, é mais delicado abordar temas extremamente contemporâneos do ponto de vista da história – delicado, mas não impossível. Críticas virão, e para enfrentá-las é preciso dedicar redobrado rigor ao se aventurar nas investigações desses tempos presentes. No fim, jornalistas e historiadores do presente, estamos na chuva.

Referências bibliográficas

ABRAMO, Cláudio. *A regra do jogo: o jornalismo e a ética do marceneiro*. São Paulo: Companhia das Letras, 1988.

ADORNO, Theodor; HORKHEIMER, Max. *Dialética do esclarecimento: fragmentos filosóficos*. Rio de Janeiro: Jorge Zahar Editor, 1985. Traduzido por Guido A. de Almeida.

AGRIKOLIANSKY, Eric; FILLIEULE, Olivier; MAYER, Nonna (Orgs.). *L'altermondialisme en France: la longue histoire d'une nouvelle cause*. Paris: Flammarion, 2005.

_____; _____; _____. "*Aux origines de l'altermondialisme français*". In: AGRIKOLIANSKY, Eric ; FILLIEULE, Olivier ; MAYER, Nonna (Orgs.). *L'altermondialisme en France: la longue histoire d'une nouvelle cause*. Paris: Flammarion, 2005, p. 12-42.

_____. "*Du tiers-mondisme à l'altermondialisme: Genèse(s) d'une nouvelle cause*". In: AGRIKOLIANSKY, Eric ; FILLIEULE, Olivier ; MAYER, Nonna

(Orgs.). *L'altermondialisme en France: la longue histoire d'une nouvelle cause*. Paris: Flammarion, 2005, p. 43-73.

_____; GOBILLE, Boris. "*El activismo altermundialista en Europa*". In: *Revista de Sociología*. Santiago: Facultat de Ciencias Sociales, Universidad de Chile, n.o 25, 2011, p. 139-161.

AGUIRRE, Carlos (Org.). *Militantes, intelectuales y revolucionários: ensayos sobre marxismo e izquierda en América Latina*. Raleigh: Editorial A Contracorriente, 2009.

_____. "*Cultura política de izquierda y cultura impresa en el Perú contemporáneo (1968-1990): Alberto Flores Galindo y la formación de un intelectual público*". In: _____. *Militantes, intelectuales y revolucionários: ensayos sobre marxismo e izquierda en América Latina*. Raleigh: Editorial A Contracorriente, 2009, p. 297-327.

ALBERTI, Verena. *Manual de história oral*. Rio de Janeiro: Editora FGV, 2004.

_____. "Fontes orais: histórias dentro da História". In: PINSKY, Carla Bassanezi. *Fontes Históricas*. 3a edição. São Paulo: Contexto, 2005, p. 155-202.

ALTAMIRANO, Carlos (Org.). *Historia de los intelectuales en América Latina: los avatares de la 'ciudad letrada' en el siglo XX*. Buenos Aires: Katz Editores, 2010.

_____. "Ideias para um programa de história intelectual". In: *Tempo Social*. São Paulo: Universidade de São Paulo, v. 19, n.o 1, julho de 2007, p. 9-17.

ANDERSON, Perry. *A crise da crise do marxismo*. 2ª edição. São Paulo: Brasiliense, 1985. Traduzido por Denise Bottmann.

_____. *Espectro: da direita à esquerda no mundo das ideias*. São Paulo: Boitempo Editorial, 2012. Traduzido por Fabrizio Rigout e Paulo Cesar Castanheira.

_____. *O fim da história: de Hegel a Fukuyama*. Rio de Janeiro: Jorge Zahar Editor, 1992. Traduzido por Álvaro Cabral.

AQUINO, Maria Aparecida de. *Censura, imprensa e Estado autoritário (1968-1968): O Estado de S. Paulo e Movimento*. Bauru: EDUSC, 1999.

ARON, Raymond. *O ópio dos intelectuais*. Brasília: Editora UnB, 1980. Traduzido por Yvonne Jean.

BAUDRILLARD, Jean. *A sociedade de consumo*. Lisboa: Edições 70, 1991.

BENDA, Julien. *A traição dos intelectuais*. São Paulo: Editora Peixoto Neto, 2007. Traduzido por Paulo Neves.

BENJAMIN, Walter. *Obras escolhidas: magia e técnica, arte e política: ensaios sobre a literatura e a história da cultural.* 7ª Ed. São Paulo: Brasiliense, 1994. Traduzido por Sergio Paulo Rouanet.

BERNSTEIN, Eduard. *Socialismo evolucionário.* Rio de Janeiro: Jorge Zahar, Instituto Teotônio Vilela, 1997. Traduzido por Manuel Teles.

BERSTEIN, Serge; MILZA, Pierre. *História do século XX: 1945-1973: o mundo entre a guerra e a paz.* São Paulo: Companhia Editora Nacional, 2007.

_____. *História do século XX: De 1973 aos dias atuais: A caminho da globalização e do século XXI.* São Paulo: Companhia Editora Nacional, 2007.

_____. "Os partidos". In: RÉMOND, René (Org.). *Por uma história política.* 2ª edição. Rio de Janeiro: Editora FGV, 2003, p. 57-97. Traduzido por Dora Rocha.

BERUTTI, Flávio Costa; FARIA, Ricardo de Moura; MARQUES, Adhemar Martins (Orgs.). *História contemporânea através de textos.* São Paulo: Contexto, 2005.

_____; _____; _____ (Orgs.). *História do tempo presente.* São Paulo: Contexto, 2007.

BLOCH, Marc. *Apologia da história: ou o ofício do historiador.* Rio de Janeiro: Jorge Zahar, 2001. Traduzido por André Telles.

BOBBIO, Norberto. *Direita e esquerda: razões e significados de uma distinção política.* São Paulo: Editora Unesp, 2011. Traduzido por Marco Aurélio Nogueira.

_____. *Nem com Marx, nem contra Marx.* São Paulo: Editora Unesp, 2006. Traduzido por Marco Aurélio Nogueira.

_____. *Os intelectuais e o poder: dúvidas e opções dos homens de cultura na sociedade contemporânea.* São Paulo: Editora Unesp, 1997. Traduzido por Marco Aurélio Nogueira.

BOURDIEU, Pierre. *As regras da arte: gênese e estrutura do campo literário.* São Paulo: Companhia das Letras, 1996. Tradução de Maria Lucia Machado.

_____. *O poder simbólico.* 5ª edição. Rio de Janeiro: Bertrand Brasil, 2002. Traduzido por Fernando Thomaz.

_____; CHARTIER, Roger. *O sociólogo e o historiador.* Belo Horizonte: Editora Autêntica, 2011. Traduzido por Guilherme João de Freitas Teixeira.

BURKE, Peter. *Sociologia e história.* 2ª edição. Porto: Edições Afrontamento, 1980.

CAIRO, Luiz Roberto; RAPUCCI, Cleide Antonia; SIMÕES JUNIOR, Álvaro Santos (Orgs.). *Intelectuais e imprensa: aspectos de uma complexa relação.* São Paulo: Editora Nankin, 2009.

_____. "Periódicos brasileiros e instinto de americanidade". In: _____; RAPUCCI, Cleide Antonia; SIMÕES JUNIOR, Álvaro Santos (Orgs.). *Intelectuais e imprensa: aspectos de uma complexa relação*. São Paulo: Editora Nankin, 2009, p. 45-52.

CAPELATO, Maria Helena Rolim. *Imprensa e história do Brasil*. 2ª edição. São Paulo: Contexto/EDUSP, 1994.

_____. *Multidões em cena: propaganda política no varguismo e no peronismo*. São Paulo: Editora Unesp, 2009.

_____; PRADO, Maria Ligia Coelho. *O bravo matutino: imprensa e ideologia no jornal O Estado de S. Paulo*. São Paulo: Alfa-Omega, 1980.

_____. "Populismo latino-americano em discussão". In: FERREIRA, Jorge (Org.). *O populismo e sua história*. 3a ediçãoo. Rio de Janeiro: Civilização Brasileira, 2013, p. 125-165.

CARNEIRO, Maria Luiza Tucci. *Minorias silenciadas*. São Paulo: EDUSP/Imprensa Oficial do Estado, 2002.

CASSEN, Bernard et. all. (Orgs). *Vincennes ou le désir d'appendre*. Paris: Éditions Alain Moreau, 1979.

_____. "Comment le PC sauva Vincennes". In: DIJAN, Jean-Michel (Org.). *Vincennes, une adenture de la pensée critique*. Paris: Flammarion, 2009, p. 26-45.

_____. "Une rame de métro en mouvement/An underground train in motion". In: CASSEN, Bernard et. all. *Voix rebelles du monde/Rebel voices of the world*. Forcalquier: HB Editions/Attac, 2007.

CASTAÑEDA, Jorge. *A utopia desarmada*. São Paulo: Companhia das Letras, 1994. Traduzido por Eric Nepomuceno.

CATTARUZZA, Alejandro. "*Qué historias serán las nuestras? Visiones del passado y tradiciones nacionales en el Partido Comunista Argentino*". In: AGUIRRE, Carlos. *Militantes, intelectuales y revolucionários: ensayos sobre marxismo e izquierda en América Latina*. Raleigh: Editorial A Contracorriente, 2009, p. 353-385.

CERTEAU, Michel de. *A cultura no plural*. Campinas: Papirus, 1995. Traduzido por Enid Abreu Dobránszky.

_____. *A escrita da história*. Rio de Janeiro: Forense Universitária, 1982. Traduzido por Maria de Lourdes Menezes.

_____. *A invenção do cotidiano: artes de fazer*. 20a edição. Petrópolis: Vozes, 2012. Traduzido por Ephraim Ferreira Alves.

_____. "A operação histórica". In: LE GOFF, Jacques; NORA, Pierre (Org.). *História: novos problemas*. 2ª edição. Rio de Janeiro: Francisco Alves Editora, 1979. Traduzido por Theo Santiago.

CHALIAND, Gérard. *Mitos revolucionários do Terceiro Mundo*. Rio de Janeiro: Francisco Alves, 1977. Traduzido por Antonio Guimarães Filho.

CHARTIER, Roger. *A história cultural: entre práticas e representações*. Lisboa: Difel, 2002. Traduzido por Maria Manuela Galhardo.

_____. *A história ou a leitura do tempo*. 2a edição. Belo Horizonte: Editora Autêntica, 2010. Traduzido por Cristina Antunes.

_____. *Os desafios da escrita*. São Paulo: Editora Unesp, 2002. Traduzido por Fulvia L. Moretto.

CHAUVEAU, Agnes; TÉTARD, Philippe (Orgs.). *Questões para a história do presente*. Bauru: EDUSC, 1999. Traduzido por Ilka Stern Cohen.

CHESNEAUX, Jean. *Devemos fazer tábula rasa do passado? Sobre história e os historiadores*. São Paulo: Ática, 1995. Traduzido por Marcos Silva.

CHOMSKY, Noam. *Novas e velhas ordens mundiais*. São Paulo: Scritta, 1996. Traduzido por Paulo Roberto Coutinho.

CODOVILLA, Vittorio. "História do marxismo na América Latina". In: LOWY, Michael (Org.). *O marxismo na América Latina: uma antologia de 1909 aos dias atuais*. 2a edição. São Paulo: Editora Fundação Perseu Abramo, 2006.

COLOMBANI, Jean-Marie. "Le Monde a 60 ans, Le monde raconte le monde". In: *Le Monde 60 Ans*. Paris: Le Monde SA, 2004.

COMPAGNON, Olivier. *O adeus à Europa: a América Latina e a Grande Guerra*. São Paulo: Editora Rocco, 2014. Traduzido por Carlos Nougué.

CORREA, Priscila. *História, política e revolução em Eric Hobsbawm e François Furet*. São Paulo: Annablume/Fapesp, 2008.

CORTÁZAR, Julio. *Rayuela*. Madrid: Ediciones Cátedra Letras Hispánicas, 2008.

DARNTON, Robert. *O beijo de Lamourette: mídia, cultura e revolução*. São Paulo: Companhia de Bolso, 2010. Traduzido por Denise Bottmann.

DIJAN, Jean-Michel (Org.). *Vincennes, une adventure de la pensée critique*. Paris: Flammarion, 2009.

DEBORD, Guy. *A sociedade do espetáculo: comentários sobre a sociedade do espetáculo*. Rio de Janeiro: Contraponto, 1997.

DEBRAY, Régis. *Révolution dans la révolution? Lutte armée et lutte politique en Amérique latine*. Paris: Librarie François Maspero, 1967.

DIEGO, José Luis de. "*Los intelectuales y la izquierda en la Argentina (1955-1975)*". In: ALTAMIRANO, Carlos (Org.). *Historia de los intelectuales en América Latina: los avatares de la 'ciudad letrada' en el siglo XX*. Buenos Aires: Katz Editores, 2010, p. 394-416.

DIJAN, Jean-Michel (Org.). *Vincennes, une aventure de la pensée critique*. Paris: Flammatrion, 2009.

DI TELLA, Torcuato. "*La lógica de las revoluciones ideológico-políticas del peronismo*". In: PRADO, Maria Ligia Coelho (Org.). *Vargas e Perón*. São Paulo: Fundação Memorial da América Latina, 2009, p. 147-166.

DORFMAN, Ariel; MATTELART, Armand. *Para ler al Pato Donald*. 36a edição. Buenos Aires: Editora Siglo XXI, 2001.

DOSSE, François. *La marcha de las ideas: historia de los intelectuales, historia intelectual*. Valencia: Universitat de Valencia, 2007.

DUBY, Georges. "História social e ideologias das sociedades". In: LE GOFF, Jacques; NORA, Pierre (Orgs.). *História: novos problemas*. 2ª edição. Rio de Janeiro: Francisco Alves Editora, 1979. Traduzido por Theo Santiago.

DUMÉNIL, Gérard; LÉVY, Dominique. *A crise do neoliberalismo*. São Paulo: Boitempo Editorial, 2014. Traduzido por Paulo Castanheira.

ESQUIVADA, Gabriela. *Noticias de los montoneros: la historia del diario que no pudo anunciar la revolución*. Buenos Aires: Sudamericana, 2010.

FANON, Frantz. *Os condenados da terra*. Rio de Janeiro: Civilização Brasileira, 1968. Traduzido por José Laurênio de Melo.

FEBVRE, Lucien. *Combates por la historia*. Barcelona: Editorial Ariel, 1970.

FERREIRA, Jorge (Org.). *O populismo e sua história*. 3a edição. Rio de Janeiro: Civilização Brasileira, 2013.

_____. "O nome e a coisa: o populismo na política brasileira". In: FERREIRA, Jorge (Org.). *O populismo e sua história*. 3a edição. Rio de Janeiro: Civilização Brasileira, 2013, p. 59-124.

FERREIRA, Marieta Moraes de. "História, tempo presente e história oral". In: *Topoi*. Rio de Janeiro: Revista UFRJ, dezembro de 2002, p. 314-332.

FIORI, José Luis; MEDEIROS, Carlos; SERRANO, Franklin. *O mito do colapso do poder americano*. Rio de Janeiro: Record, 2008.

_____. "O sistema interestatal capitalista no início do século XXI". In: FIORI, José Luis; MEDEIROS, Carlos; SERRANO, Franklin. *O mito do colapso do poder americano*. Rio de Janeiro: Record, 2008, p. 11-70.

FORRESTER, Viviane. *O horror econômico*. São Paulo: Editora Unesp, 1997. Traduzido por Álvaro Lorencini.

FOUCAULT, Michel. *Microfísica do poder*. 10ª edição. Rio de Janeiro: Edições Graal, 1979. Traduzido por Robert Machado.

FREITAS, Sonia Maria de. *História oral: possibilidades e procedimentos*. São Paulo: Humanitas, 2006.

FUNES, Patricia. *Salvar la nación: intelectuales, cultura y política en los años veinte latinoamericanos*. Buenos Aires: Prometeo, 2006.

GABETTA, Carlos. *La encrucijada argentina*. Buenos Aires: Planeta, 2013.

_____. *Todos somos subversivos*. Buenos Aires: Bruguera, 1983.

_____; BUNGE, Mario. *Tiene porvenir el socialismo?* Buenos Aires: Eudeba, 2013.

GIARD, Luce. "A invenção do possível". In: CERTEAU, Michel de. *A cultura no plural*. Campinas: Papirus, 1995. Traduzido por Enid Abreu Dobránszky.

GIDDENS, Anthony. *As consequências da modernidade*. São Paulo: Editora Unesp, 1991. Traduzido por Raul Fiker.

GILMAN, Claudia. *Entre la pluma y el fusil: debates y dilemas del escritor revolucionario en América Latina*. Buenos Aires: Siglo XXI Editores, 2012.

GOLDMANN, Lucien. *Ciências humanas e filosofia*. São Paulo: Difusão Europeia do Livro, 1967. Traduzido por Lupe Cotrim Garaude e José Arthur Giannotti.

GOMES, Angela de Castro. "O populismo e as ciências sociais no Brasil: notas sobre a trajetória de um conceito". In: FERREIRA, Jorge (Org.). *O populismo e sua história*. 3a ediçãoo. Rio de Janeiro: Civilização Brasileira, 2013, p. 17-57.

GRAMSCI, Antonio. *Os intelectuais e a organização da cultura*. 4ª edição. Rio de Janeiro: Civilização Brasileira, 1979. Tradução de Carlos Nelson Coutinho.

GUILLEBAUD, Jean-Claude. *A reinvenção do mundo: um adeus ao século XX*. Rio de Janeiro: Bertrand Brasil, 2003. Traduzido por Maria Helena Kühner.

HALBWACHS, Maurice. *A memória coletiva*. São Paulo: Editora Centauro, 2006. Traduzido por Beatriz Sidou.

HALIMI, Serge. *Les nouveaux chiens de garde*. Paris: Raison d'Agir, 2005.

HARVEY, Nicolas. *Le Monde Diplomatique: un concept editorial hybride au confluent du journalisme, de l'université et du militantisme*. Paris: L'Hamarttan, 2014.

HELLER, Agnes. *O cotidiano e a história*. 2ª edição. Rio de Janeiro: Paz e Terra, 1985.

HESSEL, Stéphane. *Indignez-vous!* Montpellier: Indigène Éditions, 2010.

HOBSBAWM, Eric. *A era dos extremos: o breve século XX: 1914-1991*. São Paulo: Companhia das Letras, 1995. Traduzido por Marcos Santarrita.

_____. *How to change the world: tales of Marx and marxism*. Londres: Little, Brown Book, 2011.

_____. *Revolucionários: ensaios contemporâneos*. Rio de Janeiro: Paz e Terra, 1982 (Col. Pensamento Crítico, vol. 43).

_____. *Sobre história*. 2a edição. São Paulo: Companhia das Letras, 1998. Traduzido por Cid Knipel Moreira.

_____. *Tempos fraturados: cultura e sociedade no século XX*. São Paulo: Companhia das Letras, 2013. Traduzido por Berilo Vargas.

HOLLOWAY, John. *Mudar o mundo sem tomar o poder*. São Paulo: Viramundo/Boitempo Editorial, 2003. Traduzido por Emir Sader.

IANNI, Octavio. *Teorias da globalização*. 9ª edição. Rio de Janeiro: Civilização Brasileira, 2001.

JÁUREGUI, Aníbal. "*El peronismo en los debates del Partido Comunista Argentino – 1945-1953*". In: AGUIRRE, Carlos. *Militantes, intelectuales y revolucionários: ensayos sobre marxismo e izquierda en América Latina* (Org.). Raleigh: Editorial A Contracorriente, 2009, p. 77-96.

JEANNENNEY, Jean-Noël. "A mídia". In: RÉMOND, René (Org.). *Por uma história política*. 2ª edição. Rio de Janeiro: Editora FGV, 2003, p. 213-230. Traduzido por Dora Rocha.

JOZAMI, Eduardo. "*El peronismo y la conformación del campo intelectual en la Argentina*". In: PRADO, Maria Ligia Coelho (Org.). *Vargas e Perón*. São Paulo: Fundação Memorial da América Latina, 2009, p. 167-194.

JUDT, Tony. *Passado imperfeito: um olhar crítico sobre a intelectualidade francesa no pós-guerra*. Rio de Janeiro: Nova Fronteira, 2007. Traduzido por Luciana Nogueira.

JULIEN, Claude. "*A la revolución en su primer año*". In: *Lunes de Revolución*, Havana, 4 de janeiro de 1960, p. 12.

KOHLER, Heliane; RODRIGUES, Helenice (Orgs.). *Travessias e cruzamentos culturais*. Rio de Janeiro: Editora FGV, 2008, p. 23-45.

KUCINSKI, Bernardo. *Jornalistas e revolucionários: nos tempos da imprensa alternativa*. São Paulo: Scritta Editorial, 1991.

_____. *Jornalistas e revolucionários: Nos tempos da imprensa alternativa*. 2ª edição. São Paulo: EDUSP, 2003.

KUSHNIR, Beatriz. *Cães de guarda: jornalistas e censores, do AI-5 à Constituição de 1988*. São Paulo: Boitempo Editorial/Fapesp, 2004.

LACOUTURE, Jean. "A história imediata". In: LE GOFF, Jacques. *A história nova*. São Paulo: Martins Fontes, 1990, p. 215-240.

LE GOFF, Jacques. *A história nova*. São Paulo: Martins Fontes, 1993.

_____. *História e memória*. Campinas: Editora Unicamp, 2003.

_____; NORA, Pierre (Orgs.). *História: novos problemas*. 2ª edição. Rio de Janeiro: Francisco Alves Editora, 1979. Traduzido por Theo Santiago.

_____. "A visão dos outros: um medievalista diante do presente". In: CHAUVEAU, Agnes; TÉTARD, Philippe (Orgs.). *Questões para a história do presente*. Bauru: EDUSC, 1999. Traduzido por Ilka Stern Cohen.

LE MONDE DIPLOMATIQUE. *Les 50 ans du Monde Diplomatique*. Paris: Éditions Cercle d'Art, 2004.

LÖWY, Michael (Org). *O marxismo na América Latina: uma antologia de 1909 aos dias atuais*. 2ª edição. São Paulo: Editora Fundação Perseu Abramo, 2003.

_____. *Para uma sociologia dos intelectuais revolucionários*. São Paulo: Lech Livraria Editora Ciências Humanas, 1979.

_____. *Revoluções*. São Paulo: Boitempo Editorial, 2009.

_____; SAYRE, Robert. *Rebelión y melancolia: el romanticismo como contracorrente de la modernidade*. Buenos Aires: Nueva Visión, 2008.

_____; _____. *Revolta e melancolia: o romantismo na contracorrente da modernidade*. São Paulo: Boitempo Editorial, 2015.

_____; _____. *Romantismo e política*. Rio de Janeiro: Paz e Terra, 1993.

LUCA, Tânia Regina de. "Fontes impressas: história dos, nos e por meio dos periódicos". In: PINSKY, Carla Bassanezi. *Fontes Históricas*. 3a edição. São Paulo: Contexto, 2014, p. 111-153.

MANGIANTINI, Martín. "*La polémica Moreno – Santucho: la lucha armada y la ruptura del Partido Revolucionario de los Trabajadores (PRT)*". In: AGUIRRE, Carlos. *Militantes, intelectuales y revolucionários: ensayos sobre marxismo e izquierda en América Latina* (Org.). Raleigh: Editorial A Contracorriente, 2009, p. 125-150.

MARTINHO, Francisco Carlos Palomanes; COSTA PINTO, António (Org.). *O passado que não passa: a sombra das ditaduras na Europa do Sul e na América Latina*. Rio de Janeiro: Civilização Brasileira, 2013.

MARX, Karl. *O capital*. 7ª edição, por Julian Borchardt. Rio de Janeiro: Editora LTC, 1980. Traduzido por Ronaldo Alves Schmidt.

MARX, Karl; ENGELS, Friedrich. *A ideologia alemã*. São Paulo: Boitempo Editorial, 2007. Traduzido por Rubens Enderle, Nélio Schneider e Luciano Cavini Martorano.

_____. *Manifesto do Partido Comunista*. 14ª edição. Bragança Paulista: Editora São Francisco, 2008. Traduzido por Marcos Aurélio Nogueira.

MATTELART, Armand & Michele. *História das teorias da comunicação*. 8ª edição. São Paulo: Loyola, 2005.

_____. *Pensar as mídias*. São Paulo: Loyola, 2004. Traduzido por Ana Paula Castellani.

MEIHY, José Carlos Sebe Bom. *Manual de história oral*. São Paulo: Loyola, 1998.

_____; HOLANDA, Fabíola. *História oral*. São Paulo: Contexto, 2007.

MELO, José Marques de. *História social da imprensa*. Porto Alegre: Editora PUC-RS, 2003.

_____. *Jornalismo opinativo*. 3ª edição. Campos do Jordão: Editora Mantiqueira, 2003.

MICELI, Sergio. *Intelectuais à brasileira*. São Paulo: Companhia das Letras, 2001.

MISKULIN, Silvia. *Cultura ilhada: imprensa e Revolução Cubana (1959-1961)*. São Paulo: Editora Xamã/Fapesp, 2003.

MOCHKOFSKY, Graciela. *Timerman: el periodista que quiso ser parte del poder (1923-1999)*. Buenos Aires: Sudamericana, 2003.

MODONESI, Massimo. "Crisis hegemónica y movimientos antagonistas en América Latina: una lectura gramsciana del cambio de época". In: AGUIRRE, Carlos. *Militantes, intelectuales y revolucionários: ensayos sobre marxismo e izquierda en América Latina* (Org.). Raleigh: Editorial A Contracorriente, 2009, p. 151-177.

MORIN, Edgar. *Cultura de massas no século XX: o espírito do tempo II*. 3ª edição. Rio de Janeiro: Forense, 2006.

NEGRI, Antonio; HARDT, Michael. *Império*. 8ª edição. Rio de Janeiro: Record, 2006.

_____; _____. *Multidão*. Rio de Janeiro: Record, 2005.

NEIBURG, Federico. *Os intelectuais e a invenção do peronismo*. São Paulo: EDUSP, 1997.

NORA, Pierre. "O retorno do fato". In: LE GOFF, Jacques; NORA, Pierre. (Orgs.). *História: novos problemas*. 2ª edição. Rio de Janeiro: Francisco Alves Editora, 1979. Traduzido por Theo Santiago.

NOVAES, Adauto (Org.). *O silêncio dos intelectuais*. São Paulo: Companhia das Letras, 2006.

OLLIER, María Matilde. "*Liderazgo y peronismo: una reflexión abierta*". In: PRADO, Maria Ligia Coelho (Org.). *Vargas e Perón*. São Paulo: Fundação Memorial da América Latina, 2009, p. 61-84.

ORY, Pascal; SIRINELLI, Jean-François. *Les intellectuels en France: de l'affaire Dreyfus à nos jours*. Paris: Éditions Perrin, 2002.

PINSKY, Carla Bassanezi (Org.). *Fontes históricas*. 3a edição. São Paulo: Contexto, 2014.

PIKETTY, Thomas. *Capital in the twenty-first century*. Cambridge: Harvard College, 2014. Traduzido por Arthur Goldhammer.

PONZA, Pablo. "*Comprometidos, orgánicos y expertos: intelectuales, marxismo y ciencias sociales en Argentina (1955-1973)*". In: AGUIRRE, Carlos. *Militantes, intelectuales y revolucionários: ensayos sobre marxismo e izquierda en América Latina* (Org.). Raleigh: Editorial A Contracorriente, 2009, p. 271-295.

PRADO, Maria Ligia Coelho. *América Latina no século XIX: tramas, telas e textos*. São Paulo: EDUSP; Bauru: EDUSC, 1999.

_____. *O populismo na América Latina*. São Paulo: Brasiliense, 1981.

_____. (Org.). *Vargas e Perón*. São Paulo: Fundação Memorial da América Latina, 2009.

_____. "América Latina: História comparada, histórias conectadas, história transnacional". In: *Anuário*. Rosário: Universidad Nacional de Rosário, n.o 24, 2013, p. 9-22.

_____. "Repensando a história comparada da América Latina". In: *Revista de História*. São Paulo: Universidade de São Paulo, n.o 153, dezembro de 2005, p. 11-33.

_____; PELLEGRINO, Gabriela. *História da América Latina*. São Paulo: Contexto, 2014.

RAMONET, Ignacio. *A tirania da comunicação*. Petrópolis: Vozes, 1999. Traduzido por Lúcia Mathilde Endlich Orth.

_____. *L'explosion du journalisme: des médias de masse à la masse de médias*. Paris: Éditions Galilée, 2011.

REIS FILHO, Daniel Aarão (Org.). *Intelectuais, história e política (séculos XIX e XX)*. Rio de Janeiro: 7Letras, 2000.

_____. "Intelectuais e política nas fronteiras entre reforma e revolução". In: _____ (Org.). *Intelectuais, história e política (séculos XIX e XX)*. Rio de Janeiro: 7Letras, 2000, p. 11-34.

_____. "O colapso do colapso do populismo ou a propósito de uma herança maldita". In: FERREIRA, Jorge (Org.). *O populismo e sua história*. 3a ediçãoo. Rio de Janeiro: Civilização Brasileira, 2013, p. 319-377.

RÉMOND, René (Org.). *Por uma história política*. 2a edição. Rio de Janeiro: Editora FGV, 2003. Traduzido por Dora Rocha.

_____. "Do político". In: _____. (Org.). *Por uma história política*. 2a edição. Rio de Janeiro: Editora FGV, 2003, p. 441-453. Traduzido por Dora Rocha.

_____. "O retorno do político". In: CHAUVEAU, Agnes; TÉTARD, Philippe (Orgs.). *Questões para a história do presente*. Bauru: EDUSC, 1999, p. 73-92. Traduzido por Ilka Stern Cohen.

RIDENTI, Marcelo. *Em busca do povo brasileiro: artistas da revolução, do CPC à era da TV*. São Paulo: Editora Unesp, 2014.

_____; ROLLAND, Denis; BASTOS, Elide Rugai (Orgs.). *Intelectuais e Estado*. Belo Horizonte: Editora UFMG, 2006.

_____. "Artistas e política no Brasil pós-1960: itinerários da brasilidade". In: RIDENTI, Marcelo; ROLLAND, Denis; BASTOS, Elide Rugai (Orgs.). *Intelectuais e Estado*. Belo Horizonte: Editora UFMG, 2006, p. 229-262.

_____. "*Artistas e intelectuales brasileños en las décadas de 1960 y 1970: cultura y revolución*". In: ALTAMIRANO, Carlos (Org.). *Historia de los intelectuales en América Latina: los avatares de la 'ciudad letrada' en el siglo XX*. Buenos Aires: Katz Editores, 2010, p. 372-394.

_____. "Intelectuais, estudantes e artistas: Paris, 1968". In: REIS FILHO, Daniel Aarão (Org.). *Intelectuais, história e política (séculos XIX e XX)*. Rio de Janeiro: 7Letras, 2000, p. 247-270.

RIOUX, Jean Pierre ; SIRINELLI, Jean François. *Para uma história cultural*. Lisboa: Editorial Estampa, 1998. Traduzido por Ana Moura.

_____. "Pode-se fazer uma história do presente?". In: CHAUVEAU, Agnes; TÉTARD, Philippe (Orgs.). *Questões para a história do presente*. Bauru: EDUSC, 1999, p. 39-50. Traduzido por Ilka Stern Cohen.

_____. "Entre história e jornalismo". In: CHAUVEAU, Agnes; TÉTARD, Philippe (Orgs.). *Questões para a história do presente*. Bauru: EDUSC, 1999a, p. 119-126. Traduzido por Ilka Stern Cohen.

RODRIGUES, Helenice. "O exílio dos intelectuais e os intelectuais exilados". In: KOHLER, Heliane; RODRIGUES, Helenice (Orgs.). *Travessias e cruzamentos culturais*. Rio de Janeiro: Editora FGV, 2008, p. 23-45.

ROLLAND, Denis. *A crise do modelo francês: a França e a América Latina: cultura, política e identidade*. Brasília: Editora UnB, 2005.

_____. "O historiador, o Estado e a fábrica dos intelectuais". In: RIDENTI, Marcelo, ROLLAND, Denis; BASTOS, Elide Rugai (Orgs.). *Intelectuais e Estado*. Belo Horizonte: Editora UFMG, 2006, p. 95-120.

ROSANVALLON, Pierre. *Por uma história do político*. São Paulo: Editora Alameda, 2010. Tradução de Christian Edward Cyril Lynch.

ROSSI, Clovis. *O que é jornalismo*. São Paulo: Brasiliense, 1995.

SAID, Edward. *Representações do intelectual: as palestras de Reith de 1993*. Lisboa: Edições Colibri, 2000. Traduzido por Teresa Seruya.

_____. *A pena e a espada*. São Paulo: Editora Unesp, 2013.

SALIBA, Elias Thomé. *As utopias românticas*. São Paulo: Estação Liberdade, 2003.

SANTOS, Milton. *Por uma outra globalização: do pensamento único à consciência universal*. 10a edição. Rio de Janeiro: Record, 2004.

SARLO, Beatriz. *Paisagens imaginárias: intelectuais, artes e meios de comunicação*. São Paulo: EDUSP, 2005. Traduzido por Rubia Prates e Sergio Molina.

_____. *Tempo presente: notas sobre a mudança de uma cultura*. Rio de Janeiro: José Olympio Editora, 2005a. Traduzido por Luis Carlos Cabral.

SARTRE, Jean-Paul. *Que é a literatura?* 3a edição. São Paulo: Ática, 2004. Traduzido por Carlos Felipe Moisés.

_____; JULIEN, Claude; FAUX, Claude et all. "Manifiesto de los intelectuales franceses en apoyo de la revolución". In: *Lunes de Revolución*, Havana, 4 de janeiro de 1960, p. 10.

SAYURI, Juliana. *Diplô: Paris – Porto Alegre*. São Paulo: Com-Arte, 2016.

SIRINELLI, Jean-François. "Os intelectuais". In. RÉMOND, René (Org.). *Por uma história política*. Rio de Janeiro: UFRJ/FGV, 1996, p. 231-269. Traduzido por Dora Rocha.

_____. "Ideologia, tempo e história". In: CHAUVEAU, Agnes; TÉTARD, Philippe (Orgs.). *Questões para a história do presente*. Bauru: EDUSC, 1999, p. 73-92. Traduzido por Ilka Stern Cohen.

STIGLITZ, Joseph. *A globalização e seus malefícios: a promessa não cumprida de benefícios globais*. 3a edição. São Paulo: Futura, 2002. Traduzido por Bazan.

SZCZEPANSKI-HUILLERY, Maxime. "*Les architectes de l'altermondialisme, registres d'action et modalités d'engagement au Monde Diplomatique*". In: AGRIKOLIANSKY, Eric ; FILLIEULE, Olivier ; MAYER, Nonna (Orgs.). *L'altermondialisme en France: la longue histoire d'une nouvelle cause*. Paris: Flammarion, 2005, p. 143-173.

_____. "*L'idéologie tiers-mondiste. Constructions et usages d'une categoria intellectuelle en crise*". In: *Raisons Politiques*. Paris: Sciences-Po, n.o 18, 2005, p. 27-48.

TERÁN, Oscar (Org.). *Ideas en el siglo: intelectuales y cultura en el siglo XX latino-americano*. Buenos Aires: Siglo XXI Editores, 2004.

THOMPSON, John. *A mídia e a modernidade: uma teoria social da mídia*. 11ª edição. Petrópolis: Vozes, 2009. Traduzido por Wagner Brandão.

TOURNIER, Isabelle; TARTAKOWSKY, Danielle (Orgs.). *Abécédaire de Vincennes à Saint-Denis*. Paris: Presses Universitaires de Vincennes, 2011.

ULANOVSKY, Carlos. *Paren las rotativas: diarios, revistas y periodistas (1920-1969)*. 2a edição. Buenos Aires: Emecé, 2011.

_____. *Paren las rotativas: diarios, revistas y periodistas (1970-2000)*. 2a edição. Buenos Aires: Emecé, 2011.

VARELA, Mitra. "*Intelectuales y médios de comunicación*". In: ALTAMIRANO, Carlos (Org.). *Historia de los intelectuales en América Latina: los avatares de la 'ciudad letrada' en el siglo XX*. Buenos Aires: Katz Editores, 2010, p. 758-781.

VICENTE, Maximiliano Martin. *História e comunicação na ordem internacional*. São Paulo: Cultura Acadêmica, 2009.

VILAS BOAS, Sérgio. *O estilo magazine: o texto em revista*. São Paulo: Summus, 1996.

WEFFORT, Francisco. *O populismo na política brasileira*. Rio de Janeiro: Paz e Terra, 1978.

WEINSTEIN, Barbara. "Pensando a história fora da nação: a historiografia da América Latina e o viés transnacional". In: *Revista Eletrônica da Anphlac*. São Paulo: Associação Nacional de Pesquisadores e Professores de História das Américas (Anphlac), n.o 14, janeiro/junho de 2013, p. 13-29.

WERNER, Michael; ZIMMERMANN; Bénédicte. "*Beyond comparison: histoire croisée and the challenge of reflexivity*". In: *History and Theory*. Middletown: Wesleyan University, n.o 45, fevereiro de 2006, p. 30-50.

_____; _____. "*Penser l'histoire croisée: entre empirie et réflexivité*". In: *Annales. Histoire, Sciences Sociales*. Paris: Editions de l'E.H.E.S.S, 2003, p. 7-36.

_____; _____. "Pensar a história cruzada: entre empiria e reflexividade". In: *Textos de História*. Brasília: Universidade de Brasília, vol. 11, 2003, p. 89-127.

WILLIAMS, Raymond. *Cultura e sociedade*. São Paulo: Cia Editora Nacional, 1969. Traduzido por Leônidas Hegenberg, Octanny Silveira e Anísio Teixeira.

WINOCK, Michel. *O século dos intelectuais*. Rio de Janeiro: Bertrand Brasil, 2000. Traduzido por Eloá Jacobina.

WOLFF, Francis. "Dilemas dos intelectuais". In: NOVAES, Adauto (Org.). *O silêncio dos intelectuais*. São Paulo: Companhia das Letras, 2006, p. 45-68.

Fontes de Le Monde Diplomatique

ACCARDO, Alain. "*Los periodistas frente a los mecanismos de cooptación*". In: *Le Monde Diplomatique Edición Cono Sur*, Buenos Aires, n.o 16, outubro de 2000, p. 34-35.

_____; CORCUFF, Philippe. "*Imperceptible traición de los intelectuales*". In: *Le Monde Diplomatique Edición Cono Sur*, Buenos Aires, n.o 22, abril de 2001, p. 29-30.

ALI, Tariq. "*¿Choque de civilizaciones?*". In: *Le Monde Diplomatique Edición Cono Sur*, Buenos Aires, n.o 28, outubro de 2001, p. 8.

AMIN, Samir. "*¿Qué altermundialismo?*". In: *Le Monde Diplomatique Edición Cono Sur*, Buenos Aires, n.o 91, janeiro de 2007.

ATTAC-FRANCE. "*Argentina, un caso de manual*". In: *Le Monde Diplomatique Edición Cono Sur*, Buenos Aires, n.o 31, janeiro de 2002, p. 7.

BENILDE, Marie. "*Esplendor y miseria del periodismo*". In: *Le Monde Diplomatique Edición Cono Sur*, Buenos Aires, n.o 128, fevereiro de 2010.

BONELLI, Laurent; FAYAT, Hervé. "*Cambiante papel del intelectual francés*". In: *Le Monde Diplomatique Edición Cono Sur*, Buenos Aires, n.o 83, maio de 2006, p. 28-30.

_____. "*Histoire d'un label politique*". In: *Manière de voir*, Paris, n.o 124, agosto/setembro de 2012, p. 10-13.

BOURDIEU, Pierre. "*Los investigadores y el movimiento social*". In: *Le Monde Diplomatique Edición Cono Sur*, Buenos Aires, n.o 32, fevereiro de 2002, p. 32.

_____. "*Pour une savoir engagé*". In: *Le Monde Diplomatique*, Paris, fevereiro de 2002, p. 3.

_____; WACQUANT, Loïc. "*Una nueva vulgata planetaria*". In: *Le Monde Diplomatique Edición Cono Sur*, Buenos Aires, n.o 1, maio de 2000, p. 12-13.

BORRADORI, Giovanna. "*Habermas, Derrida, el terrorismo y la modernización*". In: *Le Monde Diplomatique Edición Cono Sur*, Buenos Aires, n.o 56, fevereiro de 2004, p. 15-17.

BRÉVILLE, Benoît. "*Pour remettre l'histoire à l'endroit*". In: *Le Monde Diplomatique*, Paris, setembro de 2014, p. 4-5.

BONASSO, Miguel. "*El pecado original del peronismo*". In: *Le Monde Diplomatique Edición Cono Sur*, Buenos Aires, n. 75, setembro de 2005, p. 4-5.

BRICMONT, Jean. "*Vacilaciones de una izquierda adormecida*". In: *Le Monde Diplomatique Edición Cono Sur*, Buenos Aires, n. 86, agosto de 2006, p. 52.

BURGI, Noelle. "*El imperio del miedo*". In: *Le Monde Diplomatique Edición Cono Sur*, Buenos Aires, n. 117, março de 2009.

CALCAGNO, Alfredo; CALCAGNO, Eric. "*Alternativas al neoliberalismo*". In: *Le Monde Diplomatique Edición Cono Sur*, Buenos Aires, n.o 13, julho de 2000, p. 6-7.

_____; _____. "*¿Cuánto tiempo le queda al modelo?*" In: *Le Monde Diplomatique Edición Cono Sur*, Buenos Aires, n.o 19, janeiro de 2001, 9-11.

_____; _____. "*El precio de la convertibilidad*". In: *Le Monde Diplomatique Edición Cono Sur*, Buenos Aires, fevereiro de 2000, p. 1-7.

_____; _____. "*Entre el Dr. Jekyll y el Sr. Hyde*". In: *Le Monde Diplomatique Edición Cono Sur*, Buenos Aires, n.o 75, setembro de 2005, p. 8-9.

_____; _____. "*Entre la economía y la nada*". In: *Le Monde Diplomatique Edición Cono Sur*, Buenos Aires, n.o 29, novembro de 2001, p. 4-5.

_____; _____. "*La deuda externa, un proyecto politico*". In: *Le Monde Diplomatique Edición Cono Sur*, Buenos Aires, n.o 12, junho de 2000, p. 4-5.

_____; _____. "*Modelo argentino, tercer acto*". In: *Le Monde Diplomatique Edición Cono Sur*, Buenos Aires, n.o 24, junho de 2001, p. 6-7.

_____; _____. "*Un gran país devenido un casino*". In: *Le Monde Diplomatique Edición Cono Sur*, Buenos Aires, n.o 21, março de 2001, p. 6.

_____; _____. "*Un sistema retrógrado y troglodita*". In: *Le Monde Diplomatique Edición Cono Sur*, Buenos Aires, n.o 28, outubro de 2001, p. 20.

CALCAGNO, Eric. "*Dinámicas franco-argentinas*". In: *Le Monde Diplomatique Edición Cono Sur*, Buenos Aires, n.o 13, julho de 2000.

CAMUSSO, Cristina. "*Chomsky, el coraje intelectual*". In: *Le Monde Diplomatique Edición Cono Sur*, Buenos Aires, n.o 28, outubro de 2001, p. 9.

CASSEN, Bernard. "*El viraje de Porto Alegre*". In: *Le Monde Diplomatique Edición Cono Sur*, Buenos Aires, n.o 20, fevereiro de 2001.

_____. "*Las instituciones de Bretton Woods en crisis*". In: *Le Monde Diplomatique Edición Cono Sur*, Buneos Aires, n.o 15, setembro de 2000.

_____. "*Movimientos sociales: ¿hacia el 'post-altermundialismo'?*". In: *Le Monde Diplomatique Edición Cono Sur*, Buneos Aires, n.o 159, janeiro de 2010.

_____. "*Pour comprendre le péronisme et l'après-péronisme*". In: *Le Monde Diplomatique*, Paris, setembro de 1975, p. 8.

CHOMSKY, Noam. "*Crímenes para evitar atrocidades*". In: *Le Monde Diplomatique Edición Cono Sur*, Buenos Aires, n.o 30, dezembro de 2001, p. 30-31.

_____. "*El autismo del imperio*". In: *Le Monde Diplomatique Edición Cono Sur*, Buenos Aires, n.o 59, maio de 2004.

_____. "*El mejor de los mundos, según Washington*". In: *Le Monde Diplomatique Edición Cono Sur*, Buenos Aires, n.o 50, agosto de 2003, p. 16-17.

Christensen, Christian. "*Documentales exitosos*". In: *Le Monde Diplomatique Edición Cono Sur*, Buenos Aires, n.o 100, outubro de 2007.

COCKBURN, Alexander. "*Le complot du 11-Septembre n'aura pas lieu*". In: *Le Monde Diplomatique*, Paris, dezembro de 2006, p. 3.

_____. "*Los paranoicos del complot*". In: *Le Monde Diplomatique Edición Cono Sur*, Buenos Aires, n.o 90, dezembro de 2006.

COLOMBANI, Jean-Marie. "*Le Monde et le Diplo*". In: *Le Monde Diplomatique*, Paris, maio de 2003, p. 2.

_____. "*Le Monde, Le Monde Diplomatique et la Bourse*". In: *Le Monde Diplomatique*, Paris, janeiro de 2002, p. 2.

CORONATO, Adolfo. "*Por qué somos como somos…*". In: *Le Monde Diplomatique Edición Cono Sur*, Buenos Aires, n.o 107, maio de 2008.

CORTAZAR, Julio. "*Cauchemars*". In: *Le Monde Diplomatique*, Paris, outubro de 1983, p. 26-27.

CUATROSEMANAS Y LE MONDE DIPLOMATIQUE. "*A nuestros lectores*". In: *cuatroSemanas y Le Monde Diplomatique*, Barcelona, n.º 12, março de 1994, p. 23.

DALRYMPLE, William. "*Le douteux bricolage de Bernard-Henri Lévy*". In: *Le Monde Diplomatique*, Paris, dezembro de 2003, p. 30-31.

_____. "*Perseverare diabolicum…*". In: *Le Monde Diplomatique*, Paris, fevereiro de 2004, p. 27.

DERRIDA, Jacques. "*Una Europa de la esperanza*". In: *Le Monde Diplomatique Edición Cono Sur*, Buenos Aires, n.o 65, novembro de 2004, p. 36-37.

EL DIPLÓ. "*Quienes somos*". In: *Le Monde Diplomatique Edición Cono Sur*, Buenos Aires, julho de 1999, p. 2.

FAUVET, Jacques. "*A nos lecteurs*". In: *Le Monde Diplomatique*, Paris, janeiro de 1973, p. 1.

FLORENNE, Yves. "François Honti". In: *Le Monde Diplomatique*, Paris, outubro de 1984, p. 4.

FOLLETT, Danielle; BOOTHE, Tom. "*Democracy Now, voz de la izquierda*". In: *Le Monde Diplomatique Edición Cono Sur*, Buenos aires, n.o 103, janeiro de 2008.

FONTAINE, André. "*1959 marque un tournant dans la diplomatie*". In: *Le Monde Diplomatique*, Paris, janeiro de 1960, p. 1-3.

FRANK, Thomas. "*Delirio teórico, fracaso práctico*". In: *Le Monde Diplomatique Edición Cono Sur*, Buenos Aires, n.o 119, maio de 2009.

GABETTA, Carlos. "*América Latina en el siglo XXI*". In: *Le Monde Diplomatique Edición Cono Sur*, Buenos Aires, n.o 93, março de 2007, p. 3.

_____. "*Argentina Cromagnon*". In: *Le Monde Diplomatique Edición Cono Sur*, Buenos Aires, n.o 114, dezembro de 2008, p. 3.

_____. "*Argentina: un callejón con salida*". In: *Le Monde Diplomatique Edición Cono Sur*, Buenos Aires, n.o 13, julho de 2000, p. 1-3.

_____. "*Argentina frente a sí misma*". In: *Le Monde Diplomatique Edición Cono Sur*, Buenos Aires, n.o 109, julho de 2008, p. 3.

_____. "*Cavallo al timón de un país a la deriva*". In: *Le Monde Diplomatique Edición Cono Sur*, Buenos Aires, n.o 23, maio de 2001, p. 1-4.

_____. "*¿Censura? El caso Julio Nudler – Página/12*". In: *Le Monde Diplomatique Edición Cono Sur*, Buenos Aires, n.o 66, dezembro de 2004, p. 34.

_____. "*Cuba*". In: *Le Monde Diplomatique Edición Cono Sur*, Buenos Aires, n.o 105, março de 2008, p. 3.

_____. "*Cuba después de la URSS*". In: *Le Monde Diplomatique Edición Cono Sur*, Buenos Aires, n.o 94, abril de 2007, p. 30-31.

_____. "*Cuatro años de 'el Dipló'*". In: *Le Monde Diplomatique Edición Cono Sur*, Buenos Aires, n.o 50, agosto de 2003, p. 3.

_____. "*Crisis mundial y movimientos sociales*". In: *Le Monde Diplomatique Edición Cono Sur*, Buenos Aires, n.o 38, agosto de 2002, p. 3.

_____. "*Cristina Fernández y el cambio*". In: *Le Monde Diplomatique Edición Cono Sur*, Buenos Aires, n.o 98, agosto de 2007, p. 3.

_____. "*De Allende a Kirchner, Chávez y Lula*". In: *Le Monde Diplomatique Edición Cono Sur*, Buenos Aires, n.o 51, setembro de 2003, p. 2-3.

_____. "*De Monroe a Bolívar*". In: *Le Monde Diplomatique Edición Cono Sur*, Buenos Aires, n.o 15, setembro de 2000, p. 3.

_____. "*Decadencia y sociedad*". In: *Le Monde Diplomatique Edición Cono Sur*, Buenos Aires, n.o 46, abril de 2003, p. 3.

_____. "*Decae la República; se afirma el país mafioso-bananero*". In: *Le Monde Diplomatique Edición Cono Sur*, n.o 16, outubro de 2000, p. 1-4.

_____. "*Democracias revolucionarias*". In: *Le Monde Diplomatique Edición Cono Sur*, n.o 79, janeiro de 2006, p. 2-3.

_____. "*Descrédito y necesidad de la política*". In: *Le Monde Diplomatique Edición Cono Sur*, Buenos Aires, n.o 1, julho de 1999, p. 3.

_____. "*Elecciones*". In: *Le Monde Diplomatique Edición Cono Sur*, Buenos Aires, n.o 100, outubro de 2007, p. 3.

_____. "*El big bang de la crisis*". In: *Le Monde Diplomatique Edición Cono Sur*, Buenos Aires, n.o 117, março de 2009, p. 3.

_____. "*El despertar de un sueño*". In: *Le Monde Diplomatique Edición Cono Sur*, Buenos Aires, n.o 136, outubro de 2010, p. 2-3.

_____. "*El fin de la transición*". In: *Le Monde Diplomatique Edición Cono Sur*, Buenos Aires, n.o 47, maio de 2003, p. 3.

_____. "*El Imperio y América Latina*". In: *Le Monde Diplomatique Edición Cono Sur*, Buenos Aires, n.o 39, setembro de 2002, p. 3.

_____. "*El mundo... y Argentina*". In: *Le Monde Diplomatique Edición Cono Sur*, Buenos Aires, n.o 132, junho de 2010, p. 3.

_____. "*El reñidero*". In: *Le Monde Diplomatique Edición Cono Sur*, Buenos Aires, n.o 129, março de 2010, p. 3.

_____. "*El truco de Vittorio Gassman*". In: *Le Monde Diplomatique Edición Cono Sur*, Buenos Aires, n.o 65, novembro de 2004, p. 3.

_____. "*Entre reformas y revolución*". In: *Le Monde Diplomatique Edición Cono Sur*, Buenos Aires, n.o 102, dezembro de 2007, p. 2-3.

_____. "*Entre reformas y revolución (2)*". In: *Le Monde Diplomatique Edición Cono Sur*, Buenos Aires, n.o 103, janeiro de 2008, p. 2-3.

_____. "*Es la economía, señor Presidente...*". In: *Le Monde Diplomatique Edición Cono Sur*, Buenos Aires, n.o 62, agosto de 2004, p. 2.

_____. "*Fundamentalismos*". In: *Le Monde Diplomatique Edición Cono Sur*, Buenos Aires, n.o 86, agosto de 2006, p. 3.

_____. "*Guerra non sancta*". In: *Le Monde Diplomatique Edición Cono Sur*, Buenos Aires, n.o 28, outubro de 2001, p. 3.

_____. "*Idéologie de la dictature militaire, défense des droits de l'homme en Argentine*". In: *Le Monde Diplomatique*, Paris, outubro de 1980, p. 14-15.

_____. "*Institucionalidad*". In: *Le Monde Diplomatique Edición Cono Sur*, Buenos Aires, n.o 76, outubro de 2005, p. 3.

_____. "*Instituciones ausentes*". In: *Le Monde Diplomatique Edición Cono Sur*, Buenos Aires, n.o 89, novembro de 2006, p. 3.

_____. "*Izquierda-centro*". In: *Le Monde Diplomatique Edición Cono Sur*, Buenos Aires, n.o 126, dezembro de 2009, p. 3.

_____. "*Jacque a la República*". In: *Le Monde Diplomatique Edición Cono Sur*, Buenos Aires, n.o 22, abril de 2001, p. 3.

_____. "*La confusion, l'ignorance et la peur*". In: *Le Monde Diplomatique*, Paris, abril de 1982, p. 4.

_____. "*La deriva de Cristina Fernández*". In: *Le Monde Diplomatique Edición Cono Sur*, Buenos Aires, n.o 128, fevereiro de 2010, p. 2-3.

_____. "*La descomposición del país mafioso*". In: *Le Monde Diplomatique Edición Cono Sur*, Buenos Aires, n.o 37, julho de 2002, p. 1-2.

_____. "*La hora de la sociedad civil*". In: *Le Monde Diplomatique Edición Cono Sur*, Buenos Aires, n.o 26, agosto de 2001, p. 3.

_____. "*La lección venezolana*". In: *Le Monde Diplomatique Edición Cono Sur*, Buenos Aires, n.o 63, setembro de 2004, p. 3.

_____. "*La nueva economía*". In: *Le Monde Diplomatique Edición Cono Sur*, Buenos Aires, n.o 10, abril de 2000, p. 3.

_____. "*La peligrosa crisis política argentina*". In: *Le Monde Diplomatique Edición Cono Sur*, Buenos Aires, n.o 40, outubro de 2002, p. 3.

_____. "*La República ante el país mafioso*". In: *Le Monde Diplomatique Edición Cono Sur*, Buenos Aires, n.o 69, março de 2005, p. 3.

_____. "*La semana santa de Kirchner*". In: *Le Monde Diplomatique Edición Cono Sur*, Buenos Aires, n.o 57, março de 2004, p. 2-3.

_____. "*Lecciones desde Venezuela*". In: *Le Monde Diplomatique Edición Cono Sur*, Buenos Aires, n.o 35, maio de 2002, p. 3.

_____. "*Lectores a debate*". In: *Le Monde Diplomatique Edición Cono Sur*, Buenos Aires, n.o 138, dezembro de 2010, p. 2-3.

_____. "*Le Monde Diplomatique*". In: *Le Monde Diplomatique Edición Cono Sur*, Buenos Aires, fevereiro de 2011, p. 2-3.

_____. "*Lumpenpolítica*". In: *Le Monde Diplomatique Edición Cono Sur*, Buenos Aires, n.o 7, janeiro de 2000, p. 3.

_____. "*Nada nuevo que decir*". In: *Le Monde Diplomatique Edición Cono Sur*, Buenos Aires, n.o 78, dezembro de 2005, p. 3.

_____. "*Necesidad de una modesta utopía*". In: *Le Monde Diplomatique Edición Cono Sur*, Buenos Aires, n.o 60, junho de 2004, p. 3.

_____. "*Néstor Kirchner, a la hora de la verdad*". In: *Le Monde Diplomatique Edición Cono Sur*, Buenos Aires, n.o 59, maio de 2004, p. 3.

_____. "*Oportunidad y desconcierto*". In: *Le Monde Diplomatique Edición Cono Sur*, Buenos Aires, n.o 157, maio de 2008, p. 3.

_____. "*Otra oportunidad argentina*". In: *Le Monde Diplomatique Edición Cono Sur*, Buenos Aires, n.o 99, setembro de 2007, p. 3.

_____. "*Pasado y presente*". In: *Le Monde Diplomatique Edición Cono Sur*, Buenos Aires, n.o 119, maio de 2009, p. 3.

_____. "*París/Buenos Aires*". In: *Le Monde Diplomatique Edición Cono Sur*, Buenos Aires, novembro de 2010, p. 2-3.

_____. "*Peronistas y liberales*". In: *Le Monde Diplomatique Edición Cono Sur*, Buenos Aires, n.o 75, setembro de 2005, p. 2-3.

_____. "*Populistas, liberales y sociedad*". In: *Le Monde Diplomatique Edición Cono Sur*, Buenos Aires, n.o 95, maio de 2007, p. 3.

_____. "*Populismos*". In: *Le Monde Diplomatique Edición Cono Sur*, Buenos Aires, n.o 84, junho de 2006, p. 3.

_____. "*República o país mafioso*". In: *Le Monde Diplomatique Edición Cono Sur*, Buenos Aires, n.o 4, outubro de 1999, p. 3.

_____. "*República o país mafioso*". In: *Le Monde Diplomatique Edición Cono Sur*, Buenos Aires, outubro de 2000, p. 4-5.

_____. "*República, ¿o qué?*". In: *Le Monde Diplomatique Edición Cono Sur*, Buenos Aires, n.o 110, agosto de 2008, p. 3.

_____. "*República o país mafioso (y 3)*". In: *Le Monde Diplomatique Edición Cono Sur*, Buenos Aires, janeiro de 2011, p. 2-3.

_____. "*Semáforo rojo*". In: *Le Monde Diplomatique Edición Cono Sur*, Buenos Aires, n.o 101, novembro de 2007, p. 3.

_____. "*Socialresistencia*". In: *Le Monde Diplomatique Edición Cono Sur*, Buenos Aires, n.o 6, dezembro de 1999, p. 3.

_____. "*Soñar no cuesta nada*". In: *Le Monde Diplomatique Edición Cono Sur*, Buenos Aires, n.o 112, outubro de 2008, p. 3.

_____. "*Tareas para las izquierdas*". In: *Le Monde Diplomatique Edición Cono Sur*, Buenos Aires, n.o 96, junho de 2007, p. 3.

_____. "*Terrorismo capitalista ocidental*". In: *Le Monde Diplomatique Edición Cono Sur*, Buenos Aires, agosto de 2005, p. 3.

_____. "*Unasur*". In: *Le Monde Diplomatique Edición Cono Sur*, Buenos Aires, n.o 115, janeiro de 2009.

_____. "*Une campagne de 700 millions de dollars*". In: *Le Monde Diplomatique*, Paris, abril de 1978, p. 15.

_____. "*Un país quebrado y paralizado*". In: *Le Monde Diplomatique Edición Cono Sur*, Buenos Aires, n.o 25, agosto de 2001, p. 3-4.

_____. "*Y la sociedade dio un grito*". In: *Le Monde Diplomatique Edición Cono Sur*, Buenos Aires, n.o 31, p. 2-3.

GALEANO, Eduardo. "*Los diablos del Diablo*". In: *Le Monde Diplomatique Edición Cono Sur*, Buenos Aires, n.o 74, agosto de 2005.

GOLOBOFF, Mario. "*Pasión por las ideas*". In: *Le Monde Diplomatique Edición Cono Sur*, Buenos Aires, n.o 115, janeiro de 2009.

GOLUB, Phillip. "*La construcción de una ideología imperial*". In: *Le Monde Diplomatique Edición Cono Sur*, Buenos Aires, n.o 39, setembro de 2002, p. 24-25.

_____. "*El traumatismo del fin del Imperio*". In: *Le Monde Diplomatique Edición Cono Sur*, Buenos Aires, n.o 100, outubro de 2007, p. 20-21.

GRESH, Alain. "*Democracia, una búsqueda permanente*". In: *Le Monde Diplomatique Edición Cono Sur*, Buenos Aires, n.o 15, setembro de 2000, p. 40.

_____. "*Islamophobie*". In: *Le Monde Diplomatique*, Paris, novembro de 2001, p. 32.

_____. "*La guerra de mil años*". In: *Le Monde Diplomatique Edición Cono Sur*, n.o 63, setembro de 2004, p. 14-16.

_____. "*Por qué falló la paz*". In: *Le Monde Diplomatique Edición Cono Sur*, n.o 27, setembro de 2000.

HAGER, Nicky. "*Del anticomunismo al antiterrorismo*". In: *Le Monde Diplomatique Edición Cono Sur*, Buenos Aires, n.o 29, novembro de 2001, p. 26-27.

HABEL, Janette. "*Cuba busca renovar su modelo*". In: *Le Monde Diplomatique Edición Cono Sur*, n.o 115, janeiro de 2009.

HALIMI, Serge. "*Cela dure depuis vingt-cinq ans*". In: *Le Monde Diplomatique*, Paris, dezembro de 2003, p. 30.

_____. "*Elogio de las revoluciones*". In: *Le Monde Diplomatique Edición Cono Sur*, Buenos Aires, n.o 119, maio de 2009, p. 40.

_____. "*El pueblo contra los intelectuales*". In: *Le Monde Diplomatique Edición Cono Sur*, n.o 83, maio de 2006, p. 34-36.

_____. "*La singularité a un prix*". In: *Le Monde Diplomatique*, Paris, dezembro de 2011, p. 2.

_____. "'*Le Monde' et nous*". In: *Le Monde Diplomatique*, Paris, julho de 2010, p. 2.

_____. "*Libertad de prensa versus libertad a secas*". In: *Le Monde Diplomatique Edición Cono Sur*, Buenos Aires, n.o 26, agosto de 2001, p. 26-27.

_____. "*Pensar lo impensable*". In: *Le Monde Diplomatique Edición Cono Sur*, Buenos Aires, n. 113, novembro de 2008.

_____. "*Notre combat*". In: *Le Monde Diplomatique*, Paris, outubro de 2009, p. 28.

_____. "*Notre combat*". In: *Le Monde Diplomatique*, Paris, outubro de 2010, p. 2.

_____. "*On n'a plus le temps…*". In: *Le Monde Diplomatique*, Paris, outubro de 2012, p. 1 e 21.

HOBSBAWM, Eric. "*El desafío de la razón: Manifiesto para la renovación de la historia*". In: *Le Monde Diplomatique*, Buenos Aires, dezembro de 2004.

_____. "*La historia del siglo XX, a pesar de sus censores*". In: *Le Monde Diplomatique Edición Cono Sur*, Buenos Aires, n.o 3, setembro de 1999, p. 32-33.

_____. "*Le pari de la raison : manifeste pour l'histoire*". In: *Le Monde Diplomatique*, Paris, dezembro de 2004, p. 20-21.

_____. "*Un Imperio que no es como los demás*". In: *Le Monde Diplomatique Edición Cono Sur*, Buenos Aires, n.o 48, junho de 2003, p. 22-23.

IRIGOYEN, Hipolito Solari. "*La 'démocratie' promise à l'Argentine*". In: *Le Monde Diplomatique*, Paris, dezembro de 1978, p. 1-6.

JONES, Sebastian. "*Los mercenarios de la opinión 'independiente'*". In: *Le Monde Diplomatique Edición Cono Sur*, Buenos Aires, n.o 133, julho de 2010.

JULIEN, Claude. "*Agir*". In: *Le Monde Diplomatique*, Paris, junho de 1996, p. 2.

_____. "*Aidez-nous à réussir la filialisation du « Monde diplomatique*". In: *Le Monde Diplomatique*, Paris, fevereiro de 1996, p. 2.

_____. "*Assassinat*". In: *Le Monde Diplomatique*, Paris, dezembro de 1986, p. 1 e p. 15.

_____. "*Cette jubilation attristée…*". In: *Le Monde Diplomatique*, Paris, outubro de 1973, p. 6.

_____. "*Jacques Decornoy, une culture de combat*". In: *Le Monde Diplomatique*, Paris, janeiro de 1997.

_____. "*Le devoir d'irrespect*". In: *Le Monde Diplomatique*, Paris, junho de 2005, p. 3.

_____. "*El deber de la irreverencia*". In: *Le Monde Diplomatique Edición Cono Sur*, Buenos Aires, junho de 2005a, p. 34-35.

_____. "*A quoi servente ceux qui écrivent?*". In: *Manière de voir*, Paris, n.o 137, outubro/novembro de 2014, p. 61-63.

_____. "*Manière de voir*". In: *Manière de voir*, Paris, novembro de 1987, p. 4.

JURUNA, Julia. "*Brésil, le despotisme tropical*". In: *Le Monde Diplomatique*, Paris, junho de 1976, p. 9-10.

_____. "*L'Etat contre la nation*". In: *Le Monde Diplomatique*, Paris, agosto de 1983, p. 15.

_____. "*Le retour des fantômes*". In: *Le Monde Diplomatique*, Paris, janeiro de 1986, p. 10.

KAPUSCINSKI, Ryzsard. "*¿Acaso los medios reflejan la realidad del mundo?*". In: *Le Monde Diplomatique Edición Cono Sur*, Buenos Aires, n.o 3, setembro de 1999, p. 26-27.

KLARE, Michael. "*Geopolítica de la efervescencia social*". In: *Le Monde Diplomatique Edición Cono Sur*, Buenos Aires, n.o 119, maio de 2009.

LABROUSSE, Alain. "*Impérialisme, péronisme et révolution*". In: *Le Monde Diplomatique*, Paris, novembro de 1973, p. 12-13.

LACOUTURE, Jean. "*Diverstié des non-alignés*". In: *Manière de voir*, Paris, n.° 74, abril-maio de 2004, p. 10-15.

LACROIX, Bernard. "*Le retournement de Mai 68*". In: *Le Monde Diplomatique*, Paris, maio de 2008, p. 31.

LE CROSNIER, Hervé. "*Estrategias industriales y periodismo del futuro*". In: *Le Monde Diplomatique Edición Cono Sur*, n.° 110, agosto de 2008.

LE MONDE DIPLOMATIQUE. "*A nos lecteurs*". In: *Le Monde Diplomatique*, Paris, março de 2008, p. 2.

_____. "'*Le Monde diplomatique' en allemand*". In: *Le Monde Diplomatique*, Paris, maio de 1995, p. 2.

_____. "'*Le Monde diplomatique' en espagnol*". In: *Le Monde Diplomatique*, Paris, dezembro de 1995, p. 2.

_____. "*Une édition en espagnol du 'Monde diplomatique'*". In: *Le Monde Diplomatique*, Paris, fevereiro de 1979, p. 22.

_____. "*Qui sont les lecteurs du Monde diplomatique?*". In: *Le Monde Diplomatique*, Paris, novembro de 1985, p. 25.

LEMOINE, Maurice. "*América Latina, Cuba y la democracia*". In: *Le Monde Diplomatique Edición Cono Sur*, Buenos Aires, n.° 48, junho de 2003.

_____. "*Demain, Cuba...*". In: *Le Monde Diplomatique*, Paris, setembro de 2006, p. 1.

_____. "*Zapata, Guevara, Allende... San Carlos*". In: *Le Monde Diplomatique*, Paris, maio de 1998, p. 13.

LÉVY, Bernard-Henri. "*Réponse à un 'spécialiste'*". In: *Le Monde Diplomatique*, Paris, fevereiro de 2004, p. 26-27.

LÓPEZ, María Pía. "*Argentina: un campo cultural despedazado*". In: *Le Monde Diplomatique Edición Cono Sur*, Buenos Aires, n.° 83, maio de 2006, p. 33.

LORDON, Fréderic. "*Crisis financiera: el eterno retorno*". In: *Le Monde Diplomatique Edición Cono Sur*, Buenos Aires, novembro de 2007.

_____. "*La gauche ne peut pas mourir*". In: *Le Monde Diplomatique*, Paris, setembro de 2014, p. 1 e p. 18-19.

LOZADA, Salvador María. "*La Constitución del '49*". In: *Le Monde Diplomatique Edición Cono Sur*, Buenos Aires, n.°75, setembro de 2005.

MANZONI, Celina. "*El placer social de editar*". In: *Le Monde Diplomatique Edición Cono Sur*, Buenos Aires, n.° 40, outubro de 2002.

MASCHINO, Maurice T. "*Les nouveaux réactionnaires*". In: *Le Monde Diplomatique*, Paris, outubro de 2002, p. 28-29.

MICHAUD, Guy. "*Le mouvement étudiant: révolte ou révolution?*". In: *Le Monde Diplomatique*, Paris, junho de 1968, p. 1-5.

NATANSON, José. "*Diez años después, ahora*". In: *Le Monde Diplomatique Edición Cono Sur*, Buenos Aires, n. o 150, dezembro de 2011.

_____. "*El kirchnerismo como cultura política*". In: *Le Monde Diplomatique Edición Cono Sur*, Buenos Aires, n.° 184, outubro de 2014.

NEGRI, Antonio. "*El nuevo movimiento de los movimientos*". In: *Le Monde Diplomatique Edición Cono Sur*, Buenos Aires, n.° 115, janeiro de 2009, p. 1.

PIEILLER, Evelyne. "*Loin de l'impuissance mélancolique*". In: *Manière de voir*, Paris, n.o 137, outubro/novembro de 2014, p. 4.

PIERRE, André. "*Moscou n'est plus la 'Mecque' du marxisme*". In: *Le Monde Diplomatique*, Paris, novembro de 1956, p. 1-3.

PIVERT, Isabelle. "*La dictadura de los accionistas*". In: *Le Monde Diplomatique Edición Cono Sur*, Buenos Aires, n.° 117, março de 2009.

RAMADAN, Tariq. "*L'islam d'Europe sort de l'isolement*". In: *Le Monde Diplomatique*, Paris, abril de 1998, p. 13.

_____. "*Les musulmans d'Europe pris en tenaille*". In: *Le Monde Diplomatique*, Paris, junho de 2000, p. 12-13.

_____. "*L'islam au pied de la lettre*". In: *Le Monde Diplomatique*, Paris, julho de 2002, p. 2.

RAMIREZ, Sergio. "*Amérique latine du 'Che' à Marcos*". In: *Le Monde Diplomatique*, Paris, dezembro de 1997, p. 2.

RAMONET, Ignacio. "*Adiós libertades*". In: *Le Monde Diplomatique Edición Cono Sur*, Buenos Aires, n.º 31, janeiro de 2002, p. 40.

_____. "*Age d'or*". In: *Manière de voir*, Paris, n.º 90, dezembro de 2006/janeiro de 2007, p. 4-5.

_____. "*Anticastrismo primario*". In: *Le Monde Diplomatique Edición Cono Sur*, Buenos Aires, n.º 34, abril de 2002, p. 18-19.

_____. "*Antiterrorismos*". In: *Le Monde Diplomatique Edición Cono Sur*, Buenos Aires, n.º 57, março de 2004, p. 40.

_____. "*Amenazas a la información*". In: *Le Monde Diplomatique Edición Cono Sur*, Buenos Aires, n. 91, janeiro de 2007, p. 40.

_____. "*Besoin d'utopie*". In: *Le Monde Diplomatique*, Paris, maio de 1998, p. 9.

_____. "*Cinquante ans*". In: *Manière de voir*, Paris, abril-maio de 2004, p. 5-6.

_____. "*Chávez*". In: *Le Monde Diplomatique Edición Cono Sur*, Buenos Aires, n.º 4, outubro de 1999, p. 48.

_____. "*Claude Julien*". In: *Le Monde Diplomatique*, Paris, junho de 2005, p. 40.

_____. "*Claude Julien*". In: *Le Monde Diplomatique Edición Cono Sur*, Buenos Aires, junho de 2005a, p. 3.

_____. "*¿Crack 2008?*". In: *Le Monde Diplomatique Edición Cono Sur*, Buenos Aires, n.º 104, fevereiro de 2008, p. 40.

_____. "*Davos? Non, Porto Alegre*". In: *Le Monde Diplomatique*, Paris, agosto de 2000, p. 5.

_____. "*Delicioso despotismo*". In: *Le Monde Diplomatique Edición Cono Sur*, Buenos Aires, n.º 11, maio de 2000, p. 40.

_____. "*Désarmer les marchés*". In : *Le Monde Diplomatique*, Paris, dezembro de 1997, p. 1.

_____. "*El adversario*". In: *Le Monde Diplomatique Edición Cono Sur*, Buenos Aires, n.º 28, outubro de 2001, p. 40.

_____. "*El año 2000*". In: *Le Monde Diplomatique Edición Cono Sur*, Buenos Aires, n.º 6, dezembro de 1999, p. 40.

_____. "*El crimen perfecto*". In: *Le Monde Diplomatique Edición Cono Sur*, Buenos Aires, n.º 36, junho de 2002, p. 40.

_____. *"El eje del mal"*. In: *Le Monde Diplomatique Edición Cono Sur*, Buenos Aires, n.º 33, março de 2002, p. 40.

_____. *"El nuevo rostro del mundo"*. In: *Le Monde Diplomatique Edición Cono Sur*, Buenos Aires, n.º 30, dezembro de 2001, p. 20-21.

_____. *"El quinto poder"*. In: *Le Monde Diplomatique Edición Cono Sur*, Buenos Aires, n.º 52, outubro de 2003, p. 34-35 e p. 40.

_____. *"Fidel Castro cambia de terreno, pero no de bando"*. In: *Le Monde Diplomatique Edición Cono Sur*, Buenos Aires, n.º 105, março de 2008.

_____. *"Guerre des idées"*. In: *Le Monde Diplomatique*, Paris, maio de 2006, p. 1.

_____. *"Gunter Holzmann est mort"*. In: *Le Monde Diplomatique*, Paris, fevereiro de 2001, p. 2.

_____. *"Hugo Chávez"*. In: *Le Monde Diplomatique Edición Cono Sur*, Buenos Aires, n.º 98, agosto de 2007, p. 48.

_____. *"¡Indignaos!"*. In: *Le Monde Diplomatique Edición Cono Sur*, Buenos Aires, n.º 140, fevereiro de 2011.

_____. *"Informarse fatiga"*. In: *Le Monde Diplomatique Edición Cono Sur*, Buenos Aires, n.º 1, julho de 1999, p. 4.

_____. *"Intervención"*. In: *Le Monde Diplomatique: más que un periódico*. Santiago: Editorial Aún Creemos en los Sueños, 2010, p. 33-44.

_____. *"Itinéraire d'un révolutionnaire"*. In: *Le Monde Diplomatique*, Paris, abril de 2013, p. 22-23.

_____. *"L'aurore"*. In : *Le Monde Diplomatique*, Paris, janeiro de 2000, p. 1.

_____. *"La crisis del siglo"*. In: *Le Monde Diplomatique Edición Cono Sur*, Buenos Aires, n.º 112, outubro de 2008, p. 40.

_____. *"La pensée unique"*. In: *Le Monde Diplomatique*, Paris, fevereiro de 1995, p. 2.

_____. *"Le Monde et le Diplo"*. In: *Le Monde Diplomatique*, Paris, abril de 2003, p. 2.

_____. *"Le Monde, la Bourse et nous"*. In: *Le Monde Diplomatique*, Paris, dezembro de 2001, p. 2.

_____. *"Le Monde y le Diplo"*. In: *Le Monde Diplomatique Edición Cono Sur*, Buenos Aires, abril de 2003a, p. 36.

_____. *"Medios concentrados"*. In: *Le Monde Diplomatique Edición Cono Sur*, Buenos Aires, n.º 42, dezembro de 2002, p. 40.

_____. *"Medios en crisis"*. In: *Le Monde Diplomatique Edición Cono Sur*, Buenos Aires, n.º 67, janeiro de 2005, p. 40.

_____. "*Neoimperialismo*". In: *Le Monde Diplomatique Edición Cono Sur*, Buenos Aires, n.º 47, maio de 2003, p. 40.

_____. "*Porto Alegre*". In: *Le Monde Diplomatique Edición Cono Sur*, Buenos Aires, n.º 19, janeiro de 2001, p. 40.

_____. "*Populismo francés*". In: *Le Monde Diplomatique Edición Cono Sur*, Buenos Aires, n.º 96, maio de 2007, p. 40.

_____. "*Notre ami Claudio Cortés Garcia assassiné au Mexique*". In: *Le Monde Diplomatique*, Paris, dezembro de 1998, p. 2.

_____. "*Qui sont les lecteurs du Monde Diplomatique?*". In: *Le Monde Diplomatique*, Paris, outubro de 1998, p. 14-15.

_____. "*S'informer fatigue*". In: *Le Monde Diplomatique*, Paris, outubro de 1993, p. 28.

_____. "*Viva Brasil!*". In: *Le Monde Diplomatique*, Paris, janeiro de 2003, p. 1.

_____. "*Voracidad*". In: *Le Monde Diplomatique Edición Cono Sur*, Buenos Aires, novembro de 2007, p. 40.

RIMBERT, Pierre. "*L'homme qui ne s'est jamais trompé*". In: *Le Monde Diplomatique*, Paris, janeiro de 2010, p. 28.

ROBERT, Anne-Cécile. "*La izquierda europea en su laberinto*". In: *Le Monde Diplomatique Edición Cono Sur*, Buenos Aires, n.º 71, maio de 2005, p. 18-19.

ROY, Olivier. "*L'islam au pied de la lettre*". In: *Le Monde Diplomatique*, Paris, abril de 2002, p. 3.

SADER, Emir. "*Desafío histórico para la izquierda*". In: *Le Monde Diplomatique Edición Cono Sur*, Buenos Aires, n.º 44, fevereiro de 2003, p. 6-7.

SAID, Edward. "*La traición de los intelectuales*". In: *Le Monde Diplomatique Edición Cono Sur*, Buenos Aires, n.º 2, agosto de 1999, p. 10.

SALMON, Christian. "*La estrategia de Sheherazade*". In: *Le Monde Diplomatique Edición Cono Sur*, Buenos Aires, n.º 102, dezembro de 2007, p. 22-23.

SCHWARTZ, Antoine. "*El reino de los libros sin calidad*". In: *Le Monde Diplomatique Edición Cono Sur*, Buenos Aires, n.º 83, maio de 2006, p. 32-33.

SEPÚLVEDA, Luis. "*Ryszard Kapuscinski: Simplemente un Maestro (1)*". In: *Le Monde Diplomatique Edición Cono Sur*, Buenos Aires, n.º 103, janeiro de 2008.

TERÁN, Oscar. "*Intelectuales y política en Argentina*". In: *Le Monde Diplomatique Edición Cono Sur*, Buenos Aires, n.º 41, novembro de 2002, p. 34-35.

TOUSSAINT, Eric. "*Quebrar el círculo infernal de la deuda*". In: *Le Monde Diplomatique Edición Cono Sur*, n.º 3, setembro de 1999.

VIDAL, Dominique. *"Ce que voulait de Gaulle en 1966"*. In: *Le Monde Diplomatique*, Paris, abril de 2008, p. 18.

_____. *"Cinquante voix de la résistance"*. In: *Le Monde Diplomatique*, Paris, junho de 2004, p. 29.

_____. *"Cincuenta voces de la resistencia"*. In: *Le Monde Diplomatique Edición Cono Sur*, Buenos Aires, junho de 2004a, p. 37.

_____. *"L'Internationale Du 'Diplo'"*. In: *Le Monde Diplomatique*, Paris, novembro de 2006, p. 27.

_____. *"Mise au point"*. In: *Le Monde Diplomatique*, Paris, dezembro de 2003, p. 2.

URIBE, Armando. *"L'empire américain au Chili"*. In: *Le Monde Diplomatique*, Paris, novembro de 1973, p. 1.

VASSALLO, Marta. *"La gloria y el duelo"*. In: *Le Monde Diplomatique Edición Cono Sur*, Buenos Aires, n.° 75, setembro de 2005, p. 6-7.

WALLERSTEIN, Immanuel. *"Pourquoi le tiers-monde a disparu"*. In: *Manière de voir*, Paris, outubro-novembro de 2014, p. 9-13.

WEINBERG, Gregorio. *"El pensamiento francés en el Río de la Plata"*. In: *Le Monde Diplomatique Edición Cono Sur*, n.° 13, julho de 2000.

Teses e Dissertações

ABI KARAM, Naïla. *Le conflit libanais d'après les articles du Monde Diplomatique (1973-1983)*. Paris: Université de Paris II – Panthéon-Assas, 1984. Mémoire DEA em ciências políticas.

BATALHA, Elisa de Santana. *A mídia altermundialista: a participação do Le Monde Diplomatique no Fórum Social Mundial*. Porto Alegre: Instituto de Filosofia e Ciências Humanas, Universidade Federal do Rio Grande do Sul, 2006. Dissertação de mestrado em relações internacionais.

BURROWES, Patrícia. *Le Monde Diplomatique: um jornal para pensar*. Rio de Janeiro: Escola de Comunicação, Universidade Federal do Rio de Janeiro, 2002. Tese de doutorado em comunicação.

COMPAORE, Mamadou. *Le Monde Diplomatique et les conflits en Afrique de 1989 à 1994*. Paris: Université de Paris II – Panthéon-Assas, 1994. Mémoire DEA em ciências da informação.

ENDEWELD, Marc. *Une alternative dans la presse? Questions autour de la presse d'opinion*. Toulouse: Institut d'Études Politiques, 2004.

GHILES-MEILHAC, Samuel. *Le Monde Diplomatique et Israël (1954-2004): histoire moderne de l'Etat juif à travers un journal français de référence*. Grenoble: Institut d'Études Politiques, 2005. Mémoire IEP em ciências políticas.

HARVEY, Nicolas. *Le Monde Diplomatique: un concept éditorial hybride au confluente du journalisme, de l'université et du militantisme*. Rennes: Université de Rennes I. Tese de doutorado em ciência política.

HOLZINGER, Flavie. *Le Monde Diplomatique d'Ignacio Ramonet de 1991 à 2008: analyse géopolitique des représentations*. Paris: Université Paris VIII – Vincennes-Saint Denis, 2014. Tese de doutorado em geopolítica.

LATTEF, Abdelhakim. *Le 'Monde Diplomatique' et Attac: interactions entre espace journalistique et espace social*. Lille: Université de Droit, 2008. Mémoire de master em ciência política.

LE GLEDIC, Marc. *L'Amérique latine vue à travers le Monde Diplomatique (1970-1980)*. Paris: Université de Paris X – Nanterre, 1981. Tese de doutorado em estudos latino-americanos.

MILCZACH, Sylvie. *Les regards de la presse écrite française sur le conflit jordano-palestinien de 1970-1971: une étude du Monde, le Figaro, la Croix, l'Humanité, le Progrès de Lyon, Témoignage chrétien, Paris-Match, l'Express et le Monde Diplomatique*. Lyon: Université de Lyon II, 2000. Tese de doutorado em história contemporânea.

NDIAYE, Cheikh. *L'Afrique noire dans les relations internationales, la vision du Monde Diplomatique*. Pairs: Université de Paris II – Panthéon-Assas, 1994. Mémoire DEA em ciências da comunicação e da informação.

PERRET, Jean-Baptiste. *Le Monde Diplomatique: une représentation de la communication*. Grenoble: Institut d'Études Politiques, 1996. Mémoire IEP em ciências políticas.

PINTO, Fernanda Iarossi. *O reaproveitamento de notícias no jornalismo impresso contemporâneo: o caso do Caderno Diplô, do Le Monde Diplomatique Brasil*. Bauru: Faculdade de Arquitetura, Artes e Comunicação, Universidade Estadual Paulista "Júlio de Mesquita Filho", 2010. Dissertação de mestrado em comunicação.

RABADÁN, Pablo López. *La estrategia de encuadre en la prensa de referencia internacional: el caso de Le Monde Diplomatique*. Madri: Universidad Rey Juan Carlos, 2009. Tese de doutorado em ciências da comunicação.

SAYURI, Juliana O. *Le Monde Diplomatique Brasil: por uma história possível*. São Paulo: Faculdade de Filosofia, Letras e Ciências Humanas, Universidade de São Paulo, 2011. Dissertação de mestrado em história social.

SZCZEPANSKI-HUILLERY, Maxime. *Du diplomate au citoyen. Études sur la politisation du Monde diplomatique et de ses lecteurs (1954-2008)*. Amiens: Université de Picardie, 2009. Tese de doutorado em ciência política.

WEIL, Benjamin. *Pas si diplomatique que ça: Le Monde Diplomatique et le conflit israélo-arabe de 2000 à 2006: une tentative d'analyse et d'interprétation*. Paris: Université Paris I – Sorbonne, 2006. Dissertação de mestrado em sociologia política.

Documentários

La sociologie est un sport de combat. Direção: Pierre Carles. C-P Productions e VF Films Paris, 2001. 146 minutos.

Les nouveaux chiens de garde. Realização: Gilles Balbastre e Yannick Kergoat. Roteiro: Serge Halimi, Pierre Rimbert, Renaud Lambert, Gilles Balbastre e Yannick Kergoat. Jem Productions. Paris, 2012. 104 minutos.

Arquivos

Biblioteca da École des Hautes Études en Sciences Sociales (EHESS) (Paris, França).

Biblioteca da Escola de Comunicações e Artes da Universidade de São Paulo (ECA-USP) (São Paulo, Brasil).

Biblioteca Florestan Fernandes, da Faculdade de Filosofia, Letras e Ciências Humanas da Universidade de São Paulo (FFLCH-USP) (São Paulo, Brasil).

Biblioteca Octavio Paz, do Instituto Cervantes (Paris, França).

Biblioteca do Institut des Hautes Études de l'Amérique Latine (IHEAL), da Université Paris III – Sorbonne Nouvelle (Paris, França).

Biblioteca da Université Paris VIII – Vincennes-Saint Denis (Paris, França).

Biblioteca da Universtié Paris X – Nanterre (Paris, França).

Centro de Apoio à Pesquisa Histórica, da Faculdade de Filosofia, Letras e Ciências Humanas da Universidade de São Paulo (FFLCH-USP) (São Paulo, Brasil).

Redação argentina de *Le Monde Diplomatique* em Buenos Aires (Argentina).

Redação francesa de *Le Monde Diplomatique* em Paris (França).

Redação chilena de *Le Monde Diplomatique* em Santiago (Chile).

Alameda nas redes sociais:

Site: www.alamedaeditorial.com.br
Facebook.com/alamedaeditorial/
Twitter.com/editoraalameda
Instagram.com/editora_alameda/

Esta obra foi impressa em São Paulo no inverno de 2018. No texto foi utilizada a fonte Minion Pro em corpo 10,25 e entrelinha de 15,5 pontos.